"十四五"职业教育国家规划教材

"十三五"职业教育国家规划教材

普通高等教育"十一五"国家级规划教材

机械工业出版社精品教材

修订版

物流成本管理

第 6 版

主　编　朱伟生　王存勤
副主编　马庆杰
参　编　吴兰敏　高田娟

机械工业出版社

本书从成本管理角度，介绍了物流成本管理的基本理论与方法，并从物流过程的主要环节，分别介绍了仓储、运输、包装、装卸、配送、流通加工等物流活动的成本构成、成本计算、成本分析和成本控制的基本方法。

本书可作为高职高专现代物流管理、工程物流管理、采购与供应管理、供应链运营等物流类专业的教材，也可作为物流企业或企事业单位物流工作人员的岗位培训教材，还可作为中职物流服务与管理等物流类专业的教学参考用书。

本书配有PPT课件、课程标准、全书的数据资料及习题答案等教师用配套教学资源，凡使用本书的教师均可登录机械工业出版社教育服务网（www.cmpedu.com）下载。咨询可致电：010-88379375，服务QQ：945379158。

图书在版编目（CIP）数据

物流成本管理/朱伟生，王存勤主编. —6版. —北京：机械工业出版社，2024.2（2025.1重印）
ISBN 978-7-111-74440-5

Ⅰ．①物… Ⅱ．①朱… ②王… Ⅲ．①物流管理—成本管理 Ⅳ．①F253.7

中国国家版本馆CIP数据核字（2023）第242290号

机械工业出版社（北京市百万庄大街22号　邮政编码100037）
策划编辑：孔文梅　　　　　责任编辑：孔文梅　张美杰
责任校对：李可意　李　杉　责任印制：刘　媛
涿州市京南印刷厂印刷
2025年1月第6版第4次印刷
184mm×260mm・19.25印张・440千字
标准书号：ISBN 978-7-111-74440-5
定价：55.00元

电话服务　　　　　　　　　网络服务
客服电话：010-88361066　　机 工 官 网：www.cmpbook.com
　　　　　010-88379833　　机 工 官 博：weibo.com/cmp1952
　　　　　010-68326294　　金 书 网：www.golden-book.com
封底无防伪标均为盗版　机工教育服务网：www.cmpedu.com

关于"十四五"职业教育
国家规划教材的出版说明

为贯彻落实《中共中央关于认真学习宣传贯彻党的二十大精神的决定》《习近平新时代中国特色社会主义思想进课程教材指南》《职业院校教材管理办法》等文件精神,机械工业出版社与教材编写团队一道,认真执行思政内容进教材、进课堂、进头脑要求,尊重教育规律,遵循学科特点,对教材内容进行了更新,着力落实以下要求:

1. 提升教材铸魂育人功能,培育、践行社会主义核心价值观,教育引导学生树立共产主义远大理想和中国特色社会主义共同理想,坚定"四个自信",厚植爱国主义情怀,把爱国情、强国志、报国行自觉融入建设社会主义现代化强国、实现中华民族伟大复兴的奋斗之中。同时,弘扬中华优秀传统文化,深入开展宪法法治教育。

2. 注重科学思维方法训练和科学伦理教育,培养学生探索未知、追求真理、勇攀科学高峰的责任感和使命感;强化学生工程伦理教育,培养学生精益求精的大国工匠精神,激发学生科技报国的家国情怀和使命担当。加快构建中国特色哲学社会科学学科体系、学术体系、话语体系。帮助学生了解相关专业和行业领域的国家战略、法律法规和相关政策,引导学生深入社会实践、关注现实问题,培育学生经世济民、诚信服务、德法兼修的职业素养。

3. 教育引导学生深刻理解并自觉实践各行业的职业精神、职业规范,增强职业责任感,培养遵纪守法、爱岗敬业、无私奉献、诚实守信、公道办事、开拓创新的职业品格和行为习惯。

在此基础上,及时更新教材知识内容,体现产业发展的新技术、新工艺、新规范、新标准。加强教材数字化建设,丰富配套资源,形成可听、可视、可练、可互动的融媒体教材。

教材建设需要各方的共同努力,也欢迎相关教材使用院校的师生及时反馈意见和建议,我们将认真组织力量进行研究,在后续重印及再版时吸纳改进,不断推动高质量教材出版。

机械工业出版社

前言

本书基于物流成本计算的基本理论与方法,将分散于物流活动各个环节的费用分别进行成因分析,给出相应的计算方法和分析方法以及控制措施,并形成物流成本管理理论与方法体系,具有较明显的系统性、可操作性。

本书所涉及的内容和知识点较多,而教学时数有限,因此本书在力求所述成本管理基本理论与方法尽其必要的原则下,精选内容,合理组织,融为一体。对于在相关的物流管理教材中已有详尽论述的知识点,尽可能地简化处理,避免不必要的交叉重复。

本书根据物流成本管理课程教学的要求,以物流各环节的成本核算、成本分析为教学重点,注重成本会计学理论与物流成本管理实务相结合、方法与案例相结合,强化成本计算与分析的实践技能训练环节,着力培养学生分析、解决实际问题的能力。

本书每章附有两个及以上的微课视频,对各章的学习重点做出概要说明,对其难点做了较为细化的讲解,对教学过程起到重要的辅助作用。

本书积极倡导物流管理类专业学生广泛就业于物流业和企业的运输、仓储、装卸、包装、配送、流通加工等各个环节,面向物流系统规划与维护、供应链需求协调管理、采购供应管理、生产计划管理、物流经营策划、物流成本核算、物流成本分析与管控等岗位群,为物流企业或企业物流的有序健康运作,开创物流成本管理新局面而尽其所能。

本书在编写内容上,融入党的二十大精神,注重社会主义核心价值观的体现,教育引导学生坚定"四个自信",厚植爱国主义情怀。在相关的章节中彰显了"一带一路"对海运发展的重要影响,强调了我国《劳动法》的相关规定,体现了我国道路运输企业改革改制后的新型经营模式,注重与物流及物流成本管理相关的国家大政方针的密切结合,体现了绿色物流的基本理念。

本着删繁就简、化难为易、突出重点、强化记忆的原则,我们对第5版内容做了较大幅度的修订,以适应当前教学需要。

为方便教学,本书配有PPT课件、课程标准、教学大纲、电子教案、各章试题及答案、全书试题组卷及答案、全书的数据资料及计算过程、第6版修订详细说明等教学资源。凡选用本书作为教材的教师均可登录机械工业出版社教育服务网(www.cmpedu.com)下载。咨询电话:010-88379375;服务QQ:945379158。本书由朱伟生、王存勤任主编,马庆杰任副主编,参编人员有吴兰敏、高田娟。在编写过程中,我们参阅了众多同行专家的有关著作、教材及案例,在此表示感谢。

鉴于物流成本管理的理论与方法及其实践还在发展与不断探索中,虽然我们为本书付出了艰辛的努力,但由于水平所限,难免出现疏漏之处,恳请读者批评指正。

编 者

二维码索引

序号	名称	二维码	页码	序号	名称	二维码	页码
1	第一章的学习内容、学习目的与学习要求		1	10	第三章拓展阅读		68
2	第一章的学习要点		1	11	第四章的学习内容、学习目的与学习要求		69
3	第一章的学习参考		1	12	第四章的学习要点		69
4	第一章拓展阅读		18	13	第四章拓展阅读		98
5	第二章的学习内容、学习目的与学习要求		19	14	第五章的学习内容、学习目的与学习要求		99
6	第二章的学习要点		19	15	第五章的学习要点		99
7	第二章拓展阅读		40	16	第五章的学习参考		99
8	第三章的学习内容、学习目的与学习要求		41	17	第五章拓展阅读		124
9	第三章的学习要点		41	18	第六章的学习内容、学习目的与学习要求		125

（续）

序号	名称	二维码	页码	序号	名称	二维码	页码
19	第六章的学习要点		125	30	第九章拓展阅读		229
20	第六章拓展阅读		142	31	第十章的学习内容、学习目的与学习要求		230
21	第七章的学习内容、学习目的与学习要求		143	32	第十章的学习要点		230
22	第七章的学习要点		143	33	第十章的难点讲解		230
23	第七章拓展阅读		169	34	第十章拓展阅读		262
24	第八章的学习内容、学习目的与学习要求		170	35	第十一章的学习内容、学习目的与学习要求		263
25	第八章的学习要点		170	36	第十一章的学习要点		263
26	第八章拓展阅读		197	37	第十一章拓展阅读		277
27	第九章的学习内容、学习目的与学习要求		198	38	第十二章的学习内容、学习目的与学习要求		278
28	第九章的学习要点		198	39	第十二章的学习要点		278
29	第九章的难点讲解		198	40	第十二章拓展阅读		297

目 录

前言

二维码索引

第一章 绪论 ... 1
第一节 物流成本管理的意义 ... 1
第二节 物流成本管理的原则与手段 ... 4
第三节 物流成本变动成因与降低途径 ... 6
第四节 物流成本的构成 ... 9
第五节 物流成本的分类 ... 12
第六节 物流成本的几个重要理论学说 ... 14
复习思考题 ... 18

第二章 物流成本计算的基本方法 ... 19
第一节 企业物流成本计算的特点 ... 19
第二节 物流成本计算对象 ... 21
第三节 企业物流成本计算的原则与步骤 ... 23
第四节 制造成本法 ... 27
第五节 作业成本法 ... 31
复习思考题 ... 36
练习题 ... 37

第三章 物流成本控制的基本方法 ... 41
第一节 弹性预算法与零基预算法 ... 41
第二节 目标成本法 ... 46
第三节 标准成本法 ... 51
第四节 因素分析法 ... 54
第五节 变动成本差异的计算与分析 ... 58
复习思考题 ... 65
练习题 ... 65

第四章 汽车货运成本管理（上） ... 69
第一节 汽车货运成本的概念与分类 ... 69

- 第二节 汽车货运成本计算对象与核算程序 71
- 第三节 汽车货运成本的核算 74
- 第四节 汽车货运成本预测 83
- 第五节 汽车货运成本预算 91
- 复习思考题 96
- 练习题 96

第五章 汽车货运成本管理（下） 99

- 第一节 汽车货运成本分析 99
- 第二节 汽车货运燃料成本控制对策 113
- 复习思考题 120
- 练习题 120

第六章 仓储成本管理 125

- 第一节 仓储成本的构成 125
- 第二节 仓储成本的计算 128
- 第三节 仓储成本分析与控制 132
- 复习思考题 140
- 练习题 141

第七章 包装成本管理 143

- 第一节 包装成本的计算 143
- 第二节 包装成本控制对策 148
- 第三节 包装成本分析 155
- 第四节 价值工程在包装设计上的应用 162
- 复习思考题 168
- 练习题 168

第八章 海洋货运成本管理 170

- 第一节 海洋货运成本概述 170
- 第二节 海运成本计算对象与计算期 171
- 第三节 海运成本项目 173
- 第四节 船舶费用的归集与分配 175
- 第五节 营运间接费用的归集与分配 179
- 第六节 海运成本计算 180
- 第七节 海运成本分析 187
- 复习思考题 193
- 练习题 194

第九章 装卸成本管理 198
第一节 装卸成本的构成 198
第二节 装卸成本的核算 200
第三节 装卸成本分析 202
第四节 装卸成本控制基本对策 212
第五节 装卸作业燃料耗费控制示例 214
第六节 装卸人工成本控制对策 219
复习思考题 228
练习题 228

第十章 流通加工成本管理 230
第一节 流通加工成本费用的归集与分配 230
第二节 流通加工成本计算的品种法示例 238
第三节 流通加工成本计算的定额法示例 243
第四节 流通加工成本分析 247
复习思考题 253
练习题 253

第十一章 配送成本管理 263
第一节 配送成本的构成 263
第二节 配送成本的核算 264
第三节 配送成本控制对策与措施 268
第四节 基于时间驱动作业成本法的配送成本计算与管控 270
复习思考题 276
练习题 276

第十二章 物流成本绩效考评 278
第一节 物流成本绩效考评概述 278
第二节 成本中心绩效考评 280
第三节 仓储成本中心绩效考评示例 283
第四节 利润中心绩效考评 287
第五节 汽车运输利润中心绩效考评示例 290
复习思考题 297
练习题 297

参考文献 298

第一章

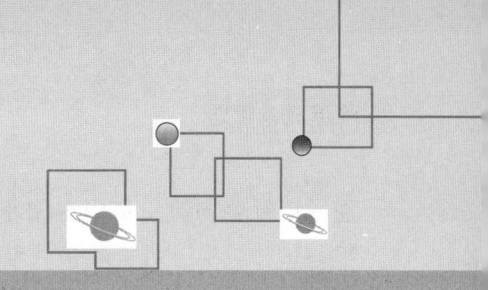

绪论

| 第一章的学习内容、学习目的与学习要求 | 第一章的学习要点 | 第一章的学习参考 |

学习目的

通过本章的学习,了解物流成本的含义与物流成本管理的意义、物流成本管理的原则手段、物流成本的构成和物流成本的分类,理解几个重要的物流成本的理论学说。要以科学的态度去探究这些知识,在此过程中锻炼独立思考与创新思维的能力,认真思考理论背后的逻辑与应用,以便更好地把握学习的方向与重点。

第一节 物流成本管理的意义

我国国家标准《企业物流成本构成与计算》(GB/T 20523—2006)对物流成本的定义是:企业物流活动中所消耗的物化劳动和活劳动的货币表现,包括货物在运输、储存、包装、装卸搬运、流通加工、物流信息、物流管理等过程中所耗费的人力、物力和财力的总和以及与存货有关的流动资金占用成本、存货风险成本和存货保险成本。

物流成本管理是指对物流活动发生的相关成本进行计划、组织、协调与控制。物流成本管理是通过成本去管理物流,即管理的对象是物流而不是成本。物流成本管理可以说是以成本为手段的物流管理体系。

物流成本包括物流各项活动的成本,是特殊的成本体系。对于物流成本问题,一方面,就学术界来说,有必要建立一套完整的物流成本管理理论体系,以指导实践;另一方面,就一般大中型企业而言,有必要在企业内部成立专职的物流管理部门,对物流成本进行单独核算、系统分析与全面控制。

物流成本从其量上来讲,无论对国家还是对企业都绝非一个小数目。目前,国际社会通常以社会物流总费用占GDP的比重这一指标作为标准，来衡量一个国家物流业的发展水平与运作效率。社会物流总费用指报告期内国民经济各方面用于社会物流活动的各项费用支出的总和，包括：支付给运输、储存、装卸搬运、包装、流通加工、配送、信息处理等各个物流环节的费用；应承担的物品在物流期间发生的损耗费用；社会物流活动中因资金占用而应承担的利息支出；社会物流活动中发生的管理费用等。社会物流总费用划分为运输费用、保管费用和管理费用。

国家发展改革委、中国物流与采购联合会于2023年2月24日发布的《2022年全国物流运行情况通报》表明：2022年全国社会物流总额347.6万亿元，按可比价格计算，同比增长3.4%，实现稳定增长。2022年社会物流总费用17.8万亿元，同比增长4.4%。社会物流总费用与GDP的比率为14.7%，比上年提高0.1个百分点。从结构看，运输费用9.55万亿元，增长4.0%；保管费用5.95万亿元，增长5.3%；管理费用2.26万亿元，增长3.7%。

我国2007年至2013年社会物流总费用与GDP的比率，一直徘徊在18%左右，自2016年后已下落到14.8%左右（见表1-1）。尽管如此，我国这一比率仍明显高于发达国家，这意味着我国物流成本费用依然存在着可观的下落空间，也反映出整个国家的物流系统效率明显偏低。

表1-1　2016年至2022年我国社会物流总费用统计数据　　　　　　（单位：万亿元）

年　份	物流总额	物流费用				物流总费用同比增长（%）	物流总费用与GDP比率（%）
		合　计	运输费用	保管费用	管理费用		
2022	347.6	17.8	9.6	6.0	2.3	4.4	14.7
2021	335.2	16.7	9.0	5.6	2.2	12.5	14.6
2020	300.1	14.9	7.8	5.1	1.9	2.0	14.7
2019	298.0	14.6	7.7	5.0	1.9	7.3	14.7
2018	283.1	13.3	6.9	4.6	1.8	9.8	14.8
2017	252.8	12.1	6.6	3.9	1.6	9.2	14.6
2016	229.7	11.1	6.0	3.7	1.4	2.9	14.9

资料来源：数据源自中国物流与采购网。

与发达国家相比较，无论是从国家角度还是从企业角度来看，物流成本下降所带来的利润空间与潜力是巨大的。

由此可见，在我国、在各个企业全面开展物流成本管理活动，有效控制和降低物流费用十分必要和迫切，其重要意义如下。

1. 增加国家资金积累

积累是社会扩大再生产的基础，企业承担着上缴国家利税的责任，而物流费用的降低，在其他因素不发生相应变化的情况下，将意味着相应增加了国家资金积累。

2. 为社会节省大量的物质财富

企业为了满足社会的需要，其产品一般通过流通环节从生产地流向消费地。加强物流成本管理，可以降低物品在运输、装卸、仓储等物流环节的损耗，物流费用的节约意味着为社会节约了物质财富。

3. 有利于调整商品价格

物流费用是商品价格的重要组成部分。物流费用的高低，对商品的价格具有重大的影响。降低物流费用，就是降低它在商品价格中的比重，从而使商品价格下降，减轻消费者的经济负担。

4. 有利于提高企业的竞争力

随着经济全球化和信息技术的迅速发展，企业生产资料的获取与产品营销范围日益扩大，市场竞争十分激烈。企业物流管理水平的高低，将直接影响物流费用水平，进而影响产品成本的高低。对于我国工商企业而言，迫切需要高质量的现代物流系统为之服务，以降低物流成本，提高企业及其产品参与国际市场的竞争力，在激烈竞争的市场环境中求得生存和发展。

系统地开展物流成本管理活动，通过对物流成本费用进行计划、协调与控制，实现相对降低物流费用的目标，从微观角度上看，可以提高企业的物流管理水平，加强企业的经营管理，促进经济效益的提高；从宏观角度上看，降低物流费用对国民经济的健康发展和人民生活水平的不断提高具有重要的意义。

5. 体现绿色物流的基本理念

毫无疑问，在对物流成本进行必要管控的过程中，还应当高度重视绿色物流（green logistics）这个对现代物流可持续发展不可或缺的重要因素。绿色物流就是通过充分利用物流资源，采用先进的物流技术，合理规划和实施运输、储存、装卸、搬运、包装、流通加工、配送、信息处理等物流活动，降低物流对环境影响的过程。人类的经济活动不能因物流而过分地消耗资源、破坏环境，以至于造成重复污染。绿色物流是企业最大限度降低经营成本的必由之路。因此，企业的各项物流成本管理活动不能背离绿色物流的基本理念和要求。

随着全球贸易交往的日益频繁，为了增进我国与世界经济的联系，也为了进一步增强我国经济的影响力，"一带一路"倡议被提出，并很快得到很多国家的响应和支持。"一带一路"倡议是世界范围内的经济合作，在经济全球化大背景下，经济相互依存显得尤为重要，国家与国家，地区与地区，企业与企业之间都需要这样的联系。要提升企业的核心竞争力，降低制造成本都离不开物流行业的鼎力支持，当前我国物流业面临着飞速发展的重要契机，不断降低社会物流总费用占GDP的比率，控制好企业的物流成本耗费，对于提高企业在国内外市场的竞争力已愈显重要。

第二节　物流成本管理的原则与手段

一、物流成本管理的原则

1. 成本控制与服务质量控制相结合

物流成本控制的目的在于加强物流管理、促进物流合理化。物流是否合理取决于两个方面：一是对客户的服务质量水平；另一个是物流费用的水平。一味地降低物流成本，而忽视或牺牲对客户的服务质量的做法是不可取的。因此，应将物流成本控制与服务质量控制相结合，正确处理降低物流成本与提高服务质量的关系，从二者的最佳结合上，谋求物流效益的提高。

2. 局部控制与系统控制相结合

局部控制是指对某一物流功能或环节所耗成本的控制；系统控制是指以协调各部门、各环节的成本费用为手段，以总成本降低为目的，对物流活动的全过程进行整体控制。实施物流成本的系统控制可有效地克服物流成本的"此消彼长"和"顾此失彼"的现象。

3. 全面控制与重点控制相结合

强调物流成本全面控制，并非要求将影响成本升降的所有因素事无巨细、一律平等地控制起来。应按照点面结合的原则，全面管好，重点管牢。

4. 经济控制与技术控制相结合

物流成本管理要将定额管理、责任结算、业绩考核等经济手段与物流管理技术、优化方法有效结合起来，相得益彰。

5. 专业控制与全员控制相结合

企业财务会计部门是物流成本控制的主要部门或牵头部门，对物流成本负有责任的部门则是物流成本控制的直接部门。这些部门对物流成本的专业性管控是纲，而全员性的成本管控则是目，纲举目张，方可形成严密的物流成本控制网络。

二、物流成本管理的手段

物流成本管理手段一般包括：物流成本核算、物流成本分析、物流成本控制、物流成本预测、物流成本决策、物流成本预算、物流成本绩效考评和物流信息系统等。

1. 物流成本核算

物流成本核算是物流成本管理的重要组成部分，它是指将企业在物流活动过程中发生的各种耗费，按照所确认的成本计算对象和成本项目，进行分配和归集，进而计算出成本计算对象的总成本和单位成本的过程和方法。

物流成本核算是物流成本费用支出控制过程中必不可少的环节。通过物流成本核算，可以如实地反映生产经营过程中有关物流活动的实际耗费，并为物流成本分析、物流成本控制、物流成本预测、物流成本决策、物流成本预算与物流成本绩效考评等环节提供真实可靠的数据。

物流成本核算是一个内容十分庞杂且系统性和实践性较强的理论体系，由于篇幅所限，无法面面俱到，因此，本书仅筛选其中的物流成本计算及其重要相关的内容加以讲述。

2. 物流成本分析

物流成本分析是在成本核算及其他有关资料的基础上，运用一定的方法，揭示一定时期内物流成本水平变动程度，并进一步提示与查明影响物流成本变动的各种因素及其影响数值。通过物流成本分析，提出相应的改进建议，促使相关责任部门采取必要措施，及时有效地控制物流成本。

3. 物流成本控制

物流成本控制是根据预定目标，对成本发生和形成过程以及影响成本的各种因素和条件施加影响，以确保物流成本控制目标的实现。

从企业生产经营过程来看，成本控制包括成本的事前控制、事中控制和事后控制。

物流成本事前控制是整个成本控制活动中最重要的环节，它直接影响着将来各作业流程成本的高低。物流成本事前控制活动主要有物流配送中心的建设控制、物流设施与设备的配备控制、物流作业过程的改进控制等。事中控制是对物流作业过程实际耗费的实时控制，包括设备耗费的控制、人工耗费的控制、劳动工具耗费和其他费用支出的控制等方面。事后控制是通过定期对过去某一段时间成本控制的总结与反馈来控制未来发生的成本。

通过成本控制活动，可以及时发现物流活动中所存在的问题，采取纠偏措施，保证成本目标的实现。

4. 物流成本预测

物流成本预测是根据有关成本数据和企业具体的发展情况，运用一定的技术方法，对未来的物流成本水平及其变动趋势做出科学的估计。成本预测是成本决策、成本预算和成本控制的基础工作，对提高物流成本管理的科学性和预见性起着保障作用。

5. 物流成本决策

物流成本决策是在成本预测的基础上，结合其他有关资料，运用一定的科学方法，从若干个备选方案中选择一个较为满意方案的过程。

从物流整个流程来说，有配送中心新建、改建、扩建的决策，运输工具与装卸搬运设备设施购建决策，货物存储决策，货物合理配送决策，运输方式选取决策以及流通加工合理下料的决策，等等。这些决策分析常常以其总成本最小化或功能成本比最大化为目标，从而将其转化为成本决策问题。成本决策分析和目标成本的确定是编制成本预算的前提，也是实现成本的事前控制，提高经济效益的重要途径。

6. 物流成本预算

物流成本预算是根据成本决策所确定的方案、计划期的生产任务、降低成本的要求以及有关资料，通过一定的程序，运用一定的方法，以货币形式规定计划期物流各环节耗费水平和成本水平，并提出保证成本预算顺利实现所采取的措施。

通过成本预算管理，可以在物流成本的各个管控环节上给企业提出明确的目标，推动企业加强成本管理责任制，增强企业的成本意识，控制物流环节费用，挖掘降低成本的潜力，保证企业降低物流成本目标的实现。

7. 物流成本绩效考评

物流成本绩效考评是全面地反映与评价一定时期内物流成本效益综合水平的重要手段，通过对物流成本绩效指标的分析，对物流成本的责任单位、责任人的工作质量与工作成效做出客观的分析与评价，从而为有效地激励成本责任单位与责任人不断改善物流成本管理工作提供依据，为企业持续提高成本利润率指明努力方向。

8. 物流信息系统

物流信息系统指由人员、设备和程序组成的交互系统，为物流管理者进行计划、实施和控制等活动提供信息。它和物流运作系统一样，是物流系统的一个子系统，同时也是整个物流系统的指挥和控制系统。物流信息系统是高层次的活动，涉及运作体制、标准化、电子化及自动化等方面的问题。物流信息系统的基本功能归纳为数据收集、信息存储、信息传输、信息处理和信息输出。

按物流信息系统的功能不同，可将其分为事务处理信息系统、办公自动化系统、管理信息系统、决策支持系统、高层支持系统、企业间信息系统；按管理决策层次的不同，可将其分为物流作业管理系统、物流协调控制系统、物流决策支持系统。

显而易见，由于现代计算机及计算机网络的广泛应用，物流信息系统的发展有了一个坚实的基础，计算机技术、网络技术及相关的关系型数据库、条码技术、EDI等技术的综合应用，使得物流管理（包括物流成本管理）的自动化、高效化、及时性得以实现。

上述各项物流成本管理手段是互相配合、互相依存的一个有机整体。物流成本预测是物流成本决策的前提；物流成本预算是物流成本决策所确定目标的具体化；物流成本控制是对物流成本预算的实施进行监督，以保证目标的实现；物流成本核算是对物流成本的形成、物流成本控制过程与物流成本控制结果的记录与反映；物流成本分析既是对物流成本目标与物流成本预算是否实现的检验，也是对其差异成因的追踪与确认；物流成本绩效考评既是对一定时期内的物流成本绩效与其考评目标进行比较，也是对物流成本管理活动成果做出总体性结论；物流信息系统则是上述物流成本管理手段有效实施的重要保障。

第三节　物流成本变动成因与降低途径

一、企业物流成本变动成因

现实中，物流成本水平经常发生升降变动，可以表现为环比、同比上的差别或实际数与预算数之间的差别。显然，这种差别的背后必定存在着作为成本推手的成因。正确认识这些成因以及这些成因之间的关系，对于做好成本预测与成本分析，把握物流成本变动及其趋势有着重要意义。

1. 竞争性因素

物流成本水平之所以时常变动，首先是由于竞争性因素所迫。企业所处的市场环境充满了竞争，企业之间的竞争除了产品的价格、性能和质量外，从某种意义上来讲，优质的客户服务水平是决定竞争成败的关键，而高效物流系统和成本管理体系则是提高客户服务水平的重要途径。

（1）运输及装卸作业效率。企业采用更为快捷的运输、配送及装卸作业方式，虽然会增加运输装卸成本，但却可以缩短时间，提高物流服务水平，提高企业在竞争中的快速反应能力，并可相应地降低存货成本。

（2）库存水平。库存水平过低，会导致缺货损失，甚至是商誉损失。库存水平过高，虽然会相应降低缺货损失，但是存货成本会显著增加。理论上讲，合理的库存应保持在使仓储总成本为最小的水平上。通常做法是在满足预先设定的客户服务水平的前提下尽量降低存货水平。

（3）订货周期。订货周期偏长会使库存水平和存货成本过高，订货周期过短会使订货批次增多，从而增加了订货费用。通常可以推算出相对合理的订货批量和订货周期。

（4）物流作业费用水平。企业物流作业费用水平的高低，对企业竞争的地位具有重要影响。而物流作业费用水平的高低，取决于物流作业费用是否处于有效控制，也就是能否运用成本会计的方法，将实际物流费用与其限额（如定额或预算数）做比较，及时纠正不利的差异，以尽可能少的耗费实现同质的服务。

2. 产品因素

产品的特性不同也会影响物流成本，如产品价值、产品密度、易损性和特殊搬运等。

（1）产品价值。产品价值的高低通常会直接影响其物流成本的大小。随着产品价值的增加，其相关的各项物流活动的成本都会增加。一般来讲，产品的价值越大，对运输或搬运作业及其工具的要求就越高，其运输或搬运成本也就越高。存储与包装成本通常也随着产品价值的增加而增加，产品的高价值意味着其存货与包装的高成本。

（2）产品密度。通常来讲，产品密度越大，相同单位运输工具所装载的货物就越多，单位运输成本就越低。同理，仓库中一定空间内存放的货物越多，单位存储成本就越低。

（3）易损性。物品的易损性对物流成本的影响是显而易见的，易损的产品对物流各环节如运输、包装、仓储等作业活动都提出了更高的要求。

（4）特殊搬运。有些特种货物会对搬运提出特殊的要求，如对长大物品的搬运，需要特殊的装载工具；有些物品在搬运过程中需要持续加热或制冷等，这些特殊耗费必然增大物流成本。

3. 空间因素

空间因素是指物流系统中企业制造中心或仓库相对于目标市场或供货点的位置关系。

制造中心或仓库距离目标市场太远，必然会增加运输及包装等成本；但在目标市场建立或租用仓库，会增加库存成本。因此空间因素对物流成本水平的高低具有重要影响。

显而易见，产品因素和空间因素，通常是物流成本变动的客观成因，而竞争性因素则是物流成本变动的主观成因，也是物流成本日常管控的主要目标。

二、降低物流成本的途径

1. 物流合理化

物流合理化就是使一切物流活动和物流设施趋于合理，以尽可能低的成本获得尽可能好的物流服务。根据物流成本的效益背反理论，物流活动各环节的成本往往此消彼长，如果不综合考虑，必然会造成物流成本的不必要的增加和浪费。

对于一个企业而言，物流合理化是降低物流成本的关键因素，它直接关系到企业的效益，也是物流管理追求的总目标。物流的合理化，不能单纯地强调某环节的合理性和有效性来节省个别成本，而是要统筹兼顾、系统地加以考虑。

例如，为减少仓储保管成本，可采取压低库存、提高运输频次并减小运输批量的物流服务方式，但其结果有可能导致运输成本和产品进价的升高；同理，为减少运输成本，并获取产品价格上的优惠，可采取减少批次、加大批量的物流服务方式，但其结果有可能导致库存量和库存费用的增加。

再如，过去生产企业的产品需经多个环节才能到达消费者手中，而现在为使自己处于有利的竞争地位，拟采取直销方式，将产品直接送到消费者手中，虽然增加了配送费用，但却节省了包装费和仓储费，并提高了运送速度，但其是否节省了物流总费用，尚需做总体上的权衡。显然，如何设计物流服务方案，是实现物流合理化的关键。

2. 提高物流质量

提高物流质量，也是降低物流成本的有效途径。这是因为只有不断提高物流质量，才能减少并最终消灭各种差错事故，降低各种不必要的费用支出，从而保持良好的信誉，吸引更多的客户，形成规模化的集约经营，提高物流效率，从根本上降低物流成本。

物流质量体现在以下几个方面：

（1）商品质量。商品质量指商品运送过程中对原有质量（数量、形状、性能等）的保证，尽量避免商品的破损。

（2）物流服务质量。物流服务质量指用精度、时间、费用、客户满意度等来表示的物流服务的品质。比如，第三方物流企业采用GPS定位系统，货主可随时查询送货车辆的位置，及时了解货物的运行状态信息及货物运达目的地的整个过程，可有效地增强物流企业和货主之间的相互信任。

（3）物流工作质量。物流工作质量是指物流服务各环节、各岗位具体的工作质量。这是相对于企业内部而言的，是在一定标准下的物流质量的内部控制。物流工作质量控制指标体系包括运输工作质量指标、仓库工作质量指标、包装工作质量指标、配送工作质量指标、流通加工工作质量指标及信息工作质量指标等。

（4）物流工程质量。物流工程质量是指把物流质量体系作为一个系统来考察，用系统论的观点和方法，对影响物流质量的各种因素进行分析、计划，并进行有效控制。这些因素主要包括人的因素、体制因素、设备因素、工艺方法因素以及环境因素等。具体的物流工程质量指标有运输工程质量指标、仓库工程质量指标、包装工程质量指标、配送工程质量指标、流通加工工程质量指标及信息工程质量指标等。

物流质量管理与一般商品质量管理的主要区别是：它一方面要满足生产者的要求，使其产品能及时准确地运送给用户；另一方面要满足用户的要求，即按用户要求将其所需的商品送达交付，并使生产者与用户在经济效益上求得一致。

3. 加快物流速度

加快物流速度，可以减少资金占用，缩短物流周期，降低存储费用，从而节省物流成本。

加快物流速度可以通过加快采购物流、生产物流、销售物流的速度，来缩短整个物流周期，加大资金的利用率。据了解，美国生产企业的物流周期平均每年16～18次，而我国目前还不到2次，也就是说，同样的物品从生产到消费，我们需要的资金是美国的8～9倍。资金的占用是有成本的，所以说，在我国通过提高物流效率来降低物流成本的空间是非常巨大的。

第四节　物流成本的构成

研究不同领域物流成本的构成和不同环节物流成本的构成，既是物流成本核算的需要，也是物流成本分析与管理的需要。

一、社会物流总费用构成

社会物流总费用是指国民经济各方面用于社会物流活动的各项费用支出。它包括：支付给运输、储存、装卸搬运、包装、流通加工、配送、信息处理等各个物流环节的费用；应承担的物品在物流期间发生的损耗；社会物流活动中因资金占用而应承担的利息支出；社会物流活动中发生的管理费用等。

社会物流总费用一般划分为运输费用、管理费用、保管费用三个部分。

1. 运输费用

运输费用是指社会物流活动中，国民经济各方面由于物品运输而支付的全部费用。它包括支付给物品承运方的运费（即承运方的货运收入）；支付给装卸搬运保管代理等辅助服务提供方的费用（即辅助服务提供方的货运业务收入）；支付给运输管理与投资部门的，由货主方承担的各种交通建设基金、过路费、过桥费、过闸费等运输附加费用。

运输费用的基本计算方法是：

$$运输费用 = 运费 + 装卸搬运等辅助费$$

具体计算时，可根据铁路运输、道路运输、水上运输、航空运输和管道运输不同的运输方式及对应的业务核算办法分别计算。

2. 管理费用

管理费用是指社会物流活动中，物品供需双方的管理部门，因组织和管理各项物流活动所发生的费用。它主要包括管理人员报酬、办公费用、教育培训费用、劳动保险、车船使用费用等各种属于管理费用科目的费用。

管理费用的基本计算方法是：

$$管理费用=社会物流总额×社会物流平均管理费用率$$

式中，社会物流平均管理费用率是指一定时期内，各物品最初供给部门完成全部物品从供给地流向最终需求地的社会物流活动中，管理费用额占各部门物流总额比例的综合平均数。

3. 保管费用

保管费用是指社会物流活动中，物品从最初的资源供应方（生产环节、海关）向最终消费用户流动过程中，所发生的除运输费用和管理费用之外的全部费用。它包括：物流过程中因流动资金的占用而需承担的利息费用；仓储保管方面的费用；流通中配送、加工、包装、信息及相关服务方面的费用；物流过程中发生的保险费用和物品损耗费用等。

保管费用的基本计算方法是：

$$保管费用=利息费用+仓储费用+保险费用+货物损耗费用+\\信息及相关服务费用+配送费用+流通加工费用+\\包装费用+其他保管费用$$

二、企业物流成本构成

企业物流成本是指企业在生产经营过程中，商品从原材料供应开始，经过生产加工，到产成品和销售，以及伴随着生产和消费过程所产生的废物回收利用等过程中所发生的全部物流费用。

根据国标《企业物流成本构成与计算》（GB/T 20523—2006）的要求，我国企业物流成本构成有三种类型：一是企业物流成本项目构成，二是企业物流成本范围构成，三是企业物流成本支付形态构成。

1. 企业物流成本项目构成

按成本项目划分，物流成本由物流功能成本和存货相关成本构成。其中物流功能成本包括物流活动过程中所发生的包装成本、运输成本、仓储成本、装卸搬运成本、流通加工成本、物流信息成本和物流管理成本，存货相关成本包括企业在物流活动过程中所发生的与存货有关的流动资金占用成本、存货风险成本和存货保险成本。具体内容见表1-2。

表1-2 企业物流成本项目构成

成本项目		项目内容
物流功能成本	运输成本	一定时期内，企业为完成货物运输业务而发生的全部费用，包括运输业务人员费用、车辆（包括其他运输工具）的折旧费、维修保养费、燃料费、保险费、租赁费、养路费（国家已用"燃油附加税"取代养路费）、过路过桥费、年检费、事故损失费、相关税金、业务费等
	仓储成本	一定时期内，企业为完成货物储存业务而发生的全部费用，包括仓储业务人员费用、仓储设施的折旧费、维修保养费、水电费、燃料与动力消耗费、相关税金、业务费等
	包装成本	一定时期内，企业为完成货物包装业务而发生的全部费用，包括包装业务人员费用、包装材料消耗、包装设施折旧费、维修保养费、包装技术设计、实施费用、包装标记的设计、印刷费、相关税金、业务费等
	装卸搬运成本	一定时期内，企业为完成货物装卸搬运业务而发生的全部费用，包括装卸搬运业务人员费用、装卸搬运设施折旧费、维修保养费、燃料与动力消耗费、相关税金、业务费等
	流通加工成本	一定时期内，企业为完成货物流通加工业务而发生的全部费用，包括流通加工业务人员费用、流通加工材料消耗、加工设施折旧费、维修保养费、燃料与动力消耗、相关税金、业务费等
	物流信息成本	一定时期内，企业为完成物流信息的采集、传输、处理等活动所发生的全部费用，具体包括物流信息人员费用、信息设施折旧费、信息系统开发摊销费、软硬件系统维护费、咨询费、通信费、业务费等
	物流管理成本	一定时期内，企业为完成物流管理活动所发生的全部费用，包括物流管理部门及物流作业现场所发生的管理费用，具体包括物流管理人员费用、差旅费、办公费、会议费、水电费，以及国际贸易中发生的报关费、检验费、理货费等
存货相关成本	流动资金占用成本	一定时期内，企业在物流活动过程中因持有存货占用流动资金所发生的成本，包括存货占用银行贷款所支付的利息和存货占用自有资金所发生的机会成本
	存货风险成本	一定时期内，企业在物流活动过程中所发生的物品跌价、损耗、毁损、盘亏等
	存货保险成本	一定时期内，企业在物流活动过程中，为预防和减少因物品丢失、损毁造成的损失，而向社会保险部门支付的物品财产保险费用

2. 企业物流成本范围构成

按物流成本范围划分，企业物流成本由供应物流成本、企业内物流成本、销售物流成本、回收物流成本以及废弃物物流成本构成，具体内容见表1-3。

表1-3 企业物流成本范围构成

成本范围	范围说明
供应物流成本	企业在采购环节所发生的物流费用
企业内物流成本	货物在企业内部流转所发生的物流费用
销售物流成本	企业在销售环节所发生的物流费用
回收物流成本	退货、返修物品和周转使用的包装容器等从需方返回供方的物流活动过程中所发生的物流费用
废弃物物流成本	企业将经济活动中失去原有使用价值的物品，根据实际需要进行收集、分类、加工、包装、搬运、储存等，并分送到专门处理场所的物流活动过程中所发生的物流费用

3. 企业物流成本支付形态构成

按物流成本支付形态划分，企业物流总成本由委托物流成本和自营物流成本构成。其中自营物流成本按支付形态分为材料费、人工费、维护费、一般经费和特别经费，具体内容见表1-4。

表1-4 企业物流成本支付形态构成

成本支付形态		支付形态说明
自营物流成本	材料费	包括资材费、工具费、器具费等
	人工费	包括工资、福利、奖金、津贴、补贴、住房公积金、人员保险费、职工劳动保护费、按规定提取的福利基金、职工教育培训费等
	维护费	包括各类物流设施设备的折旧费、维护维修费、租赁费、保险费、税金、燃料与动力消耗费等
	一般经费	包括办公费、差旅费、会议费、通信费、咨询费、水电费、煤气费以及各物流功能成本在材料费、人工费和维护费三种支付形态之外反映的费用细目
	特别经费	包括存货流动资金占用费、存货跌价、损耗、盘亏和毁损费、存货保险费
委托物流成本		包括企业向外部物流机构所支付的各项费用

第五节 物流成本的分类

企业物流成本除因其构成不同而相互区别外，还应按照以下需要进行分类。

一、按物流成本是否具有可控性分类

按物流成本是否具有可控性，可将物流成本分为可控成本与不可控成本。

1. 可控成本

可控成本是指考核对象对成本的发生能够控制的成本。例如生产部门对材料的消耗量是可以控制的，所以材料的耗用成本（按标准成本计算）是生产部门的可控成本；而材料的价格，因由供应部门所控制，所以是供应部门的可控成本。又如企业在生产过程中消耗的由辅助生产部门所提供的水、电、气，这些水、电、气成本的高低对辅助生产部门来说是可以控制的，因而是可控成本，但对生产部门来说，则是不可控制的，所以必须按标准成本来结转其成本。由于可控成本对各责任中心来说是可控制的，因而必须对其负责。

2. 不可控成本

不可控成本是指考核对象对成本的发生不能予以控制的成本，因而也不予以负责的成本。例如上面所说的材料的采购成本，生产部门是无法控制的，因而对生产部门来说是不可控成本；又如供应部门的水、电、气成本对生产部门来说也是不可控成本。

可控成本与不可控成本都是相对的，而不是绝对的。对于一个部门来说是可控的，而对另一部门来说是不可控的。但从整个企业来考察，所发生的一切费用都是可控的，只是这种可控性需分解落实到相应的责任部门，所以从企业整体角度上看，所有的成本都是可控成本。

二、按物流成本性态分类

成本性态是指成本总额与业务总量之间的依存关系,通常又称为成本习性。按物流成本的性态分类,即按物流成本与业务量之间的数量关系分类,可将物流成本划分为变动成本和固定成本。

在企业的生产经营活动中,企业发生的资源消耗与业务量之间的数量关系可以分为两类:一类是随着业务量的变化而变化的成本,例如材料的消耗、工人的工资、能源消耗等。这类成本的特征是:业务量高,成本的发生额也高;业务量低,成本的发生额也低。成本的发生额与业务量近似成正比关系。另一类是在一定的业务量范围内,与业务量的增减变化无关的成本,例如固定资产折旧费、管理部门的办公费等。这类成本的特征是:在企业正常经营的条件下,这些成本是必定要发生的,而且在一定的业务量范围内基本保持稳定。对于这两类不同性质的成本,我们将前者称为变动成本,而将后者称为固定成本。

1. 变动成本

变动成本是指其发生总额随业务量的增减变化而近似成正比例增减变化的成本。

这里需强调的是变动的对象是指成本总额,而非单位成本。就单位成本而言,恰恰是固定的,因为只有单位成本保持固定,变动成本总额才能与业务量之间保持正比例的变化。

2. 固定成本

固定成本是指成本总额保持稳定,与业务量的变化基本无关的成本。

同样应予以注意的是,固定成本是指其发生的总额是固定的,而就单位成本而言,却是变动的,因为在成本总额固定的情况下,业务量越小,单位成本中的固定成本含量就越高,业务量越大,单位成本中的固定成本含量就越低。

在生产经营活动中,还存在一些既不与产量的变化成正比例变化,也并非保持不变,而是随业务量的增减变动而适当变动的成本,这种成本被称为半变动成本或半固定成本,如机器设备的日常维修费、辅助生产费用等。其中受变动成本的特征影响较大的称为半变动成本,而受固定成本的特征影响较大的称为半固定成本。由于这类成本同时具有变动成本和固定成本的特征,所以也称为混合成本。对于混合成本,可按一定方法将其分解成变动与固定两部分,并分别划归到变动成本与固定成本中。

三、按成本计算的方法分类

按成本计算的方法分类,可将成本分为实际成本与标准成本两类。

1. 实际成本

实际成本是指企业在物流活动中实际耗用的各种费用的总和。

2. 标准成本

标准成本是通过精确的调查、分析与技术测定而制定的,用来评价实际成本、衡量工作效率的一种预计成本。标准成本按其制定所根据的生产技术和经营管理水平,分为理想标准成本和正常标准成本。

（1）理想标准成本是指在最优的生产条件下，利用现有的规模和设备能够达到的最低成本。事实上，这种理想标准成本很难成为现实，它的主要用途是提供一个完美无缺的目标，揭示实际成本下降的潜力。因其提出的要求太高，不能作为考核的依据。

（2）正常标准成本按其适用期，分为现行标准成本和基本标准成本。

1）现行标准成本指根据其适用期间应该发生的价格、效率和生产经营能力利用程度等预计的标准成本。在这些决定因素变化时，需要按照改变了的情况加以修订。这种标准成本可以成为评价实际成本的依据，也可以用来对存货和销货成本计价。

2）基本标准成本是指一经制定，只要生产的基本条件无重大变化，就不予变动的一种标准成本。使用基本标准成本与各期实际成本对比，可反映成本变动的趋势。由于基本标准成本不按各期时间修订，不宜用来直接评价工作效率和成本控制的有效性。

第六节　物流成本的几个重要理论学说

深化物流成本的理论研究并将其与实践密切结合，对于更好地认识物流成本管理的规律，不断推进物流成本管理工作，提升物流成本管理水平，具有重要意义。

一、"黑大陆"学说

"黑大陆"主要是指尚未认识、尚未了解的领域。如果理论研究和时间探索照亮了这块黑大陆，那么摆在人们面前的可能是一片不毛之地，也可能是一片宝藏。

著名的管理学学者彼得·德鲁克（Peter F.Drucker，1909年11月19日—2005年11月11日）曾经讲过："流通是经济领域里的黑暗大陆。"德鲁克泛指的是流通，但是由于流通领域中物流活动的模糊性特别突出，是流通领域中人们认识不清的领域，所以，"黑大陆"学说应当是针对物流而言。

在财务会计中把营运生产费用大致划分为生产成本、管理费用、营业费用、财务费用和营业外支出。再把营业费用按各种支付形态进行分类，这样，在损益表中，所能直观看到的物流成本在整个销售额中只占极少的比重，因此物流的重要性当然不会被认识到，这就是物流被称为"黑大陆"的一个原因。

"黑大陆"学说意味着物流这个领域未知的东西还很多，其理论与实践有待于不断丰富与完备。

二、物流成本冰山理论

"物流冰山"学说是日本早稻田大学西泽修（1930年7月4日—）教授提出来的，他在研究物流成本时发现，现行的财务会计制度和会计核算方法都不能掌握物流费用的实际情况，因而人们对物流费用的了解是一片空白，甚至有很大的虚假性，他把这种情况比作"物流冰山"。

冰山的特点是大部分沉在水面之下，而露出水面的仅仅是冰山的一角。物流便是一座冰山，其中沉在水面以下的是我们看不到的黑色区域，而我们看到的不过是物流成本的一部分，如图1-1所示。

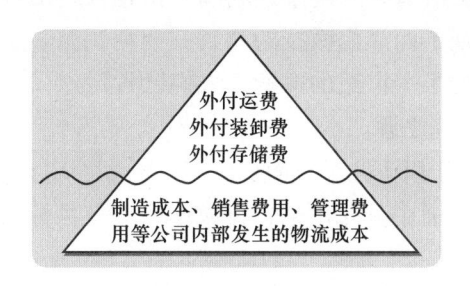

图1-1 物流成本冰山理论

西泽修教授用物流成本具体分析了德鲁克的"黑大陆"学说，事实证明，物流领域的方方面面对我们而言还是不清楚的，在"黑大陆"中和"冰山"的水下部分正是物流管理尚待开发的领域，也正是物流管理的潜力所在。现实当中很容易将企业向外支付的那部分显性物流费用误判为物流成本的全部，以至于忽略对物流成本的掌控，将企业置于经营的险境。

只有对物流成本进行全面计算，才能够解释清楚混在有关费用中的物流成本。具体来讲，工厂生产的产品，其购买原材料所支付的物流费用是计算在原材料成本中的；自运运输费和自用保管费是计入营业费用中的；另外与物流有关的利息和其他利息一起计入财务费用之中。如果把这些来自生产成本、原材料成本、销售费用和财务费用之中的有关物流部分费用划分出来，单独加以汇总计算，就会对物流费用的全部有进一步的了解，并会为其巨大的金额而感到惊讶。

实际上，在物流成本中，有不少是物流部门无法控制的。如保管费中就包括了由于过多进货或过多生产而造成积压的库存费用，以及紧急运输等例外发货的费用。从销售方面看，物流成本没有对额外的服务和标准服务加以区别，比如物流成本中往往包含促销费用。

在现实工作中，仍然只是把"冰山浮出水面的一角"作为物流成本核算的对象，主要的核算范围是那些明显的或容易单独计算的外付物流费用等。在许多企业中，物流成本并未全部单独核算，更未融入企业成本核算体系中。

三、"第三个利润源"学说

第三个利润源的说法是日本早稻田大学教授西泽修在1970年提出的。从历史发展来看，人类历史上曾经有过两个大量提供利润的领域。

在生产力相对落后、社会产品处于供不应求的历史阶段，由于市场商品匮乏，制造企业无论生产多少产品都能销售出去，于是就大力进行设备更新改造、扩大生产能力、增加产品数量、降低生产成本，以此来创造企业剩余价值，即"第一个利润源"。

当产品充斥市场，转为供大于求，销售产生困难时，也就是第一个利润源达到一定极限、很难持续发展时，便采取扩大销售的办法寻求新的利润源。人力领域最初是廉价劳动，其后则是依靠科技进步提高劳动生产率，降低人力消耗或采用机械化、自动化来降低劳动耗用，从而降低成本，增加利润，称之为"第二个利润源"。

然而，在前两个利润源潜力越来越小，利润开拓越来越困难的情况下，物流领域的潜力被人们所重视，于是出现了西泽修教授的"第三个利润源"学说。第三个利润源是对物流潜力及效益的描述。经过半个世纪的探索，人们已肯定这"黑大陆"虽不太清晰，但绝不是不毛之地，而是一片富饶之源。

第三个利润源的理论基于以下几个方面：

（1）物流可以完全从流通中分化出来，自成体系，有目标，有管理，因而能进行独立的总体分析判断。

（2）物流和其他独立的经济活动一样，它不是总体的成本构成因素，而是单独盈利因素，物流可以成为相对独立的"利润中心"。

（3）从物流服务角度来说，通过有效的物流服务，可以给接受物流服务的生产企业创造更好的盈利机会，成为生产企业的"第三个利润源"。

（4）通过有效的物流活动，可以优化社会经济系统和整个国民经济的运行，降低整个社会的运行成本，提高国民经济的总效益。

四、效益背反理论

"效益背反"指的是物流的若干功能要素之间存在着损益的矛盾，即某一功能要素的优化和利益发生的同时，必然会存在另一个或几个功能要素的利益损失，反之也如此。这是一个此消彼长、此盈彼亏的现象，虽然在许多领域中这种现象都是存在的，但在物流领域中，这个现象更为突出。

"效益背反"是物流领域中很普遍的现象，通常表现为物流成本与服务水平的效益背反和物流各功能活动的效益背反。

1. 物流成本与服务水平的效益背反

高水平的物流服务是由高水平的物流成本做保证的，在没有较大的技术进步情况下，物流企业很难做到既提高了物流服务水平，同时也降低了物流成本。一般来讲，提高物流服务水平，物流成本就会上升，两者之间存在着效益背反。

通常情况下，物流服务水平与物流成本之间并非呈线性关系，而是如图1-2所示，物流服务水平曲线是向下弯曲的。也就是说，物流服务如处于低水平阶段，追加成本ΔX，物流服务水平即可上升ΔY；如果处于高水平阶段，同样追加ΔX，则服务水平上升$\Delta Y'$，但$\Delta Y'<\Delta Y$。

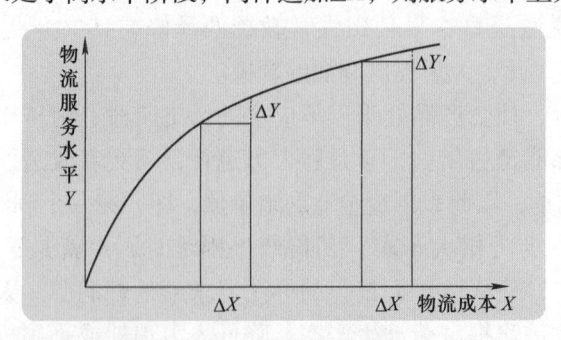

图1-2　物流服务水平与物流成本关系

从图1-2中我们也可以看出，在不同的服务水平上，投入相同的物流成本并非可以得到相同的物流服务水平的增长。

换句话说，与处于竞争状态的其他企业相比，在处于相当高的服务水平的情况下，要想超过竞争对手，维持更高的服务水平就需要有更多的投入。美国营销专家菲利普·科特勒（Philip Kotler）指出："物流的目的必须引进投入与产出的系统效率概念，才能得出较好的定义。"这就是说，要把物流看成是由多个效益背反的要素所构成的系统，避免为了片面达到某一单一目的而损害企业整体利益。

一般在对物流服务和物流成本做决策时，以价值工程理论为指导，可以考虑以下四种方法：

（1）保持物流服务水平不变，尽量降低物流成本。在不改变物流服务水平的情况下，通过改进物流系统来降低物流成本，提高物流价值。这种通过优化系统结构降低物流成本来维持一定物流服务水平的方法，称为追求效益法。

（2）提高物流服务水平，相应增加必要的物流成本。这是许多企业提高物流服务水平的做法，是物流企业面对特定客户或其面临竞争对手时所采取的具有战略意义的做法。

（3）保持物流成本不变，提高服务水平。这是一种积极的物流成本对策，是一种追求效益的方法，也是一种有效地利用物流成本性能的方法，其难度较大。

（4）用较低的物流成本，实现较高的物流服务。这是一种增加效益、具有战略意义的方法，但其难度也最大。

2. 物流各功能活动的效益背反

现代物流是由运输、包装、仓储、装卸及配送等物流活动组成的集合体，物流的各项活动处于一个相互矛盾的系统中，要想较多地达到某个方面的目的，必然会使另一方面的目的受到一定的损失，这便是物流各功能活动的效益背反。

例如，为降低库存成本而减少物流网络中仓库的数目并减少库存，必然会使库存补充变得频繁，并导致运输次数的增加，虽然降低了库存成本，却增加了运输环节上的运输成本；又如，将铁路运输改为航空运输，虽然增加了运费，却提高了运输速度，减少了库存，降低了库存费用。

再如，就包装环节来说，在产品销售市场和销售价格皆不变的前提下，假定其他成本要素也不变，那么包装方面每少花一分钱，这一分钱就必然转到收益上来，包装越省，利润则越高。但是，一旦商品进入流通之后，如果节省包装而降低了产品的防护功能，就会造成损失，导致储存、装卸、运输等功能要素的工作困难和效益降低。显然，包装活动的效益是以其他功能要素的损失为代价的，我国流通领域以往曾因包装不良出现的巨额商品损失，就是这种"效益背反"的实证。所有这些表明，在设计物流系统时，要综合考虑各方面因素的影响，使整个物流系统达到最优。

由此可见，物流系统就是以成本为核心，按相对合理成本水平的要求，调整各要素之间的矛盾，把它们有机地结合起来，使物流总成本为最小。形象地讲，物流的整体效果是森林的效果，归纳成一句话："物流是一片森林而非一棵棵树木。"

由于物流成本是物流系统全部活动的价值耗费结果，因此，从某种意义上讲，物流成本管理的内容几乎涉及物流技术与管理的各个方面。

但在现实工作中，物流成本管理和物流技术与管理有着较为明确的划分，这种划分也应体现在物流课程体系上。物流成本管理的方法虽然繁杂多样，但其采用与处理的各种成本数据完全取决于物流成本的划分、预测、预算、计算、分析、控制以及考评等方法体系，因此物流成本的划分、预测、预算、计算、分析、控制以及考评应是物流成本管理的基础与主体，是从事成本管控工作人员的基本功，也是本书的侧重点。

复习思考题

1. 试述物流成本管理的意义。
2. 试述物流成本管理的原则。
3. 物流成本管理的手段通常体现在哪些方面？
4. 按国标《企业物流成本构成与计算》（GB/T 20523—2006）的要求，我国企业物流成本构成有哪几种划分方法？
5. 有关物流成本的重要学说有哪几种？

拓展阅读

绿色物流为地球
可持续发展注入新动力

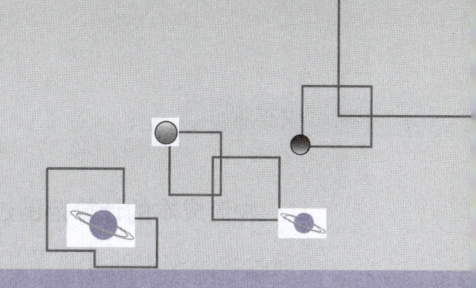

第二章

物流成本计算的基本方法

第二章的学习内容、学习目的与学习要求

第二章的学习要点

> **学习目的**
>
> 通过本章的学习，了解物流成本计算对象与成本计算期的选取方法，理解品种法、分批法、分步法、定额成本法等物流成本计算的基本方法，基本掌握作业成本法。在此过程中需要我们具备积极探索、勇于钻研的素质，深入理解各种方法的内涵和适用场景。

第一节 企业物流成本计算的特点

了解我国企业物流成本计算的特点，对于正确认识现行企业会计制度和社会物流统计制度之间的关系、企业物流成本与产品成本之间的关系，明确物流成本的构成，正确计算物流成本，具有十分重要的意义。

当前，我国物流成本计算的特点可归纳为以下两个方面。

一、物流成本的计算要素弹性较大

企业自营物流基础设施的建设费和营运费、企业自营车辆的费用、自营装卸的费用、自营包装的费用以及物流信息费用、物流管理费用等各种大量的、隐性的物流费用，按照现行的企业会计制度的要求，直接计入存货成本、产品成本、制造费用或管理费用，企业无须对这些物流费用单独进行核算。从企业自身需求来看，各个企业对物流成本的计算要素认识不一，使得计算结果可比性差。企业物流成本的计算要素的确认"因人而异"，具有较大弹性。

1. 物流成本的计算范围过于宽泛

企业物流成本的计算范围包括原材料物流、工厂内部物流、从工厂到仓库和配送中心的物流、从配送中心到用户的物流等。如此大的范围，涉及的企业内部诸多单位或部门，牵涉的面也很广，很容易漏掉其中的某一部分，物流成本计算难免错漏。

2. 物流成本计算对象维度众多

企业物流成本既可将物流不同环节作为成本计算对象，又可以将物流活动的不同范围作为成本计算对象，还可以将物流成本的不同支付形态作为成本计算对象。这三个维度的成本计算对象还可以层层细化到不同的产品、不同的内部单位、不同的劳务作业、不同的运载工具、不同的存储地点或不同的客户等更多维度上。

对于这种多维度的成本计算对象，企业可根据自身情况或自身需要，对其进行归并与取舍。比如，在运输、保管、包装、装卸及信息等各物流环节中，以哪些环节作为企业的物流成本计算对象？该企业只计算运输费用和保管费用，不计算其他费用，或将运输环节与装卸环节加以合并来计算运输成本，物流成本的计算结果将会不同。

3. 物流成本的计算要素归集难度大

由于物流成本大部分发生在企业内部，而且范围大、流通环节多、涉及的单位较多，因此，许多已经发生的物流费用在具体分解时存在很大的困难。现行会计制度通常将一些应计入物流成本的费用，如仓储保管费用、仓储办公费用、仓储物资的合理损耗等计入企业的经营管理费用；同时，将物资采购中发生的物资运输费用、保险费用、合理损耗、装卸费用、挑选整理费用等计入物资采购成本。如果要选择或分解这些被不经意隐藏的费用，在操作上也存在很大的难度，操作成本较高。

二、物流成本计算方法须规范统一

为建立一套符合我国国情的适用于生产流通企业的物流成本构成与核算体系，使我国企业切实掌握自身用于物流环节的实际费用，帮助企业开源节流，降低物流成本，开发第三大利润源泉，我国于2006年9月28日首次发布了中华人民共和国国家标准《企业物流成本构成与计算》（GB/T 20523—2006），并于2007年5月1日起实施。

该标准在借鉴日本《物流成本计算统一标准》的基础上，从物流成本项目、物流成本范围和物流成本支付形态三个维度，构建物流成本计算统一标准的框架，主要包括统一标准的适用范围、物流成本内涵及计算对象、物流成本构成和物流成本计算四部分内容，其中物流成本构成和物流成本计算是该标准的核心内容。

1. 物流成本构成部分的内容

这部分内容主要明确了企业纷繁复杂的成本费用中哪些应归属于物流成本以及物流成本范围、物流成本项目和物流支付形态内容的具体界定，这是分离和计算物流成本的基础。

2. 物流成本计算部分的内容

这部分内容主要是指导企业如何计算物流成本以及如何填写统一表式的物流成本表，

对不同类型企业的物流成本计算思路、方法步骤,物流间接成本的分配,物流成本表的填写以及物流成本表的钩稽关系都做了较为明确的规定。

在该标准与现行企业会计制度和社会物流统计制度之间的关系方面,其基本思路是:首先,该标准不改变现行会计核算体系,依据我国的财务制度展开应用。其次,该标准是社会物流统计制度的有益补充,提供微观数据基础。建立该标准的目的在于统一企业的物流成本构成内容,指导企业按统一的内容和要求从会计数据中分离出物流成本,从而为企业物流成本管理工作提供数据支持,为行业及社会物流统计工作奠定基础。

第二节 物流成本计算对象

成本计算对象是指企业为归集和分配各项成本费用而确定的、以一定时期和空间范围为条件而存在的成本计算实体。

企业的物流活动都是在一定的时空范围内进行的,从物流的各个环节来看,其时间上具有连续性和继起性,空间上具有并存性。因此,各项成本费用的发生,需要从其发生期间、发生地点和承担实体三个方面进行合理划分,这就形成了成本计算对象的三个基本构成要素。

一、成本费用承担实体

成本费用承担实体是指发生并应合理承担各项费用的特定经营成果的体现形式,包括有形的各种产品和无形的各种劳务作业等。例如,工业企业的某种、某批或某类产品,服务行业的某一经营项目,施工企业的某项工程,运输业的某种运输劳务等。

就企业物流部门或物流企业来讲,其成本费用承担实体,主要是各种不同类型的物流活动或物流作业。由于企业物流部门或物流企业在物流规模、物流功能、物流范围、物流经营方式等方面各有不同,致使物流活动或物流作业的种类差别较大。一般中小型企业的物流规模、物流范围和自营比例较小,从而物流活动或物流作业种类较少,对成本费用承担实体的确认较为简单。但对大型或超大型企业的物流部门以及一般物流企业来说,物流活动或物流作业种类较多,对成本费用承担实体的确认较为复杂。例如,企业内部具有相当规模的运输部门、装卸搬运部门、流通加工部门,以及作业量较大的物流作业环节,可以将成本费用承担实体细化到不同运输车型、不同装卸设备、不同加工对象、不同作业对象、不同客户等层面上。通常情况下,出于成本管理需要,物流企业对成本费用承担实体的细化程度应比企业物流部门要更高一些。

二、成本计算期间

成本计算期间是指汇集生产经营费用、计算生产经营成本的时间范围。例如,工业企业成本计算期按产品的生产周期和日历月份;农业种植业按轮作周期;服务业、劳务性企业一般按日历月份等。企业物流部门或物流企业的成本计算期视其物流作业性质可有不同的确定方法，对于一般物流作业来讲，可将日历月份作为成本计算期间，而对于远洋货物运输作业来讲，因其生产周期较长（以航次为生产周期），所以应以航次周期作为成本计算期间。

三、成本计算空间

成本计算空间是指成本费用发生并能组织成本计算的地点或区域（部门、单位、生产或劳务作业环节等）。例如，制造企业的成本计算空间可按全厂、车间、分厂、某个工段或某一生产步骤划分；服务性等企业可以按部门、分支机构或班组等单位来确定各个成本计算空间。

物流企业成本计算空间的划分，首先要符合《企业物流成本构成与计算》（GB/T 20523—2006）的要求，即以物流成本项目、物流成本范围和物流成本支付形态作为物流成本计算对象，也就是从物流成本项目、物流成本范围和物流成本支付形态三个维度来划分成本计算空间。

1. 从物流成本项目维度划分

即以物流成本项目作为物流成本计算对象，具体包括物流功能成本和存货相关成本。其中，物流功能成本是指在包装、运输、仓储、装卸搬运、流通加工、物流信息和物流管理过程中所发生的物流成本。存货相关成本是指企业在物流活动过程中所发生的与存货有关的流动资金占用成本、存货风险成本、存货保险成本。

2. 从物流成本范围维度划分

即以物流成本范围作为物流成本计算对象，具体包括供应物流、企业内物流、销售物流、回收物流和废弃物物流等不同阶段所发生的各项成本支出。

3. 从物流成本支付形态维度划分

即以物流成本的支付形态作为物流成本计算对象，具体包括委托物流成本和企业自营物流成本。其中，企业自营物流成本的支付形态具体包括材料费、人工费、维护费、一般经费和特别经费。

从物流成本项目、物流成本范围和物流成本支付形态三个维度来划分成本计算空间，实际上是对同一成本计算空间的三种不同截取方法，所以三个维度所计算出的成本，在总额上是相等的。

四、物流成本计算对象的选取原则

企业物流成本计算对象的选取应符合《企业物流成本构成与计算》（GB/T 20523—2006）的要求，即以物流成本项目、物流成本范围和物流成本支付形态作为物流成本计算对象。此外，还应符合下述原则。

1. 满足成本控制重点的需要

物流成本的计算并非越全越细越好，成本计算对象也并非越全越好，过细过全的成本计算是不必要的，也是不经济的。

物流成本计算对象的选取，应当放在成本控制的重点上。成本控制的重点应包括：

（1）按成本责任划定的责任成本单位。

（2）当前成本费用开支比重较大，或根据当前需要，有必要分清并分别计算其物流成本的部门或作业项目。

（3）需要单独计算其收益的部门或作业项目。

（4）新开发的物流作业项目。

2. 满足多维度、多层次的管理需要

企业内部管理有相关要求的，还可以按照现代企业多维度、多层次的管理需要，确定多元化的成本核算对象。

（1）多维度是指以产品的最小生产步骤或作业为基础，按照企业有关部门的生产流程及其相应的成本管理要求，利用现代信息技术，组合出产品维度、工序维度、车间班组维度、生产设备维度、客户订单维度、变动成本维度和固定成本维度等不同的成本核算对象。

（2）多层次是指根据企业成本管理需要，划分为企业管理部门、工厂、车间和班组等成本管控层次。

第三节　企业物流成本计算的原则与步骤

现实中，企业物流成本的计算与企业成本会计核算是并行的两套体系，并且前者高度依存于后者。正确地从会计数据中分离出物流成本，是计算物流成本的前提。企业物流成本计算应符合下述原则与步骤要求。

一、企业物流成本计算原则

1. 可直接分离的物流成本计算原则

可直接分离的物流成本是指对于现行成本核算体系中已经反映但分散于各会计科目之中的物流成本，企业在按照会计制度的要求进行正常成本核算的同时，可根据本企业实际情况，选择在期中同步登记相关物流成本辅助账户，通过账外核算得到物流成本资料；或在期末（月末、季末、年末，下同）通过对成本费用类账户再次进行归类整理，从中分离出物流成本。

2. 不可直接分离的物流成本计算原则

不可直接分离的物流成本是指对于现行成本核算体系中没有反映但应计入物流成本的耗费（即存货占用自有资金所发生的机会成本，下同），根据有关存货统计资料按规定的公式计算物流成本。

二、企业物流成本计算步骤

1. 可直接分离的物流成本计算步骤

对现行成本核算体系中已经反映但分散于各会计科目中的物流成本，可采取以下计算步骤。

（1）账户设置。设置物流成本辅助账户，按物流成本项目设置运输成本、仓储成本、包装成本、装卸搬运成本、流通加工成本、物流信息成本、物流管理成本、流动资金占用成本、存货风险成本、存货保险成本等二级账户，并按物流成本范围设置供应物流、企业内物流、销售物流、回收物流和废弃物流等三级账户，对于自营物流成本，还应按费用支付形态设置材料费、人工费、维护费、一般经费、特别经费费用专栏。上述物流成本二级账户、三级账户及费用专栏设置次序，企业可根据实际情况选择。

（2）费用确认。对企业会计核算的有关成本费用科目，包括管理费用、销售费用、财务费用、生产成本、制造费用、其他业务成本、营业外支出以及材料采购等科目及明细项目逐一进行分析，确认物流成本的内容。

（3）账务处理。对于应计入物流成本的内容，企业可根据本企业实际情况，选择在期中与会计核算同步登记物流成本辅助账户及相应的二级、三级账户和费用专栏，或在期末集中归集物流成本，分别反映按物流成本项目、物流成本范围和物流成本支付形态归集动因的物流成本数额。期末，汇总计算物流成本辅助账户及相应的二级、三级账户和费用专栏成本数额。

2. 不可直接分离的物流成本计算步骤

对于现行成本核算体系中没有反映但应计入物流成本的费用，采用以下计算步骤。

（1）期末对存货按采购在途、在库和销售在途等形态分别统计账面余额。

（2）按照下式分别计算出在供应物流、企业内物流、销售物流等不同范围阶段存货占用自有资金所发生的机会成本：

$$\text{存货占用自有资金所发生的机会成本} = \text{存货占用自有资金} \times \text{行业基准收益率}$$

三、企业间接物流成本

1. 企业间接物流成本的定义

企业间接物流成本是指企业物流成本中不能直接计入成本计算对象的那部分成本，包括间接为物流作业消耗的成本、为物流作业和非物流作业同时消耗的成本、为不同物流功能作业共同消耗的成本以及为不同物流范围共同消耗的成本。

2. 企业间接物流成本的分配原则

根据《企业物流成本构成与计算》（GB/T 20523—2006），在计算物流成本时，对于单独为物流作业及相应的物流功能作业所消耗的费用，应直接计入物流成本及其对应的物流功能成本；对于企业间接物流成本可按照从事物流作业、物流功能作业或物流范围作业的人员的比例、物流工作量比例、物流设施面积或设备比例以及物流作业所占资金比例等进行分配和计算。

四、企业物流成本表

按《企业物流成本构成与计算》(GB/T 20523—2006)的要求,企业应定期编报企业物流成本表,包括主表(企业物流成本主表,见表2-1)和附表(企业自营物流成本支付形态表,见表2-2)。

1. 企业物流成本主表

表2-1 企业物流成本主表　　　　　　　　表号:企物流A1表

企业详细名称:　　　　　　企业法人代码:　　　　　　计量单位:元　年　月

成本项目		代码	范围及支付形态																
			供应物流成本			企业内物流成本			销售物流成本			回收物流成本			废弃物物流成本			物流总成本		
			自营	委托	小计	自营	委托	小计	自营	委托	小计	自营	委托	小计	自营	委托	小计	自营	委托	合计
			01	02	03	04	05	06	07	08	09	10	11	12	13	14	15	16	17	18
物流功能成本	运输成本	01																		
	仓储成本	02																		
	包装成本	03																		
	装卸搬运成本	04																		
	流通加工成本	05																		
	物流信息成本	06																		
	物流管理成本	07																		
	合计	08																		
存货相关成本	流动资金占用成本	09																		
	存货风险成本	10																		
	存货保险成本	11																		
	合计	12																		
其他成本		13																		
物流总成本		14																		

单位负责人:　　　　　　填表人:　　　　　　填表日期:　　年　月　日

说明:①本表编报期为月报、季报和年报。②生产企业和流通企业一般应按供应物流、企业内物流、销售物流、回收物流和废弃物物流五个范围阶段逐一进行填列。③按范围形态填列时,若某阶段未发生物流成本或有关成本项目无法归属于特定阶段的,则按实际发生阶段据实填列或填列横向合计数即可。④对于委托物流成本,若无法按物流范围进行划分但可按成本项目分别付费的,填写"物流总成本—委托—17"列的有关内容即可;若采用不分成本项目的整体计费方式付费但可划分物流范围,则填写"物流总成本—14"行中与委托有关的成本即可；若既采用整体计费方式付费又无法划分物流范围的，则填写"物流总成本—14"行与"物流总成本—委托—17"列交界位置的成本即可。⑤在上述③和④中直接填写"物流总成本"有关内容的，应对其内容在表后做备注说明。⑥对于物流企业，不需按物流范围进行填列，按成本项目及成本支付形态填写物流成本即可。

2. 企业物流成本附表

表2-2 企业自营物流成本支付形态表　　　　表号：企物流A2表

企业详细名称：　　　　　　企业法人代码：　　　　　计量单位：元　年　月

成本项目		代码	内部支付形态					
			材料费	人工费	维护费	一般经费	特别经费	合计
			1	2	3	4	5	6
物流功能成本	运输成本	01						
	仓储成本	02						
	包装成本	03						
	装卸搬运成本	04						
	流通加工成本	05						
	物流信息成本	06						
	物流管理成本	07						
	合计	08						
存货相关成本	流动资金占用成本	09						
	存货风险成本	10						
	存货保险成本	11						
	合计	12						
其他成本		13						
物流总成本		14						

单位负责人：　　　　　　填表人：　　　　　　填表日期：　年　月　日

说明：①本表编报期为月报、季报和年报。②对于运输成本、仓储成本、装卸搬运成本、物流信息成本和物流管理成本，对应的支付形态一般为人工费、维护费和一般经费；对于包装成本、流通加工成本，对应的支付形态一般为材料费、人工费、维护费和一般经费；对于流动资金占用成本、存货风险成本和存货保险成本，对应的支付形态一般为特别经费。③凡成本项目中各明细项目有相应支付形态的，均需填写；无相应支付形态的，则不填写。

3. 企业物流成本表主要逻辑审核关系

主表中"物流总成本—自营—16"列中各项成本数值应等于附表中"合计—6"列中各项成本数值。

第四节　制造成本法

制造成本法是制造企业传统的成本核算方法。

我国财政部2014年1月1日起实施的《企业产品成本核算制度（试行）》规定，制造企业一般设置直接材料、燃料和动力、直接人工和制造费用等成本项目。

直接材料，是指构成产品实体的原材料以及有助于产品形成的主要材料和辅助材料。

燃料和动力，是指直接用于产品生产的燃料和动力。

直接人工，是指直接从事产品生产的工人的职工薪酬。

制造费用，是指企业为生产产品和提供劳务而发生的各项间接费用，包括企业生产部门（如生产车间）发生的水电费、固定资产折旧、无形资产摊销、管理人员的职工薪酬、劳动保护费、国家规定的有关环保费用、季节性和修理期间的停工损失等。

了解制造成本法所包括的几种不同的具体方法，有助于认识制造成本法的特点与适用范围；在计算物流成本时，可以有选择地借鉴与运用制造成本法。

一、品种法

品种法，是以产品品种作为成本计算对象，归集生产费用、计算产品成本的一种成本计算方法。

1. 品种法的特点

品种法具有下列特点：

（1）以产品品种作为成本计算对象，按产品品种归集其生产费用并计算其成本。

（2）按月定期计算产品成本。

（3）对于单步骤生产企业，因其生产品种单一，且生产周期短，月末一般不会存在在产品，所以，一般不需要将生产费用在完工产品和月末在产品之间分配。

2. 品种法的核算程序

品种法核算程序如图2-1所示。

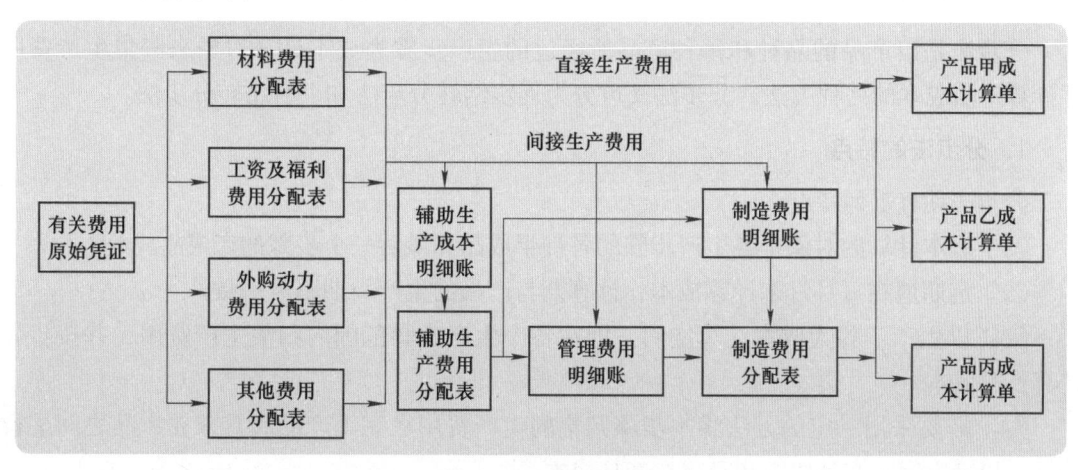

图2-1　品种法核算程序

二、分批法

分批法是以产品的批别作为成本计算对象，归集分配生产费用并据以计算产品成本的一种方法。

1. 分批法的特点

（1）以产品批别作为成本计算对象。如果生产订单上只是一种产品，但数量较大，也可将其划分成若干生产批次，并按批别计算各批产品成本。

（2）产品成本计算是不定期的，在有完工产品（同一批产品全部完工时才算作完工产品）的月份才计算完工产品成本。成本计算期与产品生产周期一致。

（3）一般不需要将生产费用在完工产品和月末在产品之间进行分配。

2. 分批法的核算程序

分批法核算程序如图2-2所示。

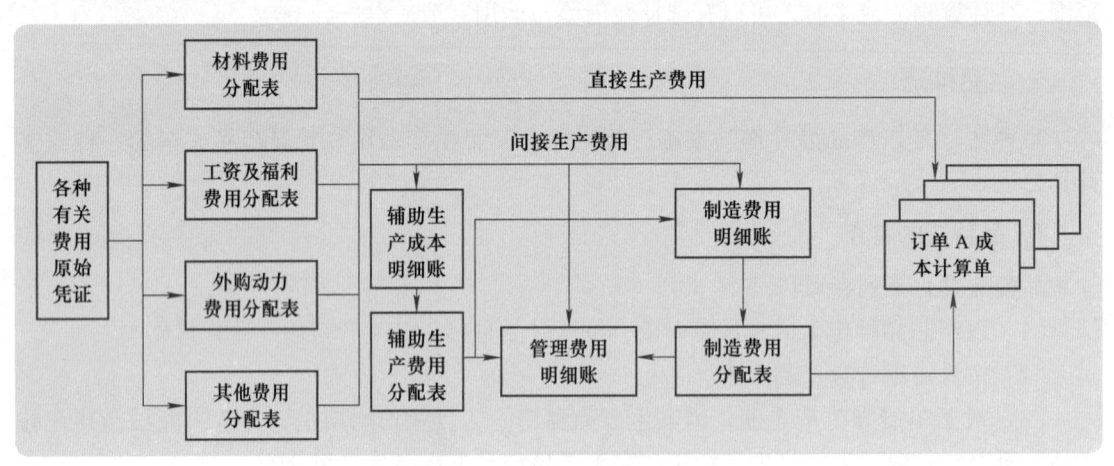

图2-2 分批法核算程序

三、分步法

分步法是以产品的品种和每种产品所经过的生产步骤为成本计算对象来归集生产费用并计算产品成本的一种方法。分步法又可分为逐步结转分步法和平行结转分步法。

1. 分步法的特点

分步法具有下列特点：

（1）成本计算的对象是各生产步骤的各种半成品和最后一个步骤的产成品。

（2）定期地在每月月末计算成本，计算期与产品的生产周期不需一致。

（3）以生产步骤为成本计算空间，即在各个生产步骤范围内归集生产费用，并按步骤计算产品成本。

（4）需要采用一定的方法将本步骤归集的生产费用在完工产品和月末在产品之间进行分配，以确定完工产品成本和月末在产品成本。

2. 分步法的核算程序

以逐步结转分步法为例，其核算程序如图2-3所示。

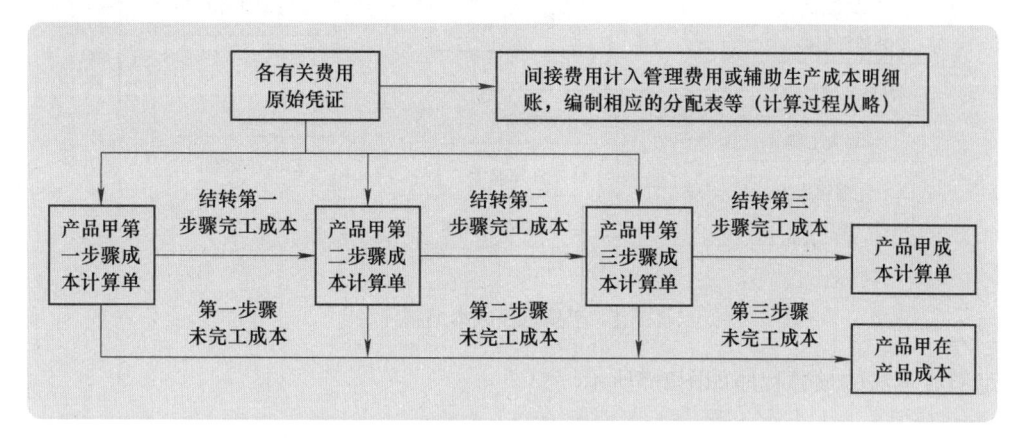

图2-3 逐步结转分步法（综合结转法）的核算程序

分步法适用于大量、大批、多步骤的工业生产企业，也适用于多环节、多功能、综合性营运的物流企业。两者不同之处在于：前者在月末时须计算在产品成本；后者因其产品通常为劳务作业，故无须计算在产品成本。

四、定额成本法

定额成本法是以产品的定额成本为基础，及时揭示生产耗费脱离定额的差异，并根据定额成本、定额差异和定额变动计算产品实际成本的一种方法。定额成本法把产品成本的计划、控制、核算和分析结合在一起，以便随时控制、监督生产耗费的发生，促使企业以定额成本为控制限度，降低成本，节约耗费。因此，定额成本法不仅是一种产品成本的计算方法，更重要的还是一种对产品成本进行直接控制与管理的方法。

1. 定额成本法的特点

定额成本法的特点表现在以下几个方面：

（1）在事前需要制定产品的消耗定额、耗费定额和产品的定额成本作为成本控制的依据。

（2）在生产耗费发生的当时，将符合定额的耗费和发生的差异分别核算，包括脱离现行定额的差异核算、材料成本差异的核算和定额变动差异的核算。

（3）月末在定额成本的基础上加减各种差异，计算产品的实际成本。

（4）定额成本法必须与成本计算的品种法、分批法和分步法等基本方法结合运用，因为它不是一种独立的成本核算方法。

2. 定额成本法的基本程序

一般先制定零件的定额成本，然后再汇总计算部件的定额成本，最后再汇总制定产品的定额成本。产品定额成本编制程序如图2-4所示。

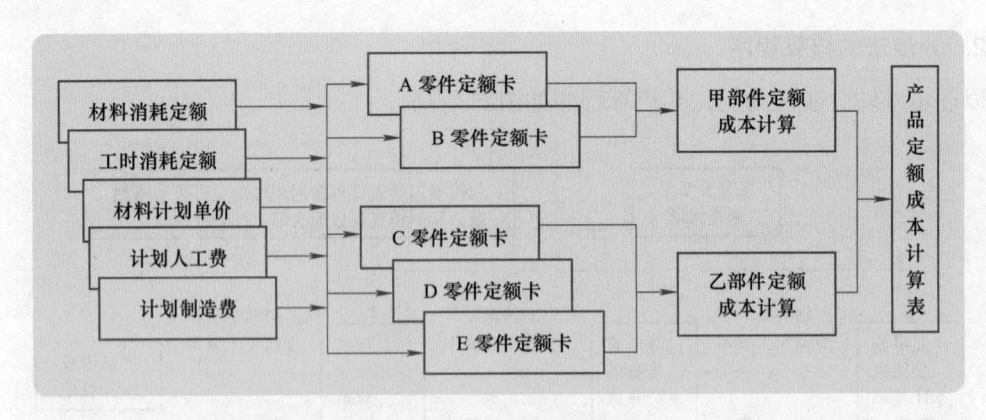

图2-4 产品定额成本编制程序

定额成本法的核算程序如图2-5所示。

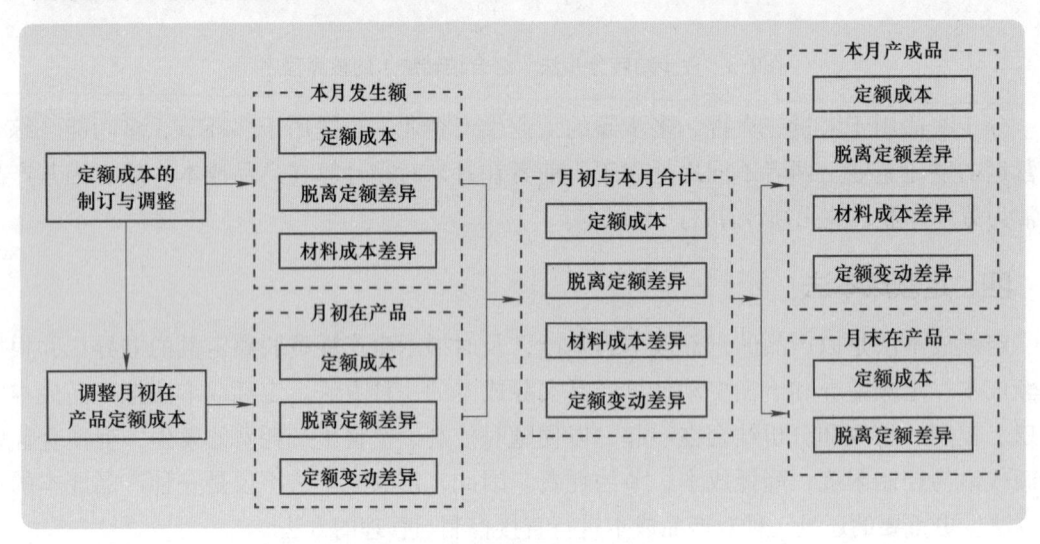

图2-5 定额成本法的核算程序

3. 定额成本法的适用范围

定额成本法的适用范围主要有以下几个方面：

（1）企业具备比较健全的定额管理制度，有较好的定额管理工作的基础。

（2）产品的生产基本定型，产品的各项消耗定额准确且稳定。

（3）定额成本法与产品生产的类型没有直接的联系，可以适用于各种类型产品的生产。但定额成本法不可单独应用，而必须与成本计算的品种法、分批法或分步法等结合起来应用。

五、成本计算对象与相应计算方法的选取依据

1. 生产组织不同，成本计算对象不尽相同

对于大量生产类型的产品，由于连续不断地重复生产品种相同的产品，因此只要求按

照产品的品种计算其成本。

对于大批生产类型的产品,由于产品批量较大、生产周期较长,因此可与大量生产一样,只要求按产品品种计算产品成本。

就物流企业或企业物流部门来讲,其运输、装卸、流通加工、包装、分拣等生产作业所产出的产品(一般表现为劳务),因其高度的相似性与重复性,一般可视同大量生产类型的产品或大批生产类型的产品,可按照产品的品种计算其成本。当然,如果不同作业批次产品的单位作业费用差别较大,需要单独考察成本耗费或单独计算收益时,也可按批次计算物流成本。

2. 生产工艺过程不同,成本计算对象有所不同

在单步骤生产条件下,由于生产工艺过程不可能或不需要划分为几个生产步骤,因此只要求按产品品种计算产品成本。

就物流企业或企业物流部门来讲,如果其物流作业环节不止一个,并且在不同环节上的作业耗费需要单独计算,应按生产步骤计算其成本。例如物流配送企业的物流作业过程可分为集货、分拣、流通加工、配装、配送运输等环节(即所谓生产步骤),从理论上讲,可分别按不同环节来计算物流成本。

3. 管理要求不同,产品成本的计算对象和计算方法有所不同

生产组织和生产工艺过程的不同,从客观上决定着成本的计算对象有所不同,但同时还要考虑管理上的要求。例如物流配送企业的物流作业过程的某些环节,其作业成本耗费数额相对较少,无须单独计算时,可将这些环节上的作业耗费与其他环节耗费合并计算物流成本。

4. 成本控制重要程度不同,产品成本的计算对象有所不同

企业在确定成本计算对象时,如果可作为成本计算对象者较多,可仅将成本控制的重点作为单独的成本计算对象,而对于那些非成本控制重点可适当加以归类,计算其共同成本。

第五节 作业成本法

作业成本法(Activity-Based Costing,简称ABC),也称为作业成本会计或作业成本核算制度,它是以成本动因理论为基础,通过对作业(Activity)进行动态追踪,反映、计量作业和成本对象的成本,评价作业业绩和资源利用情况的方法,同时也是在产品之间合理分配企业产品制造费用或在物流作业之间合理分配间接物流成本的有力工具。

一、作业成本法的基本概念

(一)作业

在作业成本法中,所谓作业,就是指企业为提供一定量的产品或劳务所消耗的人力、技术、原材料、方法和环境等的集合体，或者说，作业是企业为提供一定的产品或劳务所发生的、以资源为重要特征的各项业务活动的统称。

作业是汇集资源耗费的第一对象，是资源耗费与产品成本之间的连接中介。作业成本法将作业作为成本计算的基本对象，并将作业成本分配给最终产出（如产品、服务或客户），形成产品成本。

一个企业，特别是物流企业，其作业多种多样，十分复杂。从作业成本法角度，有必要对其进行分类。

（二）成本动因

成本动因是指导致企业成本发生的各种因素，也是成本驱动因素。它是引起成本发生和变动的原因，或者说是决定成本发生额与作业消耗量之间内在数量关系的根本因素，如直接人工小时、机器小时、产品数量、准备次数、材料移动次数、返工数量、订购次数、收取订单数量、检验次数等。

成本动因按其对作业成本的形成及其在成本分配中的作用可分为资源动因和作业动因。

1. 资源动因

资源动因也称为作业成本计算的第一阶段动因，主要用在各作业中心内部成本库之间分配资源。

按照作业会计的规则：作业量的多少决定资源的耗用量，资源耗用量的高低与最终的产品量没有直接关系。资源消耗量与作业量的这种关系称为资源动因。

资源动因反映着资源被各种作业消耗的原因和方式，它反映某项作业或某组作业对资源的消耗情况，是将资源成本分配到作业中的基础。例如，搬运设备所消耗的燃料直接与搬运设备的工作时间、搬运次数或搬运量有关，那么搬运设备的工作时间、搬运次数或搬运量即为该项作业成本的资源动因。

2. 作业动因

作业动因也称为作业成本计算的第二阶段动因，主要用于将各成本库中的成本在各产品之间进行分配。

作业动因是各项作业被最终产品消耗的原因和方式，它反映的是产品消耗作业的情况，是将作业中心的成本分配给产品或劳务对象的标准，是资源消耗转化为最终产出成本的中介。

（三）作业中心与作业成本库

作业中心是成本归集和分配的基本单位，它由一项作业或一组性质相似的作业所组成。

一个作业中心就是生产流程的一个组成部分。根据管理上的要求，企业可以设置若干个不同的作业中心，其设立方式与成本责任单位相似。作业中心与成本责任单位的不同之处在于：作业中心的设立是以同质作业为原则，是相同的成本动因引起的作业的集合。

由于作业消耗资源，因此伴随作业的发生，作业中心也就成为一个资源成本库，也称为作业成本库。

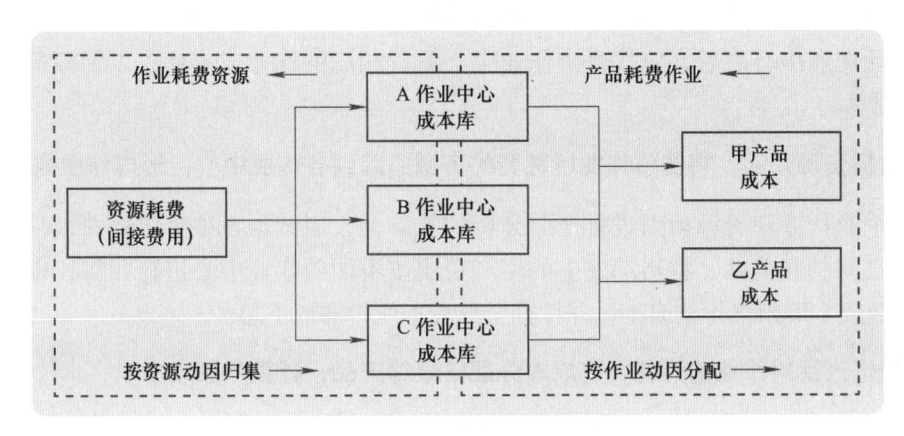

二、作业成本法的基本原理

作业成本法的基本原理是：根据"作业耗用资源，产品耗用作业；生产导致作业的产生，作业导致成本的发生"的指导思想，以作业为成本计算对象，首先依据资源动因将资源的成本追踪到作业，形成作业成本，再依据作业动因将作业的成本追踪到产品，最终形成产品的成本。其原理如图2-6所示。

图2-6 作业成本法的基本原理

三、作业成本法的特点

作业成本法与传统成本法相比有如下特点。

（1）作业成本法提供的会计信息，并不追求传统成本法下的"精确"计算，只要求数据能够准确到保证制订计划的正确性即可。

（2）作业成本法有利于企业进行产品成本控制。在产品设计阶段，可以通过分析产品成本动因对新产品的影响，达到降低产品成本的目的；而在产品生产阶段，则可以通过成本系统反馈的信息，降低新产品成本，并减少无价值的作业活动。

（3）作业成本法可用于分析企业生产能力的利用情况。以成本动因计算的作业量，将能更准确地反映企业实际消耗的作业量水平。如果将作业成本系统建立在标准成本计算法上，将会提高间接成本差异分析的有效性。

（4）作业成本法可用于制定产品生产种类的决策。产品的开发、减产和停产等决策与企业未来经营活动密切相关，因而企业的未来差量收入和差量成本将变为对决策有用的关键信息。作业成本信息则为预测这些未来成本数据提供了基础。

四、作业成本法核算程序

1. 确认各项作业的成本动因

成本动因的确认是否客观合理，是实施作业成本法有无成效的关键。因此，成本动因的确认与筛选，应由有关技术人员、成本会计核算人员和管理人员等共同分析讨论。

2. 对作业进行筛选整合，建立作业中心及作业成本库

首先对各项作业进行确认，其确认的方法主要有业务职能活动分解法、过程定位法、价值链分析法和作业流程图分析法等。

在确认作业的基础上，对作业进行筛选与整合。事实上，如果列示全部的作业数量，有可能过于烦琐和复杂，并增大信息采集的成本。因此，有必要对这些作业做必要的筛选与整合，确保最后可设计出特定而有效的作业中心。

在确认作业中心之后，应按每个作业中心设置相应的作业成本库，以便归集各作业中心的作业成本。

3. 依据资源动因，将各项作业所耗费的资源追踪到各作业中心，形成作业成本库

在对企业作业和资源动因进行全面分析的基础上，应依据各项资源耗费结果、资源动因及作业之间的相关性，将当期发生的生产费用按不同的作业中心进行归集，即按各作业中心的作业成本库归集作业成本，并计算全部成本库中的成本总和。

4. 根据产品对作业的消耗，将成本分配给最终产品，计算产品成本

当成本归集到各作业中心的作业成本库后，应按作业动因及作业成本额计算出作业成本的分配率，并按不同产品所消耗的作业量的多少分配作业成本，最终计算出产品应承担的作业成本。

作业成本分配率的计算式为

$$\text{某项作业成本分配率} = \frac{\text{该作业中心作业成本总额}}{\text{该作业中心的成本动因量化总和}}$$

某产品应承担的某项作业成本分配额计算式为

$$\text{某产品应承担的某项作业成本分配额} = \text{该产品消耗某作业量总和} \times \text{该项作业成本分配率}$$

五、作业成本法核算程序示例

益友饮品集团第三制品厂生产两种饮品，即产品甲和产品乙，现采用作业成本法对其生产费用组织核算。

（1）该厂根据管理与核算上的需要，对资源动因进行确认与合并。确认合并后，共有6项，即材料移动、订单数量、准备次数、维修小时、质检数量及直接工时（成本动因确认与合并的具体做法与过程略）；将全部作业分解与合并为6个作业中心，即材料采购作业中心、材料处理作业中心、设备维修作业中心、质量检验作业中心、生产准备作业中心以及动力与折旧作业中心（作业分解与合并的具体做法与过程略），并按各作业中心分别建立作业成本库。

（2）对于直接生产费用即直接材料费、直接人工费用，不需计入各作业成本库，可直接按产品进行归集，计入产品成本。产品甲与产品乙当月产量及各项直接生产费用和共同耗用的制造费用见表2-3。

表2-3 产品甲与产品乙当月产量、各项直接生产费用、共同耗用的制造费用

项 目	计量单位	产品甲	产品乙
该月产量	件	400 000	200 000
直接材料费用	元	380 000	420 000
直接人工费用	元	106 000	168 000
共同耗用的制造费用	元	1 864 000	

（3）该生产部门的全部制造费用（即间接费用）均已按资源动因归集到各作业成本库（按资源动因的归集过程略），其结果见表2-4。

表2-4 制造费用按资源动因归集结果

作业中心（作业成本库）	资源动因	计量单位	资源动因数量统计结果	作业成本费用/元
材料处理	材料搬运	次	2 500	414 000
材料采购	订单数量	张	7 500	320 000
生产准备	准备次数	次	800	160 000
设备维修	维修小时	h	20 000	310 000
质量检验	检验次数	次	4 000	240 000
动力与折旧	机器工时	h	200 000	420 000
合计			—	1 864 000

（4）在费用归集和成本动因分析的基础上，将各作业成本库中的成本按相应作业动因（本例假定作业动因与资源动因相同）分配到各产品。

产品甲与产品乙的作业动因数量统计情况见表2-5。根据表2-5中的作业动因数量统计分析结果，可将制造费用在产品甲与产品乙之间进行分配。作业动因比率的计算见表2-6，根据计算出的作业动因比率，分配作业成本，分配过程与结果见表2-7。

表2-5 产品甲与产品乙的作业动因数量统计表

作业中心（作业成本库）	作业动因	计量单位	作业动因数量统计结果		
			产品甲	产品乙	合计
材料处理	材料搬运	次	2 000	500	2 500
材料采购	订单数量	张	5 000	2 500	7 500
生产准备	准备次数	次	550	250	800
设备维修	维修小时	h	12 500	7 500	20 000
质量检验	检验次数	次	3 000	1 000	4 000
动力与折旧	机器工时	h	120 000	80 000	200 000

表2-6 作业动因比率的计算

作业中心（作业成本库）	作业动因	计量单位	作业动因数量统计	作业成本总额/元	动因比率
	①	②	③	④	⑤=④÷③
材料处理	材料搬运	次	2 500	414 000	165.6元/次
材料采购	订单数量	张	7 500	320 000	42.6 667元/张
生产准备	准备次数	次	800	160 000	200元/次
设备维修	维修小时	h	20 000	310 000	15.5元/h
质量检验	检验次数	次	4 000	240 000	60元/次
动力与折旧	机器工时	h	200 000	420 000	2.1元/h
合计				1 864 000	

表2-7 作业成本分配过程与结果

作业成本库	动因比率	产品甲		产品乙		作业成本合计/元
		动因数量	分配额/元	动因数量	分配额/元	
材料处理	165.6元/次	2 000次	331 200	500次	82 800	414 000
材料采购	42.6 667元/张	5 000张	213 333	2 500张	106 667	320 000
生产准备	200元/次	550次	110 000	250次	50 000	160 000
设备维修	15.5元/h	12 500h	193 750	7 500h	116 250	310 000
质量检验	60元/次	3 000次	180 000	1 000次	60 000	240 000
动力与折旧	2.1元/h	120 000h	252 000	80 000h	168 000	420 000
总计			1 280 283		583 717	1 864 000

（5）计算产品成本。将按产品甲与产品乙所归集的直接材料费用、直接人工费用和作业成本法分配来的制造费用进行汇总，分别计算产品甲与产品乙的总成本与单位成本，见表2-8。

表2-8 产品甲与产品乙的总成本与单位成本

成本项目	产品甲（400 000件）		产品乙（200 000件）	
	总成本/元	单位成本/（元/件）	总成本/元	单位成本/（元/件）
直接材料费用	380 000	0.95	420 000	2.1
直接人工费用	106 000	0.27	168 000	0.84
制造费用	1 280 283	3.20	583 717	2.92
合计	1 766 283	4.42	1 171 717	5.86

复习思考题

1. 物流成本计算对象选取的依据是什么？
2. 简述企业物流成本计算原则。
3. 定额成本法有哪些特点？
4. 简述作业成本法与传统成本法的区别。

练 习 题

一、产品生产与产品成本数据资料

新鑫铸造厂202×年生产A、B、C三种产品。其中，A产品是老产品，已经有多年的生产历史，比较稳定，每批大量生产10 000件以备客户订货的需要，年产A产品120 000件；B产品是应客户要求改进的产品，每批生产100件，年产B产品60 000件；C产品是一种新的、复杂的产品，每批生产10件，年产C产品12 000件。

按传统成本法，三种产品全年总成本计算结果见表2-9。

表2-9 三种产品全年总成本 （单位：元）

成 本 项 目	直 接 材 料	直 接 人 工	制 造 费 用	合　　计
A产品	600 000	240 000	1 200 000	2 040 000
B产品	360 000	120 000	600 000	1 080 000
C产品	96 000	36 000	180 000	312 000
合计	1 056 000	396 000	1 980 000	3 432 000

A、B、C三种产品的单位成本计算结果见表2-10。

表2-10 产品生产单位成本 （单位：元）

成 本 项 目	直 接 材 料	直 接 人 工	制 造 费 用	合　　计
A产品	5.00	2.00	10.00	17.00
B产品	6.00	2.00	10.00	18.00
C产品	8.00	3.00	15.00	26.00

二、成本计算要求

采用作业成本法，对上述制造费用按作业成本库进行归集，并按三种产品所消耗的作业量重新分配制造费用，最后重新计算三种产品的总成本和单位成本。

（1）全年制造费用按作业成本库的归集结果，由本题直接给出，见表2-11。

表2-11 按作业成本库归集的全年制造费用 （单位：万元）

资　源	作业中心及作业成本库							合　计
	机器能量	材料检验	材料处理	生产准备	材料采购	产品分类	物业管理	
生产准备				32				32
材料处理			36					36
材料检验		27						27
材料采购					27			27
产品分类						14		14
工厂管理							21	21
供热照明							8	8
房屋							19	19
动力	14							14
合计								198

（2）成本动因资料见表2-12。

表2-12 成本动因资料

成本动因	单位	产品		
		A	B	C
单位机器小时比例		1	1.5	3.5
投产准备次数	次	12	600	1 200
每批检验次数	次/批	50	5	2
每批材料移动次数	次/批	25	50	100
材料采购订单次数	次	200	400	1 400
产品分类次数	次	50	75	200

（3）要求：将各作业成本库归集的制造费用分配给A、B、C三种产品，可通过列表方式完成，参见表2-13～表2-22。

1）机器能量成本按三种产品的机器小时比例分配，其计算过程与结果填入表2-13。

表2-13 机器能量成本分配表

产品	数量/件	用量/（h/件）	机器小时/h	分配率/（元/h）	分配额/元
A产品	120 000	1			
B产品	60 000	1.5			
C产品	12 000	3.5			
合计	—	—	252 000		140 000

2）材料检验成本库费用按检验次数分配，其计算过程与结果填入表2-14。

表2-14 材料检验成本分配表

产品	批数/批	每批检验数/（次/批）	检验总数/次	分配率/（元/次）	分配额/元
A产品	12	50			
B产品	600	5			
C产品	1 200	2			
合计	—	—	6 000		270 000

3）材料处理成本库费用按材料移动次数分配，其计算过程与结果填入表2-15。

表2-15 材料处理成本分配表

产品	批数/批	移动次数/（次/批）	总次数/次	分配率/（元/次）	分配额/元
A产品	12	25			
B产品	600	50			
C产品	1 200	100			
合计	—	—	150 300		360 000

4）生产准备成本库费用按每批准备次数分配，其计算过程与结果填入表2-16。

表2-16　生产准备成本分配表

产品名称	准备次数/次	分配率/(元/次)	分配额/元
A产品	12		
B产品	600		
C产品	1 200		
合计	1 812		320 000

5）材料采购成本库费用按购货订单数量分配，其计算过程与结果填入表2-17。

表2-17　材料采购成本分配表

产品名称	购货订单数量/件	分配率/(元/件)	分配额/元
A产品	200		
B产品	400		
C产品	1 400		
合计	2 000		270 000

6）产品分类成本库费用按产品分类次数分配，其计算过程与结果填入表2-18。

表2-18　产品分类成本分配表

产品名称	分类次数/次	分配率/(元/次)	分配额/元
A产品	50		
B产品	75		
C产品	200		
合计	325		140 000

7）物业管理成本库费用按各产品的直接材料成本与直接人工成本之和的比例分配，其计算过程与结果填入表2-19。

表2-19　物业管理成本分配表　　　　　　　　　　　　　　　　（单位：元）

产品名称	直接材料	直接人工	合计	分配率(%)	分配额
A产品	600 000	240 000			
B产品	360 000	120 000			
C产品	96 000	36 000			
合计	1 056 000	396 000	1 452 000		480 000

8）将上述制造费用在产品之间的分配结果，按产品类别加以汇总，填入表2-20。

表2-20　制造费用最终归集结果　　　　　　　　　　　　　　　（单位：元）

费用项目	产品		
	A	B	C
机器能量			
材料检验			
材料处理			
生产准备			
材料采购			
产品分类			
物业管理			
合计	422 728.85	607 801.93	949 469.22

9）将制造费用的最终归集结果以及表2-9中的直接材料、直接人工填入表2-21，并重新计算其总成本与单位成本。

表2-21 产品总成本及单位成本的计算（作业成本法）

项目	A产品（120 000件）		B产品（60 000件）		C产品（12 000件）	
	单位成本/（元/件）	总成本/元	单位成本/（元/件）	总成本/元	单位成本/（元/件）	总成本/元
直接材料						
直接人工						
制造费用						
合计						

10）将三种产品的传统成本法与作业成本法所计算出的总成本、单位成本填入表2-22内，并加以比较，以理解作业成本法的意义所在。

表2-22 传统成本法与作业成本法计算结果的比较

项目	总成本/元			单位成本/（元/件）		
	传统成本法	作业成本法	差额	传统成本法	作业成本法	差额
A产品						
其中：制造费用						
B产品						
其中：制造费用						
C产品						
其中：制造费用						
产品成本合计	3 432 000	3 432 000	—	—	—	—
制造费用合计	1 980 000	1 980 000	—	—	—	—

拓展阅读

物流成本的正确计算对我国经济发展具有哪些重大意义

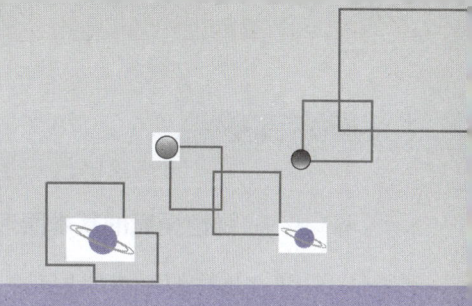

第三章

物流成本控制的基本方法

学习目的

通过本章的学习，了解零基预算法，理解目标成本法、标准成本法；初步掌握弹性预算法、连环替代法和变动成本差异的计算方法。要锻炼自己的耐心和专注度，沉下心来钻研这些方法的运用。

第一节 弹性预算法与零基预算法

成本费用预算是企业预算的重要组成部分，其制订方法不尽相同。本节重点介绍常用的两种成本费用预算方法，即弹性预算法和零基预算法。

一、弹性预算法

弹性预算也称为变动预算或滑动预算，它是相对固定预算而言的一种预算方法。

编制预算的传统方法是固定预算法，即根据固定业务量水平（如产量、运输量、销售量）编制出的预算。这种预算的主要缺陷是：当实际发生的业务量与预期的业务量发生较大偏差时，各项变动费用的实际发生数与预算数之间就失去了可比基础。在市场形势多变的情况下，这种偏差出现的可能性极大，因而将导致固定预算失去应有的作用。

为了弥补按传统方法编制预算所造成的缺憾，保证实际数同预算数的可比性，就必须根据实际业务量的变动对原预算数进行调整，于是就产生了"弹性预算"。

所谓"弹性预算"，是指在编制费用预算时，预先估计到计划期内业务量可能发生的变动，编制出一套能适应多种业务量的费用预算，以便分别反映各种业务量情况下所应开支费用水平。由于这种预算随着业务量的变化而变化，本身具有弹性，因此称为弹性预算。

（一）弹性预算的基本原理

弹性预算的基本原理是：把成本费用按成本习性分为变动费用与固定费用两大部分，由于固定费用在其相关范围内，其总额一般不随业务量的增减而变动，因此在按照实际业务量对预算进行调整时，只需调整变动费用即可。

设固定预算中的费用预算总额为

$$Y = a + bX$$

式中　　Y——费用预算总额；

　　　　a——固定费用总额；

　　　　b——单位变动成本；

　　　　X——计划业务量。

如果实际业务量为X'，按实际业务量调整后的费用预算总额为Y'，则

$$Y' = a + bX'$$

（二）弹性预算的特点

弹性预算具有下述特点：

（1）弹性预算可根据各种不同的业务量水平进行编制，也可随时按实际业务量进行调整，具有伸缩性。

（2）弹性预算的编制是以成本可划分为变动费用与固定费用为前提的。

弹性预算由于可根据不同业务量进行事先编制，或根据实际业务量进行事后调整，因此具有适用范围广的优点，增强了预算对生产经营变动情况的适应性。只要各项消耗标准、价格标准等编制预算的依据不变，弹性预算就可以连续地使用下去。由于弹性预算的编制是以成本可划分为变动费用与固定费用为前提的，所以可以分清成本增加的正常与非正常因素，有利于成本分析与控制。

（三）弹性预算的编制

弹性预算在成本控制中可用于编制各种费用预算。

下面以企业装卸部门费用预算为例，说明弹性预算的编制方法。编制装卸部门的费用预算，首先要选择合适的业务量计量对象，确定适当的业务量变动范围，然后根据各项费用与业务量之间的数量关系，区分出变动费用与固定费用，并在此基础上分析确定各项目的预算总额或单位预算，并用一定的形式表达出来。其编制步骤如下。

1. 业务量计量单位的选取

业务量计量单位的选取，应以代表性强、直观性好为原则。就装卸部门来讲，其装卸费用预算的业务量计量单位通常为千操作吨，符号为$10^3 t$，取千操作吨作为业务量计量单位的代表性与直观性较强。

2. 确定业务量变动范围

确定业务量变动范围应满足其业务量实际变动的需要。确定的方法有以下几种：

（1）把业务量范围确定在正常业务量的80%～120%之间。

（2）把历史上的最低业务量和最高业务量分别作为业务量范围的下限和上限。

（3）对预算期的业务量做出悲观预测和乐观预测，分别作为业务量的下限和上限。

3. 选择弹性预算的表达方式

弹性预算的表达方式主要有列表法和公式法。

（1）列表法。

例3-1 太行冶炼公司装卸部门在正常情况下，全年装卸作业量预计为$8\,600\times10^3$t，要求在其80%～120%之间按间隔10%的装卸作业量，以及按表3-1中的各项成本费用的标准编制其弹性预算。

表3-1 装卸作业各项成本费用标准

项目	成本费用与装卸作业量关系	
	费用总额固定不变/元	费用总额成正比变动/（元/10^3t）
一、固定成本	35 210 000	—
1. 基本工资	1 750 000	—
2. 提取的福利基金	760 000	—
3. 基本折旧	18 000 000	—
4. 大修理基金	11 700 000	—
5. 管理费用（固定部分）	3 000 000	—
二、单位变动成本	—	2 552.9
1. 计件工资	—	546.0
2. 燃料	—	23.3
3. 动力及照明费	—	34.9
4. 材料	—	1 395.3
5. 劳动保护费	—	174.4
6. 工具费	—	139.5
7. 修理费	—	53.5
8. 外付装卸费	—	116.3
9. 管理费用（变动部分）	—	69.7

根据表3-1所列资料编制该装卸部门的装卸费用弹性预算，见表3-2。

表3-2 装卸费用弹性预算

项目	装卸量/10^3t				
	6 880	7 740	8 600	9 460	10 320
一、固定成本/万元	3 521	3 521	3 521	3 521	3 521
1. 基本工资	175	175	175	175	175
2. 提取的福利基金	76	76	76	76	76
3. 基本折旧	1 800	1 800	1 800	1 800	1 800
4. 大修理基金	1 170	1 170	1 170	1 170	1 170
5. 管理费用（固定部分）	300	300	300	300	300
二、变动成本/万元	1 757	1 976	2 196	2 416	2 634
1. 计件工资	376	423	470	517	563
2. 燃料	16	18	20	22	24
3. 动力及照明费	24	27	30	33	36
4. 材料	960	1 080	1 200	1 320	1 440
5. 劳动保护费	120	135	150	165	180
6. 工具费	96	108	120	132	144
7. 修理费	37	41	46	51	55
8. 外付装卸费	80	90	100	110	120
9. 管理费用（变动部分）	48	54	60	66	72
三、装卸成本总额/万元	5 278	5 497	5 717	5 937	6 155
四、单位装卸成本/（元/10^3t）	7 671.51	7 102.07	6 647.67	6 275.90	5 964.15

（2）公式法。由于装卸部门的费用，按其与装卸作业量的依存关系（即成本习性）可分解为固定费用与变动费用，所以其费用预算总额Y可用下式表示与计算：

$$Y = a + bX$$

式中　Y——费用预算总额；

　　　a——固定费用总额；

　　　b——单位变动成本；

　　　X——计划装卸作业量。

当确定了a与b的数值后，在相关范围内的装卸作业量为X的费用预算即可用上式计算出来。

例3-2 续例3-1，求出a与b的数值，见表3-3。

表3-3 费用总额中的a与b的数值计算

	固定费用/元	变动费用/（元/10^3t）
	a	b
一、固定成本	35 210 000	—
1. 基本工资	1 750 000	—
2. 提取的福利基金	760 000	—
3. 基本折旧	18 000 000	—
4. 大修理基金	11 700 000	—
5. 管理费用（固定部分）	3 000 000	—

（续）

	固定费用/元	变动费用/（元/10^3t）
	a	b
二、单位变动成本	—	2 552.9
1. 计件工资	—	546.0
2. 燃料	—	23.3
3. 动力及照明费	—	34.9
4. 材料	—	1 395.3
5. 劳动保护费	—	174.4
6. 工具费	—	139.5
7. 修理费	—	53.5
8. 外付装卸费	—	116.3
9. 管理费用（变动部分）	—	69.7
装卸费用预算总额（Y）	35 210 000+2 552.9X （式中：X为装卸作业量，10^3t）	

通过表3-3可计算出a与b的数值，分别为35 210 000元和2 552.9元/10^3t。当装卸作业量X在6 880×10^3t～10 320×10^3t之间变动时，均可用下式计算出相应的费用预算总额：

$$Y=35\ 210\ 000+2\ 552.9X$$

如果太行冶炼公司装卸部门当年实际装卸作业量为8 720×10^3t，则相应的费用预算总额为

$$35\ 210\ 000+2\ 552.9×8\ 720=57\ 471\ 288（元）$$

平均每千操作吨费用预算总额为

$$57\ 471\ 288÷8\ 720=6\ 590.74（元/10^3\text{t}）$$

二、零基预算法

零基预算也称为"以零为基础编制计划和预算"。在编制间接费用或固定费用预算时，传统的方法是：以以往的各种费用项目的实际开支数为基础，考虑到预算期业务变化，对以往的开支数做适当的增减调整后加以确定。这种方法的不足之处在于，以往的开支中势必有不合理的费用支出，如果仅仅笼统地在此基数上加以增减，很有可能使这些不合理的费用开支继续存在下去，无法使预算发挥其应有的作用。

为解决这个问题，人们提出了零基预算的预算编制方法。

零基预算不同于传统的预算编制方法，它对于任何一项预算支出，不是以过去或现有费用水平为基础，而是一切都以零为起点，从根本上考虑它们的必要性及其数额的多少。所以，这种预算编制方法更切合实际情况，从而使预算充分发挥其控制实际支出的作用。

零基预算的编制步骤与方法如下：

（1）明确企业或本部门计划期的目标和任务，列出在计划期内需要发生哪些费用项目，并说明费用开支的目的性，以及需要开支的具体数额。

（2）将每项费用项目的所得与所费进行对比，权衡利害得失，并区分轻重缓急，按先后顺序排列，并把其分出等级。一般以必不可少的业务及其发生的费用为第一层次，必须保证；然后依据业务内容和费用多少，依次列为第二层次、第三层次等，作为领导人决策的依据。

（3）按照上一步骤所定的层次和顺序，结合可动用的资金来源，分配资金，落实预算。

由于零基预算对每一项费用都是从零开始考虑的，因此其工作量必然繁重，但其带来的效益和效果也是十分可观的。

第二节 目标成本法

目标成本是一种预计成本，是指产品、劳务、工程项目等在其生产经营活动开始前，根据预定的目标所预先制定的产品、劳务、工程项目等在生产和营建过程中各种耗费的标准，是成本责任单位、成本责任人为之努力的方向与目标。

一、目标成本的作用

通过对目标成本的确认，并在实际工作中为之努力，将使目标成本发挥以下作用：

（1）充分调动企业各个部门或各级组织以及职工个人的工作主动性、积极性，使上下级之间、部门之间、个人之间相互配合，围绕共同的目标成本而努力做好本职工作。

（2）目标成本是有效地进行成本比较的一种尺度。将成本指标层层分解落实，使其与实际发生的生产费用进行对比，揭示差异，查明原因，采取措施，以防止损失和浪费的发生，起到控制成本的作用。

（3）确认目标成本的过程，也是深入了解和认识影响成本各因素的主次关系及其对成本的影响程度的过程，这将有利于企业实行例外管理原则，将管理的重点转到影响成本差异的重要因素上，从而加强成本控制。

二、目标成本确定的方法

（一）倒扣测算法

倒扣测算法是根据通过市场调查确定的客户或服务对象可接受的单位价格（如售价、劳务费率等），扣除企业预期达到的单位产品利润和根据国家规定的税率预计的单位产品税金，以及预计单位产品期间费用而倒算出单位产品目标成本的方法。其计算式为

$$\text{单位产品目标成本} = \text{预计单价} - \text{单位产品目标利润} - \text{预计单位产品税金} - \text{预计单位产品期间费用}$$

[例3-3] 某新产品预计单位产品售价为2 000元，单位产品目标利润为300元，该产品相关税率为10%，预计单位产品期间费用为200元。据倒扣测算法计算式，可求得该产品的目标成本。

该产品单位产品目标成本为

$$2\,000 - 300 - 2\,000 \times 10\% - 200 = 1\,300 \text{（元）}$$

(二) 比价测算法

比价测算法是将新产品与曾经生产过的功能相近的老产品进行对比,凡新老产品结构相同的零部件,按老产品现有成本指标测定,与老产品不同的部件,应按预计的新的材料消耗定额、工时定额、费用标准等加以估价测定。这种方法适用于对老产品进行技术改造的目标成本的测定。

例3-4 某企业在T-1型产品的基础上,通过技术改造,推出T-2型新产品。原T-1型产品单位产品成本为100元,共由甲、乙、丙、丁4个零件组成。T-2型产品中的甲零件选材,改用工程塑料以代替不锈钢材料,每件节约成本3元;乙零件提高抛光精度,每件增加成本2元;丁材料进行烤漆工艺处理,每件增加成本3元;丙零件材料与工艺无变化。

据此可推定T-2型产品的单位产品目标成本为

$$100-3+2+3=102（元）$$

(三) 本量利分析法

本量利分析法是指在利润目标、固定成本目标和销量目标既定的前提下,对单位变动成本目标进行匡算的方法。

依据成本、销售量与利润三者的关系式,即

$$利润 = 单位售价 \times 销售量 - 单位变动成本 \times 销售量 - 固定成本$$

可导出目标单位变动成本的计算式,即

$$目标单位变动成本 = 目标单位售价 - \frac{目标利润 + 目标固定成本}{目标销售量}$$

例3-5 某车间加工一种新产品投放市场,据分析,其单价不能高于同类产品单价的120%,即单价不能超过50元。预计加工该产品的固定性加工费用(如设备折旧费等)全年为3 000元。该产品的目标利润为20 000元,据市场调查估算的销售量为1 150件。试匡算该产品的目标单位变动成本。

据上式,该产品的目标单位变动成本为

$$50 - \frac{20\,000 + 3\,000}{1\,150} = 30（元/件）$$

其实在匡算产品目标单位变动成本之前,先要确定其目标固定成本,两者相互依存,两者之和(指以目标单位变动成本和目标销售量计算的目标变动成本总额与目标固定成本总额之和)形成目标总成本。

(四) 功能成本分析法

1. 功能成本分析原理

功能成本分析是根据价值工程原理,对所生产或研制的产品或对所提供服务的功能与成本的匹配关系,试图以尽可能少的成本为用户提供其所需求的必要功能或必要服务,或按功能与成本的匹配关系,将产品成本按组成产品的各个零部件的必要功能进行合理分配,以达到优化成本设计和实现成本控制目的的一种方法。

功能与成本的关系从理论上讲可表示为

$$价值 = \frac{功能}{成本}$$

上式中的功能是指一种新产品、零件或一项服务所具有的用途(或使用价值);成本是指产品的寿命周期成本(即生产成本与使用成本之和);价值是功能与成本的比值,与通常的价值概念并不相同,它表明以某种代价(成本耗费)取得某种使用价值是否合理、是否值得、是否必要。

2. 提高价值的途径

上述价值的表达式表明:功能成本分析的目的在于提高产品(或零件、服务项目)的价值,即以相对低的寿命周期成本确保实现必要的功能。从该表达式也可以得出如下提高价值的途径:

(1)在产品功能不变的前提下降低成本。

(2)在成本不变的前提下提高产品的功能。

(3)在产品成本略有增加的同时,显著增加产品的功能。

(4)在不影响产品主要功能的前提下,适当降低一些次要功能,或消除不必要的功能,从而使成本显著降低。

(5)通过运用科技手段,或改变产品结构、采用新工艺与新材料等措施,既提高功能又降低成本。

3. 功能成本分析法的步骤

(1)计算功能评价系数,其计算式为

$$\frac{功能}{评价系数} = \frac{某零件的功能分数}{全部零件的功能分数之和}$$

从上式中可以看出,功能评价系数是反映某零件功能重要程度的一个指标。根据价值工程原理,某零件的成本高低应与该零件的功能重要程度相匹配;换句话说,某零件的功能评价系数数值比其他零件高,则应配以较高的成本。同理,假如某零件的成本较高,但其功能在产品中相对较低,则说明这个零件的成本分析偏高,应予以改进。

功能的高低好差,通常是一个定性的概念,如何对其进行量化评价,是一件较难的工作。这里介绍的功能评价系数计算式所采用的量化方法,就是将组成某单位产品的各个零部件逐一地进行一对一的比较,进而确定其相对的重要程度,即汇总求出各零件的功能分数,并据以计算出各零件的功能评价系数。

为使其评价客观一些、合理一些,在实际中可由几个有关的专业人员(如产品设计人员、材料定额人员、采购人员等)分别进行评价,然后用平均分数来表示零件的功能分数。

例3-6 甲产品由8个零件组装而成,各零件的功能分数由8位专家进行评价(即强制打分)。若以A、B、C、D、E、F、G、H分别表示这8个零件的名称,在此给出其中的一位专家(专家甲)对这8个零件功能的评价结果(见表3-4),以及这8位专家的功能评价汇总结果(见表3-5)。

表3-4　甲产品零件功能评价表　　　　　　　　评价人:专家甲

序号	零件名称	一对一进行打分								各零件得分情况
		A	B	C	D	E	F	G	H	
1	A	—	0	1	1	1	1	1	1	6
2	B	1	—	1	1	1	1	1	1	7
3	C	0	0	—	0	1	0	0	1	2
4	D	0	0	1	—	1	1	1	1	5
5	E	0	0	0	0	—	0	0	0	0
6	F	0	0	1	0	1	—	0	1	3
7	G	0	0	1	0	1	1	—	1	4
8	H	0	0	0	0	1	0	0	—	1
全部零件得分合计										28

表3-5　甲产品零件功能评价汇总表

序号	零件名称	各专家评价结果								平均得分	评价系数
		甲	乙	丙	丁	戊	己	庚	辛	小计		
1	A	6	5	6	7	7	5	6	7	49	6.125 0	0.218 8
2	B	7	6	4	7	6	4	6	5	45	5.625 0	0.200 9
3	C	2	2	3	1	2	3	3	4	20	2.500 0	0.089 3
4	D	5	6	5	6	4	4	3	3	36	4.500 0	0.160 7
5	E	0	1	1	0	2	2	1	2	9	1.125 0	0.040 2
6	F	3	4	3	4	2	4	4	2	22	2.750 0	0.098 2
7	G	4	4	5	3	4	5	3	4	32	4.000 0	0.142 9
8	H	1	2	1	2	1	1	2	1	11	1.375 0	0.049 1
合计		28	28	28	28	28	28	28	28	224	28.000 0	1.000 1

(2) 计算成本系数,其计算式为

$$\frac{\text{成本}}{\text{系数}} = \frac{\text{某零件成本}}{\text{组成该产品的全部零件总成本}}$$

成本系数反映各零件的当前成本在全部零件当前成本中所占的比重。

本例中各零件的成本系数计算结果见表3-6第③栏。

表3-6 甲产品各零件成本功能分析

序 号	零件名称	功能评价系数	成本系数	价值系数	零件成本/（元/件）		
					当前成本	目标成本	应降低额
		①	②	③=⑤/40	④=②/③	⑤	⑥=30×②	⑦=⑤-⑥
1	A	0.218 8	0.300 0	0.729 3+	12.00	6.56	5.44
2	B	0.200 9	0.220 0	0.913 2	8.80	6.03	2.77
3	C	0.089 3	0.080 0	1.116 3	3.20	2.68	0.52
4	D	0.160 7	0.020 0	8.035 0-	0.80	4.82	-4.02
5	E	0.040 2	0.060 0	0.670 0+	2.40	1.21	1.19
6	F	0.098 2	0.200 0	0.491 0+	8.00	2.95	5.05
7	G	0.142 9	0.100 0	1.429 0-	4.00	4.29	-0.29
8	H	0.049 1	0.020 0	2.455 0-	0.80	1.47	-0.67
合计		1.00	1.00	1.000 0	40.00	30.01	9.99

注：表中标有"+"的价值系数表示该零件的成本匹配过剩；标有"-"的价值系数表示该零件的成本匹配不足；目标成本合计数与应降低额合计数的小数取舍误差各为0.01元。

（3）计算价值系数，其计算式为

$$\frac{价值}{系数} = \frac{功能评价系数}{成本系数}$$

计算价值系数是为了系统反映各零件的功能与成本之间的匹配情况。从理论上讲，如果某零件的价值系数接近于1（如零件B和零件C的情况），则说明两者是相适应的；如果某零件的价值系数偏大（如零件D、零件H和零件G的情况），则说明其成本匹配不足；如果某零件的价值系数偏小（如零件A、零件E和零件F的情况），则说明其成本匹配过剩。

显然，零件的价值系数过于偏小者，应是成本控制的重点，见表3-6第④栏所列。

（4）据功能评价系数将产品的目标成本在各零件之间进行分配，其计算式为

$$\frac{某零件的}{目标成本} = \frac{该产品的}{目标成本} \times \frac{功能}{评价系数}$$

见表3-6第⑥栏。

（5）计算各零件的成本降低额，以确定各零件按功能评价系数和产品目标成本要求的升降幅度，见表3-6第⑦栏。

（6）拟定降低成本的措施。功能成本分析法的关键，并非只是计算出其各零件的目标成本和确定其成本应降低额，重要的是如何对成本控制的重点零件采取必要的措施与方法，使其合理地实现降低任务。例如，根据各零件的目标成本，选择适当的工艺方法和适当的原材料等，使设计成本切实控制在目标成本之内。

确定目标成本的方法除上述几种方法外还可以直接选择某一先进成本作为目标成本，它可以是国内外同种产品的先进成本，也可是本企业历史最好的成本水平，还可以是按平均先进水平制定的定额成本或标准成本；也可以根据企业的历史成本结合未来的成本降低措施和上级下达的成本降低任务进行综合测算确定。

三、目标成本法运用原则

运用目标成本法控制成本,并不是为了单纯地削减成本。单纯地追求削减成本,将导致原材料的购进价格或档次的降低,甚至减少单一产品的物料投入(减料),或者降低工艺过程的造价(偷工),最终导致产品质量的下降,甚至失去已经拥有的市场。

因此如何科学地降低成本,求得生产成本和产品质量的均衡是目标成本管理的重要命题。

由于成本形成于生产全过程,费用发生在每一个环节、每一件事情、每一项活动上,因此,要把目标成本层层分解到各个部门甚至个人。

由于目标成本是根据预测和企业经营目标要求制定的、一定规划期内所要实现的成本水平,所以目标成本应比已经达到的实际成本要低,但又是经过努力可以达到的。

第三节 标准成本法

一、标准成本与标准成本法的含义

1. 标准成本的含义

标准成本有两种含义:

一是指"单位产品的标准成本",它是根据产品的标准消耗量和标准单价计算出来的,表达式为

$$\text{单位产品标准成本} = \text{单位产品标准消耗量} \times \text{标准单价}$$

二是指"实际产量的标准成本",它是根据实际产品产量和成本标准计算出来的,表达式为

$$\text{实际产量标准成本} = \text{实际产量} \times \text{单位产品标准成本}$$

2. 标准成本法的含义

标准成本法是指以预先制定的标准成本为基础,用标准成本与实际成本进行比较,核算和分析成本差异的一种产品成本计算方法,也是加强成本控制、评价经济业绩的一种成本控制制度。它的核心是按标准成本记录和反映产品成本的形成过程和结果,并借以实现对成本的控制。

二、标准成本的分类

按照制定标准成本所依据的生产技术和经营水平分类,标准成本可分为理想标准成本、正常标准成本和现实标准成本。

理想标准成本是现有生产条件所能达到的最优水平的成本,这种成本难以实际运用;正常标准成本是根据正常的工作效率、正常的生产能力利用程度和正常价格等条件制定的

标准成本，它一般只用来估计未来的成本变动趋势；现实标准成本是根据适用期合理的耗费量、合理的耗费价格和生产能力可能利用程度等条件制定的切合适用期实际情况的一种标准成本，标准成本法一般采用这种标准成本。

三、标准成本的制定

产品成本一般由直接材料、直接人工和制造费用三大部分构成，标准成本也应按这三大部分分别确定。标准成本的制定可以通过编制标准成本单来进行。

在制定时，其中每一个项目的标准成本均应分为用量标准和价格标准。其中，用量标准包括单位产品消耗量、单位产品人工小时等，价格标准包括原材料单价、小时工资率、小时制造费用分配率等。

1. 直接材料成本

直接材料成本是指直接用于产品生产的材料成本，它包括标准用量和标准单位成本两方面。材料标准用量，首先要根据产品的图样等技术文件进行产品研究，列出所需的各种材料以及可能的代用材料，并说明这些材料的种类、质量以及库存情况。其次，通过对过去用料经验的记录进行分析，采用其平均值，或最高与最低值的平均数，或最节省的数量，也可通过实际测定或技术分析等取得数据，科学地制订用量标准。用量标准主要由技术部门制定。

材料的标准单价一般由财务部门和采购部门等共同制定。直接材料标准成本计算公式为

$$\text{直接材料标准成本} = \text{单位产品用量标准} \times \text{材料标准单价}$$

2. 直接人工成本

直接人工成本是指直接用于产品生产的人工成本。在制定产品直接人工成本标准时，首先要对产品生产过程加以研究，研究有哪些工艺，有哪些作业或操作、工序等。其次要对企业的工资支付形式、制度进行研究，以便结合实际情况来制定标准。直接人工的价格标准就是标准工资率，它通常由劳动工资部门根据用工情况制定。直接人工标准成本计算公式为

$$\text{直接人工标准成本} = \text{单位产品标准工时} \times \text{小时标准工资率}$$

3. 制造费用

制造费用可以分为变动制造费用和固定制造费用两部分。这两部分制造费用都按标准用量和标准分配率的乘积计算，标准用量一般都采用工时表示。计算公式为

$$\text{固定制造费用分配率} = \frac{\text{固定费用预算总额}}{\text{标准总工时}}$$

$$\text{固定制造费用标准成本} = \text{单位产品标准工时} \times \text{固定制造费用分配率}$$

$$\text{变动制造费用分配率} = \frac{\text{变动费用预算总额}}{\text{标准总工时}}$$

$$\text{变动制造费用标准成本} = \text{单位产品标准工时} \times \text{变动制造费用分配率}$$

四、标准成本法的适用范围

标准成本法适用于产品品种较少的大批量生产企业，而单件、批量小和试制性生产的企业则比较少用。

标准成本法可以简化存货核算的工作量，对于存货品种变动不大的企业尤为适用。

标准成本法关键在于标准成本的制定，标准成本要有合理性、切实可行性，并要求有高水平的技术人员和健全的管理制度。

标准成本法适用于标准管理水平较高而且产品的成本标准比较准确、稳定的企业。我国工业企业的产品成本如果平时按标准成本计算，月末必须调整为实际成本。

五、标准成本法的用途

（1）作为成本控制的依据。通过计算与分析实际成本与标准成本的偏差，确定偏差产生的因素及影响数值，进而明确成本控制的方向与目标。

（2）代替实际成本作为存货计价的依据。由于标准成本中已去除了各种不合理因素，以它为依据，进行材料、在产品和产成品的计价，可使存货计价建立在更加健全的基础上。

（3）作为经营决策的成本信息。由于标准成本代表了成本要素的合理近似值，因而可以作为定价依据，并可作为本量利分析的原始数据资料，以及估算产品未来成本的依据。

（4）作为登记账簿的计价标准。使用标准成本来记录材料、在产品和销售账户，可以简化日常的账务处理和报表的编制工作。标准成本管理是一个较为复杂的体系，与企业各项活动密切相关，实际当中可采用相关软件来进行数据处理。标准成本管理系统与企业各项管理工作的关系如图3-1所示。

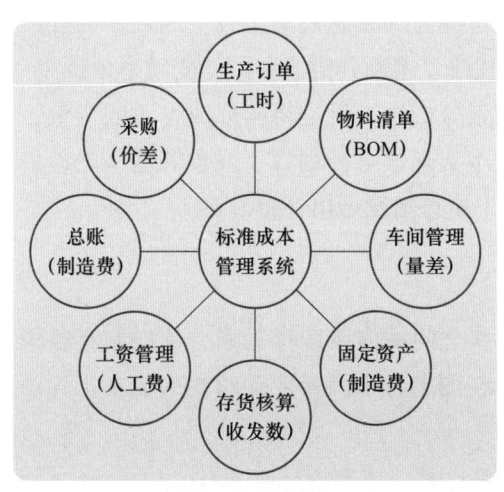

图3-1 标准成本管理系统与企业各项管理工作的关系

六、标准成本法的特点

1. 脱离标准成本的差异明细化

标准成本法往往根据一定时期实际产量的实际消耗量和实际价格与实际产量的标准消耗量和标准价格的计算比较来揭示差异。标准成本法下的差异具体包括材料成本差异（材料用量差异、材料价格差异），直接人工成本差异（直接人工工资率差异、直接人工效率差异），变动制造费用差异（变动制造费用开支差异、变动制造费用效率差异），固定制造费用差异（固定制造费用开支差异、固定制造费用能力差异、固定制造费用效率差异）等四大项九种，设置口径较细。

2. 设置专门科目核算各种差异

标准成本法下要为各种成本差异专门设置许多总账科目进行核算，如：对材料成本差异，应设置"材料价格差异"和"材料用量差异"账户；对固定制造费用差异，应设置"固定制造费用开支差异、固定制造费用能力差异和固定制造费用效率差异"等账户，并详列于利润表中。

3. 成本责任化

标准成本法下，成本必须分为变动成本和固定成本，分清哪些责任由采购部门负责（如材料价格差异），哪些责任由车间负责（如材料用量差异），哪些责任由生产部门负责（如固定制造费用开支差异）等。资料详细、系统，强调全面管理，有利于各职能部门、生产车间分清责任、相互配合，有利于经济责任制的建立。

第四节 因素分析法

因素分析法是用于分析经济现象总变动中各个因素影响程度的统计分析方法。本节介绍其中较为常用的连环替代法、差额分析法和因素变动率分析法。

在成本分析中采用因素分析法，就是将构成成本（因变量）的各种因素（自变量），逐一测定其数值变动对成本实际数与计划数（或预算数）之差的影响程度，并据此对企业的物流成本计划（或预算）执行情况做出评价。

一、连环替代法

连环替代法是根据因素之间的内在依存关系，依次测定各因素变动对经济指标差异影响的一种分析方法。它是在测定各个因素变动对相应成本指标的影响数值时，通常使用的方法。

这种分析方法的思路是：某一成本指标 M 由 A_1，A_2，$\cdots$，A_n 诸因素所构成，当诸因素数值发生变动时，即 A_1，A_2，$\cdots$，A_n 分别变化为 A_1'，A_2'，$\cdots$，A_n' 时，则成本指标 M 变化为 M'。

如果以各因素的变化值A_1',A_2',…,A_n'(通常为实际数)依次逐个地替换其原值(通常为标准数、计划数、预算数或上期数),每次替换后所得的结果减去前一次结果,其差额即为该次所替换的那个因素的影响数值。

(一)乘积关系的连环替代分析

例3-7 某一成本指标与其因素的关系式为

$$M=A_1A_2A_3$$

当诸因素A_1,A_2,A_3的数值均发生变化时,

$$M'=A_1'A_2'A_3'$$

成本指标变动差额为

$$\Delta M=M'-M$$

通过因素变化值A_i'依次替换原值A_i,来测定其对ΔM的影响数值,方法见表3-7。

表3-7 连环替代法因素分析表示例

替代序号	替代过程	算式编号	影响因素	影响差额
替代前(M)	$A_1A_2A_3$	①	—	—
第一次替代	$\boxed{A_1'}A_2A_3$	②	$A_1 \to A_1'$	②-①
第二次替代	$\underline{A_1'}\boxed{A_2'}A_3$	③	$A_2 \to A_2'$	③-②
第三次替代(M')	$\underline{A_1'A_2'}\boxed{A_3'}$	④	$A_3 \to A_3'$	④-③
差额合计	$\Delta M=M'-M=$(②-①)+(③-②)+(④-③)			
替代顺序	A_1',A_2',A_3'			

注:带有下划线的数字为本次之前已替代因素的数值,带框的数字为本次替代因素的数值。

例3-8 某车间某月生产某产品,耗用某材料,该产品产量、材料单耗及其单价的计划数与实际数见表3-8。

表3-8 材料费用计算表

项 目	产品产量/件	材料单耗/(kg/件)	材料单价/(元/kg)	材料费用/元
计算关系	①	②	③	④=①×②×③
计划	210	10	5	10 500
实际	212	9	6.5	12 402

要求:根据表3-8的资料,采用连环替代法分析各因素变动对材料费用的影响。

解:据表3-8可知

$$M=材料费用=产品产量×材料单耗×材料单价$$

ΔM=材料费用实际数-材料费用计划数=12 402-10 500=1 902(元)

可编制连环替代法因素分析表,见表3-9。

表3-9　连环替代法因素分析表

替代序号	替代过程	计算结果/元	算式编号	影响因素	影响差额/元
替代前（M）	210×10×5	10 500	①	—	—
第一次替代	⎡212⎤×10×5	10 600	②	产量210→212	②-①=+100
第二次替代	212×⎡9⎤×5	9 540	③	单耗10→9	③-②=-1 060
第三次替代（M'）	212×9×⎡6.5⎤	12 402	④	单价5→6.5	④-③=+2 862
差额合计/元			$\Delta M=12\,402-10\,500=$（②-①）+（③-②）+（④-③）=1 902		
替代顺序			产品产量、材料单耗、材料单价		

注：带有下划线的数字为本次之前已替代因素的数值，带框的数字为本次替代因素的数值。

（二）连环替代法运用原则

（1）将要分析的某项经济指标构造为若干个因素的关系式，应注意经济指标的组成因素应能够反映形成该项指标差异的内在构成原因，否则，计算的结果就不准确。如材料费用指标可分解为产品产量、单位消耗量与单价的乘积。但它不能分解为生产该产品的天数、每天用料量与产品产量的乘积。因为这种构成方式不能全面反映产品材料费用的构成情况。

（2）计算成本指标的实际数与基期数（如计划数、上期数等），从而形成两个相互联系的成本指标。这两个指标的差额，即实际指标减基期指标的差额，就是因素分析的对象。

（3）合理确定各因素的替代顺序。在确定经济指标因素的组成时，其先后顺序就是分析时的替代顺序。在确定替代顺序时，应从各个因素相互依存的关系出发，使分析的结果有助于分清经济责任。替代的顺序一般是先替代数量指标，后替代质量指标；先替代实物量指标，后替代货币量指标；先替代主要指标，后替代次要指标。

（4）计算替代指标。其方法是以基期数为基础，用实际指标体系中的各个因素，逐步顺序地替换。每次用实际数替换基数指标中的一个因素，就可以计算出一个指标。每次替换后，实际数保留下来，有几个因素就替换几次，就可以得出几个指标。在替换时要注意替换顺序，应采取连环的方式，不能间断，否则计算出来的各因素的影响程度之和，就不能与经济指标实际数与基期数的差异额（即分析对象）相等。

（5）计算各因素变动对经济指标的影响程度。其方法是将每次替代所得到的结果与这一因素替代前的结果进行比较，其差额就是这一因素变动对经济指标的影响程度。

（6）将各因素变动对经济指标影响程度的数额相加，应与该项经济指标实际数与基期数的差额（即分析对象）相等。

二、差额分析法

差额分析法实际上是连环替代法的一种简化形式，是利用各个因素的比较值与基准值之间的差额，来计算各因素对分析指标的影响。

例3-9 沿用例3-8资料，如果采用差额分析法，其一般计算过程见表3-10。

表3-10 差额分析法因素分析表

影响因素	因素差额	因素影响差额计算式	算式编号
A_1	$A_1'-A_1$	$(A_1'-A_1)A_2A_3$	①
A_2	$A_2'-A_2$	$A_1'(A_2'-A_2)A_3$	②
A_3	$A_3'-A_3$	$A_1'A_2'(A_3'-A_3)$	③
差额合计	—	$\Delta M=M'-M=A_1'A_2'A_3'-A_1A_2A_3$	①+②+③

例3-10 将例3-8分析数据代入表3-10计算式，相应因素影响的差额分析结果见表3-11。

表3-11 差额分析法因素分析示例

影响因素	因素差额	因素影响差额计算式	计算结果/元	算式编号
产量/件	212−210	(212−210)×10×5	100	①
单耗/(kg/件)	9−10	212×(9−10)×5	−1 060	②
单价/(元/kg)	6.5−5	212×9×(6.5−5)	2 862	③
差额合计/元			1 902	①+②+③

三、因素变动率分析法

考虑到连环替代法在确定替代因素顺序时的非唯一性的缺陷，有人提出了不同于连环替代法的分析思路与分析公式体系。因其公式体系的核心是计算因素变动率，并按各因素变动率的大小来分摊成本指标变动差额ΔM，故在此将其称为因素变动率分析法。本书仅对其中的乘积关系的因素分析公式介绍如下。

如果被分析成本指标M的变化受因素影响，其关系式为

$$M=A_1A_2\cdots A_n$$

当诸因素A_i发生变动时

$$M'=A_1'A_2'\cdots A_n'$$

成本指标变动差额为

$$\Delta M=M'-M$$

则有各因素影响值的分析公式

$$A_{i\mu}=\frac{a_i}{A_i}\times\frac{M'-M}{\sum\frac{a_i}{A_i}}=\frac{a_i}{A_i}\times F$$

式中 $A_{i\mu}$——因素A_i对M的影响值；

a_i——A_i的变化值（增量）；

a_i/A_i——A_i的因素变动率；

F——差额ΔM的分配系数。

例3-11 以表3-12资料为例，说明其分析方法。

表3-12　材料费用计算表

项　目	产品产量/件	材料单耗/（kg/件）	材料单价/（元/kg）	材料费用/元
计算关系	①	②	③	④=①×②×③
计划	210	10	5	10 500
实际	212	9	6.5	12 402
材料费用差额（$\Delta M = M' - M$）				1 902

解：分析过程与结果见表3-13。

表3-13　因素变动率分析法因素分析表

因　素	单　位	计划A_i ①	实际A_i' ②	因素变动额a_i ③=②-①	因素变动率a_i/A_i ④=③/①	因素影响值/元 $A_{ip}=Fa_i/A_i$ ⑤=④×F
产品产量	件	210	212	2	0.009 524	86.46
材料单耗	kg/件	10	9	-1	-0.100 000	-907.77
材料单价	元/kg	5	6.5	1.5	0.300 000	2 723.32
合计					0.209 524	1 902
材料费用差额分配系数的计算					$F=1\,902/0.209\,524=9\,077.719\,02$	

第五节　变动成本差异的计算与分析

产品成本的日常控制，是通过计算其所耗工料费的实际变动成本与标准变动成本之间的成本差异，并对其差异产生的原因进行因素分析后，采取相应的措施来实现的。

一、变动成本差异计算与分析的意义

以产品所耗用工料费的标准价格、标准消耗量编制的费用预算与所耗用工料费的实际价格、实际消耗量所反映的费用执行结果之间，必然会出现数额上的差异。凡实际变动成本大于预算变动成本（或标准变动成本）的差异，称为不利差异；凡实际变动成本小于预算变动成本（或标准变动成本）的差异，称为有利差异。

变动成本差异是可以计算出来的，并且可以对其进行因素分析，以确定各因素对差异的影响数额，并追根溯源，对不利差异的影响因素进行必要的控制。

变动成本差异的计算与分析，是成本控制的一项重要工作，其在成本控制中的作用如图3-2所示。

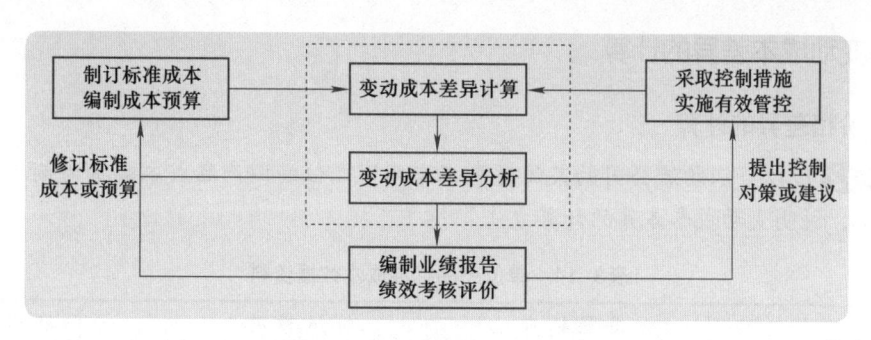

图3-2 变动成本差异的计算与分析在成本控制中的作用

二、变动成本差异计算的基本原理

由于产品的标准变动成本可分解为直接材料、直接人工和变动制造费用三个成本项目，而直接材料、直接人工和变动制造费用这三个成本项目都具有单独的价格标准和用量标准，因此，这三大成本项目的成本差异，都可概括为"实际价格×实际数量"与"价格标准×用量标准"之差。其基本原理如图3-3所示。

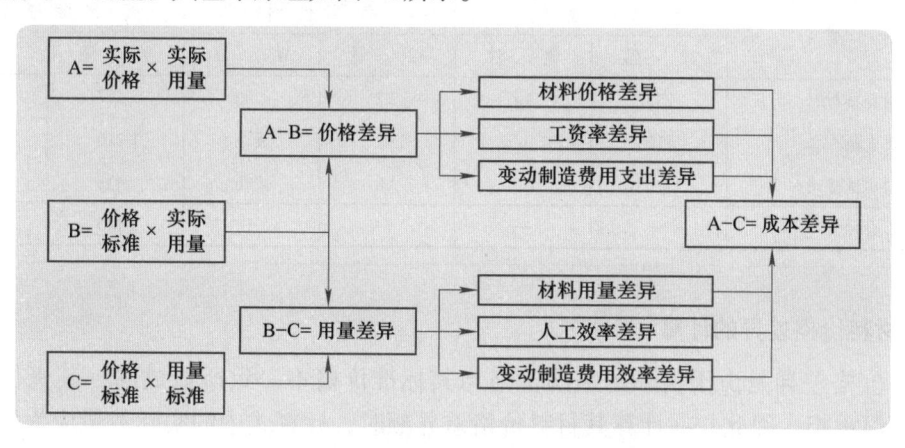

图3-3 变动成本差异计算的基本原理

价格差异与用量差异均为有利差异时的成本差异图解如图3-4所示。

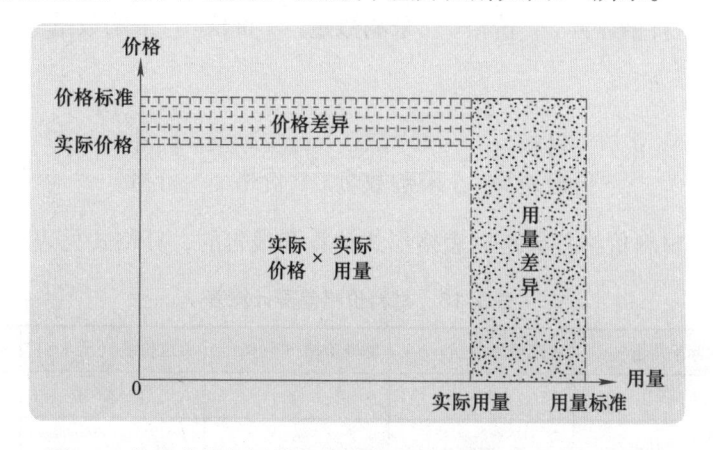

图3-4 价格差异与用量差异均为有利差异时的成本差异图解

三、变动成本差异的计算

（一）价格差异的计算

例3-12 现以百汇物流公司的某流通加工车间甲工位的甲产品成本数据为例（见表3-14和表3-15），说明变动成本差异的计算方法。

表3-14 单位产品标准成本数据资料

成本项目	用量标准		价格标准		标准成本	
	数量	单位	数量	单位	数量	单位
直接材料	4	kg/件	2	元/kg	8	元/件
直接人工	2	h/件	10	元/h	20	元/件
变动制造费用	2	h/件	4	元/h	8	元/件
合计	—	—	—	—	36	元/件

表3-15 该车间某月实际成本数据资料（实际产量60件）

摘要	实际数量		实际价格		实际成本	
	数量	单位	数量	单位	数量	单位
耗用直接材料	235	kg	2.2	元/kg	517	元
耗用直接人工	110	h	11	元/h	1 210	元
变动制造费用	110	h	3.8	元/h	418	元
合计	—	—	—	—	2 145	元

1. 材料价格差异的计算

材料价格差异是由于实际的采购价格与其标准价格不一致所造成的，其责任应由采购供应部门承担。因此，在计算其材料价格差异额时，计算式中的实际数量应为实际采购量，而不是实际耗用量。其计算式为

$$\text{材料价格差异} = \text{实际价格} \times \text{实际采购数量} - \text{标准价格} \times \text{实际采购数量}$$

或

$$\text{材料价格差异} = \text{实际采购数量} \times (\text{实际价格} - \text{标准价格})$$

实际工作中，材料价格差异是以表格形式计算和报告的，其格式见表3-16。

表3-16 材料价格差异计算表

材料名称	实际采购量/kg	实际价格/（元/kg）	标准价格/（元/kg）	单位价差/（元/kg）	价格差异总额/元
甲材料	①	②	③	④=②-③	⑤=④×①
	300	2.2	2	0.2	60

由表3-16可知，因甲材料采购价格的上升所产生的材料价格差异（即超支）总额为60元。

2. 工资率差异的计算

工资率差异也称为直接人工的价格差异，它是实际工时按实际工资率计算的人工成本，与按标准工资率计算的人工成本之间的差额。其计算式为

$$\text{工资率差异} = \text{实际工资率} \times \text{实际工时} - \text{标准工资率} \times \text{实际工时}$$

或

$$\text{工资率差异} = \text{实际工时} \times (\text{实际工资率} - \text{标准工资率})$$

或

$$\text{工资率差异} = \text{实际工资额} - \text{标准工资率} \times \text{实际工时}$$

实际工作中，工资率差异是以表格形式进行计算的，见表3-17。

表3-17 工资率差异计算表

工 资 等 级	实际工时/h	实际工资率/(元/h)	标准工资率/(元/h)	单位工资率差异/(元/h)	工资率差异总额/元
××级	①	②	③	④=②-③	⑤=④×①
	110	11	10	1	110

如果该工位的工人工资标准不一，可分开计算，然后再加以汇总。

3. 变动制造费用支出差异的计算

变动制造费用支出差异是指变动制造费用的价格差异，也称为变动制造费用耗费差异。它是实际发生的变动制造费用，与按实际工时计算的标准变动制造费用之间的差额。其计算式为

$$\text{变动制造费用支出差异} = \text{实际变动制造费用比率} \times \text{实际工时} - \text{标准变动制造费用比率} \times \text{实际工时}$$

或

$$\text{变动制造费用支出差异} = \text{实际工时} \times (\text{实际变动制造费用比率} - \text{标准变动制造费用比率})$$

或

$$\text{变动制造费用支出差异} = \text{实际变动制造费用} - \text{标准变动制造费用比率} \times \text{实际工时}$$

本例变动制造费用支出差异的计算见表3-18。

表3-18 变动制造费用支出差异计算表

工　位	实际工时/h	变动制造费用			
		实际比率/(元/h)	标准比率/(元/h)	比率差异/(元/h)	差异总额/元
甲工位	①	②	③	④=②-③	⑤=④×①
	110	3.8	4	-0.2	-22

（二）用量差异的计算

1. 材料用量差异的计算

材料用量差异是指材料标准价格，按实际耗用量计算的材料成本，与按标准耗用量计算的材料成本之间的差额，它反映直接材料成本的数量差异。其计算式为

$$材料用量差异 = 标准价格 \times 实际用量 - 标准价格 \times 标准用量$$

或

$$材料用量差异 = 标准价格 \times (实际用量 - 标准用量)$$

本例材料用量差异的计算见表3-19。

表3-19 材料用量差异计算表

材料名称	标准价格/(元/kg)	实际用量/kg	标准用量/kg	用量差异/kg	用量差异总额/元
甲材料	①	②	③	④=②-③	⑤=④×①
	2	235	240	-5	-10

表3-19中的实际用量，是指该工位加工甲产品所耗用的甲材料的实际用量，而并非是实际采购量；标准用量240kg是以甲产品的实际产量60件，与甲材料的标准用量4kg/件相乘而计算出来的。

2. 人工效率差异的计算

人工效率差异是指直接人工成本的数量差异，它是指标准工资率按实际工时计算的人工成本，与按标准工时计算的人工成本之间的差额。其计算式为

$$人工效率差异 = 标准工资率 \times 实际工时 - 标准工资率 \times 标准工时$$

或

$$人工效率差异 = 标准工资率 \times (实际工时 - 标准工时)$$

上式中的标准工时，是指本期实际产量与直接人工用量标准的乘积。

本例人工效率差异的计算见表3-20。

表3-20 人工效率差异计算表

工资等级	标准工资率/(元/h)	实际工时/h	标准工时/h	工时差异/h	人工效率差异总额/元
	①	②	③	④=②-③	⑤=④×①
××级	10	110	120	-10	-100

表3-20中的标准工时120h，是直接人工用量标准2h/件，与甲产品实际产量60件的乘积。

3. 变动制造费用效率差异的计算

变动制造费用效率差异是指变动制造费用在工时用量上的差异，用以反映工作效率的好差情况，它是标准变动制造费用比率与实际工时计算的变动制造费用，与按标准工时计算的变动制造费用之间的差额。其计算式为

$$\text{变动制造费用效率差异} = \text{标准变动制造费用比率} \times \text{实际工时} - \text{标准变动制造费用比率} \times \text{标准工时}$$

或

$$\text{变动制造费用效率差异} = \text{标准变动制造费用比率} \times (\text{实际工时} - \text{标准工时})$$

本例变动制造费用效率差异的计算见表3-21。

表3-21 变动制造费用效率差异计算表

工位	标准费用比率/(元/h)	实际工时/h	标准工时/h	工时差异/h	效率差异总额/元
	①	②	③	④=②-③	⑤=④×①
甲工位	4	110	120	-10	-40

（三）变动成本差异的汇总

上述各项差异的计算，应通过汇总表的形式加以综合反映。本例变动成本差异汇总表见表3-22。

表3-22 变动成本差异汇总表

成本差异	差异额/元	差异属性	可能的责任部门
材料成本差异	50	—	—
材料价格差异	60	价格差异	采购、企业外部
材料用量差异	-10	用量差异	生产、采购、维修
人工成本差异	10	—	—
工资率差异	110	价格差异	生产、人事
人工效率差异	-100	用量差异	生产、维修、采购
变动制造费用差异	-62	—	—
变动制造费用支出差异	-22	价格差异	生产、供应
变动制造费用效率差异	-40	用量差异	生产、维修、采购
合计	-2	—	—

从表3-22中可以看出，材料价格差异对生产部门（生产班组或工人）来说，是不可控的。所以在计算生产部门的成本差异额（成本绩效）时，不应包括材料价格差异。故此，该生产工位的可控成本差异额（成本业绩）应为

$$-2-60=-62（元）$$

四、变动成本差异的分析

1. 材料价格差异的分析

材料价格差异主要是因材料实际采购价格与其计划价格发生偏差而产生的，与采购部门的采购工作质量密切相关，可作为评价采购部门业绩的重要依据，一般不能用来评价生产耗用部门的成本业绩。例3-12中的材料价格差异超支60元，属不利差异，应查明原因并加以必要的控制。

材料价格差异的责任部门是企业的采购供应部门，因为影响材料采购价格的各种因素（如交货方式、运输工具、材料质量、购货折扣等），通常由采购部门控制和做出决策。当然，有些因素也是采购部门无法控制或抉择的，例如国家对原材料、燃料的价格进行上调，或由于种种原因使得原材料价格普遍上涨，或由于生产部门责任紧急购入等因素，均可导致材料价格的不利差异。另外，也有相反的情况，会出现非采购部门的原因造成材料价格的有利差异。但不论哪种情况，都要进一步做出量化分析，以便明确各有关部门的经济责任。

2. 工资率差异的分析

工资率差异常为不利差异，可能是企业提高了职工工资水平所致，或该工位更换为技术等级高的工人，或对该工位的工人工资进行了晋级，或临时加班提高了工时津贴等。

在实际工作中，如果在技术等级低的工位上安排了技术等级高（相应工资级别高）的工人，也会产生不利的工资率差异，这应是工资费用控制的重点。

3. 变动制造费用支出差异的分析

变动制造费用支出差异所反映的不仅是费用支付价格方面的节约或超支，同时也包括各费用明细项目在用量方面的节约或浪费。因此，对变动制造费用的各明细项目有必要加以详细分析，找出超支的主要原因。例如对变动制造费用进一步分解为间接材料、间接人工、动力费等，并从其价格与用量两个方面进行详细分析。

4. 材料用量差异的分析

导致材料用量差异的因素，主要包括生产工人的技术熟练程度和对工作的责任感、加工设备的完好程度、材料的质量和规格是否符合规定要求，以及产品质量控制是否健全、有无贪污盗窃等。显然，材料的质量问题或工艺要求的变化而导致的材料用量增加，不应由生产部门负责。

例如，采购部门为压低材料进价，大量购入劣质材料而造成的生产部门用料过多，甚至增加了废次品等，由此而产生的材料用量差异应由采购部门负责。由于设备维修部门原因而使设备失修，出现材料用量上的浪费现象，也必然反映在材料用量差异上，而这部分差异应由设备维修部门负责。

在剔除非生产部门责任造成的用量差异后，对剩余的用量差异应查找出原因，看其是否由于工人粗心大意、缺乏训练或技术水平较低等原因造成的。

5. 人工效率差异的分析

人工效率差异实质上是反映在实际生产过程中工时的利用效率。实耗工时与标准工时不一致，说明其生产效率（以工时表示）利用的好差，实耗工时小于标准工时，说明其生产效率高，反之说明其生产效率低。

实耗工时高低的决定因素是多方面的，例如工人的责任心、生产积极性、技术水平、时间利用程度、机器设备利用程度等均可能对生产效率产生影响。在一般情况下，人工效率差异应由生产部门负责；但如果是由于采购部门购入不合格的材料或因停工待料、机器维修、工艺调整甚至停电、停水等生产部门无法控制的因素而导致的人工效率差异，应由相应的责任部门负责。

6. 变动制造费用效率差异的分析

变动制造费用效率差异也是反映在实际生产过程中工时的利用效率情况，这项差异应称为工时的效率差异，但人们已习惯称之为变动制造费用效率差异。此项差异的因素分析方法，基本与人工效率差异的分析方法相同。

复习思考题

1. 简述弹性预算的基本原理。
2. 目标成本有哪些作用？
3. 简述标准成本法的适用范围。
4. 因素分析法包括哪几种方法？
5. 简述变动成本差异计算与分析的意义。

练习题

【练习3-1】华瑞酒业公司在计划期内预计销售青叶酒1 000件，销售单价预计为50元/件，单位变动成本预计为20元/件，分摊固定成本预计为15 000元。请采用弹性预算方法编制该酒的收入、成本和利润预算，其结果填入表3-23与表3-24。

表3-23 青叶酒收入、成本和利润弹性预算表

项 目	预计销售量/件			
	1 000	1 500	2 000	2 500
销售收入/元				
变动成本/元				
边际贡献/元				
固定成本/元				
利 润/元				

表3-24 青叶酒收入、成本和利润弹性预算完成情况对照表

项 目	计划数（1 000件）	弹性预算（1 500件）	实际（1 500件）	预 算 差 异	成 本 差 异
	①	②	③	④=②-①	⑤=③-②
销售收入/元			75 000		
变动成本/元			32 000		
边际贡献/元			43 000		
固定成本/元			18 000		
利 润/元			25 000		

【练习3-2】青叶酒单位售价为50元/件，单位产品的变动成本为20元/件，分摊固定成本预计为15 000元，试计算其盈亏临界点销售量。

【练习3-3】汽车CDX-B总成由8种零件组成，根据表3-25数据，计算"价值系数""零件目标成本"和"零件成本应降低额"并填写于表3-25内（产品目标成本为48元）。

表3-25 CDX-B总成的零件价值分析表

序 号	零 件 名 称	功能评价系数	成 本 系 数	价 值 系 数	零件成本/（元/件）		
					当 前 成 本	目 标 成 本	应 降 低 额
		①	②	③=⑤/50	④=②/③	⑤	⑥=48×②	⑦=⑤-⑥
1	A	0.20	0.300		15.00		
2	B	0.22	0.196		9.80		
3	C	0.08	0.064		3.20		
4	D	0.16	0.036		1.80		
5	E	0.07	0.048		2.40		
6	F	0.09	0.180		9.00		
7	G	0.14	0.120		6.00		
8	H	0.04	0.056		2.80		
合计	—	1.00	1.00	—	50	48	2

【练习3-4】某企业9月某种原材料费用的实际值是9 240元，而其计划值是8 000元。实际比计划增加1 240元。由于原材料费用是由产品产量、单位产品材料消耗量和材料单价3个因素的乘积构成的，因此，可以将材料费用这一总指标分解为3个因素，然后逐个分析它们对材料费用总额的影响方向和程度。现假定这3个因素的数值见表3-26。

表3-26 材料费用的影响因素及数值

项 目	单 位	计 划 值	实 际 值
产品产量	件	100	110
单位产品材料消耗量	kg/件	8	7
材料单价	元/kg	10	12
材料费用总额	元	8 000	9 240

要求：根据表3-26的资料，采用连环替代法分析各因素变动对材料费用的影响，并将分析过程与结果列于表3-27内（替代顺序为产品产量、材料单耗、材料单价）。

表3-27 连环替代法因素分析表

替 代 序 号	替代过程	算式编号	影 响 因 素	影 响 差 额
替代前（M）		①	—	—
第一次替代		②		
第二次替代		③		
第三次替代（M'）		④		
合计		$\Delta M=9\,240-8\,000=$（②-①）+（③-②）+（④-③）=1 240（元）		
替代顺序			产品产量、材料单耗、材料单价	

【练习3-5】鑫盛工具厂所生产的BS-C工具成本数据见表3-28和表3-29，要求分别计算其工料费的成本差异，并将结果填列于表3-30、表3-31和表3-32（注：为简便起见，假定本题中的直接材料用量与其采购量相同）。

表3-28 标准成本数据资料

成 本 项 目	用 量 标 准	价 格 标 准	标准成本/（元/件）
直接材料	0.5kg/件	1.2元/kg	0.6
直接人工	0.2h/件	20元/h	4
变动制造费用	0.2h/件	10元/h	2
合计	—	—	6.6

表3-29 该车间某月实际成本数据资料（实际产量1 000件）

成 本 项 目	实 际 用 量	实 际 价 格	实际成本/元
直接材料	502kg	1.1元/kg	552.2
直接人工	195h	22元/h	4 290
变动制造费用	195h	11元/h	2 145
合计	—	—	6 987.2

表3-30 价格差异计算表

成 本 项 目	价 格 标 准	全部产品实际用量	按实际用量计算的标准成本	全部产品实际成本	价 格 差 异
—	①	②	③=①×②	④	⑤=④-③
直接材料					
直接人工					
变动制造费用					
合计	—				

表3-31 用量差异计算表

成本项目	单位产品标准成本/(元/件) ①	全部产品标准成本/元 ②=①×1 000	全部产品实际用量/件 ③	价格标准/(元/件) ④	按实际用量计算的标准成本/元 ⑤=③×④	用量差异/元 ⑥=⑤-②
直接材料	0.6					
直接人工	4					
变动制造费用	2					
合计	6.6		—	—		

表3-32 变动成本差异汇总表

成本差异	差异额/元	差异属性	可能的责任部门
直接材料成本差异		—	—
材料价格差异		价格差异	采购、企业外部
材料用量差异		用量差异	生产、采购、维修
直接人工成本差异		—	—
工资率差异		价格差异	生产、人事
人工效率差异		用量差异	生产、维修、采购
变动制造费用差异		—	—
变动制造费用支出差异		价格差异	生产、供应
变动制造费用效率差异		用量差异	生产、维修、采购
合计		—	—

拓展阅读

我国在物流成本控制方面取得了诸多重要成效

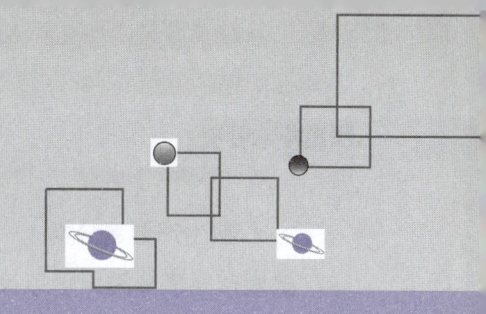

第四章

汽车货运成本管理（上）

第四章的学习内容、学习目的与学习要求

第四章的学习要点

> **学习目的**
>
> 通过本章的学习，了解汽车货运成本的分类和汽车货运企业的成本核算体制，理解汽车货运成本计算对象和成本计算单位，基本掌握汽车货运成本的核算方法、预测方法和预算方法。在学习过程中，培养严谨求知、细致观察的素质，不放过任何一个细节，能将所学知识切实运用到实践中。

第一节　汽车货运成本的概念与分类

一、汽车货运成本的概念

汽车货物运输生产过程是实现货物的位移过程。在实现货物位移的过程中所发生的各种耗费，构成了汽车货运成本。

汽车货运成本是指在一定时期内，企业为完成汽车货物运输业务而发生的全部费用，包括从事汽车货物运输业务的人员费用、车辆的燃料费、折旧费、维修保养费、租赁费、过路费、年检费、事故损失费、相关税金等。

本章以汽车货运企业为例，说明货运成本管理的基本方法，这些方法可以推广应用到一般企业内部汽车货运作业成本管理。

汽车货运企业在一定时期内为完成相应的货物周转量所支付的各种生产费用的总和，称为货运总成本。分摊到单位货物周转量上的成本即为单位成本（单位：元/千吨公里，表示为：元/10^3t·km）。

二、汽车货运成本的分类

为便于成本核算和管理，对汽车货运成本可按管理需要进行分类。

（一）按生产要素分类

按生产要素分类，可以反映企业在一定时期同类性质费用的全部支出，便于按费用性质归口管理。可将汽车货运企业营运费用按其费用要素构成分为以下9种：

(1) 外购材料费。
(2) 外购燃料费。
(3) 外购动力费。
(4) 外购低值易耗品。
(5) 职工工资。
(6) 职工福利费。
(7) 固定资产折旧费。
(8) 固定资产修理费。
(9) 其他费用支出。

（二）按经济用途分类

汽车货运成本按其经济用途分类，可分为车辆费用和营运间接费用两大类。

(1) 车辆费用。车辆费用指企业营运车辆从事运输生产活动所发生的各项费用。车辆费用包括工资、职工福利费、燃料费用、轮胎费用、修理费、车辆折旧、车辆保险费、事故费、税金和其他费用等。

(2) 营运间接费用。营运间接费用指汽车货运企业所属的基层分公司（或车队）、车站发生的营运管理费用，不包括企业行政管理部门（总公司）的管理费用。

这种分类方法，便于研究分析成本降低或超支的原因，为降低成本提供具体途径。

（三）按成本性态分类

成本性态是指成本总额与业务总量之间的依存关系，通常又称为成本习性。汽车货运成本的构成按其与货物周转量、总行程的数量关系不同，可分为甲、乙、丙三类，如图4-1所示。

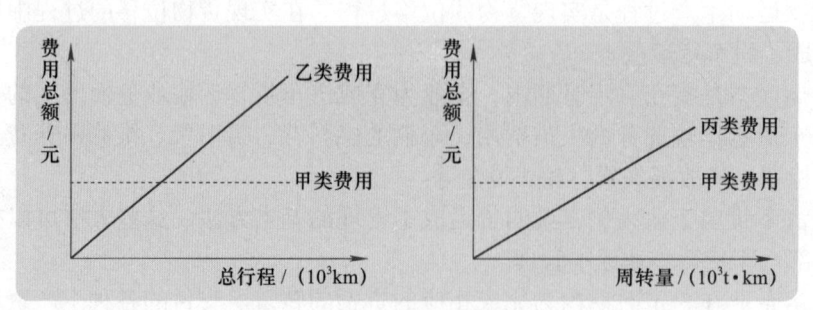

图4-1 汽车货运成本构成与货物周转量、总行程的数量关系

1. 甲类费用

甲类费用也称固定费用，是指在一定时期内费用总额在营运车辆总行程和周转量的一定变动区间内保持固定不变的费用，也就是不受总行程和周转量增减变动影响而能保持不

变的费用，如管理人员的工资及其提取的职工福利费、营运间接费用、管理费用、按规定比例计提的工会经费和其他费用。

2. 乙类费用

乙类费用是指费用总额与车辆总行程成正比变动的费用，如营运车辆的燃料费用、轮胎费用、修理费、按行驶里程计提的折旧费等。这些费用是因营运车辆的运行而发生的，并且其总额与行驶里程成正比变动。

乙类费用与总行程的关系式为

$$\frac{\text{乙类费用}}{(\text{元})} = \frac{\text{千车公里变动费用}}{(\text{元}/10^3\text{km})} \times \frac{\text{总行程}(\text{km})}{1\,000}$$

或

$$\frac{\text{千车公里变动费用}}{(\text{元}/10^3\text{km})} = \frac{\text{乙类费用}(\text{元})}{\text{总行程}(\text{km})/1\,000}$$

3. 丙类费用

丙类费用是指费用总额与周转量成正比变动的费用，如千吨公里燃料附加（即按周转量计算的燃料附加费用）、按周转量计算的行车补贴等。

丙类费用与周转量的关系式为

$$\frac{\text{丙类费用}}{(\text{元})} = \frac{\text{千吨公里变动费用}}{(\text{元}/10^3\text{t}\cdot\text{km})} \times \frac{\text{周转量}(\text{t}\cdot\text{km})}{1\,000}$$

或

$$\frac{\text{千吨公里变动费用}}{(\text{元}/10^3\text{t}\cdot\text{km})} = \frac{\text{丙类费用}(\text{元})}{\text{周转量}(\text{t}\cdot\text{km})/1\,000}$$

汽车货运成本按成本性态进行分类，便于分析汽车货运成本升降的原因，并有助于进行本量利决策分析。

第二节 汽车货运成本计算对象与核算程序

一、汽车货运企业成本核算体制

成本核算是指将企业在生产经营过程中发生的各种耗费，按照一定的对象进行分配和归集，以计算总成本和单位成本。成本核算包括成本计算对象的确认、成本费用归集与分配方法以及成本计算方法等。成本核算体制是关于成本核算职责范围划分的组织形式。

汽车货运企业的成本核算工作，由企业的财务会计部门负责，其成本核算体制与企业的营运范围、管理体制和规模大小及生产组织机构有关。

大中型汽车货运企业一般都是区域性独立的生产经营单位，通常实行总公司和分公司两级核算或总公司、分公司、车队两级核算三级管理。

大型汽车货运企业通常由车队核算非完全成本，分公司核算完全成本，企业汇总完全成本；中型汽车货运企业通常由分公司核算非完全成本，企业核算完全成本；小型汽车货运企业，由企业直接核算完全成本，具体见表4-1。

表4-1 成本与核算范围的划分

规　　模	核算与管理体制	成本核算范围		
		非完全成本	完全成本	汇总完全成本
大型汽车货运企业	总公司	□	□	☑
	分公司	□	☑	□
	车队	☑	□	□
中型汽车货运企业	总公司	□	☑	□
	分公司	☑	□	□
小型汽车货运企业		□	☑	□

二、汽车货运成本计算对象和成本计算单位

营运费用的汇集、分配以及成本计算，都要以成本计算对象为依据。汽车货运企业的生产经营活动主要是运输业务，根据管理上的需要，对于货物运输业务，需要设置不同的成本计算对象和成本计算单位。

1. 汽车货运成本计算对象

汽车货运成本计算对象是企业的各项运输业务，也是各项营运费用的承担者。由于汽车货运生产过程与一般工业企业生产过程不同，汽车货运产品只是货物运送的数量与距离，并不形成实体性质的产品，并且运输生产过程中工料费耗费水平的高低与营运车辆的车型、技术性能、货物的种类、运行耗用燃料类别以及运行的道路条件等密切相关。所以，汽车货运生产的各项费用按车辆类别、车辆型号、货物种类等进行分类核算，便于成本的比较、分析与控制，也便于区分不同车辆种类、不同车辆型号、不同货物种类的营运效益，为企业经营决策提供依据。

因此，汽车货运通常以不同燃料和不同厂牌的营运车辆作为成本计算对象。对于以特种大型车、集装箱车、零担车、冷藏车、油罐车等共同从事运输活动的企业，应分别将其作为单独的成本计算对象，分别进行成本核算。

为了对货运成本进行细化管理，在相应的计算机软件及其配套设备的支持下，可以实现按单部营运车辆核算其货运成本的要求。

2. 汽车货运成本计算单位

成本计算单位是指成本计算对象的计量单位。汽车货运成本计算单位，是以汽车货运产量的计量单位为依据的。通常将货物运输产量称为货物周转量，其计量单位为"吨公里"，符号为"$t \cdot km$"，即实际运送的货物吨数与运距的乘积。为计量方便起见，成本计算单位通常为"千吨公里"、符号为"$10^3 t \cdot km$"。

零担车、冷藏车、油罐车等其他特种车辆的货运成本计算单位可通用"$10^3 t \cdot km$"。

大型车组的货运成本计算单位可为"千吨位小时"，符号为"$10^3 t \cdot h$"。

集装箱车辆的货运成本计算单位为"千标准箱公里",符号为"10^3TEU·km"。集装箱车运输,是以集装箱为单元积载设备,用集装箱专用车或普通汽车进行货物运输的一种运输方式。标准箱是集装箱运量统计单位,也称国际标准箱单位,以长20ft(1ft=0.304 8m)的集装箱为标准,英文缩写为TEU。

三、汽车货运企业的成本计算期

汽车货运企业的运输成本应按月计算各月成本,并按月、季、年计算从年初至各月末止的累计成本。因运输劳务的特殊性,不需要计算"在产品"成本。营运车辆在经营跨月运输业务时,一般以行车路单签发日期所归属的月份计算其货运成本。

四、汽车货运完全成本核算程序

汽车货运企业的完全成本核算程序是指成本的会计核算程序。汽车货运企业的完全成本核算程序如下:

(1)企业根据营运管理的要求,确定成本计算对象、成本计算单位、成本项目和成本计算方法。

(2)分公司根据费用支出和生产消耗的原始凭证,按照成本计算对象、费用类别对营运费用进行归集、分配,并编制各种费用汇总表,包括工资及职工福利费分配表,燃料、材料及轮胎消耗汇总表,以及低值易耗品摊销表,固定资产折旧及大修理费用提存计算表,轮胎摊销分配表等。

(3)企业根据各种费用汇总表或原始凭证,登记"辅助营运费用""营运间接费用""待摊费用""预提费用"以及"运输支出"明细分类账;并将辅助营运费用、营运间接费用按成本计算对象分配和结转计入"运输支出"账户,确定各项业务应负担的费用,计算各种业务成本。

(4)企业根据分公司、车站等所属单位上报的成本核算资料,汇总分配企业各项费用,编制企业成本计算表。

汽车货运完全成本核算程序如图4-2所示。

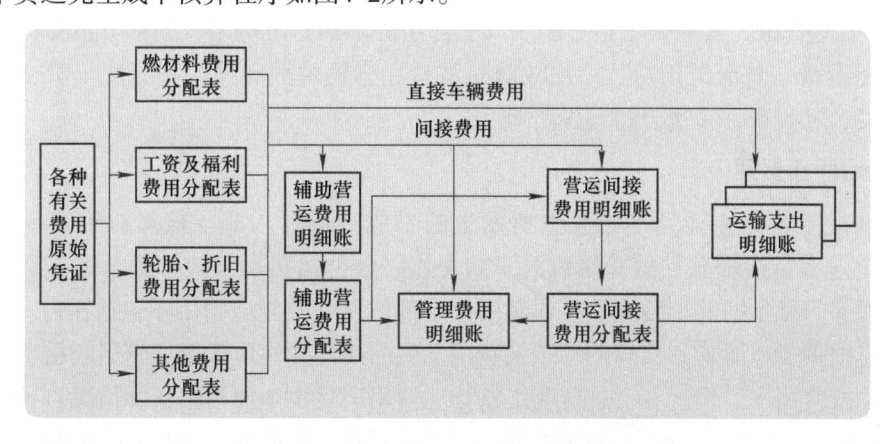

图4-2 汽车货运完全成本核算程序

第三节　汽车货运成本的核算

汽车货运企业无须像工业企业那样，按成本计算对象单独设置成本计算单，只需在"运输支出"账户下，按照成本计算对象（如车型）及成本项目设置多栏式明细账，将运输支出的明细分类核算与货运成本的分类计算结合起来一并进行核算。

一、汽车货运成本项目的设置与内容

根据运输企业会计制度的规定，汽车货运成本项目分为车辆直接费用和营运间接费用两部分。其设置与内容分别如下：

1. **车辆直接费用**

（1）工资。工资指按规定支付给营运车辆司机的基本工资、工资性津贴和生产性奖金。

（2）职工福利费。职工福利费指按规定的工资总额和比例计提的职工福利费。

（3）燃料费。燃料费指营运车辆运行中所耗用的各种燃料，如汽油、柴油等的费用，自动倾卸车辆卸车时所耗用的燃料也在此项目内核算。

（4）轮胎费。轮胎费指营运车辆耗用的轮胎费用，以及轮胎零星修补费。

（5）修理费。修理费指营运车辆进行各级维护和小修所发生的工料费、修复旧件费用和行车耗用的机油费用，以及车辆大修费用。采用总成互换维修法的企业，维修部门领用的周转总成的价值和卸下总成的修理费用，也在本项目内核算。

（6）车辆折旧。车辆折旧指营运车辆按规定方法计提的折旧费。

（7）车辆保险费。车辆保险费指向保险公司缴纳的营运车辆的保险费用。

（8）事故费。事故费指营运车辆在运行过程中，因行车肇事所发生的事故损失，扣除保险公司赔偿后的事故费用。但因车站责任发生的货损、货差损失，以及由不可抗拒的原因而造成的非常损失等，均不在本项目内核算。

（9）税金。税金指按规定缴纳的车船税。

（10）其他费用。其他费用指不属于以上各项的车辆营运费用，如行车杂支、随车工具费、篷布绳索费、防滑链条费、中途故障救济费、车辆牌照和检验费、洗车费、停车住宿费、过桥费、过渡费、高速公路建设费等。

2. **营运间接费用**

营运间接费用是企业营运过程中所发生的不能直接计入成本核算对象的各种间接费用，包括企业实行内部独立核算单位的车站费用、分公司费用、装卸队（站）费用。但企业行政管理部门发生的管理费用和企业辅助生产部门发生的制造费用不包括在内。

企业应根据成本管理和核算的特点及费用发生的用途和性质设置"营运间接费用"明细分类账，并按费用项目设置专栏进行明细核算。费用项目由企业根据实际情况自行确定，为了便于企业进行成本明细分析，对于工资、职工福利费、燃润料、材料、折旧费、修理费、

办公费、水电费、业务费、差旅费、仓库经费等，可单列项目分别归集反映。

二、汽车货运成本费用的归集与分配

1. 工资及职工福利费

根据工资分配表和职工福利费计算表中分配给各车型分类成本的金额计入成本。

对于有固定车辆的驾驶员工资、行车津贴和津贴，应由有关车型的货运成本负担，将其实际发生数直接计入货运成本的工资项目。按照工资负担对象和金额计算应计提的职工福利费，直接计入各分类货运成本的"职工福利费"项目。

对于不固定车型的驾驶员的工资及津贴，应按营运车吨位日，分配计入有关车辆的分类货运成本。其分配计算公式为

$$\frac{每营运车吨日}{工资分配额} = \frac{应分配的司机工资总额}{总营运车吨日}$$

$$\frac{某车型应分摊}{的司机工资额} = \frac{该车型实际}{总营运车吨日} \times \frac{每营运车吨日}{工资分配额}$$

2. 燃料费

营运车辆的燃料费用，应根据加油数据记录计入各车型分类成本。燃料消耗计算的范围与期间，应与车辆运行情况相一致，以保证燃料实际消耗量与当月车辆总行程和所完成的货物周转量相对应。

实行满油箱制的汽车货运企业，在月初、月末油箱加满的前提下，车辆当月加油的累计数，即为当月燃料实际消耗数。

实行实地盘存制的企业，应在月底实地测量车辆油箱存油数，并根据加油数据记录，计算各车当月实际耗用的燃料数。其计算公式为

$$当月实耗数 = 月初车存数 + 本月领用数 - 月末车存数$$

营运车辆在本企业以外的油库加油，根据加油凭据直接计入各分类货运成本。

3. 轮胎费

营运车辆的轮胎零星修补费用和轮胎翻新费用，按实际领用数和发生数计入各分类货运成本。

营运车辆的轮胎价值耗费，可采取两种方法计入货运成本：

（1）分期摊销法。营运车辆所更换的轮胎，按其实际成本计入货运成本。由于轮胎的单位价值较高，为避免因集中更换轮胎所造成的当月货运成本骤高现象，可将更换轮胎的总值，以分期摊销的方式，在一年内分月摊入货运成本。

（2）里程摊提法。由于轮胎的价值耗费与其使用里程成正比，所以，营运车辆轮胎的价值耗费，可按其千胎公里摊销额和月度内实际行驶胎公里数计算列入成本。采用这种计算方法计算出的轮胎费用，对于原车装轮胎来说，属于预提性质的轮胎费用；对于后续更换的轮胎来说，则属于摊销的轮胎费用。故此，统称为轮胎摊提费用。其计算公式为

$$\frac{\text{千胎公里摊提额}}{(元/10^3 km)} = \frac{\text{轮胎计划价格（元）} - \text{计划残值（元）}}{\text{新胎到报废行驶里程定额（km）}/1\,000}$$

轮胎摊提费用，应按月计入货运成本。其计算公式为

$$\frac{\text{某型号轮胎当月}}{\text{应计摊提费用}} = \frac{\text{该型号轮胎千}}{\text{胎公里摊提额}} \times \frac{\text{该型号轮胎当月使用里程}}{1\,000}$$

例4-1 某型号轮胎计划单价为4 000元，计划残值为100元，新胎到报废行驶里程定额为100 000km，其千胎公里摊提额计算如下：

$$\frac{\text{该型号轮胎千}}{\text{胎公里摊提额}} = \frac{4\,000 - 100}{100\,000 \div 1\,000} = 39\,（元/10^3 km）$$

该型号轮胎千胎公里摊提额为39元/10^3km。

例4-2 如果该型号轮胎当月使用里程为1 500 000km，则该型号轮胎当月应计摊提费用计算如下：

$$\frac{\text{该型号轮胎当月}}{\text{应计摊提费用}} = 39 \times \frac{1\,500\,000}{1\,000} = 58\,500\,（元）$$

该型号轮胎当月应计摊提费用为58 500元。

报废的轮胎，应按照新胎到报废的里程定额计算其超亏里程，并按月分车型计算其超亏里程差异，调整货运成本。其计算公式为

$$\frac{\text{某车型外胎超亏里}}{\text{程应调整成本差异}} = \frac{\text{千胎公里}}{\text{摊提额}} \times \frac{\text{该车型报废外胎超亏胎公里}}{1\,000}$$

例4-3 如果该型号轮胎当月报废轮胎超额使用里程为110 000km，其超里程应调整成本差异额计算如下：

$$\frac{\text{该型号轮胎超亏里}}{\text{程应调整成本差异}} = 39 \times \frac{-110\,000}{1\,000} = -4\,290\,（元）$$

超额里程应调减成本差异额为4 290元。

需要注意的是，当汽车报废时，应计算并冲减第一套轮胎的预提费用。

4. 修理费

营运车辆因维护和修理而领用的各种材料与配件，其费用应直接计入各分类成本的修理费项目；预提的车辆大修理费用提存额，可根据"预提大修理费用计算表"计入本项目。

由于营运车辆大修作业，通常规定有大修间隔里程定额，所以企业可按营运车辆的行驶里程，预先计算大修理费用提存额，并计入货运成本；而实际发生的大修理费用则直接从提存额中列支。特种车和大型车可按使用年限计算预提。

（1）按使用年限计提的计算式。

$$\text{某车型月大修理费用提存率} = \frac{\text{预计大修理次数} \times \text{每次大修理费用}}{\text{该车型平均原值} \times \text{预计使用年限} \times 12} \times 100\%$$

$$\text{某车型某月大修理费用提存额} = \text{某车型当月平均原值} \times \text{该车型月大修理费用提存率}$$

例4-4 某型号货运汽车预计大修理次数为3次,每次大修理费用为15 000元,该车型平均原值为600 000元,预计使用年限为10年,该车型月大修理费用提存率计算如下:

$$\frac{3 \times 15\,000}{600\,000 \times 10 \times 12} \times 100\% = 0.062\,5\%$$

该车型月大修理费用提存率为0.062 5%。

例4-5 如果该型号货车当月平均原值(可取月初原值与月末原值的平均数)为1 800 000元,该型号货车当月大修理费用提存额计算如下:

$$1\,800\,000 \times 0.062\,5\% = 1\,125\,(\text{元})$$

该车型当月大修理费用提存额为1 125元。

(2)按实际行驶里程计提的计算式。

$$\text{某车型千车公里大修理费用预提额(元/}10^3\text{km)} = \frac{\text{预计大修理次数} \times \text{每次大修理费用}}{\text{该车型新至报废行驶里程定额}} \times 1\,000$$

$$\text{某车型大修理费用月提存额(元)} = \text{该车型千车公里大修理费用预提额} \times \frac{\text{该车型当月总行程}}{1\,000}$$

例4-6 在上例中,如果该型号货车采用按实际行驶里程计提大修理费用,其预计大修理次数仍为3次,每次大修理费用仍为15 000元,该车型新至报废行驶里程定额为180万km,其千车公里大修理费用预提额计算如下:

$$\frac{3 \times 15\,000}{1\,800\,000} \times 1\,000 = 25\,(\text{元}/10^3\text{km})$$

该车型千车公里大修理费用预提额为25元/10^3km。

例4-7 如果该型号货车当月实际行驶里程为45 000km,其当月大修理费用提存额计算如下:

$$\frac{25 \times 45\,000}{1\,000} = 1\,125\,(\text{元})$$

该车型当月大修理费用提存额为1 125元。

实际大修理间隔里程与大修理间隔里程定额比较,所发生的超亏里程造成的多提或少提费用差异,以及实际每次大修理费用与预提每次大修理费用的差额,应调增或调减本项目。

5. 车辆折旧

营运车辆的折旧按实际行驶里程计算，特种车、大型车按年限法计算列入本项目。

（1）按使用年限法计提折旧的计算式。

$$\frac{某车型月}{折旧率} = \frac{1-残值率}{该车型预计使用年限 \times 12} \times 100\%$$

$$\frac{某车型月}{折旧额（元）} = \frac{该营运车}{月初原值} \times \frac{该车型营运车}{月折旧率}$$

例4-8 某型号货运汽车原值为600 000元，预计使用年限为10年，残值率为5‰，该车型月折旧率计算如下：

$$\frac{1-0.005}{10 \times 12} \times 100\% = 0.83\%$$

该车型月折旧率为0.83%。

例4-9 如果该型号货车当月月初原值为1 800 000元，该型号货车当月折旧额计算如下：

$$1\ 800\ 000 \times 0.83\% = 14\ 940（元）$$

该车型当月折旧额为14 940元。

（2）营运车辆按行驶车公里计提折旧的计算式。

$$\frac{某车型千车公里}{折旧额（元/10^3 km）} = \frac{车辆原值-（预计残值-清理费用）}{该车型折旧里程定额/1\ 000}$$

$$\frac{某车型折旧}{费用（元）} = \frac{该车型当月}{行驶里程} \times \frac{该车型千车公里折旧额}{1\ 000}$$

例4-10 如果该型号货车采用按实际行驶里程计提折旧，其预计残值为3 000元，清理费用预计为500元，该车型新至报废行驶里程定额为180万km，其千车公里折旧额计算如下：

$$\frac{600\ 000-（3\ 000-500）}{1\ 800\ 000 \div 1\ 000} = 331.94（元/10^3 km）$$

该车型千车公里折旧额为331.94元/10³km。

例4-11 如果该型号货车当月实际行驶里程为45 000km，其当月折旧额计算如下：

$$\frac{45\ 000 \times 331.94}{1\ 000} = 14\ 937（元）$$

该车型当月折旧费用为14 937元。

月终，根据固定资产折旧计算表，将提取的营运车辆折旧额计入各分类货运成本的本项目内。固定资产提足折旧后，不管能否继续使用，均不再提取折旧；提前报废的固定资产，也不再补提折旧。所谓提足折旧，是指已经提足该项固定资产应提的折旧总额。

6. 车辆保险费

按实际支付的投保费用和投保期，并按月份、分车型分摊计入各分类成本的本项目内。

7. 事故费

营运车辆在运营过程中因碰撞、翻车、碾压、落水、失火、机械故障等原因而造成的人员死亡、牲畜死伤、车辆损失、物资毁损等行车事故所发生的修理费、救援费和赔偿费，以及支付给外单位人员的医药费、丧葬费、抚恤费、生活补助费等事故损失，在扣除向保险公司收回的赔偿收入，以及事故对方或过失人的赔偿金额后，计入有关分类成本的本项目内。在事故发生时，可预估事故损失。在预估事故费用时，通过预提费用账户进行核算，根据当年结案事故的实际损失与预提数的差额，调整本年度有关业务成本。因车站责任发生货损、货差等事故损失，应计入"营运间接费用"账户，不列入本项目。

8. 营运间接费用

营运间接费用是指企业营运过程中发生的不能直接计入成本核算对象的各种间接费用，但不包括企业管理部门的管理费用。营运间接费用可通过编制"营运间接费用分配表"，计入各分类货运成本的本项目内。

9. 其他营运费用

随车工具、篷布绳索、防滑链及司机的劳动保护用品等，应根据"低值易耗品发出汇总表"和"材料发出汇总表"，将按各分类成本对象归集的费用数额，计入分类货运成本的本项目内。一次领用量较大时，也可以通过"待摊费用"账户分期摊销。企业发生的行车杂支、车辆牌照费、检验费和过渡费等，可根据付款凭证计入各分类成本项目。

三、辅助营运费用的核算

汽车货运企业的辅助营运费用，主要是指为企业车辆进行维修作业而设置的保养场或车间发生的生产费用。

辅助营运费用应按照费用计算对象和费用类别进行归集，并按受益部门和一定的方法进行分配。

企业应分别设置"辅助营运费用"总分类账和明细分类账，按规定的费用项目设置专栏进行核算。

辅助生产人员工资及职工福利费和车间经费等不能直接按成本计算对象归集的费用，应根据实际支付的工资及费用，按照实际总工时计算单位工时分配额，再按各成本计算对

象所耗费的实际工时进行分配。其分配计算式为

$$\frac{\text{单位工时工资或费用}}{\text{分配额（元/h）}} = \frac{\text{辅助生产人员工资及职工福利费或车间经费}}{\text{辅助生产实际总工时}}$$

$$\frac{\text{某类维修作业或产品应}}{\text{分摊工资或费用额（元）}} = \frac{\text{该类维修作业或}}{\text{产品实际耗用工时}} \times \frac{\text{单位工时工资}}{\text{或费用分配额}}$$

四、营运间接费用的核算

汽车货运企业的营运间接费用，是指企业在营运过程中发生的不能直接计入成本计算对象的各种间接费用，其主要内容是指汽车货运企业所属的基层分公司发生的营运管理费用。

企业应按各分公司分别设置"营运间接费用"总分类账和明细分类账，并按规定的费用项目设置专栏进行核算。月终，"营运间接费用"所归集的分公司发生的营运管理费用，可按该分公司各车型（假定成本计算对象为车型）的直接费用比例或营运车日比例，由各车型成本分摊，并全数结转给按各车型设置的"运输支出"明细账户。

分公司管理费用按各车型的直接费用比例分配的计算公式为

$$\frac{\text{分公司管理}}{\text{费用分配率}} = \frac{\text{分公司管理费用}}{\text{该分公司各车型直接费用之和}} \times 100\%$$

$$\frac{\text{某车型应分摊的}}{\text{分公司管理费（元）}} = \frac{\text{当月该车型营运}}{\text{车直接费用总额}} \times \frac{\text{分公司管理}}{\text{费用分配率}}$$

五、企业汽车货运成本的计算

企业营运车辆所发生的直接费用，根据原始费用分配表计入"运输支出"明细账有关项目。企业营运车辆所发生的间接费用，先通过"辅助营运费用"或"营运间接费用"归集，月终，按相应的分配方法，分配转入按不同成本计算对象设置的"运输支出"明细账，及其所属的"修理费"项目专栏和"营运间接费用"项目专栏。最后，再根据"运输支出"账户记录，计算各成本计算对象的总成本、单位成本、成本降低额和成本降低率。

（一）总成本的计算

总成本是成本计算期内各货运成本计算对象的成本总额之和。

（二）单位成本的计算

单位成本是指完成单位周转量而平均耗费的成本。其计算公式为

$$\frac{\text{单位成本}}{\text{（元}/10^3 \text{t} \cdot \text{km）}} = \frac{\text{运输成本总额}}{\text{周转量}/1\,000}$$

对于不按千吨公里计算其生产成果的大型平板车、集装箱专用车等，应按照各自生产

成果的计量单位，如"10^3t·h""10^3TEU·km"来计算其运输单位成本。

（三）成本降低额和成本降低率的计算

1. 成本降低额

成本降低额是以上年实际单位成本与本期周转量计算的总成本减去本期实际总成本的差额。成本降低额应按成本计算对象分别计算，其计算公式为

$$\text{成本降低额（元）} = \text{上年实际单位成本} \times \text{本年实际周转量} - \text{本年实际成本}$$

当计算结果为负值时，表示成本超支额。

2. 成本降低率

成本降低率是反映成本降低幅度的主要指标，是成本降低额与按上年度实际单位成本计算的总成本的比率，其计算公式为

$$\text{成本降低率} = \frac{\text{成本降低额}}{\text{上年实际单位成本} \times \text{本期实际周转量}} \times 100\%$$

或

$$\text{成本降低率} = \frac{\text{上年实际单位成本} - \text{本年实际单位成本}}{\text{上年实际单位成本}} \times 100\%$$

不宜按照千吨公里计算其生产成果的大型平板车和集装箱专用车，其成本降低额和成本降低率的计算方法，可将上式中的周转量改为相应的工作量。

对于分类计算货运成本的营运车辆，除了分别计算各类货运成本的降低额和降低率外，还可计算全部营运车辆综合的成本降低率。

（四）"运输支出"明细账的基本格式

货运总成本是通过"运输支出"明细账进行记录与计算的，其格式见表4-2。

表4-2 "运输支出"明细账

明细科目：汽油车　　　　　　　　　　　　　　　　　　　　　　　　（单位：元）

年		摘要	工资	燃料	轮胎	折旧	修理	其他	…	合计
月	日									
									…	
									…	
									…	
									…	
									…	

（五）货运成本计算表的基本格式

汽车货运成本计算对象的单位成本、成本降低额、成本降低率通常是通过"汽车货运成本计算表"进行计算的，其基本格式见表4-3。

表4-3 汽车货运成本计算表

202×年×月

成 本 项 目	单 位	合 计	汽 油 车	柴 油 车
一、车辆费用	元	7 836 593	3 391 795	4 444 798
1. 工资	元	753 300	333 400	419 900
2. 职工福利费	元	105 462	46 676	58 786
3. 燃料费	元	2 813 000	1 164 000	1 649 000
4. 轮胎费	元	450 320	158 320	292 000
5. 修理费	元	904 711	477 399	427 312
6. 车辆折旧	元	512 000	212 000	300 000
…	…	…	…	…
二、营运间接费	元	1 073 182	513 260	559 922
三、货运总成本	元	8 909 775	3 905 055	5 004 720
四、周转量	$10^3 t \cdot km$	27 463	11 319	16 144
五、单位成本	元$/10^3 t \cdot km$	324.43	345	310
六、上年实际单位成本	元$/10^3 t \cdot km$	—	344	315
七、成本降低额	元	69 321	-11 319	80 640
八、成本降低率（%）		0.77[①]	-0.29	1.59

①数值的计算式为69 321÷（344×11 319+315×16 144）×100=0.77。

六、分公司汽车货运完全成本的核算

基层分公司是汽车货运企业的基本生产单位，直接管理和运用车辆，组织货物运输工作。分公司通常采用完全成本计算方法来计算货运成本。

基层分公司货运成本的计算，与企业分类货运成本计算方法相同，应分别不同车型设置明细账，进行账务处理。除核算其所管车辆的直接费用、辅助营运费用和本单位经费外，还要分摊企业燃材料供应部门转来的燃料、材料成本差异。

基层分公司经过收集、分配而汇集的营运直接费用和本单位经费，加上应由分公司运输业务负担的燃料、材料成本差异，即为分公司的分类货运总成本。企业汇编分公司货运成本表，即为企业货运总成本。

七、集装箱车、大型车组运输成本的核算

在各类特种车辆中，零担货车、冷藏车、油罐车等车型的运输业务成本的核算，基本上和货车运输业务相同，只有集装箱车运输和大型车组运输的成本核算略有区别。

1. 集装箱车运输成本的核算

集装箱车运输的主要任务是将沿海港口进口的集装箱接运送往内地，将内地的集装箱运到港口，为铁路车站接运集装箱，在城市之间运送集装箱。集装箱运输有专营的集装箱运输公司，也有汽车运输公司兼营集装箱运输的。

集装箱运输成本，是集装箱运输车辆从事集装箱运输时所发生的支出。集装箱车运输的

成本开支范围和成本计算方法，与货车运输成本基本相同，不包括集装箱发生的费用。

由于集装箱车的车型特殊，各种消耗和运行组织不同于一般货车运输，因此单独作为成本计算对象进行成本计算。另外，由于集装箱车的运输对象是集装箱，所以成本计算单位是10^3TEU·km，而不是10^3t·km。

汽车货运企业在经营集装箱车运输和货物运输时，集装箱车运输和货车专门从事集装箱运输，均可作为成本计算对象，计算集装箱车运输成本。当货车兼营集装箱运输时，货车的直接费用，应按从事集装箱运输和从事散货运输的行驶里程比例进行分配，分别计入集装箱车运输成本和货车运输成本。当汽车货运企业只有少量集装箱运输时，也可将集装箱运量折算为货运量并入货车运输成本，不单独计算集装箱车运输成本。

汽车货运企业集装箱车所发生的营运费用，在"运输支出"账户设置"集装箱车"明细账进行归集。集装箱车运输所发生的直接费用，以及分配负担的辅助营运费用和营运间接费用，构成集装箱车运输总成本。

集装箱车运输单位成本计算公式为

$$\text{集装箱车运输单位成本（元/}10^3\text{TEU·km）} = \frac{\text{集装箱车运输总成本}}{\text{集装箱车运输周转量}}$$

2. 大型车组运输成本的核算

大型车组包括大型平板车和专门从事特大件设备运输的车辆，这些特种车辆发生的各项直接费用，在"运输支出"账户设置"大型车组"明细账进行归集。按规定，大型车组的成本计算单位为10^3t·h。大型车组的直接营运费用和分配负担的辅助营运费用及营运间接费用，构成大型车组运输总成本，除以同期完成的工作量，即为大型车组运输单位成本。其计算公式为

$$\text{大型车组运输单位成本（元/}10^3\text{t·h）} = \frac{\text{大型车组运输总成本}}{\text{大型车组作业量}}$$

第四节 汽车货运成本预测

成本预测是在企业经营决策的总目标下，对成本可能达到的水平进行科学估计。成本预测是确定目标成本和选择达到目标成本最佳途径的重要手段。加强成本预测工作，可以挖掘企业内部一切潜力，即以尽可能少的人力、物力、财力来实现企业的经营目标，保证企业获得最佳的经济效益。

成本预测可以是近期的，也可以是远期的。近期成本预测如月度和季度的成本预测，一般只对成本完成情况进行估计，不全面考虑降低成本的措施。例如，企业负责人在月底前预测哪些成本项目将会超支，从而采取措施，以期消除超支现象。远期成本预测，在预计成本完成情况的同时，全面考虑降低成本的措施。

成本预测是编制货运成本预算的前提。企业可根据经营范围，组织长期（三年至五年或更长时间）的、年度的、短期（若干月）的以至专项的货运成本预测，为确定目标成本

和编制成本预算提供信息和资料。

现实中较为常用的成本预测方法主要有：本量利分析法和因素变动预测法。

一、本量利分析法

本量利分析法又叫盈亏平衡分析法。这种方法是根据周转量、甲类费用、单位运价、单位变动成本（包括千车公里费用、千吨公里费用及相关的载运系数等）、盈利等因素之间的数量关系，来测算计划期内的保本点周转量、保本点运输收入、目标周转量和目标运输收入等相关数据，并达成试算平衡的目标。

汽车货运企业盈亏平衡点就是企业的运输收入同汽车货运成本相等的点，在这一点以上就是盈利，在这一点以下就是亏损。盈亏平衡点的本量利分析及其数量关系，如图4-3所示。

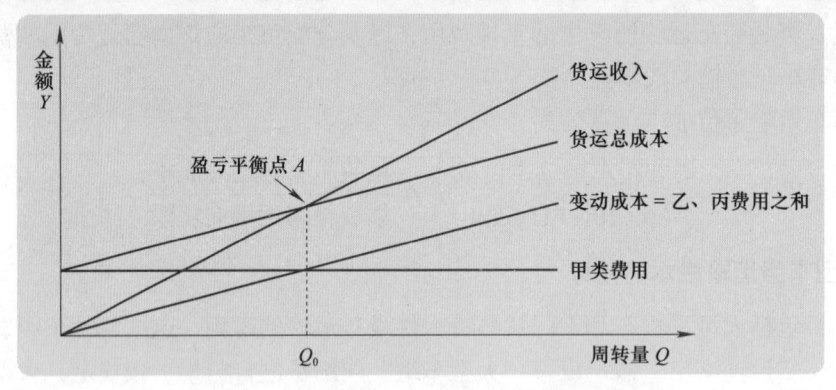

图4-3 盈亏平衡点的本量利分析及其数量关系

图4-3以纵轴表示收入与成本，以横轴表示周转量，将运输收入线、甲类费用线、变动成本线以及由甲类费用线与变动成本线叠加而成的运输成本线标到坐标图上，当单位运输收入大于单位成本中的变动成本时，则运输收入线与运输成本线必可相交于一点，这一点就是盈亏平衡点A。

从图4-3可以看出，如果平衡点A存在且不变，运输产量越大，所实现的盈利就越多或亏损越少；如果运输产量不变，盈亏平衡点A越低，实现盈利就越多，在收入既定的条件下，盈亏平衡点的高低取决于甲类费用和单位成本中的变动成本的多少。

（1）保本点周转量Q_0的计算式（未考虑价外税等因素）。

$$Q_0=\frac{F}{P-V}=\frac{F}{P-\left(\dfrac{V''}{\beta t\gamma}+V'\right)} \tag{4-1}$$

式中 Q_0——保本点周转量，单位为$10^3 \text{t}\cdot\text{km}$；

F——甲类费用，单位为元；

P——单位运价，单位为元/$10^3 \text{t}\cdot\text{km}$；

V——单位变动成本，单位为元/$10^3 \text{t}\cdot\text{km}$。

V'——千吨公里变动成本，单位为元/$10^3 \text{t}\cdot\text{km}$；

V''——千车公里变动成本，单位为元/10^3km；

β——里程利用率（%）；

t——重车平均吨位，单位为t；

γ——吨位利用率（%）；

式（4-1）中的 $\dfrac{V''}{\beta t \gamma}$ 和 V' 推导过程可参阅第五章式（5-3）和式（5-4）。

式中的 $\beta t \gamma$ 是里程利用率、重车平均吨位和吨位利用率的连乘，通常称为载运系数，单位为t，式（4-1）的意义如图4-4所示。

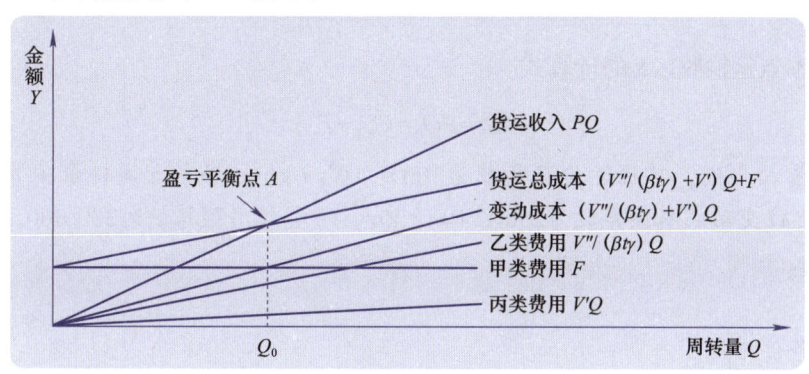

图4-4 保本点周转量与诸变量关系图

例4-12 某公司10月份的单位运价预算数为300元/10^3t·km，单位变动成本预算数为250元/10^3t·km，甲类费用预算数为200 000元。试测算该月份保本点周转量。

解：

由本题条件可知：

F=200 000元

P=300元/10^3t·km

V=250元/10^3t·km

代入式（4-1），可得

$$Q_0 = \frac{200\,000}{300-250} = 4\,000$$

计划期保本点周转量测算值为4 000×10^3t·km。

例4-13 上例中，如果单位变动成本预算数为未知，但其千车公里变动费用预算数为1 000元/10^3km，千吨公里变动费用预算数为50元/10^3t·km，载运系数预算数为5t。试预测其保本点周转量。

解：

由本题条件可知：

F=200 000元

P=300元/10^3t·km

V''=1 000元/10^3km

V' =50元/10^3t·km

$\beta t\gamma$ =5t

代入式（4-1），可得

$$Q_0 = \frac{200\,000}{300-\left(\frac{1\,000}{5}+50\right)} = 4\,000$$

计划期保本点周转量测算值为4 000×10^3t·km。

（2）保本点运输收入S_0的计算式。

$$S_0=PQ_0=VQ_0+F \qquad (4-2)$$

例4-14 接上例，单位运价预算数为300元/10^3t·km，保本点周转量测算数为4 000×10^3t·km，单位变动成本预算数为250元/10^3t·km，甲类费用预算数为200 000元，试测算保本点运输收入。

解：

由本题条件可知：

Q_0=4 000×10^3t·km

V=250元/10^3t·km

F=200 000元

代入式（4-2），可得

$$S_0=250\times4\,000+200\,000=1\,200\,000（元）$$

或

$$S_0=300\times4\,000=1\,200\,000（元）$$

计划期的保本点运输收入测算值为1 200 000元。

（3）目标周转量Q_m的计算式（未考虑价外税等因素）。

不难得出：如果目标利润设定为M，则目标周转量Q_m的计算式为

$$Q_m=\frac{F+M}{P-V}=\frac{F+M}{P-\left(\frac{V''}{\beta t\gamma}+V'\right)} \qquad (4-3)$$

例4-15 某公司10月份的单位运价预算数为300元/10^3t·km，单位变动成本预算数为250元/10^3t·km，甲类费用预算数为200 000元，目标利润40万元。试测算该月份目标周转量。

解：

由本题条件可知：

单位运价=300元/10^3t·km

单位变动成本=250元/10^3t·km

甲类费用=200 000元

目标利润=40万元

代入式（4-3），可得

$$Q_{\mathrm{m}} = \frac{200\,000 + 400\,000}{300 - 250} = 12\,000$$

计划期的目标周转量测算值为12 000×10³t·km。

（4）目标运输收入S_{m}的计算式。

据目标周转量Q_{m}计算式，目标运输收入S_{m}的计算式为

$$S_{\mathrm{m}} = PQ_{\mathrm{m}} = \frac{(F+M)P}{P-V} = \frac{(F+M)P}{P-\left(\dfrac{V''}{\beta t \gamma} + V'\right)} \tag{4-4}$$

例4-16 某公司10月份的单位运价预算数为300元/10³t·km，单位变动成本预算数为250元/10³t·km，甲类费用预算数为200 000元，目标利润40万元。试测算该月份目标运输收入。

解：

由本题条件可知：

单位运价=300元/10³t·km

单位变动成本=250元/10³t·km

甲类费用=200 000元

目标利润=40万元

代入式（4-4）可得

$$S_{\mathrm{m}} = PQ_{\mathrm{m}} = \frac{200\,000 + 400\,000}{300 - 250} \times 300 = 12\,000 \times 300 = 3\,600\,000$$

计划期的目标运输收入测算值为3 600 000元。

采用盈亏平衡点分析法进行决策分析的前提和假定：一是将汽车货运成本费用按照它与周转量及车辆行驶里程的关系分成两类：一类是甲类费用即固定成本，也称期间成本，在一定时期内该类成本的支出总额与周转量及车辆行驶里程的增减无关，基本上保持稳定不变；另一类是变动成本，又分为乙、丙两类，即总额与车辆总行程成正比变动的成本和总额与周转量成正比变动的成本。二是综合单位运价保持不变。三是所测算的各类车型所完成的周转量比重保持不变。此外，还有一些制约因素也应保持相对稳定。

但是在现实中，这些因素不可能保持不变。对此，我们可以考虑将测算对象细化处理。比如分车型来测算各自的保本点或目标周转量，避免车型之间的相互制约；对于不按周转量计算运费的情况，可以按周转量折算成单位运价，等等。

目标周转量及相关因素的测算是一个反复试算平衡的过程，这是因为这个算式中的所有因素都是变量或参变量。每个变量或参变量的数值都可在一定范围内做出适当的增减调

整，并满足下式的约束条件：

$$f(Q_m, P, M, F, V'', \beta, t, \gamma, V') = Q_m\left(P - \frac{V''}{\beta t \gamma} - V'\right) - (F+M) = 0$$

当测算其中的一个变量或参变量目标值时，应相对固定其他变量或参变量的数值。最终以总体较为合理、把握程度较高的变量或参变量的目标值体系来确保目标利润的实现。

二、因素变动预测法

随着科学技术的进步，道路条件的改善，企业经营管理水平的提高，汽车货运成本的构成必然发生变化。为准确反映计划期产量、生产率、原材料消耗等发生变化对货运成本构成的影响，应及时地对成本进行因素变动影响预测。

1. 周转量变动对单位成本影响的预测

周转量通常在某个区间内发生增减变动时，甲类费用并不会发生相应的增减变动，但周转量的这种增减变动，将使单位成本中的甲类费用含量发生相应的减增变动，从而导致单位成本的下降与上升。如果对计划期周转量的增减幅度可加以估算，即可将其用于计划期单位成本的预测分析。

周转量变动对单位成本影响的预测分析式为

$$\text{周转量变动对单位成本影响程度} = \frac{\text{甲类费用占总成本比重}}{1+\text{运输周转量增长率}} - \text{甲类费用占总成本比重} \quad (4-5)$$

例4-17 某运输公司的汽车货运成本中，甲类费用占总成本的比重为30%，假设计划期周转量预计增加15%。试测算由于周转量的增加，对单位成本的影响程度。

测算如下：

$$\frac{30\%}{1+15\%} - 30\% = -3.9\%$$

由于预测周转量增加的影响将使单位成本下降3.9%。

从周转量与车辆运用效率指标关系上看，所有效率指标的增减变动都会对周转量增减变动产生影响，从而影响单位成本中的甲类费用含量的增减变动。

2. 劳动生产率和工资变动对单位成本影响的预测

运输单位成本与劳动生产率成反比，与工资水平成正比。因此，当劳动生产率和工资水平（即平均工资）发生增减变动时，将使单位成本中的工资成本份额发生增减变动，从而影响单位成本的升降。

劳动生产率和工资变动对单位成本影响的预测分析式为

$$\text{工资水平与劳动生产率变动对单位成本影响程度} = \frac{\text{生产工人工资占总成本比重} \times (1+\text{工资增长率})}{1+\text{劳动生产率增长率}} - \text{生产工人工资占总成本比重} \quad (4-6)$$

例4-18 某运输公司的生产工人工资占总成本的比重为10%,计划期预计工人工资水平提高10%,劳动生产率提高20%。试测算工人工资水平和劳动生产率的提高对单位成本的影响程度。

测算如下:

$$\frac{10\% \times (1+10\%)}{1+20\%} - 10\% = -0.84\%$$

由于预期工人工资水平与劳动生产率提高,并且劳动生产率的提高超过工资水平提高的综合影响,将使单位成本下降0.84%。

3. 车辆运用效率变动对单位成本影响的预测

(1) 工作车日和车日行程发生变动对单位成本影响的预测。工作车日和车日行程发生变动,并不导致千车公里变动成本V''、千吨公里变动成本V'以及单位变动成本V的增减变动,这一结论可从式(4-3)得到证明。但工作车日和车日行程发生变动,将引起计划期周转量变化,从而导致单位成本中的甲类费用含量(即F/Q)发生增减变动,同时也必使单位成本发生等量增减变动,这种因果关系可以用作成本预测。

例4-19 如果某企业计划期内甲类费用F为200 000元,当预计计划期的载运系数不会有明显变动,但计划期的工作车日或车日行程可以有不同选择方案时,可通过列表的方式来显示其对成本的影响结果,以供决策之用。具体见表4-4。

表4-4 工作车日和车日行程变动对运输单位成本影响程度

周转量/ (10^3t·km) Q	总行程 变动系数	单位成本/(元/10^3t·km),其中:			单位成本降低额/ (元/10^3t·km)	成本降低率 (%)
		V	F/Q	合计		
①= 10 000×②	②	③	④= 200 000/①	⑤=③+④	⑥=270-⑤ 或20-④	⑦=⑥/270
10 000	1.0	250.00	20.00	270.00	0.00	0.00
12 000	1.2	250.00	16.67	266.67	3.33	1.23
14 000	1.4	250.00	14.29	264.29	5.71	2.11
16 000	1.6	250.00	12.50	262.50	7.50	2.78
18 000	1.8	250.00	11.11	261.11	8.89	3.29
20 000	2.0	250.00	10.00	260.00	10.00	3.70

表4-4中,由于假定计划期内的载运系数不变(即里程利用率、重车平均吨位和吨位利用率不变),周转量的增加必然是总行程变动(即工作车日与车日行程两个因素的乘积变动)所致。比如,周转量因总行程变动影响,可列出上述六个比较方案,其中第三个方案的周转量Q从10 000×10^3t·km到14 000×10^3t·km时,其单位成本降低额为

270.00-264.29=5.71(元/10^3t·km)

其成本降低率为

$$5.71 \div 270 = 2.11\%$$

如果选定第三个方案做成本预测，那么还需以既定的周转量及载运系数为约束条件，对工作车日和车日行程两个指标按其可调整的空间反复进行试算平衡，分别确定出各自数值。

（2）载运系数发生变动对单位成本影响的预测。由式（4-3）可知，载运系数的三个变量中的任意一个或几个发生变动，均会导致载运系数的变动，从而影响单位变动成本和运输单位成本的升降变动。由于重车平均吨位预算数表明企业在预算期的运输生产能力，并无多个方案可供选择，所以通常将里程利用率与吨位利用率这两个效率指标的预算数作为预测变量，并相应做出多个运输工作量备选方案以及相应的成本方案，供企业进行预测与决策分析参考。

通常将里程利用率与吨位利用率两个变量的乘积$\beta\gamma$（即实载率）作为因素变量，来分析其变动对成本的影响。

为简略清晰起见，可将实载率除外的其他效率指标数值固定不变，进而观察实载率变动对载运系数、单位成本构成及成本降低程度的影响，具体见表4-5。

表4-5 实载率变动对载运系数、单位成本构成及成本降低程度的影响

Q /(10^3t·km)	$\beta\gamma$ (%)	$\beta t\gamma$ /t	V''/（元 /10^3km）	单位成本/（元/10^3t·km），其中：					单位成本降低情况	
				V			F/Q	合计	绝对数/（元 /10^3t·km）	相对数 (%)
				$V''/(\beta t\gamma)$	V'	小计				
①	②	③	④	⑤=④/③	⑥	⑦=⑤+⑥	⑧	⑨=⑦+⑧	⑩=270−⑨	⑪=⑩/270
10 000	50	5.0	1 000	200.00	50.00	250.00	20.00	270.00	0.00	0.00
12 000	60	6.0	1 000	166.67	50.00	216.67	16.67	233.34	36.66	0.14
14 000	70	7.0	1 000	142.86	50.00	192.86	14.29	207.15	62.85	0.23
16 000	80	8.0	1 000	125.00	50.00	175.00	12.50	187.50	82.50	0.31
18 000	90	9.0	1 000	111.11	50.00	161.11	11.11	172.22	97.78	0.36
20 000	100	10.0	1 000	100.00	50.00	150.00	10.00	160.00	110.00	0.41

注：$t=10$；成本降低率为定基比，基数为270元/10^3t·km；$F=200\,000$元；由于仅观察$\beta\gamma$变动对单位成本产生的影响，在工作车日和车日行程数值不变的前提下，周转量Q仅与实载率$\beta\gamma$成正比变化，计算式为：①=②÷50%×10 000×10^3t·km。

从表4-5数字分析可知，提高实载率，意味着载运系数的提高，从而使$V''/(\beta\gamma)$有所下降，并导致单位变动成本和单位成本也做等量下降；与此同时，提高实载率也导致周转量的提高，使得F/Q有所下降。可从图4-5直观看到单位成本及其构成与实载率变动的数量关系。

如果选定表4-5中实载率为70%的方案做成本预测，那么还需以既定的周转量及载运系数除外的效率指标为约束条件，对里程利用率和吨位利用率两个指标按其可调整的空间（$\beta\gamma=70\%$）反复进行试算平衡，分别确定出各自数值。

实载率的提高是有效降低运输单位成本的措施和保证。提高实载率，一要提高里程利用率，二要提高吨位利用率。

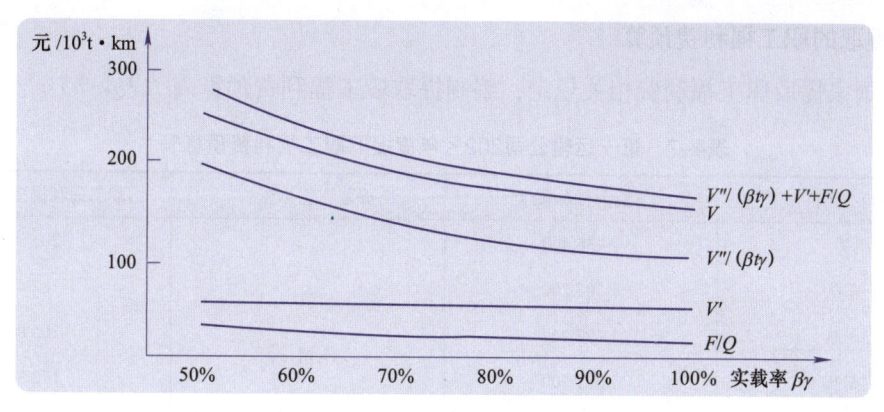

图4-5 单位成本及其构成与实载率变动的数量关系

第五节 汽车货运成本预算

汽车货运企业可以根据需要编制年度、季度、月度货运成本预算。

一、货运成本主要项目预算的编制方法

例4-20 现以通达运输总公司下属第一运输公司为例，简述货运成本主要项目预算的编制方法。

（一）甲类费用预算

1. 工资预算

甲类费用预算中的工资项目，是指与营运车辆的行驶里程和周转量基本无关的工资费用，如营运车司机的底薪、运营管理人员的工资等。

该运输总公司规定，随着工龄增长，每名职工每年月工资均比上年增加20元。以其下属的第一运输公司为例，其工资预算可以上年工资为基数，每名职工全年增发240元。其预算见表4-6。

表4-6 第一运输公司202×年度工资预算表

部门	上年实际		本年预算/元	
	年末人数/人	12月份工资总额/元	月工资增长额	工资总额
甲	①	②	③=①×20	④=（②+③）×12
机关	35	119 000	700	1 436 400
一车队	30	108 000	600	1 303 200
二车队	36	122 400	720	1 477 440
三车队	30	102 000	600	1 231 200
四车队	30	102 000	600	1 231 200
保修车间	50	170 000	1 000	2 052 000
合计	211	—	—	8 731 440

注：计算依据：（上年12月工资总额+上年末人数×20）×12。

2. 提取的职工福利费预算

根据国家提取职工福利费相关规定,编制提取职工福利费预算表(表4-7)。

表4-7 第一运输公司202×年度提取职工福利费预算表

部 门	工资预算总额/元	提取比例(%)	职工福利费提取额/元
机关	1 436 400		201 096
一车队	1 303 200		182 448
二车队	1 477 440	14	206 842
三车队	1 231 200		172 368
四车队	1 231 200		172 368
保修车间	2 052 000		287 280
合计	8 731 440	—	1 222 402

3. 折旧费预算

本预算项目是指按使用年限计提折旧的固定资产的折旧费,根据相关数据编制固定资产折旧费预算表(表4-8)。

表4-8 第一运输公司202×年度固定资产折旧费预算表

类 别	数 量	计量单位	总值/元	折旧年限/年	折旧率(%)	年折旧额/元
A型吊车	4	辆	1 040 000	8	12.5	130 000
B型吊车	2	辆	1 070 000	8	12.5	133 750
房屋建筑	—	—	20 000 000	40	2.5	500 000
合计	—	—	—	—	—	763 750

4. 车船税预算

根据国家相关规定,编制车船税预算,见表4-9。

表4-9 第一运输公司202×年度车船税预算表

车 型	标记吨位/t	税率/(元/辆)	数量/辆	预算额/元
A型营运车	7	420	24	10 080
B型营运车	12	720	3	2 160
C型营运车	14	840	1	840
D型营运车	8	480	36	17 280
E型营运车	12	720	7	5 040
F型营运车	15	900	9	8 100
A型吊车	8	480	4	1 920
B型吊车	10	600	2	1 200
合计	—	—	—	46 620

（二）乙类费用预算

1. 燃料（总行程耗费）预算

根据不同车型营运车的燃料消耗定额，以预算期内不同道路、不同季节行驶里程的比率为权数，对油耗定额先加以调整，作为燃料预算的计算参数（可另行编制"预算用燃料定额调整计算表"），结合相关指标，编制营运车辆总行程燃料费用预算，见表4-10（表内的油耗定额为调整后的定额）。

表4-10　第一运输公司202×年度营运车辆总行程燃料费用预算表

车　型	单车全年平均					车型全年合计	
	油耗定额/(L/10³km)	行驶里程/10³km	燃料消耗/(L/辆)	燃料价格/(元/L)	燃料费用/(元/辆)	车数/辆	燃料预算额/元
甲	①	②	③=①×②	④	⑤=③×④	⑥	⑦=⑤×⑥
A	300	150	45 000	5.50	247 500	24	5 940 000
B	330	160	52 800	5.50	290 400	3	871 200
C	350	160	56 000	5.50	308 000	1	308 000
D	300	150	45 000	5.50	247 500	36	8 910 000
E	320	160	51 200	5.20	266 240	7	1 863 680
F	340	160	54 400	5.20	282 880	9	2 545 920
合计							20 438 800

注：各车型的单车平均全年行驶里程来自运输生产预算。

2. 修理费预算

根据不同车型营运车的修理费（一般性保养修理费用）定额和大修基金提存额，分别编制一般性保修费预算和大修基金提存预算，见表4-11和表4-12。

表4-11　第一运输公司202×年度营运车辆保修费预算表

车　型	单车全年平均				车型全年合计	
	原值/元	保修费定额/(元/10³km)	行驶里程/10³km	保修费/(元/辆)	车数/辆	保修费/元
		①	②	③=①×②	④	⑤=③×④
A	205 200	200	150	30 000	24	720 000
B	252 000	240	160	38 400	3	115 200
C	261 000	240	160	38 400	1	38 400
D	198 000	200	150	30 000	36	1 080 000
E	288 000	240	160	38 400	7	268 800
F	162 000	200	160	32 000	9	288 000
合计	—	—	—	—		2 510 400

注：各车型的单车平均全年行驶里程来自运输生产预算。

表4-12　第一运输公司202×年度营运车辆大修基金提存预算表

车型	单车全年平均				车型全年合计	
	原值/元	大修基金提存/（元/10³km）	行驶里程/10³km	提存额/（元/辆）	车数/辆	提存额/元
		①	②	③=①×②	④	⑤=③×④
A	205 200	25	150	3 750	24	90 000
B	252 000	30	160	4 800	3	14 400
C	261 000	30	160	4 800	1	4 800
D	198 000	25	150	3 750	36	135 000
E	288 000	30	160	4 800	7	33 600
F	162 000	25	160	4 000	9	36 000
合计	—	—	—	—	—	313 800

注：各车型的单车平均全年行驶里程来自运输生产预算。

3. 车辆折旧预算

根据预算年度的营运车辆折旧定额及运输生产预算相关指标，编制营运车辆折旧预算，见表4-13。

表4-13　第一运输公司202×年度营运车辆折旧预算表

车型	单车全年平均				车型全年合计	
	原值/元	折旧额/（元/10³km）	行驶里程/10³km	应计折旧额/（元/辆）	车数/辆	应计折旧额/元
		①	②	③=①×②	④	⑤=③×④
A	205 200	228	150	34 200	24	820 800
B	252 000	280	160	44 800	3	134 400
C	261 000	290	160	46 400	1	46 400
D	198 000	220	150	33 000	36	1 188 000
E	288 000	320	160	51 200	7	358 400
F	162 000	180	160	28 800	9	259 200
合计	—	—	—	—	—	2 807 200

注：各车型的单车平均全年行驶里程来自运输生产预算。

（三）丙类费用预算

1. 按周转量提成工资预算

根据企业周转量工资提成办法及相关指标，编制周转量提成工资预算表（表4-14）。

表4-14 第一运输公司202×年度营运车辆周转量提成工资预算表

车型	吨位/t	单车全年平均			车型全年合计	
		周转量/(10^3t·km)	工资提成/(元/10^3t·km)	提成工资/(元/辆)	车数/辆	提成工资/元
		①	②	③=①×②	④	⑤=③×④
A	7	525	45.00	23 625	24	567 000
B	12	960	28.00	26 880	3	80 640
C	14	1 120	25.00	28 000	1	28 000
D	8	600	40.00	24 000	36	864 000
E	12	960	28.00	26 880	7	188 160
F	15	1 200	24.50	29 400	9	264 600
合计						1 992 400

注：各车型的单车全年周转量来自运输生产预算。

2. 燃料（周转量附加耗费）预算

根据营运车辆燃料消耗定额及相关指标，编制营运车辆周转量燃料附加耗费预算表（表4-15）。

表4-15 第一运输公司202×年度营运车辆周转量燃料附加费用预算表

车型	标记吨位/t	单车全年平均					车型全年合计	
		周转量/(10^3t·km)	燃料附加/(L/10^3t·km)	附加量/(L/辆)	燃料价格/(元/L)	燃料费用/(元/辆)	车数/辆	燃料费用/元
		①	②	③=①×②	④	⑤=③×④	⑥	⑦=⑤×⑥
A	7	525	20	10 500	5.5	57 750	24	1 386 000
B	12	960	30	28 800	5.5	158 400	3	475 200
C	14	1 120	34	38 080	5.5	209 440	1	209 440
D	8	600	20	12 000	5.5	66 000	36	2 376 000
E	12	960	30	28 800	5.2	149 760	7	1 048 320
F	15	1 200	34	40 800	5.2	212 160	9	1 909 440
合计								7 404 400

注：各车型的单车全年周转量来自运输生产预算。

二、货运成本总预算的编制方法

各分公司预算确定后，经总公司汇总，形成总预算，其形式见表4-16。

表4-16　通达运输总公司202×年度货运成本预算汇总表

项　目	单元	总　计	第一公司	第二公司	第三公司	第四公司
一、甲类费用	元	68 684 345	15 263 188	18 315 825	22 894 782	12 210 550
1. 工资预算	元	39 291 480	8 731 440	10 477 728	13 097 160	6 985 152
2. 提取职工福利费	元	5 220 949	1 222 402	1 370 930	1 713 663	913 954
3. 折旧费	元	3 436 875	763 750	916 500	1 145 625	611 000
4. 车船税	元	209 720	46 620	55 920	69 900	37 280
…	…	…	…	…	…	…
二、乙类费用	元	130 350 995	28 966 888	34 760 265	43 450 332	23 173 510
1. 燃料（总行程耗费）	元	91 974 600	20 438 800	24 526 560	30 658 200	16 351 040
2. 修理费	元	11 296 800	2 510 400	3 012 480	3 765 600	2 008 320
3. 大修基金提存	元	1 412 100	313 800	376 560	470 700	251 040
4. 车辆折旧	元	12 632 400	2 807 200	3 368 640	4 210 800	2 245 760
…	…	…	…	…	…	…
三、丙类费用	元	44 511 155	9 891 368	11 869 641	14 837 052	7 913 094
1. 周转量提成工资	元	8 965 800	1 992 400	2 390 880	2 988 600	1 593 920
2. 周转量燃料附加	元	33 319 800	7 404 400	8 885 280	11 106 600	5 923 520
…	…	…	…	…	…	…
四、货运总成本	元	243 546 495	54 121 444	64 945 731	81 182 166	43 297 154
五、周转量	10^3t·km	883 870	196 370	235 820	294 350	157 330
六、单位成本	元/10^3t·km	275.55	275.61	275.40	275.80	275.20
七、上年单位成本	元/10^3t·km	282.60	290.10	278.18	281.43	280.82
八、成本降低率（%）		2.49	4.99	1.00	2.00	2.00

复习思考题

1. 汽车货运成本项目应如何划分？其内容是什么？
2. 汽车运输成本按其成本性态分类，分为哪几类？
3. 汽车货运成本计算对象和成本计算单位如何确定？
4. 汽车货运单位成本、成本降低额、成本降低率如何计算？

练习题

【练习4-1】某型号轮胎计划价格为6 100元/胎，计划残值为100元/胎，新胎到报废行驶里程定额为100 000km，求其千胎公里摊提额。

【练习4-2】上题中如果该型号车装轮胎当月使用里程为500 000km,试求其轮胎应计摊提费用。

【练习4-3】某型号货车采用按实际行驶里程计提大修理费用,其预计大修理次数为3次,每次大修理费用为30 000元,该车型新至报废行驶里程定额为100万km,试计算其千车公里大修理费用预提额。

【练习4-4】上题中,如果该型号货车当月实际行驶里程为55 000km,试计算其当月大修理费用提存额。

【练习4-5】某型号货车采用按实际行驶里程计提折旧,其原值为604 000元,预计残值与清理费用之差为4 000元,该车型新至报废行驶里程定额为120万km,试计算其千车公里折旧额。

【练习4-6】上题中如果该型号货车当月实际行驶里程为55 000km,试计算其当月折旧额。

【练习4-7】某公司10月份运输收入预算数为100万元,周转量预算数为4 000×10^3t·km,单位运价预算数为250元/10^3t·km,单位变动成本预算数为150元/10^3t·km,变动成本总额预算数为80万元,甲类费用预算数为30万元。试预测该月份保本点周转量。

【练习4-8】上题中,如果单位变动成本为未知,但其千车公里变动费用为800元/10^3km,千吨公里变动费用为40元/10^3t·km,载运系数为5t,试预测其保本点周转量。

【练习4-9】某货运公司计划期的目标运输收入为1 500万元,预期边际收益率为25%,目标利润为120万元,试测算计划期的目标甲类费用。

【练习4-10】上题中,如果同时给定了目标甲类费用为255万元,并且其他条件不变,试测算目标变动成本。

【练习4-11】某运输公司的汽车货运成本中,甲类费用占总成本的比重为22%,假设计划期周转量预计增加10%,试测算由于周转量的增加对单位成本的影响程度。

【练习4-12】某运输公司的生产工人工资占总成本的比重为30%,计划期预计工人工资水平提高20%,劳动生产率提高25%,试测算工人工资水平和劳动生产率的提高对单位成本的影响程度。

【练习4-13】依据表4-17中的数据计算并填列空格处的数字,并观察各成本指标与实载率的数量关系。

表4-17 实载率变动对载运系数、单位成本构成及成本降低程度的影响

周转量/ (10^3t·m)	实载率 (%)	载运系数 /t	千车公里变动成本/ (元/10^3km)	单位成本/(元/10^3t·km)					成本降低情况	
				变动成本			甲类费用	合 计	绝对数/元	相对数 (%)
				乙类费用	丙类费用	小计				
①	②	③	④	⑤=④/③	⑥	⑦=⑤+⑥	⑧	⑨=⑦+⑧	⑩=280-⑨	⑪=⑩/280
1 000	50	4	800	200.00	30	230.00	50.00	280.00	0.00	0.00
1 200	60		800		30					
1 400	70		800		30					

注:重车平均吨位为8t;载运系数=8×实载率;成本降低率为定基比,基数为280元/10^3t·km;甲类费用总额为50 000元。

【练习4-14】计算并填列表4-18。

表4-18 运输成本计算表

202×年12月

成 本 项 目	单 位	合 计	汽 油 车	柴 油 车
一、车辆费用	元	8 511 000	3 585 000	4 926 000
二、营运间接费	元	1 055 000	523 200	531 800
三、运输总成本	元			
四、周转量	10^3t·km	25 500	11 500	14 000
五、单位成本	元/10^3t·km	—		
六、上年度实际单位成本	元/10^3t·km	—	354.10	385.00
七、成本降低额	元			
八、成本降低率（%）				

拓展阅读

汽车货运成本管理在物流成本管理系统中的地位

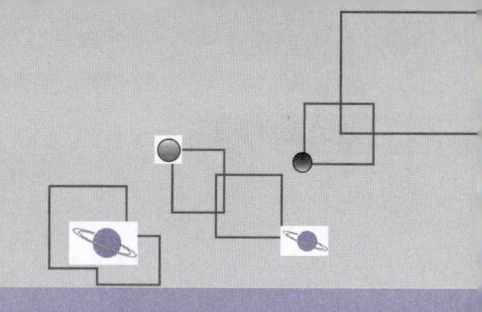

第五章

汽车货运成本管理（下）

第五章的学习内容、学习目的与学习要求

第五章的学习要点

第五章的学习参考

学习目的

通过本章的学习，理解并初步掌握汽车货运成本分析方法，了解汽车货运燃料成本控制对策，这需要我们具备关注细节、追求高效的素质，认识成本控制的重要性和意义，并且培养创新思维和解决问题的能力。

第一节 汽车货运成本分析

成本分析中所提到的因素变动，通常是指因素的实际数脱离预算数的现象，因素变动额是指因素的实际数与预算数之差。

本节侧重于单位成本预算达成情况的分析、成本降低额预算达成情况的因素分析和因素变动对货运单位成本的影响分析。

一、单位成本预算达成情况的总体分析

1. 单位成本差异额

将单位成本预算数与实际数相减。

$$\text{单位成本差异额}(元/10^3 t \cdot km) = \text{单位成本实际数} - \text{单位成本预算数}$$

2. 单位成本预算达成率

将单位成本实际数与预算数相比。

$$\text{单位成本预算达成率} = \frac{\text{单位成本实际数}}{\text{单位成本预算数}} \times 100\%$$

3. 单位成本变动率

将单位成本实际数与预算数相减后,再除以预算数。

$$\text{单位成本变动率} = \frac{\text{单位成本实际数} - \text{单位成本预算数}}{\text{单位成本预算数}} \times 100\%$$

$$= \frac{\text{单位成本差异额}}{\text{单位成本预算数}} \times 100\%$$

或

$$\text{单位成本变动率} = \text{单位成本预算达成率} - 100\%$$

例5-1 秦岭运输集团第一运输公司202×年5月货运单位成本预算达成情况的总体分析过程与结果见表5-1。

表5-1 单位成本预算执行情况总体检查分析(简略格式)

项 目	预 算	实 际	实际与预算比较		
			差 异 额	达成率(%)	变动率(%)
	①	②	③=②-①	④=②/①	⑤=③/①
运输总成本/元	3 898 800	4 884 453	—	—	—
周转量/(10^3t·km)	12 996.0	15 756.3	—	—	—
单位成本/(元/10^3t·km)	300	310	10	103.33	3.33

注:表内的"运输总成本"可按运输成本明细项目展开与填列。

二、成本降低额预算达成情况的因素分析

由于成本降低额的预算数与实际数都是将上期(年、季、月)的单位成本作为基数来计算的,所以将成本降低额的实际数与预算数相比较所进行的分析,是一种间接性的比较分析。

这种间接性的比较分析可分为三个步骤:①计算成本降低额实际数与预算数之差ΔW;②对成本降低额实际数与预算数之差ΔW进行双因素分析;③对成本降低额实际数与预算数之差ΔW进行多因素分析。

(一)成本降低额实际数与预算数之差ΔW的计算

成本降低额实际数与预算数之差的计算式为

$$\Delta W = Q_1(C_0 - C_1) - Q_n(C_0 - C_n) \tag{5-1}$$

式中　ΔW——成本降低额实际数与预算数之差；
　　　C_0——上期单位成本；
　　　C_1——单位成本实际数；
　　　C_n——单位成本预算数；
　　　Q_1——周转量实际数；
　　　Q_n——周转量预算数。

（二）成本降低额实际数与预算数之差ΔW的双因素分析

成本降低额实际数与预算数之差ΔW的因素分析，可分为简略性的双因素分析与明细化的多因素分析，如图5-1所示。

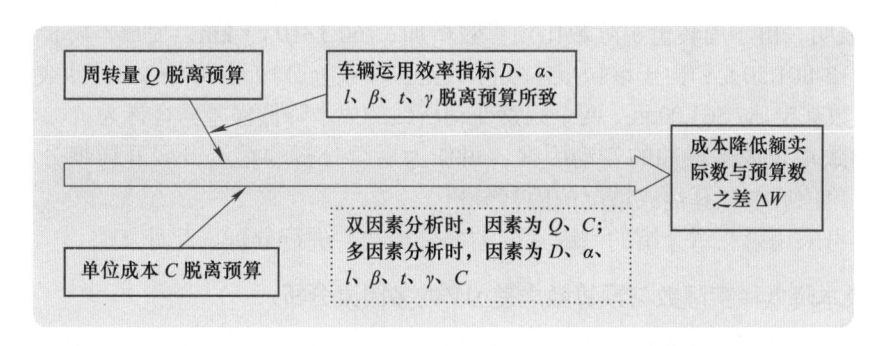

图5-1　成本降低额实际数与预算数之差ΔW的因果关系

据式（5-1）可知，成本降低额实际数与预算数的差异ΔW是由于：①周转量实际数Q_1脱离预算数Q_n所致；②单位成本实际数C_1脱离预算数C_n所致。也就是说，成本降低额差异的直接影响因素有两个，分别是周转量变动额和单位成本变动额。为直观起见，可采用连环替代法对成本降低额差异ΔW进行双因素分析，分析过程见【例5-2】。

例5-2　以表5-1资料为例，秦岭运输集团第一运输公司202×年5月成本降低额与成本降低率分析资料见表5-2。

表5-2　成本降低额与成本降低率分析资料

项目	周转量 /(10^3 t·km) ①	单位成本 /(元/10^3 t·km) ②	总成本/元 ③=①×②	成本降低额/元 ④=①×305.00−③	成本降低率（%） ⑤=④/(①×305.00)×100 或（305.00−②）/305.00×100
实际数	15 756.3	310.00	4 884 453.00	−78 781.50	−1.64
预算数	12 996.0	300.00	3 898 800.00	64 980.00	1.64
差异额	2 760.3	10.00	985 653.00	−143 761.50	−3.28

注：表内的305.00为上期实际单位成本（元/10^3 t·km）。

在此，可采用连环替代法对秦岭运输集团第一运输公司202×年5月货运成本降低额实际数与预算数之差ΔW（−143 761.50元）进行双因素分析，其过程见表5-3。

表5-3　成本降低额实际数与预算数之差ΔW的双因素分析

202×年5月

替代序号	替代过程	计算结果/元	编号	影响因素			影响数额/元
				符号	计算单位	变动额	
—	12 996.0×(305.00–300.00)	64 980.0	①	—	—	—	—
1	<u>15 756.3</u>×(305.00–300.00)	78 781.5	②	Q	10^3t·km	+2 760.3	②–①=13 801.50
2	15 756.3×(305.00–310.00)	–78 781.5	③	C	元/10^3t·km	+10	③–②=–157 563.00
影响数额合计（ΔW）							–143 761.5

注：带有下划线的数字为本次之前已替代因素的数值，带框的数字为本次替代因素的数值；因素替代顺序为周转量Q、单位成本C。

表5-3表明，由于周转量实际数比预算数增加2 760.3×10^3·km，使成本降低额实际数比预算数增加13 801.50元；由于单位成本实际数比预算数上升10元/10^3t·km，使成本降低额实际数比预算数减少157 563.00元。两个因素变动所致的成本降低额差异合计为–143 761.50元。

对于导致单位成本增加的变动因素，可作为后续分析的重点，展开详细分析（见本节中的"三、单位成本预算达成情况的因素分析"）。

此例也可采用第三章介绍的"因素变动率分析法"进行分析，此处从略。

（三）成本降低额实际数与预算数之差ΔW的多因素分析

对于采用拖挂运输的企业，其货运周转量指标与车辆运用效率各指标的关系式为

$$Q(10^3 t\cdot km)=D\alpha l\beta t\gamma/(1-\omega)/1\,000$$

式中　Q——周转量（10^3t·km）；

D——营运车日（车日）；

α——工作率（%）；

l——平均车日行程（km/车日）；

$D\alpha l$——总行程（km）；

β——里程利用率（%）；

t——重车平均吨位（t）；

γ——吨位利用率（%）；

ω——拖运率（%）。

考虑到当前我国汽车货运企业极少采用拖挂形式的货运方式，为讨论简便起见，本书只给出拖运率为0情况下的成本降低额实际数与预算数之差ΔW的多因素分析方法。

当拖运率$\omega=0$时，货运周转量指标与车辆运用效率诸指标的关系式为

$$Q(10^3\,t\cdot km)=D\alpha l\beta t\gamma/1\,000$$

货运周转量指标预算数与车辆运用效率各指标预算数的关系式为

$$Q(10^3\,t\cdot km)=D_n\alpha_n l_n\beta_n t_n\gamma_n/1\,000$$

货运周转量指标实际数与车辆运用效率各指标实际数的关系式为

$$Q_1(10^3\,t\cdot km)=D_1\alpha_1 l_1\beta_1 t_1\gamma_1/1\,000$$

由上述货运周转量指标与车辆运用效率各指标的函数关系可知，成本降低额实际数与预算数之差ΔW的双因素分析中的周转量因素变动影响分析，可进一步展开为车辆运用效率诸指标的多因素分析。

1. 采用连环替代法进行多因素分析

例5-3 续例5-2，秦岭运输集团第一运输公司202×年5月汽车货运成本降低额实际数与预算数之差ΔW的多因素分析资料见表5-4，汽车货运成本降低额实际数与预算数之差的连环替代法因素分析见表5-5。

表5-4 成本降低额实际数与预算数之差ΔW的多因素分析资料

项目	成本降低额、周转量与车辆运用效率指标数据								
	D /车日	α (%)	l /(km/车日)	β (%)	t /t	γ (%)	Q/(10^3t·km)	C_0-C /(元/10^3t·km)	$Q(C_0-C)$ /元
	①	②	③	④	⑤	⑥	⑦=①×…×⑥/1 000	⑧	⑨=⑦×⑧
实际数	6 100	90	410	70	10	100	15 756.3	305.00−310.00	−78 781.5
预算数	6 000	95	400	60	10	95	12 996.0	305.00−300.00	64 980.0
差异额	100	−5	10	10	0	5	2 760.3	−10	−143 761.5

注：1. 分析对象为成本降低额实际数与预算数之差ΔW，计算式为

$$\Delta W = -78\,781.50 - 64\,980.00 = -143\,761.50\ (元)\quad (见表5-2、表5-4)$$

2. 成本降低额预算数计算式为

$$Q_n(C_0-C_n) = D_n\alpha_n l_n\beta_n t_n\gamma_n(C_0-C_n)/1\,000$$
$$= 6\,000\times95\%\times400\times60\%\times10\times95\%\times(305.00-300.00)/1\,000 = 64\,980.00\ (元)$$

3. 成本降低额实际数计算式为

$$Q_1(C_0-C_1) = D_1\alpha_1 l_1\beta_1 t_1\gamma_1(C_0-C_1)/1\,000$$
$$= 6\,100\times90\%\times410\times70\%\times10\times100\%\times(305.00-310.00)/1\,000 = -78\,781.50\ (元)$$

4. 因素替代顺序：D、α、l、β、t、γ、C_0-C。

表5-5 成本降低额实际数与预算数之差ΔW的多因素分析（连环替代法）

202×年5月

替代序号	替代过程	计算结果/元	编号	影响因素			影响数额/元
				符号	计算单位	变动额	
—	6 000×95%×400×60%×10×95%×(305.00−300.00)/1 000	64 980.00	①	—			—
1	6 100×95%×400×60%×10×95%×(305.00−300.00)/1 000	66 063.00	②	D	车日	+100	②−①=+1 083.00
2	6 100×90%×400×60%×10×95%×(305.00−300.00)/1 000	62 586.00	③	α		−5%	③−②=−3 477.00
3	6 100×90%×410×60%×10×95%×(305.00−300.00)/1 000	64 150.65	④	l	km/车日	+10	④−③=+1 564.65
4	6 100×90%×410×70%×10×95%×(305.00−300.00)/1 000	74 842.43	⑤	β		+10%	⑤−④=+10 691.78
5	6 100×90%×410×70%×10×95%×(305.00−300.00)/1 000	74 842.43	⑥	t	t	0	⑥−⑤=0.00
6	6 100×90%×410×70%×10×100%×(305.00−300.00)/1 000	78 781.50	⑦	γ		+5%	⑦−⑥=+3 939.07
7	6 100×90%×410×70%×10×100%×(305.00−310.00)/1 000	−78 781.50	⑧	C	元/10^3t·km	−10	⑧−⑦=−157 563.00
	对成本降低额差额的影响额合计（ΔW）						−143 761.50

注：带有下划线的数字为本次之前已替代因素的数值，带框的数字为本次替代因素的数值。

结论：一般可将影响额为负数的因素作为进一步分析的重点，本例可对单位成本C、工作率α等因素变动进行重点分析。

本例也可根据表5-4所列数据，采用差额分析法进行多因素分析，结论同上。

2. 采用因素变动率分析法进行多因素分析

【例5-4】续例5-3，考虑到上述连环替代因素分析法在确定替代因素顺序时的非唯一性缺陷，可采用本书第三章介绍的因素变动率分析法对秦岭运输集团第一运输公司202×年5月成本降低额实际数与预算数之差ΔW进行多因素分析。

分析过程与结果见表5-6。

表5-6 成本降低额实际数与预算数之差ΔW的多因素分析（因素变动率分析法）

202×年5月

因 素	单 位	预 算 ①	实 际 ②	因素变动额 ③=②-①	因素变动率（%） ④=③÷①×100	因素影响额/元 ⑤=④×F
总车日（D）	车日	6 000	6 100	100	1.666 7	1 337.34
工作率（α）		95%	90%	-5%	-5.263 2	-4 223.14
平均车日行程（l）	km/车日	400	410	10	2.500 0	2 005.97
里程利用率（β）		60%	70%	10%	16.666 7	13 373.19
重车平均吨位（t）	t	10	10	0	0.000 0	0.00
吨位利用率（γ）		95%	100%	5%	5.263 2	4 223.14
与上年单位成本之差	元/10^3t·km	5	-5	-10	-200.000 0	-160 477.92
合计	—	—	—	—	-179.166 7	-143 761.42*

注：差额分配系数F=-143 761.50÷(-179.166 7%)=802.389 618 16。

标有"*"的数值与实际值有0.08元的误差，属于计算过程中的小数取舍误差。

结论：一般取差额比率为负数的因素作为分析对象，并将其中绝对值较大的因素作为分析重点，本例中可将单位成本C和工作率α作为分析的重点，进行明细分析。

将以上两种多因素分析法的分析计算结果进行比较，见表5-7。

表5-7 成本降低额实际数与预算数之差ΔW的两种分析法计算结果的比较 （单位：元）

因 素	符 号	因素替代法		因素变动率分析法		因素影响额差异
		因素影响额	排 序	因素影响额	排 序	
总车日	D	1 083.00	4	1 337.34	4	254.34
工作率	α	-3 477.00	2	-4 223.14	2	-746.14
平均车日行程	l	1 564.65	5	2 005.97	5	441.32
里程利用率	β	10 691.78	7	13 373.19	7	2 681.41
重车平均吨位	t	0.00	3	0.00	3	0.00
吨位利用率	γ	3 939.07	6	4 223.14	6	284.07
单位成本之差	C_0-C	-157 563.00	1	-160 477.92	1	-2 914.92
合计（ΔW）	—	-143 761.50		-143 761.42		0.08*

注：表内的影响额排序为升序；"*"为计算过程中的小数取舍误差。

表5-7说明，两种方法的因素影响额按升序排序的结果相同，但影响额却各不相同，而且两种方法计算出的因素影响额之差高低悬殊，例如两种方法计算的单位成本因素影响额之差达2 914.92元。相比较而言，因素变动率分析法由于将成本降低额实际数与预算数之差ΔW，按各因素自身的变动比率分摊，变动比率大的多摊，变动比率小的少摊，与变动数值本身大小无关。换句话说，因素自身变动比率大的，其对成本降低额实际数与预算数之差ΔW影响则大；因素自身变动比率小的，其对成本降低额实际数与预算数之差ΔW影响则小，而且各因素之间不存在顺序先后的影响，因素影响额的计算结果具有唯一性。

三、单位成本预算达成情况的因素分析

前面我们从单位成本因素变动和周转量因素变动两个角度，对成本降低额实际数与预算数差额ΔW进行了双因素变动分析，并对周转量这个因素变动又进行了细化分析（即多因素变动分析）。我们自然会联想到，单位成本这个因素变动又受到哪些因素变动的影响，以及如何对其进行细化分析的问题。

毫无疑问，单位成本是综合反映企业运输生产水平、技术装备和管理水平的现实状况的重要指标。单位成本预算达成情况的因素分析的目的是要查明其实际数与预算数差额产生的具体原因，测定各影响因素对单位成本实际数与预算数之差ΔC的影响额或影响幅度，从而确定出哪些是主要影响因素，为进一步深层细化分析和追根溯源指明方向。

（一）构建单位成本与各影响因素的函数关系式

显然，在对单位成本实际数与预算数之差ΔC进行因素分析之前，应将单位成本构建为诸影响因素的函数，下面给出构建过程及其函数关系式。

汽车货运单位成本的计算式为

$$\text{单位成本（元}/10^3 \text{t·km)} = \frac{\text{货运总成本（元）}}{\text{周转量（}10^3\text{t·km)}} \quad (5\text{-}2)$$

构建的思路是：将单位成本计算式的分子按成本性态加以分解；同时将分母以车辆运用效率指标连乘积的形式来表示，以此来寻求单位成本与诸影响因素的函数关系式。

由于汽车货运总成本可分解为甲类费用总额、乙类费用总额和丙类费用总额三项费用，所以有

$$\begin{aligned}\text{单位成本（元}/10^3\text{t·km)} &= \frac{\text{货运总成本（元）}}{\text{周转量（}10^3\text{t·km)}} \\ &= \frac{\text{甲类费用（元）}+\text{乙类费用（元）}+\text{丙类费用（元）}}{\text{周转量（}10^3\text{t·km)}} \\ &= \frac{\text{甲类费用（元）}}{\text{周转量（}10^3\text{t·km)}} + \frac{\text{乙类费用（元）}}{\text{周转量（}10^3\text{t·km)}} + \frac{\text{丙类费用（元）}}{\text{周转量（}10^3\text{t·km)}}\end{aligned} \quad (5\text{-}3)$$

为后面讨论方便起见,将式(5-3)等号右端的三项,分别称为单位成本甲类费用、单位成本乙类费用和单位成本丙类费用。根据甲、乙、丙三类费用的性质,以及周转量与车辆运用效率指标的关系,式(5-3)可变换为

$$C = \frac{F}{D\alpha l \beta t\gamma / 1000} + \frac{V''D\alpha l / 1000}{D\alpha l \beta t\gamma / 1000} + \frac{V'D\alpha l \beta t\gamma / 1000}{D\alpha l \beta t\gamma / 1000}$$
(5-4)

$$= \frac{F}{D\alpha l \beta t\gamma / 1000} + \frac{V''}{\beta t\gamma} + V'$$

$$= C_F + C_{V''} + C_{V'}$$

式(5-4)即为单位成本与各影响因素的函数关系式。

式中 $D\alpha l$——总行程(km)

$\beta t\gamma$——载运系数(t)

C_F——单位成本甲类费用(即单位成本中的甲类费用含量),关系式为

$$C_F = \frac{F}{D\alpha l \beta t\gamma / 1000}$$

$C_{V''}$——单位成本乙类费用(即单位成本中的乙类费用含量),关系式为

$$C_{V''} = \frac{V''}{\beta t\gamma}$$

$C_{V'}$——单位成本丙类费用(即单位成本中的丙类费用含量),关系式为

$$C_{V'} = V'$$

符号 V'、V'' 与 F 的定义同前,见第四章式(4-1)。

(二)单位成本实际数与预算数之差 ΔC 的因素分析

从单位成本与各因素的关系式(5-4)可知,单位成本实际数与预算数之差 ΔC,就是等号右端的单位成本中甲、乙、丙三类费用各自的实际数与预算数差额之和。

如果将式(5-4)中各因素的实际数、预算数分别用下标1、n 加以区别,则单位成本实际数与预算数之差 ΔC 的关系式为

$$\Delta C = \Delta C_F + \Delta C_{V''} + \Delta C_{V'}$$
$$= (C_{F,1} - C_{F,n}) + (C_{V'',1} - C_{V'',n}) + (C_{V',1} - C_{V',n})$$

故此,对单位成本实际数与预算数之差 ΔC 的影响因素分析,就是对 ΔC_F、$\Delta C_{V''}$、$\Delta C_{V'}$ 分别进行的因素分析。

单位成本实际数与预算数之差 ΔC 因素分析因果关系,如图5-2所示。

第五章 汽车货运成本管理（下）

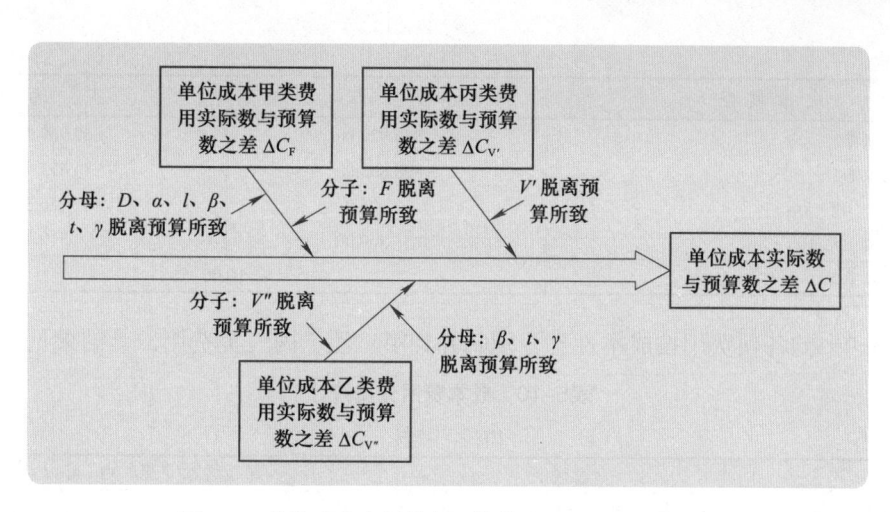

图5-2 单位成本实际数与预算数之差ΔC的因果关系

下面举例说明单位成本实际数与预算数之差ΔC的因素分析过程。

例5-5 秦岭运输集团第一运输公司202×年5月货运车辆运用效率指标及运输成本费用预算与实际情况见表5-8和表5-9。

表5-8 车辆运用效率指标统计

202×年5月

项 目	符 号	计量单位	实 际 数	预 算 数	变 动 额	变动率（%）
总车日	D	车日	6 100	6 000	100	1.67
工作率（%）	α		90	95	−5	−5.26
平均车日行程	l	km/车日	410	400	10	2.5
里程利用率（%）	β		70	60	10	16.67
重车平均吨位	t	t	10	10	0	0
吨位利用率（%）	γ		100	95	5	5.26
总周转量	Q	10^3t·km	15 756.3	12 996.0	2 760.3	21.24

表5-9 成本费用统计

202×年5月 （单位：元）

成本项目	预算	实际
一、车辆费用	3 071 871.00	4 023 484.00
1. 工资	333 400.00	419 900.00
2. 职工福利费	46 676.00	58 786.00
3. 燃料费	1 210 676.00	1 707 786.00
4. 轮胎费	258 320.00	442 000.00
5. 修理费	577 399.00	547 212.00
6. 车辆折旧	345 400.00	450 000.00
7. 按周转量计算的燃料附加费用	250 000.00	312 000.00
8. 按周转量计算的行车补贴	50 000.00	85 800.00

107

（续）

成本项目	预算	实际
二、营运间接费	826 929.00	860 969.00
三、运输总成本	3 898 800.00	4 884 453.00
四、周转量（10^3t·km）	12 996.0	15 756.3
五、单位成本（元/10^3t·km）	300.00	310.00
六、单位成本差额（元/10^3t·km）	10.00	

将表5-9中的各项费用按成本性态分别归并到甲、乙、丙三类费用，其结果见表5-10。

表5-10 成本费用分类统计
202×年5月

成本项目	总额/元		单位成本/（元/10^3t·km）		
	预算	实际	预算	实际	差异
	①	②	③=①/12 996.0	④=②/15 756.3	⑤=④-③
一、甲类费用	1 207 005	1 339 655	92.88	85.02	-7.86
1. 营运间接费	826 929	860 969	63.63	54.64	-8.99
2. 基本工资	333 400	419 900	25.65	26.65	1.00
3. 提取职工福利费	46 676	58 786	3.59	3.73	0.14
二、乙类费用	2 391 795	3 146 998	184.04	199.73	15.69
1. 燃料费	1 210 676	1 707 786	93.16	108.39	15.23
2. 轮胎费	258 320	442 000	19.88	28.05	8.17
3. 修理费	577 399	547 212	44.43	34.73	-9.70
4. 车辆折旧	345 400	450 000	26.58	28.56	1.98
三、丙类费用	300 000	397 800	23.08	25.25	2.17
1. 燃料附加	250 000	312 000	19.24	19.80	0.56
2. 行车补贴	50 000	85 800	3.85	5.45	1.60
四、运输总成本	3 898 800	4 884 453	—	—	—
五、周转量(10^3t·km)	12 996.0	15 756.3	—	—	—
六、单位成本	—	—	300.00	310.00	10.00

据以上资料可做如下分析：

1. 单位成本甲类费用实际数与预算数之差ΔC_F的因素分析

据表5-11分析资料，用连环替代因素分析法对秦岭运输集团第一运输公司202×年5月单位成本甲类费用实际数与预算数之差进行因素分析。分析过程与结果见表5-12。

表5-11 单位成本甲类费用实际数与预算数之差ΔC_F的多因素分析资料
202×年5月

项　目	D /车日	α (%)	l /（km/车日）	β (%)	t /t	γ (%)	Q /（10^3t·km）	F /元	C_F /（元/10^3t·km）
	①	②	③	④	⑤	⑥	⑦=①×…×⑥/1 000	⑧	⑨=⑧/⑦
实际数	6 100	90	410	70	10	100	15 756.3	1 339 655	85.02
预算数	6 000	95	400	60	10	95	12 996.0	1 207 005	92.88
差异额	100	-5	10	10	0	5	2 760.3	132 650	-7.86

注：1. 分析对象：$\Delta C_F = C_{F,1} - C_{F,n} = 85.02 - 92.88 = -7.86$（元/$10^3$t·km）。
　　2. 因素替代顺序：D、α、l、β、t、γ、F。

表5-12　单位成本甲类费用实际数与预算数之差ΔC_F因素分析

202×年5月

替代序号	C_F算式及因素替代过程	计算结果/（元/10^3t·km）	编号	影响因素 符号	影响因素 计算单位	影响因素 变动额	对单位成本的影响数额/（元/10^3t·km）
—	1 207 005÷（6 000×95%×400×60%×10×95%/1 000）	92.88	①	—		—	—
1	1 207 005÷（<u>6 100</u>×95%×400×60%×10×95%/1 000）	91.35	②	D	车日	+100	②-①=-1.53
2	1 207 005÷（6 100×<u>90%</u>×400×60%×10×95%/1 000）	96.43	③	α		-5%	③-②=+5.08
3	1 207 005÷（6 100×90%×<u>410</u>×60%×10×95%/1 000）	94.08	④	l	km/车日	+10	④-③=-2.35
4	1 207 005÷（6 100×90%×410×<u>70%</u>×10×95%/1 000）	80.64	⑤	β		+10%	⑤-④=-13.44
5	1 207 005÷（6 100×90%×410×70%×<u>10</u>×95%/1 000）	80.64	⑥	t	t	0	⑥-⑤=0.00
6	1 207 005÷（6 100×90%×410×70%×10×<u>100%</u>/1 000）	76.60	⑦	γ		+5%	⑦-⑥=-4.04
7	<u>1 339 655</u>÷（6 100×90%×410×70%×10×100%/1 000）	85.02	⑧	F	10^3t·km	+132 650	⑧-⑦=+8.42
影响数额合计（ΔC_F）							-7.86

注：带有下划线的数字为本次之前已替代因素的数值，带框的数字为本次替代因素的数值。

结论：由于所计算与分析的对象是各因素变动对单位成本中的甲类费用含量所产生的影响，所以一般可将影响数额为正数的因素（即影响单位成本上升的因素）作为进一步分析的重点，本例可对甲类费用总额F、工作率α等因素变动进行重点分析。

2. 单位成本乙类费用实际数与预算数之差$\Delta C_{v''}$的因素分析

据表5-13分析资料，用连环替代因素分析法对秦岭运输集团第一运输公司202×年5月单位成本乙类费用实际数与预算数之差$\Delta C_{v''}$进行因素分析。分析过程与结果见表5-14。

表5-13　单位成本乙类费用实际数与预算数之差$\Delta C_{v''}$的多因素分析资料

202×年5月

项目	乙类费用总额/元 ①	总行程/10^3km ②	V''/（元/10^3km） ③=①/②	β（%） ④	t/t ⑤	γ（%） ⑥	$C_{v''}$/（元/10^3t·km） ⑦=③/（④×⑤×⑥）
实际数	3 146 998	2 250.9	1 398.11	70	10	100	199.73
预算数	2 391 795	2 280.0	1 049.03	60	10	95	184.04
差异额	755 203	-29.1	349.08	10	0	5	15.69

注：1. 分析对象：$\Delta C_{v''}=C_{v'',1}-C_{v'',n}$=199.73-184.04=15.69（元/$10^3$t·km），见表5-10。
　　2. 因素替代顺序：β、t、V''。

表5-14　单位成本乙类费用实际数与预算数之差$\Delta C_{v''}$因素分析

202×年5月

替代序号	$C_{v''}$算式及因素替代过程	计算结果/（元/10^3t·km）	编号	影响因素 符号	影响因素 计算单位	影响因素 变动额	对单位成本的影响数额/（元/10^3t·km）
—	1 049.03÷（60%×10×95%）	184.04	①	—		—	—
1	1 049.03÷（<u>70%</u>×10×95%）	157.75	②	β		+10%	②-①=-26.29

（续）

替代序号	$C_{V'}$算式及因素替代过程	计算结果/（元/10^3t·km）	编号	影响因素 符号	影响因素 计算单位	影响因素 变动额	对单位成本的影响数额/（元/10^3t·km）
2	1 049.03÷(<u>70%</u>×|10|×95%)	157.75	③	t	t	0	③-②=0.00
3	1 049.03÷(<u>70%</u>×<u>10</u>×|100%|)	149.86	④	γ		+5%	④-③=-7.89
4	|1 398.11|÷(<u>70%</u>×<u>10</u>×<u>100%</u>)	199.73	⑤	V'''	元/10^3km	+349.08	⑤-④=49.87
影响数额合计（$\Delta C_{V'}$）							15.69

注：带有下划线的数字为本次之前已替代因素的数值，带框的数字为本次替代因素的数值。

结论：由于所计算与分析的对象是各因素变动对单位成本中的乙类费用含量所产生的影响，所以一般可将影响数额为正数的因素作为进一步分析的重点，本例可对千车公里乙类费用V'''进行重点分析。

3. 单位成本丙类费用实际数与预算数之差ΔC_V的因素分析

由式（5-4）可知，单位成本丙类费用的实际数与预算数之差ΔC_V，就是千吨公里变动费用实际数与预算数之差。

所以，单位成本丙类费用实际数与预算数之差$\Delta C_{V'}$计算式为

$$\Delta C_{V'}=C_{V',1}-C_{V',n}=V'_1-V'_n$$

显然，千吨公里变动费用这个因素，是对单位成本丙类费用实际数与预算数之差$\Delta C_{V'}$的唯一影响因素，本例千吨公里变动费用因素影响值的计算，见表5-15。

表5-15 单位成本丙类费用实际数与预算数之差$\Delta C_{V'}$的因素分析

202×年5月

	丙类费用/元 ①	Q/（10^3t·km） ②	V'/（元/10^3t·km） ③=①/②
实际数	397 800.00	15 756.3	25.25
预算数	300 000.00	12 996.0	23.08
差异额			2.17

结论：由于千吨公里变动费用实际数大于预算数，使单位成本上升2.17元/10^3t·km。

4. 单位成本实际数与预算数之差ΔC多因素分析结果的汇总

将上述秦岭运输集团第一运输公司202×年5月单位成本实际数与预算数之差ΔC的多因素分析加以汇总，见表5-16的①、②、③、④栏。

表5-16 单位成本之差ΔC以及成本降低率之差ΔR的多因素分析汇总表

202×年5月

名称	符号	对单位成本之差ΔC的影响/（元/10^3t·km）				对成本降低率之差ΔR的影响（%）
		ΔC_F ①	$\Delta C_{V''}$ ②	$\Delta C_{V'}$ ③	ΔC ④=①+②+③	⑤=-④/C_0
车辆运用效率指标	—	—	—	—	—	—
总车日	D	-1.53	—	—	-1.53	+0.50

（续）

名　称	符号	对单位成本之差ΔC的影响/（元/10^3t·km）				对成本降低率之差ΔR的影响（%）
		ΔC_F	$\Delta C_{V''}$	$\Delta C_{V'}$	ΔC	
		①	②	③	④=①+②+③	⑤=-④/C_0
工作率	α	+5.08	—	—	+5.08	-1.67
平均车日行程	l	-2.35	—	—	-2.35	+0.77
里程利用率	β	-13.44	-26.29	—	-39.73	+13.03
重车平均吨位	t	0.00	0.00	—	0.00	0.00
吨位利用率	γ	-4.04	-7.89	—	-11.93	+3.91
小计	—	-16.28	-34.18	—	-50.46	+16.54
费用水平	—					
甲类费用总额	F	+8.42	—	—	+8.42	-2.76
千车公里变动费用	V''	—	+49.87	—	+49.87	-16.35
千吨公里变动费用	V'	—	—	+2.17	+2.17	-0.71
小计		+8.42	+49.87	+2.17	+60.46	-19.82
合计	—	-7.86	+15.69	+2.17	+10.00	-3.28（ΔR）

注：1. 上年单位成本C_0为305.00元/10^3t·km。
　　2. 成本降低率实际数与预算数之差ΔR=（300.00-310.00）/305.00=-3.28%。

结论：

（1）由表5-16可知，导致单位成本C上升的主要因素是单位成本乙类费用$C_{V''}$的变动，其实际数超出了预算数（超出额为15.69元/10^3t·km），导致这一因素产生的原因是千车公里变动费用V''的实际数超出预算数（超出额为349.08元/10^3km，见表5-14），使得单位成本上升了49.87元（见表5-16"千车公里变动费用"的合计数），而导致千车公里变动费用V''实际数超出预算数的原因尚须进一步分析与查明。

（2）千吨公里变动费用V'升高（+9.4%），工作率α下降（-5.26%）和甲类费用F升高（+10.99%）脱离预算，也是导致单位成本上升的因素，均可列为明细分析对象。

（3）表中影响额为负数的因素，是导致单位成本下降的因素，本例均为车辆运用效率指标。这是因为车辆运用效率指标的提升（大于预算数）将使单位成本中的甲类费用含量C_F相应减少（小于预算数）；同理，本例中的里程利用率、吨位利用率的提高将使单位成本中的乙类费用含量$C_{V''}$相应减少，使得单位成本C相应等量下降。

（三）单位成本实际数与预算数之差ΔC的深层分析

如前所述，对单位成本实际数与预算数之差ΔC的影响因素分析，就是对ΔC_F、$\Delta C_{V''}$、$\Delta C_{V'}$分别进行的因素分析。其因素分为两类：一类是车辆运用效率指标（D、α、l、β、t、γ）；另一类就是各类费用水平（V'、V''、F）。显然，这种分析仅仅是方向性的分析，在此分析的基础上还要进行深层的因素分析，如图5-3所示。

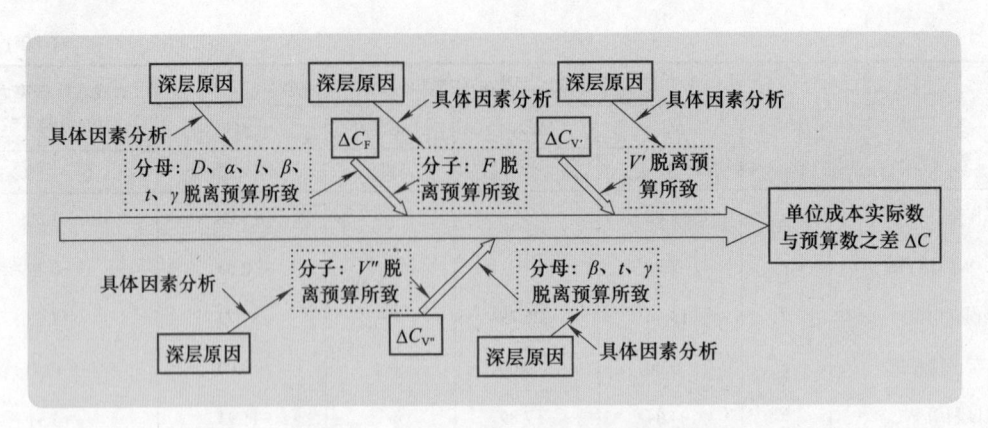

图5-3 单位成本实际数与预算数之差ΔC的深层分析示意图

1. 车辆运用效率指标（D、α、l、β、t、γ）实际数脱离预算数的深层分析

对于车辆运用效率指标实际数脱离预算数的原因，可以分别从每个效率指标的变动程度与变动原因入手，进行深入详细的分析，挖掘深层且关键因素，为有效控制和降低单位成本提供可信服的根据。

车辆运用效率指标是反映汽车运输生产率高低的重要因素，按其对运输效率影响程度的高低为序，通常为：实载率（即吨位利用率与里程利用率的乘积）、平均车日行程、工作率、重车平均吨位等。

（1）里程利用率。里程利用率反映车辆总行程的有效利用程度。影响里程利用率的主要因素有：货源及运送目的地分布状况，货源组织能力，现有车辆对不同运输对象的适应能力等。影响里程利用率的因素主要有：货流的平衡性，车辆与货物相适应的程度，车辆运行调度水平等。

（2）吨位利用率。吨位利用率反映重载行程中载运能力的利用程度。影响吨位利用率的主要因素有：货流特性、运距、车辆容量对运输任务的适应性、装车方式及装载技术，有关的装载规定运输组织水平等。

（3）平均车日行程。平均车日行程反映平均每一工作车日车辆所行驶的里程。影响平均车日行程的主要因素为：车辆的技术速度及车辆的时间利用程度。提高车日行程的主要途径是努力避免或减少车辆的停放时间，加强装卸工作组织，实现装卸机械化，保持车辆合理的技术速度和最高的营运速度。

（4）工作率。工作率反映运输过程中对营运车辆总车日的实际利用程度。提高工作率的前提是增加完好车和减少停驶车。影响车辆工作率的因素除车辆完好率及天气、道路交通等因素外，还与运输工作的组织及管理水平有关。

（5）重车平均吨位。重车平均吨位反映载重行程中的车辆载质量的平均值。影响重车平均吨位的因素主要是载运过程中不同载质量车型的比重。

（6）营运车日。营运车日反映运输企业运输车辆的规模。影响营运车日的因素主要是企业在一定时期内的在册营运车辆数量的增减变动。

综上所述，车辆运用效率指标的高低与变动与运输企业的运输能力、运输组织水平和技术水平状况密切相关。车辆运用效率指标实际数脱离预算数的深层分析，应由日常车辆技术部门和货源组织部门负责。

导致车辆运用效率指标实际数脱离预算数的具体分析方法，此处从略。

2. 费用水平（V'、V''、F）实际数脱离预算数的深层分析

费用水平实际数脱离预算数势必导致单位成本实际数脱离预算数，两者之间具有因果关系，因而还应对各项费用（即甲类费用总额F、千车公里变动费用V''、千吨公里变动费用V'及其各自的成本项目）自身变动原因进行深层的因果分析，也就是搞清哪些原因引起这些费用项目的实际数与预算数不一致。应当在深入调查、掌握详尽资料的基础上加以具体分析。

各类费用耗费水平变动深层分析应由归口管理成本、费用的责任部门负责。各项费用耗费水平变动因素分析的具体要求如下：

（1）工资。重点分析职工人数、平均工资、劳动生产率等变动对工资总额及营运支出升降的影响。

（2）燃料、润滑材料、材料、低值易耗品、备品配件、轮胎等物资及动力费用。重点分析消耗数量变动和价格变动对货运成本的影响。其中：①消耗数量变动分析，应结合运输技术和运输组织，以及生产技术和生产组织情况，从产量预算的完成和定额执行情况两方面进行分析，找出各种主要材料实际消耗脱离定额的原因；②价格变动应从外部因素、内部因素两方面分析，着重分析内部因素。

（3）折旧费和修理费。重点分析增减变动原因和各项固定资产利用率对营运支出项目的影响。

（4）其他费用。重点分析事故损失、过路过桥费、劳动保护费增减变动情况及其原因。

导致费用水平实际数脱离预算数的具体分析方法，此处从略。

第二节　汽车货运燃料成本控制对策

绿色运输是绿色物流的重要组成部分，它是指以节约能源、减少废气排放为特征的运输。营运车辆运行过程中的燃料消耗和尾气排放，是物流活动造成环境污染的重要原因之一。就汽车货运企业来说，实施绿色运输，除了对营运车辆的运行线路进行合理布局与规划，避免不合理运输，以及提高车辆的实载率等措施外，还应全面加强对营运车辆燃料消耗的管控，体现节能减排的环保理念。

按国家标准或行业标准测定的载货汽车基本燃料消耗量和单位载质量变化燃料消耗量，是计算营运车辆燃料应耗量（标准消耗量）的重要依据。通过将营运车辆燃料实际消耗量与应耗量相比较，可以确定出燃料的节约量或超耗量（以下简称为节超量），从而及时监控燃料消耗动态，查找与确认导致燃料消耗异常的关键因素和控制重点，并辅之以相应的燃料节超奖罚措施，以避免燃料的不合理消耗或非正常损失。

本节有关载货汽车燃料消耗量的术语及定义、数据、计算方法等源自于国家标准《载

货汽车运行燃料消耗量》（GB/T 4352—2022）。

一、营运车辆燃料应耗量与节超量计算的基本方法

1. 燃料应耗量的计算

营运车辆燃料应耗量是指营运车辆在某种相对稳定的运行条件下（也称为某运行模式下），按不同车型及其行驶里程、运量以及依据国家标准或行业标准测定的燃料消耗相关参数来计算的燃料消耗量。

在不考虑运行条件（包括道路条件、气温条件、拥堵状况、空调开启与否等）因素影响的前提下，燃料应耗量的计算式为

$$Q = Q_k \times \frac{S}{100} + Q_b \times \frac{\Delta W \times S}{100}$$

式中 Q——载货汽车燃料应耗量（或称某种运行模式下载货汽车运行燃料消耗量），单位为升（L）；

Q_k——载货汽车基本燃料消耗量（或称每百公里空载消耗量），单位为升每百公里（L/100km）；在行业标准《营运货车燃料消耗量限值及测量方法》（JT/T719—2016，适用于总质量超过3 500kg的载货汽车，下同）或国家标准《轻型汽车燃料消耗量试验方法》（GB/T19233—2020，适用于总质量不超过3 500kg的载货汽车，下同）给出的综合工况下，以整备质量（空载）行驶时，每百公里的燃料消耗量，其数据可由载货汽车生产企业提供；

ΔW——载货汽车载质量（通常为运量），单位为吨（t）；

S——载货汽车行驶里程，单位为千米（km）。

Q_b——载货汽车单位载质量变化燃料消耗量（或称每吨百公里附加消耗量），即载货汽车载质量每增加1 000kg（1t），行驶100km所增加的燃料消耗量，单位为升每吨百公里[L/（t·100km）]。

载货汽车单位载质量变化燃料消耗量Q_b的计算式为

$$Q_b = \frac{Q_m - Q_k}{W_m - W_k}$$

式中 Q_m——载货汽车满载燃料消耗量，单位为升每百公里（L/100km）；在JT/T719—2016和GB/T19233—2020给出的综合工况下，以总质量（满载）行驶时，每百公里的燃料消耗量，其数据可由载货汽车生产企业提供；

W_m——载货汽车满载（或额定）总质量，单位为吨（t）；

W_k——载货汽车整备质量，单位为吨（t）。

例5-6 某载货汽车最大总质量W_m为9.29t，整备质量W_k为4.29t，由汽车生产企业给出的该载货汽车基本燃料消耗量Q_k为16.1L/100km，经查交通运输主管部门发布的道路运输车辆达标车型公告，得到该载货汽车满载燃料消耗量Q_m为20.4L/100km，该车辆在月平均气

温-6℃的城市之间2类道路上满载行驶30km，卸货后空驶返回原地，运行时段为城市晚高峰时段，存在拥堵，平均行驶速度为22km/h，行驶过程中开启热风空调，单程空调耗油按照0.1L计算。在不考虑运行条件因素影响的前提下，求该车辆的运行燃料消耗总量（即应耗量）。

解：

已知：Q_m=20.4L/100km，Q_k=16.1L/100km，W_m=9.29t，W_k=4.29t，ΔW=5t，在不考虑运行条件因素影响的前提下，该车本次运行燃料应耗量Q计算如下

$$Q_b = \frac{Q_m - Q_k}{W_m - W_k} = \frac{20.4 - 16.1}{9.29 - 4.29} = \frac{4.3}{5} = 0.86 [L/(t \cdot 100km)]$$

去程：$Q_1 = 16.1 \times \frac{30}{100} + 0.86 \times \frac{5 \times 30}{100} = 4.83 + 1.29 = 6.12（L）$

回程：$Q_2 = 16.1 \times \frac{30}{100} + 0.86 \times \frac{0 \times 30}{100} = 4.83 + 0 = 4.83（L）$

合计：$Q = Q_1 + Q_2 = 6.12 + 4.83 = 10.95（L）$

2. 燃料节超量的计算

将载货汽车燃料实际消耗量与其应耗量相比较，即可得出燃料节超量。

例5-7 续例5-6，该车该次运行的燃料实际消耗量为14L，在不考虑运行条件因素影响的前提下，试计算燃料节超量。

解：

在不考虑运行条件因素影响的前提下，该车本次运行燃料节超量计算如下

14-10.95=3.05（L）（超耗）

二、运行条件因素对应耗量与节超量计算的影响

现实中，道路条件、气温条件、拥堵状况、空调开启与否等运行条件因素对应耗量数值的影响较大，不可忽略。一般以相应的系数等方式作为参变量，对原算式加以修正。相应的计算公式为

$$Q = \left(Q_k \times \frac{S}{100} + Q_b \times \frac{\Delta W \times S}{100} \right) \times K_r \times K_t \times K_v \times K_x + Q_a$$

式中　K_r——燃料消耗量道路修正系数，见表5-17；

　　　K_t——燃料消耗量气温修正系数，见表5-18；

　　　K_v——燃料消耗量交通拥堵修正系数，见表5-19；

　　　K_x——燃料消耗量其他影响因素修正系数，由用车单位自行规定；

　　　Q_a——附加燃料消耗量参数，如车载空调、冷藏制冷机组、随车装卸机械等工作时的燃料消耗量，单位为升（L）。

表5-17 燃料消耗量道路修正系数

道路类别	1类道路	2类道路	3类道路	4类道路	5类道路	6类道路
K_r	1.00	1.10	1.25	1.35	1.45	1.70

注：公路工程技术标准给出了公路等级的划分。

表5-18 燃料消耗量气温修正系数

月平均气温T/(℃)	$T\leq-25$	$-25<T\leq-15$	$-15<T\leq-5$	$-5<T\leq5$	$5<T\leq28$	$T>28$
K_t	1.13	1.09	1.06	1.03	1.00	0.98

注：极端气温条件下的气温修正系数建议运营单位自行确定。

表5-19 燃料消耗量交通拥堵修正系数

平均行驶速度V/(km/h)	$V\leq20$	$20<V\leq30$	$30<V\leq40$	$40<V\leq50$	$V>50$
K_v	1.30	1.15	1.00	0.90	0.80

例5-8 续例5-6，在考虑运行条件因素影响的前提下，重新计算该车该运次的燃料应耗量。

解：

根据已知运行条件，可以确定各修正系数与参数的取值：2类道路的修正系数K_r为1.10；月平均气温为-6℃的修正系数K_t为1.06；平均行驶速度为22km/h的交通拥堵系数K_v为1.15；行驶过程中开启热风空调，单程空调耗油参数Q_a为0.1L，无其他因素影响，故其他影响因素修正系数K_x为1.00，由此可计算该车该运次的燃料应耗量如下：

去程：$Q_1=\left(16.1\times\dfrac{30}{100}+0.86\times\dfrac{5\times30}{100}\right)\times1.10\times1.06\times1.15\times1.00+0.1\approx8.31(L)$

回程：$Q_2=\left(16.1\times\dfrac{30}{100}+0.86\times\dfrac{0\times30}{100}\right)\times1.10\times1.06\times1.15\times1.00+0.1\approx6.58(L)$

合计：$Q=Q_1+Q_2=8.31+6.58=14.89(L)$

例5-9 续例5-8，该车该次运行的燃料实际消耗量为14L，在考虑运行条件因素影响的前提下，重新计算该车该运次的燃料节超量。

解：

在考虑运行条件因素影响的前提下，该车该次运行燃料节超量计算如下

$$14-14.89=-0.89(L)（节约）$$

需要注意的是，如果我们按运次来计算其燃料应耗量，那么同一个运次（特别是长途运输）有可能历经多种运行条件的变化，例如道路类别的变化、气温的变化、拥堵状况的变化、空调开启与关闭的变化以及载质量（即运量）的变化等，反映到燃料应耗量的计算上，就是计算公式中各个参变量的取值会发生相应的变化。为精确计算起见，需将参变量

的取值发生变化的运行时段单独划分出来,这些单独划分出来的运行时段,也称为该运次的不同运行模式,然后再分别计算该运次的不同运行模式下的燃料应耗量,最后汇总得到该运次的燃料应耗量。

三、燃料消耗量定额的由来与计算方法

1. 燃料消耗量定额的由来

根据前述的载货汽车基本燃料消耗量Q_k和载货汽车单位载质量变化燃料消耗量Q_b的定义和计算要求,我们可以把Q_k和Q_b看作是在国家标准或行业标准规范下,经专门机构测试得出的每百公里空载消耗量平均值和每吨百公里附加消耗量平均值。

如果将某车型的Q_k和Q_b这两个平均值,直接作为汽车货运企业该车型的两个相互关联的燃料消耗量定额,并配之以不同运行模式下的燃料消耗量修正系数和参数,来计算该车型燃料的应耗量Q,无疑是合理的,也是理想的。在正常情况下,所计算的燃料节超量,从总体上看,应当是节超相抵,既不节也不超。

但在现实中,有诸多不良因素会导致汽车货运企业营运车辆的燃料实际消耗量,总体上明显高于应耗量,如不加以有效管控,其燃料非正常损耗与浪费现象将愈发普遍和严重,致使汽车货运企业运输成本中的燃料费用持续居高不下。对此,大多数汽车货运企业所采取的对策,就是全面推行与实施燃料消耗量定额管理,调动燃料消耗直接责任人节约用油的积极性,堵塞燃料消耗上的漏洞。

什么是燃料消耗量定额?直观地讲,就是给Q_k和Q_b分别加上由该企业所认定的"宽放量"ΔQ_k和ΔQ_b(这两个"宽放量"就是所谓的"节油空间"),从而确定出营运车辆的每百公里空载消耗量定额和每吨百公里附加消耗量定额。

在奖罚机制的作用下,燃料消耗直接责任人可以大概率地获取并积极主动地利用这两个"节油空间",并从中得到相应的奖励。换一种说法,就是汽车货运企业通过采取"奖罚并行、网开一面"的举措,来促使每种车型的每百公里空载消耗量实际数尽可能地接近于该车型的Q_k,每吨百公里附加消耗量实际数尽可能地接近于该车型的Q_b。

2. 燃料消耗量定额的计算方法

燃料消耗量定额的计算公式为

$$Q'_k = Q_k + \Delta Q_k = Q_k + \sigma_k Z_\alpha$$

$$Q'_b = Q_b + \Delta Q_b = Q_b + \sigma_b Z_\alpha$$

式中　Q'_k——每百公里空载消耗量定额,单位为升每百公里(L/100km);

Q'_b——每吨百公里附加消耗量定额,单位为升每吨百公里[L/(t·100km)];

σ_k——每百公里空载消耗量的标准差,单位为升每百公里(L/100km),可由汽车生产企业提供;

σ_b——每吨百公里附加消耗量的标准差,单位为升每吨百公里[L/(t·100km)],可由汽车生产企业提供;

Z_α——标准正态分布上的α分位点。

Z_α的数值可通过查标准正态分布表得到,例如1-α为80%时,查表可得$Z_{0.20}=0.84$,1-α为95%时,查表可得$Z_{0.05}=1.65$。这里的α为超耗比率,是个小概率;1-α为节油比率,或称为奖励比率,是个大概率。α的取值可由企业视需要而定,奖励比率越大,α的取值就越小。

这里我们给出每百公里空载消耗量定额Q'_k与节油比率1-α的直观关系,如图5-4所示。

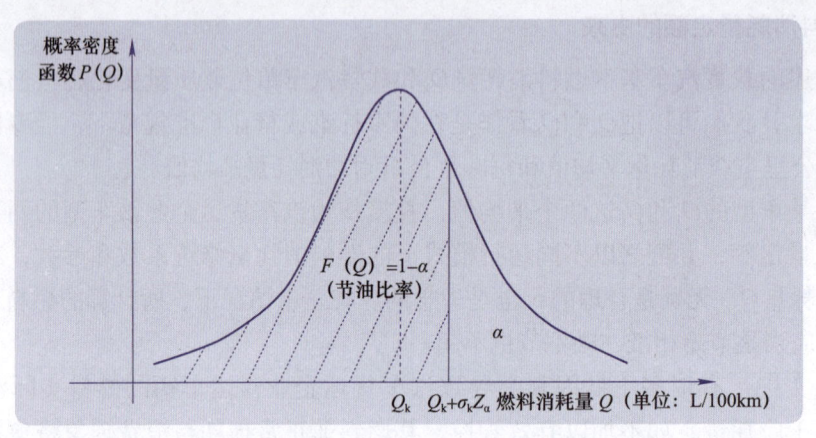

图5-4 每百公里空载消耗量定额与节油比率的关系

例5-10 如果Q_k和Q_b分别为16.1L/100km和0.86L/(t·100km),由汽车生产企业提供的σ_k和σ_b分别为1.25L/100km和0.12L/(t·100km),企业核定的节油比率为0.80,查标准正态分布表$Z_{0.20}$为0.84,试求每百公里空载消耗量定额Q'_k和每吨百公里附加消耗量定额Q'_b。

解:

每百公里空载消耗量定额Q'_k和每吨百公里附加消耗量定额Q'_b计算如下

$$Q'_k = 16.1 + 1.25 \times 0.84 = 17.15 (\text{L}/100\text{km})$$

$$Q'_b = 0.86 + 0.12 \times 0.84 = 0.9608 [\text{L}/(\text{t} \cdot 100\text{km})]$$

例5-11 续例5-8,每百公里空载消耗量定额与每吨百公里附加消耗量定额分别为17.15L/100km和0.9608L/(t·100km),同时考虑运行条件变化影响的前提下,计算定额管理之下的该车该运次的燃料应耗量。

解:

定额管理之下的该车该运次的燃料应耗量计算如下

去程:$Q_1 = \left(17.15 \times \dfrac{30}{100} + 0.9608 \times \dfrac{5 \times 30}{100}\right) \times 1.10 \times 1.06 \times 1.15 \times 1.00 + 0.1 \approx 8.93(\text{L})$

回程:$Q_2 = \left(17.15 \times \dfrac{30}{100} + 0.9608 \times \dfrac{0 \times 30}{100}\right) \times 1.10 \times 1.06 \times 1.15 \times 1.00 + 0.1 \approx 7.00(\text{L})$

合计:$Q = Q_1 + Q_2 = 8.93 + 7.00 = 15.93(\text{L})$

[例5-12] 续例5-11，该车该次运行的燃料实际消耗量为14L，计算定额管理之下的该车该运次的燃料节超量。

解：

定额管理之下的该车该运次的燃料节超量计算如下

$$14-15.93=-1.93（L）（节约）$$

四、燃料消耗量定额制订的原则

燃料消耗量定额制订总体原则应当是合情合理、简便易行，以奖为主、奖罚结合，因地制宜，稳妥推进。

上述燃料应耗量的计算过程表明，要准确计算每一辆车、每一运次的燃料应耗量，是一件较为复杂和烦琐的工作。当运行条件复杂多变时，一个运次仅仅因某个影响因素的变动，就需要单独划分出一个运行时段（也称之为第i种运行模式）来计算其应耗量，如果完全依靠人工来从事这项计算工作，则不胜其烦。由此看来，在定额的制订与推广过程中，应从易到难，由简至繁，取得成果，逐步推开，并且要充分利用好相关的计算机软件和计算机网络功能。

对于短途且营运路线固定的营运车辆（如零担货车、集装箱车、快递班车、配送货车等），因其运行条件较为稳定，燃料消耗量修正系数的取值相对固定，燃料应耗量的计算较为简便（其燃料应耗量可以相对固定，其单位可以是"升/运次"），对其可以率先推行燃料消耗量定额管理制度；对于燃料消耗量较大或燃料消耗量不正常的车辆可作为定额管理的重点。

推行与实施燃料消耗量定额管理制度，必然会发生相应的费用（包括用于燃料节约奖励的开支等），可以将这些费用与其相应的收效相比较，计算其效益，作为定额管控成败得失的判断依据。

五、燃料消耗奖罚标准的确定

奖罚措施是实施燃料消耗量定额管理的重要保障机制，奖罚数额或标准的确定应当相对合情合理。

由于每百公里空载消耗量定额Q'_k和每吨百公里附加消耗量定额Q'_b分别高于载货汽车基本燃料消耗量Q_k和载货汽车单位载质量变化燃料消耗量Q_b，所以用于燃料节约奖励的资金并非真正来自节省下来的燃料费用。在某种意义上说，不过是来自对燃料"跑冒滴漏"的防范治理所减少的燃料损失。从理论上讲，奖励总额上限是以燃料实际消耗量与按消耗量定额计算的应耗量之差（即燃料节约总量）与燃料单价的乘积（即燃料节约总额）。企业从这个节约总额中拿出一部分钱来，对合理用油和遵规守纪的行为给予适当的奖励，也是非常必要的。

当奖励比率确定之后，就是如何确定燃料消耗奖罚标准的问题。一般而言，如果把奖励比率定得较高，比如定为90%~95%，实际消耗量超出消耗量定额的概率就很低了，在正常情况下，是不应出现的。对此，除非有特殊原因，在不能排除相关人员的因素时，企业有理由对其采取较为严厉的处罚,比如按燃料的市场价格来处罚;同理,由于奖励比率较高,所以奖励标准也不可能过高,也就是说,企业不可能将燃料节约总额全数用于奖励。

六、实施燃料消耗量定额管理的配套措施

1. 采用先进的管理手段

例如通过开发相应的燃油管理系统,自动识别车辆驾驶员的身份,通过油量传感器准确反映和记录加油和消耗,并能自动生成车辆和驾驶员的行驶里程、燃油消耗、节费油数,生成各类报表;同时,便于驾驶员随时随地了解油耗情况,提示驾驶员在何种路况下以何种速度、档位行驶最节油;便于企业精准掌控每台车的实际油耗和及时了解任意时间段的耗油量及行驶公里数、百公里油耗,以及车辆耗油是否正常;便于企业管理者对燃料消耗出现的非正常情况等做出准确判断。

2. 推广先进合理的操作方法

通过对驾驶人员的全方位培训,使其掌握先进合理的操作方法,根据不同的车型、不同的运行工况、路面条件等选择合理的车速和合适的档位,坚持中速行驶。

3. 燃料消耗量定额的修订

燃料消耗量定额实施后,应在一定时期内保持相对稳定,以便发挥其效益。但随着车辆的技术更新与改造,驾驶人员的驾驶技能与节约用油的积极性不断提高等因素的变化,原有的燃料消耗量定额逐渐失去先进性、合理性;或当初制订燃料消耗量定额时,其"宽放量"过大,起不到应有的激励作用等,都需对原定额及时加以修订。

总之,燃料消耗量定额的制订以及相应的应耗量的计算,不仅为奖励节约用油行为提供奖励依据,也为判断一定时期内的营运车辆燃料实际消耗水平是否处于正常状态提供重要数据。制订营运车辆燃料消耗量定额、计算燃料应耗量与节超量、实施相应的奖罚措施,只是燃料消耗量控制的重要手段;而防范各种不利因素的发生与干扰,减少燃料非正常损耗,促使货运燃料成本水平趋于合理化,则是燃料消耗管控的根本目的。

复习思考题

1. 货运成本分析的重点可归纳为哪几个方面?
2. 单位成本分析的目的是什么?
3. 计算营运车辆燃料应耗量与节超量有什么意义?

练习题

【练习5-1】长城运输集团202×年5月货运车辆运用效率指标及运输成本费用预算与实

际情况见表5-20和表5-21。

表5-20　长城运输集团货运车辆运用效率指标统计

202×年5月

项　目	单　位	预　算　数	实　际　数
一、总车日	车日	5 100	5 000
二、工作率（%）		90	90
三、平均车日行程	km	400	420
四、里程利用率（%）		70	80
五、重车平均吨位	t	10	10
六、吨位利用率（%）		100	100
七、每吨百公里	10^3t·km	12 852	15 120

表5-21　长城运输集团货物运输成本费用分类表

202×年5月

项　目	总额/元		单位成本/（元/10^3t·km）		
	预　算　数	实　际　数	预　算　数	实　际　数	差　额
一、甲类费用	275 000.00	257 948.00	21.40	17.06	−4.34
二、乙类费用	2 010 000.00	2 550 000.00	156.40	168.65	12.25
三、丙类费用	300 000.00	355 000.00	23.34	23.48	0.14
四、运输总成本	2 585 000.00	3 162 948.00	201.14	209.19	8.05

补充资料：

（1）每吨百公里预算数为12 852×10^3t·km，实际数为15 120×10^3t·km。

（2）总行程预算数为1 836×10^3km，实际数为1 890×10^3km。

（3）千车公里变动成本预算数为1 094.77元/10^3km，实际数为1 349.21元/10^3km。

（4）上年实际单位成本为202.00元/10^3t·km。

要求：

（1）对单位成本甲类费用实际数与预算数之差做出因素分析。

据表5-20、表5-21分析资料，用连环替代因素分析法对单位成本甲类费用实际数与预算数之差进行因素分析。因素替代顺序：①总车日；②工作率；③平均车日行程；④里程利用率；⑤重车平均吨位；⑥吨位利用率；⑦单位成本甲类费用。分析过程与结果填入表5-22。

（2）对单位成本乙类费用实际数与预算数之差做出因素分析。

据表5-20、表5-21分析资料，用连环替代因素分析法对单位成本乙类费用实际数与预算数之差进行因素分析。因素替代顺序：①里程利用率；②重车平均吨位；③吨位利用率；④单位成本乙类费用。分析过程与结果填入表5-23。

（3）对单位成本丙类费用实际数与预算数之差做出因素分析。

据表5-21分析资料，对单位成本丙类费用实际数与预算数之差进行因素分析，分析过程与结果填入表5-24。

（4）将单位成本实际数与预算数之差多因素分析结果加以汇总，填列于表5-25。

（5）对成本降低率实际数与预算数之差做出因素分析。

长城运输集团上年货运单位成本为202.00元/10^3t·km，据此及上述单位成本实际数与预算数之差多因素分析结果，对成本降低率实际数与预算数之差做出因素分析，填入表5-25。

表5-22 长城运输集团单位成本甲类费用实际数与预算数之差的多因素分析表

202×年5月　　　　　　　　　　　　　　　（单位：元/10^3t·km）

替代序号	替代过程及计算结果	算式编号	影响因素		影响差额
			因素名称	因素变动额	
—		①	—	—	—
1		②	总车日		②－①＝
2		③	工作率		③－②＝
3		④	平均车日行程		④－③＝
4		⑤	里程利用率		⑤－④＝
5		⑥	重车平均吨位		⑥－⑤＝
6		⑦	吨位利用率		⑦－⑥＝
7		⑧	甲类费用总额		⑧－⑦＝
—	影响差额合计	—	—	—	

结论：

（1）以影响差额降序为序，对单位成本的影响因素依次为（同序时加括号并列）：_____。

（2）在对单位成本甲类费用进行深层分析时，应对_____进行重点分析。

表5-23 长城运输集团单位成本乙类费用实际数与预算数之差的多因素分析表

202×年5月　　　　　　　　　　　　　　　（单位：元/10^3t·km）

替代序号	替代过程及计算结果	算式编号	影响因素		影响差额
			因素名称	因素变动额	
—		①	—	—	—
1		②	里程利用率		②－①＝
2		③	重车平均吨位		③－②＝
3		④	吨位利用率		④－③＝
4		⑤	千车公里变动费用		⑤－④＝
—	影响差额合计	—	—	—	

结论：

（1）以影响差额降序为序，对单位成本的影响因素依次为（同序时加括号并列）：_____。

（2）在对单位成本乙类费用进行深层分析时，应对_____等进行重点分析。

表5-24　长城运输集团单位成本丙类费用实际数与预算数之差分析表

202×年5月

	丙类费用/元	每吨百公里/（10^3t·km）	千吨公里变动费用/（元/10^3t·km）
预算数			
实际数			
单位成本丙类费用实际数与预算数之差			

分析结论：

表5-25　长城运输集团单位成本实际数与预算数之差多因素分析汇总表

202×年5月

影响因素	对单位成本C中各类费用的实际数与预算数之差的影响额/（元/10^3t·km）				对成本降低率之差的影响（%）
	ΔC_F	$\Delta C_{V'}$	$\Delta C_{V'}$	合　计	
—	①	②	③	④	⑤
一、车辆运用效率指标	—				
总车日	—				
工作率	—				
平均车日行程	—				
里程利用率	—				
重车平均吨位	—				
吨位利用率	—				
小计					
二、费用水平	—			—	
甲类费用总额		—	—		
千车公里变动费用	—		—		
千吨公里变动费用	—	—			
小计					
合计					

注：⑤=-④/202.00；上年实际单位成本数为202.00。

【练习5-2】据表5-26给出的数据，计算并填列表5-26和表5-27。

表5-26 成本降低额实际数与预算数之差的多因素分析（因素变动率分析法）

因　　素	单　位	预　算 ①	实　际 ②	因素变动额 ③=②-①	因素变动率（%） ④=③÷①×100	因素影响额/元 ⑤=④×F
总车日	车日	5 100	5 000			
工作率（%）		90	90			
平均车日行程	km	400	420			
里程利用率（%）		70	80			
重车平均吨位	t	10	10			
吨位利用率（%）		100	100			
与上年单位成本之差	元/10³t·km	0.86	-7.19			
合计	—	—	—	—		-119 765.52
		差额分配系数			F=	

注：表内的因素影响值合计数-119 765.52元/10³t·km为成本降低额实际数与预算数之差；上年单位成本、单位成本预算数和单位成本实际数分别为202.00元/10³t·km、201.14元/10³t·km和209.19元/10³t·km。

表5-27 成本降低额实际数与预算数之差的连环替代因素分析

替代序号	因素替代过程	运算结果/元	算式编号	影响因素	影响额/元
—			①	—	—
1			②	A	
2			③	α	
3			④	η	
4			⑤	β	
5			⑥	δ	
6			⑦	γ	
7			⑧	C	
—	对成本降低额差额的影响额合计	—	—	—	-119 765.52

【练习5-3】长城运输集团CXQ-B型货车的空载消耗量Q_k为22L/100km，每吨百公里附加消耗量Q_b为1.3L/100t·km。如果空载消耗量Q_k的σ_k和每吨百公里附加消耗量Q_b的σ_b分别为1.81和0.11，节油比率为0.95，试求CXQ-B型货车每百公里空载消耗量定额Q'_k和每吨百公里附加消耗量定额Q'_b。

拓展阅读

如何增强汽车货运企业司机人员的主人翁意识

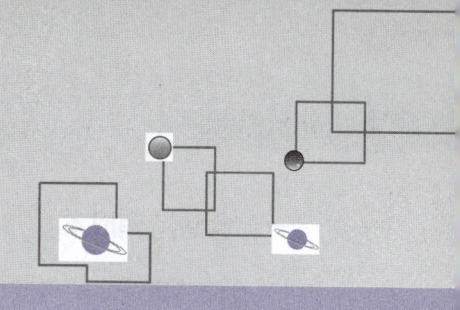

第六章

仓储成本管理

学习目的

通过本章的学习，了解物流仓储成本的构成，初步掌握仓储成本的计算方法、存货数量的盘存方法和物流仓储成本的分析方法，有效提升自身在物流仓储领域及其成本控制方面的知识获取能力。

在物流系统中，运输和仓储是并列的两大主要功能要素，被称为物流的两个支柱。仓储的概念和运输的概念相对应，运输是以改变"物"的空间状态为目的的活动，而仓储则是以改变"物"的时间状态为目的的活动，以克服产需之间的时间差异，获得更好的效用。

仓储成本管理要体现绿色仓储理念，仓库选址与布局要合理，实现仓储面积利用的最大化，减少仓储成本。

仓储成本管理的任务是用最低的费用在适当的时间和适当的地点取得适当数量的存货。

本章以一般工业生产企业内部物流仓储作业环节以及自有仓库为例介绍仓储成本管理的基本方法，其主要内容经适当选取可用于物流企业。一般工业企业内部物流仓储作业环节主要包括生产过程两端的原材料仓储作业环节与产成品仓储作业环节，本章将两个环节的仓储对象统称为货物。本章将对两个环节内容一并加以论述。

第一节 仓储成本的构成

仓储成本主要包括仓储持有成本、订货或生产准备成本、缺货成本和在途库存持有成本等。

一、仓储持有成本

1. 仓储持有成本的构成

仓储持有成本是指为保持适当的库存而发生的成本。仓储持有成本主要包括资金占用成本、仓储维护成本、仓储运作成本、仓储风险成本。

（1）资金占用成本。资金占用成本也称为利息费用或机会成本，是仓储成本的隐含费用。资金占用成本反映失去的盈利能力，如果资金投入其他方面，就会要求取得投资回报，因此资金占用成本就是这种尚未获得的回报的费用。为了核算上的方便，一般情况下，资金占用成本指占用资金支付的银行利息。

资金占用成本是仓储持有成本的一个重要组成部分，通常用持有库存的货币价值的百分比表示。也有用确定企业新投资最低回报率来计算资金占用成本的。

（2）仓储维护成本。仓储维护成本主要包括与仓库有关的租赁、取暖、照明、设备折旧、保险费用和税金费用等。仓储维护成本随企业采取的仓储方式不同而有不同的变化，如果企业利用自用的仓库，大部分仓储维护成本是固定的；如果企业利用公共的仓库，则有关存储的所有成本将直接随库存数量的变化而变化，在做仓储决策时，这些成本都要考虑。

另外，根据货物的价值和类型，货物丢失或损坏的风险高，就需要较高的保险费用。同时，许多国家将库存列入应税财产，高水平库存导致高税费。保险费用和税金将随着货物不同而有很大变化，在计算仓储维护成本时，必须加以考虑。

（3）仓储运作成本。仓储运作成本主要与货物的出入库作业有关。具体包括：①装卸搬运作业成本。例如，支付给装卸搬运工人、装卸搬运机械司机和装卸搬运管理人员的工资、加班费、津贴、职工福利、劳动保护等费用；装卸搬运过程中消耗的燃料和电能等能源的费用；装卸过程中，消耗的轮胎、垫带及耗用的机油、润滑油等成本；装卸搬运的机械工具按会计原则应计的折旧成本；为装卸搬运机械和工具进行维护和小修所发生的成本；企业租赁装卸搬运机械或设备时应付的租金等费用；支付给外单位支援装卸搬运工作所发生的成本；在装卸搬运作业过程中发生的应由本期负担的货损、机械损坏、人员伤亡等赔偿费用。②装卸搬运作业除外的成本，即出入库作业、验货、备货、仓储设施与设备的日常养护与管理的成本。例如，从事以上作业的员工工资、加班费、奖金、福利等费用；以上作业消耗的能源、低值易耗品的成本；以上作业使用的机器和工具的折旧及维修费用，如机器或工具为租赁所得，则租金代替折旧。③应由仓储作业承担的营运间接费用等。

（4）仓储风险成本。仓储风险成本是由于企业无法控制的原因而造成的库存货物贬值、损坏、丢失、变质等损失。

2. 仓储持有成本的计算项目

仓储持有成本可以分为固定成本和变动成本。固定成本与一定限度内的仓储数量无关，变动成本与仓储数量的多少相关。

（1）固定成本项目。固定成本的成本项目主要包括租赁费、取暖费、照明费、设备折旧费、保险费用和税金等。

（2）变动成本项目。变动成本项目主要包括库存占用资金的利息费用、仓储物品的毁损和变质损失、保险费用、搬运装卸费用、挑选整理费用等。

仓储持有成本与仓储数量的关系如图6-1所示。

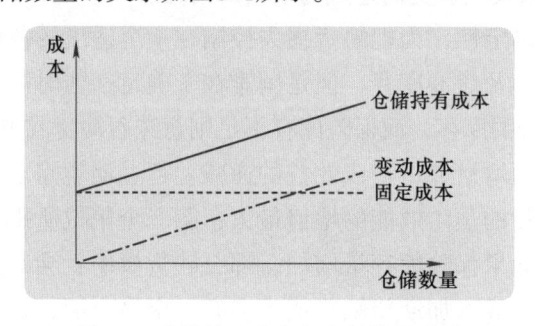

图6-1 仓储持有成本与仓储数量关系

二、订货或生产准备成本

订货成本或生产准备成本，是指企业向外部的供应商发出采购订单的成本，或指企业内部的生产准备成本。

1. 订货成本

订货成本是指企业为了实现一次订货而进行的各种活动的费用，包括处理订货的差旅费、办公费等支出。订货成本中有一部分与订货次数无关，如常设机构的基本开支等，称为订货的固定成本；另一部分与订货的次数有关，如差旅费、通信费等，称为订货的变动成本。

具体来讲，订货成本包括与下列活动相关的费用：①检查存货；②编制并提出订货申请；③对多个供应商进行调查比较，选择最合适的供应商；④填写并发出订单；⑤填写并核对收货单；⑥验收发来的货物；⑦筹集资金并付款。

2. 生产准备成本

生产准备成本，是指当库存的某些货物不由外部供应而是由企业自己生产时，企业为生产一批货物而进行准备的成本。其中，与生产货物的数量无关的费用，如更换模具、增添某些专用设备等，属于生产准备成本中的固定成本；与生产货物的数量有关的费用，如材料费、加工费、人工费等，属于生产准备成本中的变动成本。

三、缺货成本

缺货成本指由于库存供应中断而造成的损失，包括原材料供应中断造成的停工损失、产成品库存缺货造成的延迟发货损失和丧失销售机会的损失（还应包括商誉损失）；如果生产企业以紧急采购代用材料来解决库存材料的中断之急，那么缺货成本表现为紧急额外购入成本（紧急采购成本大于正常采购成本部分）。当一种货物缺货时，客户就会购买竞争对手的货物，这就会使企业产生直接利润损失，如果失去客户，还可能为企业造成间接或长期成本。在供应物流方面，原材料、半成品或零配件的缺货，意味着机器空闲甚至停产。

缺货成本是由于外部和内部中断供应所产生的。当企业的客户得不到全部订货时，叫作外部缺货；而当企业内部某个部门得不到全部订货时，叫作内部缺货。为了确定必要的库存量，有必要确定如果发生缺货而造成的损失的情况。

针对库存需求的不确定性，为把缺货损失控制在一个适度的范围，许多企业都会考虑保持一定数量的保险库存及缓冲库存，但是困难在于确定在何时需要保持多少保险库存，保险库存太多意味着多余的库存，而保险库存不足则意味着缺货或失销。

保险库存每一追加的增量都将造成效益的递减。超过期望需求量的第一个单位的保险库存，所提供的防止缺货的预防效能的增值最大，第二个单位所提供的预防效能比第一个单位稍小，依此类推。如果保险库存量增加，那么缺货概率就会减少。在某一保险存货水平，储存额外数量的存货成本加期望缺货成本会有一个最小值，这个水平就是最优水平。高于或低于这个水平，都将产生净损失。

四、在途库存持有成本

在途库存持有成本虽不像前面讨论的三项成本那么明显，然而在某些情况下，企业必须考虑这项成本。如果企业以货到收取货款的方式销售货物，就意味着企业要负责将货物运达客户，当客户收到订货货物时，货物的所有权才转移。从理财的角度来看，货物仍是销售方的库存。因为这种在途货物在交给客户之前仍然属于企业所有，运货方式及所需的时间是储存成本的一部分，企业应该对运输成本与在途存货持有成本进行分析。

在途库存的资金占用成本等同于仓库中库存的资金占用成本。一般来说，在途库存持有成本总额要比仓储持有成本总额小。

第二节 仓储成本的计算

仓储成本是伴随着物流仓储活动而发生的各种费用，仓储成本的高低直接影响着企业的利润水平，因此仓储成本管理是企业物流管理的一项重要内容。

一、仓储成本计算目的

仓储成本主要由三部分构成：①伴随着物资的物理性活动发生的费用，以及从事这些活动所必需的设备、设施的费用；②物流信息的传送和处理活动发生的费用，以及从事这些活动所必需的设备和设施的费用；③对上述活动进行综合管理的费用。

仓储成本是客观存在的，但是，在对于仓储成本的计算内容和范围没有一个统一的计算标准之前，不同的企业有不同的计算方法，企业之间千差万别，这给仓储成本计算和仓储成本管理带来很大困难。随着仓储成本管理重要性的提高，企业出现了统一物流计算标准的要求。从企业经营的总体上看，进行仓储成本计算获得数据，主要为了满足以下几个方面的需要：

（1）为各个层次的经营管理者提供物流管理所需的成本资料。

（2）为编制物流预算以及预算控制提供所需的成本资料。

（3）为制订物流计划提供所需的成本资料。
（4）提供价格计算所需的成本资料。

二、仓储成本计算对象

为满足上述各方面的需要，就要明确仓储成本的计算对象和计算单位，以便正确归集与计算成本。

仓储成本计算对象的选取，主要取决于经营管理的需要，即按适用对象来计算仓储成本。通常可以选取的仓储成本计算对象有仓储货物种类、销售地区、货物客户等。

将仓储货物作为仓储成本计算对象是仓储成本计算的基本方法。按货物计算仓储成本是指把按项目计算出来的仓储费，归集或分配给各类货物，以此计算各类货物的仓储成本总额与单位成本。这种方法可以用来分析各类货物的仓储效益。

仓储成本的计算单位，通常是仓储货物的实物单位，或者是货物的重量单位（kg、t），或容积单位（L、m^3），也可以是货物的价值单位（元）等。

仓储成本除了按物流活动领域、支付形态等类别分类外，还应根据管理上的需要进行分类，而且要通过不同期间成本的比较，实际发生费用与预算标准的比较，并结合仓储周转数量和仓储服务水平，对仓储成本进行分析。

三、仓储费用分项归集的基本方法

仓储成本计算所依据的原始数据主要由企业会计部门提供，由于企业发生的仓储费用除少数项目外，往往与其他部门发生的费用混合在一起，需要采取合理的方式将其剥离出来。下面简要说明主要仓储成本项目的费用剥离与归集方法。

（1）材料费。材料费是与仓储作业相关联的材料耗费，例如包装耗材、作业工具耗费、器具备品耗费、燃料耗费等，可以根据材料的领用记录计算与归集。对于与非仓储作业相混用的材料，可按一定方法对其费用加以分割。

（2）人工费。人工费可以直接根据从事仓储作业的人员工资、奖金、补贴等报酬的实际金额加以计算与归集。

（3）物业管理费。物业管理费包括水、电、气等费用，可以根据安装在设施上的用量记录装置获取相关数据，也可以根据建筑设施的比例和物流人员的比例简单推算。

（4）折旧。折旧根据设施设备的折旧年限、折旧率计算。

（5）利息。利息可根据物流相关资产的贷款利率计算。

（6）营运间接费用。营运间接费用可以按管理人员构成比例或固定比率分摊计算。

四、仓储成本的计算方法

1. 纳入会计核算体系，计算仓储实际成本

企业可按仓储成本计算对象计算归集仓储费用，并计算仓储成本和单位成本。具体方法与前述汽车货运成本计算方法类同，不再赘述。

2. 采用作业成本法归集计算仓储成本

具体方法参见本书有关作业成本法章节内容。

3. 按仓储成本与库存货物成本比率估算

在仓储实际成本无法按项目据实计算时，可采用按仓储成本与库存货物成本比率估算的方法，其步骤如下：

（1）确定库存货物的成本。企业可采用先进先出法、移动加权平均法、加权平均法、个别计价法等存货计价方法计算存货的成本。

（2）按仓储成本项目逐项估算该项全年成本占存货成本的比率。

（3）用各项储存成本占存货成本的比率乘以存货成本并求和，就可以估算出保管一定数量货物的年库存成本。

仓储持有成本占存货成本比率的估算方法见表6-1。

表6-1 仓储持有成本占存货成本比率的估算方法

仓储成本项目	占存货成本比率（%）	存货成本/万元	仓储持有成本/万元
仓储维护成本	8		80
仓库租金	1		10
仓库折旧	5		50
税金	1		10
保险费	1		10
仓储作业成本	5		50
搬运装卸费用	2		20
设备折旧	1	1 000	10
能源消耗	1		10
人工费用	1		10
其他成本	10		100
资金占用成本	7		70
库存货物损坏	1		10
丢失	1		10
变质等损失	1		10
仓储持有成本总额	23	1 000	230

4. 按各种相关比率关系估算仓储成本

按仓储搬运费、仓储保管费、材料消耗费、人工费、仓储管理费、仓储占用资金利息等和与其相关的各种比率关系来估算其费用数额，最终计算出仓储成本的总额。

这种计算方法是从月度损益表"管理费用""财务费用""营业费用"等各个项目中，找出含有仓储费用的项目及其数额，将其数额乘以一定的比率（物流部门比率，分别按人数平均、台数平均、面积平均、时间平均等计算出来）算出仓储部门的费用。再将仓储成本总额与上一年度的数值做比较，弄清楚增减的原因并研究制订整改方案。其示例见表6-2。

表6-2 ×康乳业公司按支付形态划分的仓储成本计算表

支 付 形 态	管理、财务、营业等相关费用/元	仓储成本/元	计算基准（%）	备 注
（1）仓库租赁费	100 080	100 080	100	金额比率
（2）材料消耗费	30 184	30 184	100	金额比率
（3）工资津贴费	631 335	178 668	28.3	人数比率
（4）燃料动力费	12 645	6 664	52.7	面积比率
（5）保险费	10 247	5 400	52.7	面积比率
（6）修缮维护费	19 596	10 327	52.7	面积比率
（7）仓储搬运费	28 114	14 816	52.7	面积比率
（8）仓储保管费	39 804	20 977	52.7	面积比率
小　　计	872 005	367 116	42.1	成本费用比率
（9）仓储管理费	19 276	8 115	42.1	成本费用比率
（10）易耗品费	21 316	8 974	42.1	成本费用比率
（11）资金占用利息	23 861	10 045	42.1	成本费用比率
（12）税金等	33 106	13 937	42.1	成本费用比率
小　　计	97 559	41 071	42.1	成本费用比率
合　　计	969 564	408 187	42.1	成本费用比率

表6-2中计算基准的计算公式如下（该公司有127人，物流工作人员有36人；全公司面积为5 869m^2，物流设施面积为3 093m^2）：

人数比率=物流工作人员数÷全公司人数=36÷127=28.3%

面积比率=物流设施面积÷全公司面积=3 093÷5 869=52.7%

成本费用比率=[仓储成本前8项之和]÷[相关费用前8项之和]=367 116÷872 005=42.1%

5. 按仓储项目计算仓储成本

按前面所述的支付形态进行仓储成本分析，还须进一步按其用途（即费用项目）加以分类，以满足仓储成本管控的需要。仓储成本项目的划分与计算方法见表6-3。

表6-3 ×康乳业公司按项目计算的仓储成本计算表　　　　（单位：元）

仓储成本按支付形态归集		仓储成本按项目分解				
		仓储租赁费	仓储保管费	仓储管理费	材料消耗费	搬 运 费
（1）仓库租赁费	100 080.00	100 080.00	—	—	—	—
（2）材料消耗费	30 184.00	8 074.00	12 405.00	4 889.00	4 816.00	—
（3）工资津贴费	178 668.00	53 600.40	44 667.00	17 866.80	—	62 533.80
（4）燃料动力费	6 664.00	1 066.24	—	4 664.80	932.96	—
（5）保险费	5 400.00	2 430.00	2 700.00	270.00	—	—
（6）修缮维护费	10 327.00	3 511.18	—	3 717.72	3 098.10	—
（7）仓储搬运费	14 816.00	—	—	—	2 963.20	11 852.80
（8）仓储保管费	20 977.00	—	20 977.00	—	—	—
（9）仓储管理费	8 115.00	1 014.38	1 014.38	1 014.38	5 071.88	—
（10）易耗品费	8 974.00	—	—	—	8 974.00	—
（11）资金占用利息	10 045.00	4 520.25	5 524.75	—	—	—
（12）税金等	13 937.00	2 787.40	8 362.20	2 787.40	—	—
合　　计	408 187.00*	177 083.85	95 650.33	35 210.10	25 856.14	74 386.60

*仓储成本按项目分解之和为408 187.02元，误差为0.02元。

五、存货数量的盘存方法

企业存货的数量需要通过盘存来确定，常用的存货数量盘存方法主要有实地盘存制和永续盘存制。

1. 实地盘存制

实地盘存制也称定期盘存制，指会计期末通过对全部存货进行实物盘点，以确定期末存货结存数量，然后分别乘以各项存货的盘存单价，计算出期末存货的总金额，计入各有关存货账户，再倒算出各种存货本期已耗用或已销售存货的成本。这种方法在物流企业，被称为"以存计销"或"盘存计销"。

采用实地盘存制的优点：平时可以不登记存货明细账减少栏，从而简化了核算工作。

采用实地盘存制的缺点：①核算手续不够严密，不能通过账簿记录随时反映各种存货的收入、发出和结存情况，不利于对存货的计划、管理和控制；②由于发出存货的成本是通过倒算的方式确定的，如果出现收发错误、毁损、自然损耗、被盗等情况，账面均无反映，而是全部隐匿在倒算出的本期发出（销售或耗用）存货之中，不利于对存货的管理，影响成本的计算和利润确定的正确性。

2. 永续盘存制

永续盘存制也称账面盘存制，对存货项目随时进行库存记录，即分别品名、规格设置存货的明细账，逐笔或逐日地登记收入或发出的存货，并随时记录结存数。

在永续盘存制下，一般情况下存货账户余额应当与实际库存相符。采用永续盘存制，也应根据需要对存货进行实物盘点。为了核对存货的账面记录，加强对存货的管理，每年至少应对存货进行一次全面盘点。

采用永续盘存制的优点：核算手续严密，平时可以通过账簿记录完整掌握各种存货收发及结存情况，有利于加强控制和管理。

采用永续盘存制的缺点：存货核算的工作量较大。

第三节 仓储成本分析与控制

在物流企业中存货占有较大的比重，因此，物流企业的仓储成本管理是一项非常重要的工作。库存物资数量并非越多越好，库存物资数量过多，占用的资金和支付的仓储保险费也就过多，显然是不经济的。因此，物流企业仓储成本管理的核心内容是确定合理的库存量。

一、影响仓储成本的因素

物资仓储量的多少是由许多因素决定的。比如，从物资本身的特征来看，货物本身的性能不稳定，易燃、易爆、易变质的货物的库存量要小一些。时尚性强的货物，库存量要小一些，如时装等；时尚性不强的货物，库存量可以高一些，如烟酒等。从物资管理方面来看，运输条件的便利与否也是影响因素之一。从交通方面来看，运输周期短的货物，可以保持较小的库存量；反之，运输不便、运输周期长的货物，应保持较高的库存量。从物资的使用和销售方面来看，一般销售量增加，相应的库存量也要增加；反之，销售量减少，库存量也要减少。

在研究物资最佳仓储量时，采购批量的大小是控制仓储量的基础。

影响采购批量的因素可以分为以下几个方面。

1. 取得成本

取得成本是指在采购过程中所发生的各种费用的总和。这些费用大体可以归结为两大类：一是随采购数量的变化而变化的变动费用；二是与采购数量多少关系不大的固定费用。

2. 储存成本

生产销售使用的各种物资，在一般情况下，都应该有一定的储备。储备就会有成本费用发生，这种费用也可以分为两大类：一是与储备资金（即储备物资所占用的资金量）多少有近似正比关系的成本，如储备资金的利息、相关的税金等；二是与仓储物资数量（即仓储规模）有近似正比关系的成本，如仓库设施维护修理费、物资装卸搬运费、仓库管理人员工资等。

3. 缺货成本

由于计划不周或环境条件发生变化，导致企业在仓储中发生了缺货现象，从而影响生产的顺利进行，造成生产或销售上的损失，这种由于缺货原因所造成的生产损失和其他额外支出称为缺货损失。所以，为了防止缺货损失，在确定采购批量时，必须综合考虑采购费用、储存费用等相关因素，以确定最佳的经济储量。

4. 运输时间

在物资采购过程中，要做到随要随到的情况是有条件的。在一般情况下，物资采购到企业仓库总是需要一定的时间。所以，在物资采购时，需要将运输时间考虑在相关因素中。

总之，在对上述影响物资采购批量的因素进行综合分析之后，才能正确确定物资的最佳经济采购量，从而进一步确定仓储的最佳经济储量。

二、仓储成本的分析

物流企业的仓储成本分析，应该从取得成本、储存成本、缺货成本三个方面进行。

1. 取得成本

取得成本是指为取得存货而支出的成本。取得成本又可以分为订货成本和购置成本，前者是指取得订单的成本，与订货次数有关；后者是存货本身的价值。因此取得成本的计算公式为

$$TC_a = F_1 + K_a D/Q + DU$$

式中　TC_a——取得成本；

　　　F_1——订货固定成本；

　　　K_a——每次订货的变动成本；

D——年需求量；

Q——每次订货批量；

U——单价。

2. 储存成本

储存成本是指企业为保持存货而发生的成本，如仓储费、搬运费、保险费、占用资金的利息等。储存成本可以分为变动成本和固定成本两部分，前者与存货数量的多少有关，后者与存货数量无关。因此储存成本的计算公式为

$$TC_c = F_2 + K_c Q/2$$

式中　TC_c——储存成本；

F_2——固定储存成本；

K_c——单位变动储存成本。

3. 缺货成本

缺货成本是指由于存货不能满足生产经营活动的需要而造成的损失，如失销损失、信誉损失、紧急采购额外支出等。缺货成本用TC_s表示。

4. 总成本

总成本TC与每次订货批量Q的关系式为

$$\text{总成本（TC）} = \text{取得成本} + \text{储存成本} + \text{缺货成本}$$
$$= TC_a + TC_c + TC_s$$
$$= F_1 + K_a D/Q + DU + F_2 + K_c Q/2 + TC_s$$

从上式可知，如果订货批量Q有所加大，可以使取得成本TC_a和缺货成本TC_s有所减少，但相应地会使储存成本TC_c有所增加；反之，如果订货批量Q有所减少，可以使储存成本TC_c有所减少，但相应地会使取得成本TC_a和缺货成本TC_s有所增加。存货管理的目标是使存货的总成本达到最小，即确定经济批量。

5. 经济批量的基本模型

经济批量基本模型的假设条件：①企业能及时补充存货，不考虑缺货成本；②集中到货；③存货单价不变，不考虑现金折扣和数量折扣。

$$TC = \text{取得成本} + \text{储存成本}$$
$$= TC_a + TC_c$$
$$= (F_1 + K_a D/Q + DU) + (F_2 + K_c Q/2)$$

在K_a、D、K_c为已知常数时，TC的大小取决于Q，经济批量Q^*的计算公式为

$$Q^* = \sqrt{2K_a D/K_c}$$

经济批量与取得成本、储存成本的关系，如图6-2所示。

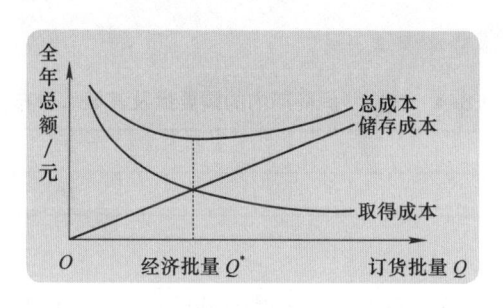

图6-2 经济批量与取得成本、储存成本的关系

根据经济批量公式，还可以推算出以下公式：
每年最佳订货次数（次）

$$N^*=D/Q^*$$

最佳储存总成本（元）

$$TC^*=\sqrt{2DK_aK_c}$$

6. 保险储备

上述经济批量模型均假设存货的供需是稳定的，即每日需求量不变。但实际情况并非完全如此，需求量经常会发生变化，交货时间由于各种原因也可能延误。这些不确定因素的存在，要求企业要持有一定的保险储备，以防止延误、存货短缺等造成的损失。建立保险储备的代价是储存成本的增加。保险储备大，因缺货造成的损失小，但相应的储存成本大；保险储备小，储存成本小，但可能因缺货造成的损失大。最佳保险储备的确定，就是在存货短缺所造成的损失和保险储备的储存成本之间进行权衡，要使两者之和（总成本）达到最小。保险储备总成本的计算公式为

$$TC(S,B)=C_s+C_B=K_uSN+BK_c$$

式中　$TC(S,B)$——与保险储备有关的总成本；
　　　C_s——缺货成本；
　　　C_B——保险储备成本；
　　　S——缺货量；
　　　K_u——单位缺货成本；
　　　N——年订货次数；
　　　B——保险储备；
　　　K_c——单位储存成本。

其中，缺货量S具有一定的概率分布，其概率可根据历史经验估计。按概率的方法，可以计算不同保险储备量下的缺货量的期望值，进而计算出不同保险储备量下的成本，对成本进行比较，总成本最低时的保险储备即为最佳保险储备量。

例6-1 某汽车配件销售公司主要经营某种汽车零部件，每年的销售量为400件，该零件的单位储存成本为25元/件，一次订货成本为50元/次，单位缺货成本为1.5元/件。在交货

间隔期内的需要量及其概率分布见表6-4。

表6-4 在交货间隔期内的需要量及其概率分布

需要量/件	10	20	30	40	50
概　率	0.1	0.2	0.4	0.2	0.1

经济批量：

$$Q^* = \sqrt{2K_aD/K_c} = \sqrt{2 \times 50 \times 400 \div 25} = 40（件）$$

每年最佳订货次数：

$$N^* = D/Q^* = 400 \div 40 = 10（次）$$

交货期内平均需要量 $=10\times0.1+20\times0.2+30\times0.4+40\times0.2+50\times0.1=30$（件）

保险储备如果为30件，缺货量为0，则总成本为

$$TC（S,B）=C_s+C_B=K_uSN+BK_c$$
$$=0+25\times30=750（元）$$

保险储备如果为20件，缺货量为10，则总成本为

$$TC（S,B）=10\times1.5\times10+25\times20=650（元）$$

保险储备如果为10件，缺货量为20，则总成本为

$$TC（S,B）=20\times1.5\times10+25\times10=550（元）$$

故应保持10件的保险储备。

在通货膨胀期间，购价会经常性地变化，运输成本会上升，资金成本也会增加，经济批量模型中的许多因素都具有不稳定性，物流企业可以看准机会，在价格大幅度上升之前购入存货。在通货膨胀情况下，企业需要更有弹性的仓储管理。

三、仓储成本的控制原则

1. 政策性原则

（1）国家利益、企业利益和消费者利益的关系。降低仓储成本从根本上说对国家、企业、消费者都是有利的，但是如果在仓储成本控制过程中，采用不适当的手段损害国家和消费者的利益，是极端错误的，应予避免。

（2）质量和成本的关系。不能片面追求降低储存成本，而忽视储存物资的保管要求和保管质量。

2. 经济性原则

（1）因仓储成本控制而发生的成本费用支出，不应超过因缺少控制而丧失的收益。同销售、生产、财务活动一样，任何仓储管理工作都要讲求经济效益。为了建立某项严格的仓储成本控制制度，需要发生一定的人力或物力支出，但这种支出不应太大，不应超过建立这项控制所节约的成本。

（2）通常增加成本控制环节发生的成本比较容易计量，而控制的收益则较难确定，但并不能因此否定这条原则。在一般情况下，控制的收益会明显大于其成本，人们可以做出定性的判断。

（3）企业应在仓储活动的重要领域和环节对关键的因素加以控制，而不是对所有成本项目都进行同样周密的控制。

（4）仓储成本控制要起到降低成本、纠正偏差的作用，并具有实用、方便、易于操作的特点。

（5）在仓储成本控制中要贯彻"例外原则"，对正常储存成本费用支出可以从简控制，而特别关注各种例外情况。

（6）管理活动要遵循重要性原则，将注意力集中于重要事项，对一些无关大局的成本项目可以从略。

（7）仓储成本控制系统应具有灵活性，对于各种始料未及的情况，控制系统应能发挥作用，不至于在市场变化时成为无用的"装饰品"。

3. 分级归口管理原则

企业的仓储成本控制目标，要层层分解，落实到各环节、各小组甚至个人，形成一个仓储成本控制系统。一般来说控制的范围越小越好，因为这样可使各有关责任单位明确责任范围，使仓储成本控制真正落到实处。

4. 权责利相结合原则

落实到每一个环节、小组或个人的目标成本，必须与他们的责任大小、控制范围相一致，否则成本控制就不可能产生积极的效果。同时为了充分调动控制者的积极性，应将仓储成本控制的好坏与奖励的大小结合起来。

5. 全面性原则

由于仓储成本涉及企业管理的方方面面，因此仓储成本控制要进行全员、全过程和全方位控制。

四、仓储成本控制方法

（一）存货的订购点控制法

订购点控制法是以固定订购点和订购批量为基础的一种存货控制方法。它以永续盘存制为基础，当库存低于或等于再订购点时就提出订货计划，并且每次订购的数量是固定的。

实施订购点控制的关键是正确确定订购批量和再订购点。订购批量一般采用经济订购批量，再订购点的确定则取决于对交货时间的准确计算和对保险储备量的合理确定。

1. 影响再订购点的因素

（1）交货期。交货期指从办理采购到货物验收入库为止的时间间隔，包括办理订购、发运、在途、验收入库等所需时间。

（2）平均耗用量。平均耗用量指物资每日的平均耗用量。

（3）保险储备量。保险储备是为应付采购期间需要量的变动而建立的，包括不能按时到货、实际交货时间延时而增加的需要，也包括交货期内实际每日需要量超过平均日需要量而增加的需要。

2. 再订购点的确定

再订购点的计算式为

$$再订购点 = 交货时间 \times 每日出库量 + 保险储备量$$
$$= 交货期平均耗用量 + 保险储备量$$

在实际工作中，将订购点数量的物资从库存中分离出来，单独存放或加以明显标志，当库存量的其余部分用完，只剩下订购点数量时，即提出订货，每次订购固定数量的物资。

再订购点与交货期平均耗用量、保险储备量的关系，如图6-3所示。

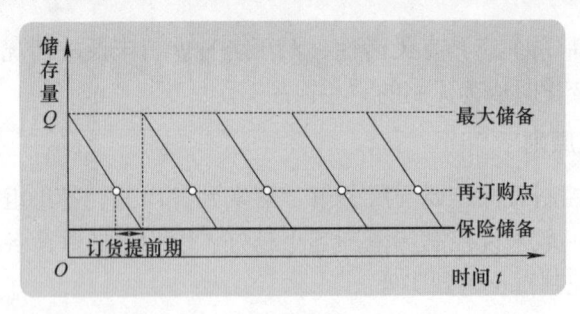

图6-3 再定购点与交货期平均耗用量、保险储备量的关系

3. 订购点控制法的优点

（1）能经常掌握库存量动态，不易出现缺货。
（2）保险储备量少，仓储成本相对较低。
（3）每次订购量固定，能采用经济批量，也便于进货搬运和保管作业。
（4）盘点和订购手续比较简单，尤其便于计算机进行控制。

4. 订购点控制法的缺点

（1）订购时间不确定，难以编制严密的采购计划。
（2）不适用需求量变化较大的物资，不能及时调整订购批量。

定量控制法一般适用于单位价值较低、需求量比较稳定、缺货损失较大、储存成本较高的货物。

（二）存货的定期控制法

定期控制法是指以固定的订购周期为基础的一种库存控制方法。它采用定期盘点，按固定的时间间隔检查库存量，并随即提出订购批量计划，订购批量根据盘点时的实际库存量和下一个进货周期的预计需要量而定。

在定期库存控制中，关键问题在于正确确定检查周期，即订购周期。检查周期的长短对订购批量和库存水平有决定性的影响。订购周期是由预先规定的进货周期和备运时间长短所决定的。

合理确定保险储备量同样是实施定期控制的重要问题。在定期库存控制中，保险储备量不仅要用以应付交货期内需要量的变动，而且要用以应付整个进货周期内需要量的变动，因此，与定量控制相比，定期控制要求有更大的保险储备量。

1. 定期采购量标准

定期采购量标准是指每次订购的最高限额，它由订购周期平均耗用量、交货期平均耗用量与保险储备量构成。其公式为

定期采购量=供应间隔时间×每日平均耗用量+交货期时间×每日平均耗用量+保险储备量

2. 定期控制法的特点

定期控制法的特点是：订购时间固定，能调整订购批量，但不能及时掌握库存情况，保险储备量较大，每次订购量不固定。

3. 定期控制法的适用范围

（1）需求量较大，有较严格的保管期限，必须严格管理的物资。

（2）需求量变化大，可以事先确定用量的物资。

（3）发货次数较多，难以进行连续动态管理的物资。

（4）许多不同物资能从统一供应商或中心集中采购订货。

（三）存货的ABC分析控制法

1. 基本原理

ABC分析控制法的基本原理是"关键的是少数，次要的是多数"，根据各项存货在全部存货中重要程度的大小，将存货分为A、B、C三类。

A类物资占用资金较大，应该严格按照最佳库存量的办法，采取定期订货方式，设法将物资库存降到最低限度，并对库存变动实行经常或定期检查，严格盘存等；C类物资虽然数量较多，但占用的资金不大，因此在采购订货方式上，可以用定量不定期的办法，即按订货点组织订货，在仓库管理上可采取定期盘点，并适当控制库存；B类物资，可分别不同情况，对金额较高的物资可按A类物资管理，对金额较低的物资可按C类物资管理。

2. 分析步骤

ABC分析法的一般步骤如下：

（1）搜集数据。

（2）处理数据。

（3）编制ABC分析表。

（4）根据ABC分析表确定分类。

（5）绘制ABC分析图。

3. 分析举例

例6-2 以某仓库库存物资现状为例，根据其各类库存物资分类统计，编制ABC分析表，并根据ABC分析表确定分类，见表6-5。

表6-5 ABC分析表

物资序号	数量	单价/元	占用资金			占存货数量百分比		归类
			金额/元	比值(%)	累计(%)	比值(%)	累计(%)	
	①	②	③=①×②	④=③/∑③	⑤=④累计	⑥=①/∑①	⑦=⑥累计	
1	10	680	6 800	68.0	68.0	5.49	5.49	A
2	12	100	1 200	12.0	80.0	6.59	12.09	A
3	25	20	500	5.0	85.0	13.74	25.82	B
4	20	20	400	4.0	89.0	10.99	36.81	B
5	20	10	200	2.0	91.0	10.99	47.80	C
6	20	10	200	2.0	93.0	10.99	58.79	C
7	10	20	200	2.0	95.0	5.49	64.29	C
8	20	10	200	2.0	97.0	10.99	75.27	C
9	15	10	150	1.5	98.5	8.24	83.52	C
10	30	5	150	1.5	100	16.48	100.00	C
合计	182	—	10 000	100	—	100.00	—	—

据此表绘制ABC分析图，如图6-4所示。

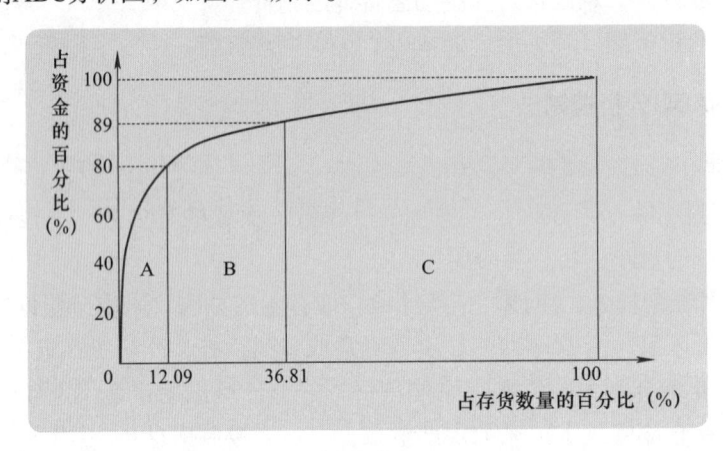

图6-4 ABC分析图

从表6-5和图6-4可以得出：编号1~2的物资为A类，占用资金80%；编号3~4的物资为B类，占用资金9%；编号5~10的物资为C类，占用资金11%。故应对这三类各自包含的物资分别采取不同的管理方式。

复习思考题

1．仓储持有成本主要包括哪些内容？
2．何为订货成本或生产准备成本、缺货成本、在途库存持有成本？
3．如何选取仓储成本计算对象？
4．仓储成本的计算方法有哪几种？

练习题

【练习6-1】B公司管理、财务、营业等相关费用见表6-6（该公司有500人，物流工作人员有80人；全公司面积为7 500m^2，物流设施面积为4 000m^2），试按支付形态划分法计算仓储成本，并填入表6-6内（金额比率为100%）。

表6-6　B公司按支付形态划分的仓储成本计算表　　　　　　（单位：元）

项　目	管理、财务、营业等相关费用	仓　储　成　本	计算基准（%）（保留一位小数）	备　注
（1）仓库租赁费	200 000			金额比率
（2）材料消耗费	50 100			金额比率
（3）工资津贴费	950 000			人数比率
（4）燃料动力费	22 000			面积比率
（5）保险费	18 000			面积比率
（6）修缮维护费	29 000			面积比率
（7）仓储搬运费	38 000			面积比率
（8）仓储保管费	59 000			面积比率
小　计				前8项比率
（9）仓储管理费	29 200			仓储费比率
（10）易耗品费	28 500			仓储费比率
（11）资金占用利息	28 600			仓储费比率
（12）税金等	43 100			仓储费比率
小　计				仓储费比率
合　计				仓储费占费用总额比率

计算基准的计算公式如下：

金额比率=100%

人数比率=物流工作人员数÷全公司人数=80÷500=16%

面积比率=物流设施面积÷全公司面积=4 000÷7 500=53.3%

仓储费用比率=[前8项的仓储费]÷[前8项的管理、财务、营业等费用]

【练习6-2】某汽车修理厂每月需要某种零件2 000件，单价为30元，每次订购费为100元，年库存保管费率为16%，求经济订货批量以及年库存管理总费用。

【练习6-3】某建材仓库存货统计见表6-7，据表中给出的数据计算并填列第3栏和第6栏，并绘制ABC分析图。

表6-7 建材ABC分析表

物料名称	品种数量	占总品种（%）		库存金额/元	占总库存金额（%）		分类
		比值	累计		比值	累计	
	①	②	③	④	⑤	⑥	⑦
中纤板	136	2.34		13 289 778.80	25.52		
通用五金	55	0.95		6 890 674.21	13.23		
油漆及天那水	95	1.63		6 691 005.98	12.85		
刨花板	87	1.50		4 571 994.95	8.78		
实木	43	0.74		3 203 353.24	6.15		
封边条	188	3.23		2 984 680.78	5.73		
杂木外购件	256	4.40		2 798 270.08	5.37		
五金杂件	614	10.56		2 521 401.33	4.84		
布料皮革	98	1.69		2 385 858.44	4.58		
工具耗材	1125	19.35		1 359 080.13	2.61		
纸箱	1413	24.30		1 208 781.68	2.32		
木皮	145	2.49		665 519.37	1.28		
玻璃	242	4.16		655 855.33	1.26		
保丽龙	497	8.55		649 777.78	1.25		
胶黏剂	497	8.55		643 744.38	1.24		
珍珠棉	17	0.29		578 688.44	1.11		
贴面纸	46	0.79		447 187.44	0.86		
蜂窝纸芯	7	0.12		330 890.31	0.64		
其他	253	4.35		202 556.72	0.39		
合计	5 814	100		52 079 099.39	100		

拓展阅读

仓储成本管理在我国经济发展中的重要性

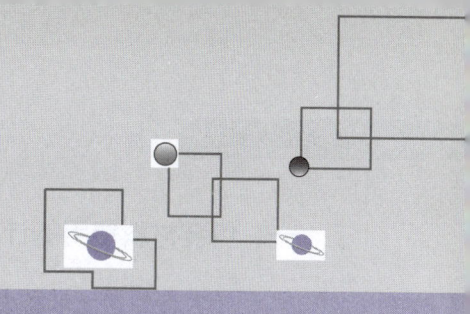

第七章

包装成本管理

学习目的

通过本章的学习，了解包装成本的构成，理解包装标准成本的制定方法，理解包装成本的计算方法，理解包装成本控制对策，熟悉并掌握发出材料成本的计价方法，基本掌握包装成本分析方法，增强寻找有效的包装成本控制途径的能力和知识运用能力。

包装成本管理要体现绿色物流的理念，毫无疑问，过度的包装势必造成资源的浪费。避免资源浪费应当是包装成本管理的主要目标。

国家标准《物流术语》（GB/T 18354—2021）对包装所下的定义是："为在流通过程中保护产品、方便储运、促进销售，按一定技术方法而采用的容器、材料及辅助物等的总体名称。也指为了达到上述目的而采用容器、材料和辅助物的过程中施加一定技术方法等的操作活动。"

由此可见，包装有两种含义：①盛装商品的容器、材料及辅助物品，即包装物；②实施盛装和封口、包扎等的技术活动。

为便于讨论，本书主要从企业的产品包装环节和物流企业的包装作业环节介绍包装成本管理方法与对策。

第一节 包装成本的计算

包装成本主要包括包装材料费用、包装机械费用、包装技术费用、包装人工费用等。

一、包装材料费用的计算

(一) 购入材料成本的确定

包装耗用的材料,除少量自制外,主要来自外购。购入材料的成本包括以下内容:

(1) 买价。买价即购买价格。对于购货时发生的购货折扣应加以扣除,按净额计价。

(2) 材料入库前发生的各种附带成本。附带成本包括:运杂费(运输费、装卸费、保险费、仓储费等)、在运输中的合理损耗、入库前的挑选整理费用、购入材料负担的不能抵扣的税和其他费用等。

为严格材料管理,正确计算材料的发出与结存成本,要求库存材料必须按材料的种类与型号分别进行明细核算。由于同次采购材料的品种可能多在一种以上,因此外购材料采购成本须按下列程序计算:对于买价及各种附带成本,凡能分清归属的,可直接计入各材料的采购成本;不能分清的,可根据同次采购材料的具体情况,采用较为合理的分配方法(可按重量、体积、买价等),分配计入各材料采购成本。

例7-1 企业同次购入甲材料1 000kg,不含税单价50元;购入乙材料2 000kg,不含税单价8元。两种材料所负担的运杂费300元,按两种材料的重量比例分摊。甲、乙两种材料的采购成本计算结果见表7-1。

表7-1 材料采购成本计算表

材料名称	买价/元	重量/kg	运杂费分配率	分摊运杂费/元	总成本/元	单位成本/(元/kg)
甲材料	50 000	1 000	$\dfrac{300}{1\,000+2\,000}=0.10$	100	50 100	50.10
乙材料	16 000	2 000		200	16 200	8.10

(二) 发出材料成本的计价

由于每种材料是分次分批从不同地点购进的,而每次购进的同种材料单价又往往不同,因此每种材料在每次发料时,就存在如何计价的问题,如图7-1所示。

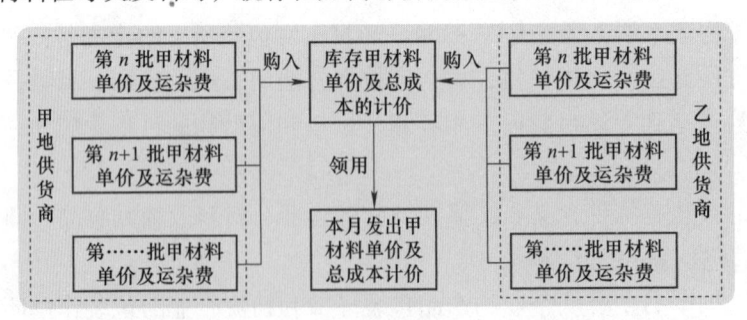

图7-1 库存材料、发出材料的计价问题

企业可以根据不同情况,采用下列方法计价。

1. 先进先出法

先进先出法是以先购入的材料先发出为假定前提,每次发出材料的单价,要按当前库存材料中最先购入的那批材料的实际单价计价。采用这种方法要求分清所购每批材料的数量和单价。在发出材料时，除应逐笔登记发出数量外，还要登记余额，并算出结存的数量和金额。

例7-2 现以甲材料为例，采用先进先出法计算发出材料和期末材料的成本，见表7-2。

表7-2 甲材料明细账1

202×年		凭证编号	摘要	收入			发出			结存		
月	日			数量/kg	单价/(元/kg)	金额/元	数量/kg	单价/(元/kg)	金额/元	数量/kg	单价/(元/kg)	金额/元
1	1	—	期初余额	—	—	—	—	—	—	300	50	15 000
	10	略	购入	— 900	60	54 000				300 900	50 60	15 000 54 000
	11		发出				300 500	50 60	15 000 30 000	900 400	60 60	54 000 24 000
	18		购入	600	70	42 000				400 600	60 70	24 000 42 000
	20		发出				400 400	60 70	24 000 28 000	600 200	70 70	42 000 14 000
	23		购入	200	80	16 000				200 200	70 80	14 000 16 000
	31		本月合计	1 700	—	112 000	1 600	—	97 000	200 200	70 80	14 000 16 000

先进先出法的优点是：使企业不能随意挑选材料计价以调整当期利润，有利于均衡核算工作。缺点是核算工作量比较烦琐，而且当物价上涨时，会高估企业当期利润和库存材料价值。在物价持续下跌的情况下，又会使计入产品成本的材料费用偏高，导致低估企业期末库存材料价值和当期利润。在手工计价方式下，这种计价方法一般适用于收发不太频繁的材料计价。

2. 全月一次加权平均法

全月一次加权平均法是以月初结存材料金额与全月收入材料金额之和，除以月初结存材料数量与全月收入材料数量之和，算出以数量为权数的材料平均单价，从而确定当月材料的发出成本和月末库存成本，其计算式为

$$\text{材料月末加权平均单价} = \frac{\text{月初结存材料金额} + \text{全月收入材料金额}}{\text{月初结存材料数量} + \text{全月收入材料数量}}$$

本月发出材料成本=本月发出材料数量×材料月末加权平均单价

月末库存材料成本=月末库存材料数量×材料月末加权平均单价

例7-3 仍以上述甲材料明细账为例，采用全月一次加权平均法计算发出材料和期末库存材料的成本，见表7-3。

表7-3 甲材料明细账2

202×年		凭证编号	摘要	收入			发出			结存		
月	日			数量/kg	单价/(元/kg)	金额/元	数量/kg	单价/(元/kg)	金额/元	数量/kg	单价/(元/kg)	金额/元
1	1	—	期初余额	—	—	—	—	—	—	300	50	15 000
	10	略	购入	900	60	54 000	—	—	—	1 200	—	—
	11		发出	—	—	—	800	—	—	400	—	—
	18		购入	600	70	42 000	—	—	—	1 000	—	—
	20		发出	—	—	—	800	—	—	200	—	—
	23		购入	200	80	16 000	—	—	—	400	—	—
	31		本月合计	1 700	—	112 000	1 600	63.50	101 600	400	63.50	25 400

$$\text{材料月末加权平均单价} = \frac{15\,000+54\,000+42\,000+16\,000}{300+900+600+200} = 63.50\,(\text{元/kg})$$

本月发出甲材料成本=1 600×63.50=101 600（元）

月末甲材料库存成本=400×63.50=25 400（元）

采用加权平均法，只在月末一次计算加权平均单价，可以大大简化核算工作，而且在市场价格上涨或下跌时所计算出来的单位成本平均化，对材料成本的分摊较为折中。但是，这种方法平时在账上无法提供发出和结存材料的单价和金额，不利于材料的日常管理。这种计价方法适用于各期材料成本变动不大的材料计价。

3. 移动加权平均法

移动加权平均法是以原结存材料金额与本批收入材料金额之和，除以原结存材料数量与本批收入材料数量之和，算出以数量为权数的材料平均单价，作为日常发料的单价的一种计价方法。收入材料单价变动一次，就要计算一次加权平均单价。其计算式为

$$\text{移动加权平均单价} = \frac{\text{原结存材料金额} + \text{本批收入材料金额}}{\text{原结存材料数量} + \text{本批收入材料数量}}$$

例7-4 仍以前述甲材料资料为例，采用移动加权平均法计算发出材料和期末库存材料的成本，见表7-4。

表7-4 甲材料明细账3

202×年		摘要	收入			发出			结存		
月	日		数量/kg	单价/(元/kg)	金额/元	数量/kg	单价/(元/kg)	金额/元	数量/kg	单价/(元/kg)	金额/元
1	1	期初结存	—	—	—	—	—	—	300	50	15 000
	10	购入	900	60	54 000	—	—	—	1 200	57.5	69 000
	11	发出	—	—	—	800	57.5	46 000	400	57.5	23 000
	18	购入	600	70	42 000	—	—	—	1 000	65	65 000
	20	发出	—	—	—	800	65	52 000	200	65	13 000
	23	购入	200	80	16 000	—	—	—	400	72.5	29 000
	31	本月合计	1 700	—	112 000	1 600	—	98 000	400	72.5	29 000

10日，第一批收料后的平均单价

$$=(15\,000+54\,000)\div(300+900)=57.5(元/kg)$$

18日，第二批收料后的平均单价

$$=(23\,000+42\,000)\div(400+600)=65(元/kg)$$

23日，第三批收料后的平均单价

$$=(13\,000+16\,000)\div(200+200)=72.5(元/kg)$$

本月发出材料成本合计

$$=46\,000+52\,000=98\,000(元)$$

期末库存材料成本

$$=400\times72.5=29\,000(元)$$

采用这种计价方法，可以均衡材料核算工作，有利于材料的日常管理，而且计算出的平均单价比较客观。

二、包装机械费用的计算

包装机械费用主要是指包装机械的维修费和折旧费。

包装机械的维修费是包装机械发生部分损坏，进行修理时所支出的费用。对于数额不大的修理费用可直接计入当期包装成本，对于数额较大的修理费用可分期摊入包装成本。

包装机械的折旧费是指包装机械因在使用过程中损耗，而定期逐渐转移到包装成本中的那一部分价值。影响折旧的主要因素有包装机械的原值、折旧期限、净残值和计提折旧的起止时间。计提折旧的主要方法有：平均年限法、工作量法、加速折旧法等。

三、包装技术费用的计算

包装技术费用包括包装技术设计费用和包装技术实施费用。

1. 包装技术设计费用

包装技术设计费用是指设计人员在包装技术的设计过程中，所发生的与设计包装技术有关的费用，主要包括设计人员的工资、设计过程中领用的材料或产品以及各种支出。

2. 包装技术实施费用

包装技术实施费用包括实施包装技术所需的内包装材料费和一些辅助包装费用。由于包装技术实施费用总额与包装作业数量或包装物产量近似成正比变动，因此可将其称为包装技术变动费用。

四、包装人工费用的计算

包装人工费用的计算，必须有准确的原始记录资料，包括工资卡、考勤记录、工时记录、工作量记录等原始凭证。企业的会计部门根据劳动合同的规定和企业规定的工资标准、工资形式、奖励津贴等制度，按照考勤记录、工时记录、产量记录等资料，计算每个包装工人及其他直接从事包装生产作业人员的工资。支付给所有包装工人及其他直接从事包装生产作业人员的工资总额即为包装人工费用。

第二节　包装成本控制对策

一、降低包装成本的途径

包装费用的高低直接影响着企业的经济效益，因而物流企业或企业物流部门应加强对包装费用的管理。降低包装成本的途径主要有以下几方面。

1. 合理选择包装材料

在保证产品包装质量不降低的情况下，可以采用代用材料，如用国产材料代替进口材料，用价格低廉的材料代替价格昂贵的材料。这种方式，不仅在经济上合算，在技术上往往也是可行的。

2. 实施机械化生产或作业

采用机械化包装，可以确保包装质量，提高包装作业效率，促进包装规格化，提高物流连续作业水平，降低包装劳动强度，改善包装工作条件。

3. 实现包装的标准化

实现包装标准化，可以保证包装质量，并使包装的外部尺寸与运输工具、装卸机械相配合，不仅方便物流过程的各项作业，也降低了物流过程的费用。

4. 包装物的回收和旧包装利用

我国生产企业每年产生的旧包装数量惊人，回收利用潜力巨大。企业回收利用旧包装可解决企业的部分急需，同时降低包装材料成本或购入成本。

二、材料收发控制

包装材料收发存的控制是包装材料成本管理的重要环节，包装材料成本在包装成本中所占比重较大，所以在采购与保管环节既要防止占压资金，也要保障包装生产的需要，在材料领用和使用环节还要消除失控与浪费现象。为此在材料收发业务中必须按照规定填制材料收发凭证，办理材料入库出库手续，认真做好材料成本核算的基础工作。

（一）材料收入的凭证

企业材料收入来源，有外购、自制、回收废料以及车间余料退回和委托加工材料收入等。材料由外部运输单位或企业运输部门运到企业材料仓库时，仓库应根据发货票所列的品种、规格、数量进行核算、验收。验收以后，应该填制收料单。

为了便于收料单的分类、汇总，一张收料单一般只能填列一种材料。对于同一供应单位、同一品种在同一日内分批到达的材料，可以先分批进行备忘登记，日末汇总填制一张收料单。

当自制完工的材料及收回的车间余料和废料交库时，应该填制材料交库单，并在单中填明"自制完工"或"废料收回"字样。仓库验收材料以后，应在交库单中填写实收数量，并由交料人员在单中签章，以明确责任。

车间或部门余料退回仓库，应该填制退料单，退料单的格式与材料交库单基本相同。对于已领未用，但下月需要继续耗用的材料，为了避免本月末交库、下月初又领用的烦琐手续，可以办理"假退料"手续，既填制本月退料单（或用红字填制领料单）同时填制下月领料单，材料实物并不移动。这种做法不仅简化了领料手续，而且可以保证各月包装材料成本计算的正确性。

（二）材料发出的凭证

为严格材料的领用手续，并为核算包装材料费用提供凭证依据，仓库发出材料时，应由领料单位填制领料凭证，领料凭证一般有下述几种。

1. 领料单

领料单是一次使用有效的凭证，每领一次料填写一份，适用于没有消耗定额或不经常领用的材料，由领料车间根据计划填写。在实际工作中，领料单一般一式四联，一联留领料单位，一联留仓库，两联送交会计部门，作为登记总账和计算成本的依据。领料单的格式见表7-5。

表7-5 领料单

___年___月___日　　　　　　　　　　　　　　　　　编号：

名　称	单　位	数　量	单　价	合 计 金 额

领料人：　　　　　　　仓管：　　　　　　　　　　开票：

2. 领料登记表

领料登记表是一种多次使用的累计领发料凭证，适用于车间、班组需要经常领用、价值较低的消耗性材料。可每月按一单一料开设，一般一式三联，平时存放在仓库。领料时，由领料人在登记表上签收，月终汇总后，一联留存仓库，一联交领料单位，可以有效地减少日常领料凭证的填制手续，而且便于月末材料耗用的汇总工作。

3. 限额领料单

限额领料单是一种对所指定的材料在规定限额内多次使用的领发料凭证，适用于多次领用并有消耗定额的材料。

限额领料单是由生产计划部门或供应部门根据生产计划和材料消耗定额等有关资料核定并编制的。单中事先填明领料单位、材料用途、领料限额等。限额领料单一式两联，一联送交仓库据以发料，一联交领料部门据以领料。其格式见表7-6。

表7-6　限额领料单

202×年5月　　　　　　　　　　　　　　　　　　　　　　　编号：2345

领料单位：第一包装生产车间	材料编号：102045	单价：4.00元
材料用途：B产品	名称规格：B101	消耗定量：0.2kg/件
计划产量：5 000件	计量单位：kg	领用限额：1 000kg

日期	请领		实发				限额结余
	数量	领料单位负责人	数量	累计	发料人	领料人	

采用限额领料单，应严格规定发料，对于不按批准数量超额领料或变更规定材料的领料，仓库有权拒绝发料。如果由于增加产量需要增加限额，必须经过有关部门审核，办理追加手续。如果由于浪费或其他原因需要超过限额领料，应另填领料单，说明理由，经批准后据以领料。实行限额领料制度，可以有效控制材料的消耗，有利于节约材料，降低包装的材料费用，并可简化领料手续，减少领料凭证，便于核算。

总之，企业应根据各种材料收发业务的特点，分别采用不同的材料收发凭证，做到既加强材料收发的管理、控制，又减少凭证数量，简化核算手续。

三、包装标准成本的制定

采用标准成本法对包装成本进行管控既是必要的，也是可行的。包装标准成本的制定合理与否，是标准成本法运用成败的关键。

包装标准成本应按其成本项目分别加以确定，得出各成本项目的标准成本，经汇总后可得出单位包装物或包装单位产品的标准成本。

无论哪一个成本项目标准成本的确定，都应先确定其用量标准和价格标准，两者相乘后得出该项目的标准成本。

（一）包装材料费用的标准成本

包装作业需耗用各种包装材料，出于成本管控需要，对于这些不同耗材应当确定标准用量和标准价格。

1. 标准用量

包装材料的用量标准称为标准用量，是指在现有生产技术条件下，包装单位产品所耗用的材料数量。

包装材料的用量标准包括构成包装物实体的材料、生产中必要的损耗和不可避免的废品损失所耗用的材料。标准用量应以技术分析为基础合理地进行确定。一般来讲，凡是有设计图样和工艺文件的产品，其主要原材料的消耗定额可以用技术分析法计算，同时参照必要的统计资料和经验来制定。

标准用量应具有一定的先进性，同时又留有适当的余地。

2. 标准价格

包装材料的价格标准称为标准价格，是指采购部门按供应单位的价格及相关因素所确定的各种材料的单价。它包括买价和运杂费等。

3. 包装材料费用的标准成本

包装材料费用的标准成本是指包装单位产品所耗用的各种材料的标准用量与其材料标准价格的乘积。

包装材料费用的标准成本计算的表达式为

$$\begin{matrix}\text{包装材料费用}\\ \text{标准成本}\end{matrix} = \sum_{\text{材料种类}} \begin{matrix}\text{生产单位包装物或包装单位}\\ \text{产品耗用某材料的标准用量}\end{matrix} \times \begin{matrix}\text{该材料的}\\ \text{标准价格}\end{matrix}$$

例7-5 某包装车间包装甲产品需耗用A、B两种材料，单件包装耗用材料的标准成本计算见表7-7。

表7-7 甲产品包装耗材标准成本计算表

计算对象	预算项目	计量单位	A 材料	B 材料	合 计
标准用量	基本用量	kg/件	6	4	—
	生产损耗	kg/件	0.5	0.5	—
	标准用量	kg/件	6.5	4.5	—
标准价格	购买单价	元/kg	4	5	—
	采购费用	元/kg	1	1	—
	运输损耗	元/kg	0	0	—
	标准价格	元/kg	5	6	—
甲产品包装材料费用的标准成本/（元/件）		—	32.5	27.0	59.5

（二）包装人工费用的标准成本

包装人工费用的标准成本是指包装单位产品所需的标准工时乘以标准工资率。

1. 标准工时

包装人工费用的用量标准是标准工时。标准工时是指在现有技术条件下，包装单位产品所必须消耗的时间，包括直接生产或直接包装所用工时、必要的间歇和停工时间等，另外还要考虑机器设备的故障及劳动组织工作等因素。

标准工时是劳动定额的一种表现形式。劳动定额的基本表现形式有两种：一是生产单位产品消耗的时间，即时间定额；二是单位时间内应当完成的合格产品的数量，即产量定额，两者互为倒数关系。常用的定额制订方法主要有经验估工法、统计分析法、类推比较法和技术定额法。

2. 标准工资率

包装人工费用的价格标准是标准工资率。标准工资率是指按单位产品或单位标准工时支付的直接人工的工资，一般按现行的工资制度规定的工资水平计算确定。其计算式为

$$\frac{\text{标准工资率}}{（\text{元}/h）} = \frac{\text{直接人工标准工资预算总额（元）}}{\text{人工标准工时预算总量（h）}}$$

式中，人工标准工时预算总量是指企业在现有的生产技术条件下，能够完成的最大生产能力或包装能力，可用直接人工工时数表示。直接人工标准工资总额由企业劳动部门确定。

3. 包装人工费用的标准成本

根据以上两个标准，可以按下式计算包装人工费用的标准成本：

$$\text{包装人工费用的标准成本（元）} = \text{标准工时（h）} \times \text{标准工资率（元/h）}$$

如果采用计件工资制，包装人工标准成本就是包装单位产品应支付的计件工资额。

例7-6 续例7-5，包装甲产品的人工费用标准成本的计算见表7-8。

表7-8 甲产品包装人工费用标准成本计算表

预算项目		单 位	数 量
甲产品标准工资率的计算	包装工人月均人数	人	20
	每人每月标准工时	h	160
	每月标准工时预算总量	h	3 200
	每月包装生产工人工资总额	元	64 000
	标准工资率	元/h	20
甲产品包装标准工时的计算	直接包装工时	h/件	1
	间歇工时	h/件	0.1
	停工工时	h/件	0.1
	标准工时	h/件	1.2
甲产品包装人工费用的标准成本		元/件	24

（三）包装机械费用的标准成本

利用机械设备生产包装物，或对产品进行包装作业，所发生的包装机械费用也需确定用量标准和价格标准。

1. 标准工时

包装机械费用的用量标准是标准工时。由于包装机械是由人来操控和配合的，因此包装机械费用的标准工时可按包装单位产品所需人工标准工时来制定。

2. 机械费用标准分配率

包装机械费用的价格标准是机械费用标准分配率。机械费用标准分配率是根据事先制定的包装机械预算费用和人工工时标准预算总量计算的。其计算式为

$$\text{机械费用标准分配率（元/h）} = \frac{\text{包装机械费用预算额（元）}}{\text{人工工时标准预算总量（h）}}$$

3. 包装机械费用的标准成本

包装机械费用的标准成本是包装单位产品所需的标准工时与机械费用标准分配率的乘积，计算式为

$$\frac{\text{包装机械费用}}{\text{标准成本}} = \frac{\text{生产单位包装物或包装}}{\text{单位产品人工标准工时}} \times \frac{\text{机械费用}}{\text{标准分配率}}$$

例7-7 续例7-6，该包装车间的甲产品包装机械费用标准成本见表7-9。

表7-9 甲产品包装机械费用标准成本计算表

预算项目		单位	数量
机械费用标准分配率的计算	月折旧费	元	2 000
	月维修费	元	560
	小计	元	2 560
	每月标准工时预算总量	h*	3 200
	机械费用标准分配率	元/h	0.80
甲产品包装人工标准工时		h/件*	1.2
甲产品包装机械费用标准成本		元/件	0.96

*见表7-8甲产品包装人工费用标准成本计算表。

（四）包装技术费用的标准成本

包装技术费用可分为变动费用和固定费用两类，其标准成本需分别制定。

1. 包装技术变动费用的标准成本

包装技术变动费用是指包装技术实施费用，包括实施包装技术所需的内包装材料费和一些辅助包装费用。

（1）标准工时。包装技术变动费用的用量标准常采用人工工时标准，它在制定人工成本标准时已经确定。

（2）变动费用标准分配率。包装技术变动费用的价格标准是变动费用标准分配率，根据变动费用预算总额除以人工标准工时预算总量求得。其计算式为

$$\frac{\text{包装技术变动费用}}{\text{标准分配率（元/h）}} = \frac{\text{包装技术变动费用预算总额（元）}}{\text{人工标准工时预算总量（h）}}$$

实际中，在编制预算时，上式中的包装技术变动费用预算总额是根据变动费用标准分配率与人工标准工时预算总量的乘积来计算的，也就是说，变动费用标准分配率确定在先。变动费用标准分配率在预算期内应为一常数，可于编制预算时，凭经验结合现实技术条件来直接确定。

（3）包装技术变动费用的标准成本。确定了用量标准和价格标准后，两者乘积为包装技术变动费用的标准成本。其计算式为

$$\frac{\text{包装技术变动费用}}{\text{标准成本}} = \text{人工标准工时} \times \frac{\text{包装技术变动费用}}{\text{标准分配率}}$$

2. 包装技术固定费用的标准成本

包装技术固定费用是指包装技术设计费用，主要包括设计人员的工资、设计过程中领用的材料或产品以及各种现金支出。

（1）标准工时。包装技术固定费用的用量标准是标准工时，通常采用人工标准工时。

（2）固定费用标准分配率。包装技术固定费用的价格标准是固定费用标准分配率。固定费用标准分配率可根据固定费用预算总额与人工标准工时预算总量求得。其计算式为

$$\frac{\text{包装技术固定费用}}{\text{标准分配率（元/h）}} = \frac{\text{包装技术固定费用预算总额（元）}}{\text{人工标准工时预算总量（h）}}$$

（3）包装技术固定费用的标准成本。确定了固定费用的用量标准和价格标准后，两者乘积为包装技术固定费用的标准成本。其计算式为

$$\frac{\text{包装技术固定费用}}{\text{标准成本}} = \text{人工标准工时} \times \frac{\text{包装技术固定费用}}{\text{标准分配率}}$$

例7-8 续例7-7，该包装车间的甲产品包装技术费用标准成本的计算见表7-10。

表7-10 甲产品包装技术费用标准成本计算表

	月度预算项目	计量单位	数量
甲产品包装技术变动费用成本标准的计算	内包装材料费	元	6 000
	其他费用	元	400
	小计	元	6 400
	标准工时预算总量*	h	3 200
	包装技术变动费用标准分配率	元/h	2
	甲产品包装人工标准工时*	h/件	1.2
	甲产品包装技术变动费用成本标准	元/件	2.4
甲产品包装技术固定费用成本标准的计算	设计人员工资	元	12 000
	设计耗材	元	3 000
	其他设计费用	元	1 000
	小计	元	16 000
	标准工时预算总量*	h	3 200
	包装技术固定费用标准分配率	元/h	5
	甲产品包装人工标准工时*	h/件	1.2
	甲产品包装技术固定费用成本标准	元/件	6
甲产品包装技术费用成本标准（2.4+6）			8.4

*见表7-8甲产品包装人工费用标准成本计算表。

（五）包装标准成本的确定

将上述包装成本的各分项标准成本加以汇总后，即可得出包装标准成本。某产品的包装标准成本计算式为

$$\frac{\text{包装}}{\text{标准成本}} = \frac{\text{包装材料费用}}{\text{标准成本}} + \frac{\text{包装人工费用}}{\text{标准成本}} + \frac{\text{包装机械费用}}{\text{标准成本}} + \frac{\text{包装技术费用}}{\text{标准成本}}$$

例7-9 续例7-8，该包装车间甲产品包装标准成本的汇总见表7-11。

表7-11 甲产品包装标准成本汇总表

成本项目	用量标准			价格标准			标准成本	
	名称	数量	单位	名称	数量	单位	数量	单位
材料费用	—	—	—	—	—	—	59.5	元/件
其中：A材料	标准用量	6.5	kg/件	标准价格	5	元/kg	32.5	元/件
B材料	标准用量	4.5	kg/件	标准价格	6	元/kg	27.0	元/件
人工费用	标准工时	1.2	h/件	标准工资率	20	元/h	24	元/件
机械费用	标准工时	1.2	h/件	标准分配率	0.80	元/h	0.96	元/件
包装技术费用	—	—	—	—	—	—	8.4	元/件
其中：变动费用	标准工时	1.2	h/件	标准分配率	2	元/h	2.4	元/件
固定费用	标准工时	1.2	h/件	标准分配率	5	元/h	6	元/件
甲产品包装标准成本	—	—	—	—	—	—	92.86	元/件

第三节 包装成本分析

在对包装成本差异进行因素分析时，可按构成包装成本的各个项目，即按包装材料费用、包装人工费用、包装机械费用、包装技术费用分别进行分析。

因为每个项目的标准成本都是由用量标准和价格标准决定的，所以每个成本项目的差异，也可以归结为用量脱离标准造成的用量成本差异（简称为量差）和价格脱离标准造成的价格成本差异（简称为价差），可用计算式表示为

$$成本差异 = 实际成本总额 - 标准成本总额$$

$$= 实际用量总数 \times 实际单价 - 标准用量总数 \times 标准单价$$

$$= 量差 + 价差$$

式中，量差和价差的计算式分别为

$$量差 = \frac{标准}{单价} \times \left(\frac{实际用量}{总数} - \frac{标准用量}{总数}\right)$$

$$价差 = \frac{实际用量}{总数} \times \left(\frac{实际}{单价} - \frac{标准}{单价}\right)$$

一、包装材料成本差异的分析

包装材料成本差异是指包装耗用材料成本实际数额与其标准数额之差，计算式为

$$材料成本差异 = 材料实际成本总额 - 材料标准成本总额$$

$$= \frac{实际用量}{总数} \times 实际价格 - \frac{标准用量}{总数} \times 标准价格$$

包装材料成本差异形成的原因有两个：一是用量脱离标准；二是价格脱离标准。前者按标准价格计算，称为材料用量成本差异；后者按实际用量计算，称为材料价格成本差异。

$$\dfrac{材料用量}{成本差异} = \left(\dfrac{实际用量}{总数} - \dfrac{标准用量}{总数}\right) \times 标准价格$$

$$\dfrac{材料价格}{成本差异} = \dfrac{实际用量}{总数} \times \left(实际价格 - 标准价格\right)$$

[例7-10] 本月包装甲产品2 580件，同时耗用A、B两种材料（为简便起见，本例略去B材料的成本差异分析），其中耗用A材料17 028kg，材料实际单价为5.10元/kg；A材料的单位产品用量标准为6.5kg/件，标准价格为5.00元/kg。试对A材料成本差异进行分析。

解：
$$A材料成本差异 = 17\,028 \times 5.10 - 2\,580 \times 6.5 \times 5$$
$$= 2\,992.80（元）$$

其中

$$A材料用量成本差异 = (17\,028 - 2\,580 \times 6.5) \times 5.00 = 1\,290.00（元）$$
$$A材料价格成本差异 = 17\,028 \times (5.10 - 5.00) = 1\,702.80（元）$$

分析结论：由于实际用量超出标准用量，使A材料成本超支1 290元；由于A材料实际价格高于标准价格，使A材料成本超支1 702.80元，两项相加，共超支2 992.80元。

材料用量成本差异是材料在包装物生产过程中或包装作业过程中形成的，一般应由包装部门负责。材料用量成本差异形成的具体原因很多。如果工人操作技术水平高，则节省材料；若操作技术低或操作疏忽，则可能造成废品和废料，从而导致材料的浪费；机器或工具不适用也会造成用料增加。但有时多用材料并非是生产或包装部门的责任，如购入材料质量低劣、规格不符，也会造成使用材料的数量超过标准。因此对材料用量成本差异的原因也应做具体调查研究，以明确各部门应负的责任。

材料价格成本差异一般是在采购过程中形成的，应由采购部门负责。造成材料实际价格游离标准价格的原因有许多，如供应厂家价格变动、未按经济批量进货、未能按时订货而造成紧急订货、采购时舍近求远使运费和途耗增加、不必要的加速运输方式、违反合同被罚等。对材料价格成本差异，有关部门需要进行具体分析和认真调查，以便明确最终原因和责任的归属。

二、包装人工费用成本差异的分析

包装人工费用成本差异是指人工实际成本总额与人工标准成本总额之差，计算式为

$$\dfrac{包装人工费用}{成本差异} = \dfrac{人工实际}{成本总额} - \dfrac{人工标准}{成本总额}$$

$$= \dfrac{实际工时}{总数} \times 实际工资率 - \dfrac{标准工时}{总数} \times 标准工资率$$

包装人工费用成本差异可分为量差和价差两部分。量差是指实际使用工时脱离标准工时而形成的人工费用成本差异,其差额是按标准工资率计算确定,称为人工效率成本差异。价差是指实际工资率脱离标准工资率而形成的人工费用成本差异,其差额按实际工时计算确定,称为工资率成本差异;包装人工费用成本差异的量差与价差计算式分别为

$$\begin{matrix}人工效率\\成本差异\end{matrix} = \left(\begin{matrix}实际工时\\总数\end{matrix} - \begin{matrix}标准工时\\总数\end{matrix}\right) \times \begin{matrix}标准\\工资率\end{matrix}$$

$$\begin{matrix}工资率\\成本差异\end{matrix} = \begin{matrix}实际工时\\总数\end{matrix} \times \left(\begin{matrix}实际\\工资率\end{matrix} - \begin{matrix}标准\\工资率\end{matrix}\right)$$

例7-11 续例7-10,本月包装甲产品2 580件,实际使用工时3 100小时,实际支付工资63 000元;甲产品包装人工费用的标准工资率为20元/h,标准工时为1.2h/件,甲产品包装人工费用的标准成本为24元/件。试对甲产品包装人工费用成本差异进行分析。

解:
$$包装人工费用成本差异 = 63\ 000 - 2\ 580 \times 20 \times 1.2 = 1\ 080(元)$$

其中

$$人工效率成本差异 = (3\ 100 - 2\ 580 \times 1.2) \times 20 = 80(元)$$
$$工资率成本差异 = 63\ 000 - 3\ 100 \times 20 = 1\ 000(元)$$

分析结论:由于实际工时耗费多于标准工时,表明实际人工效率低于预算标准,使包装人工费用超支80元;由于实际工资率超出标准工资率,使实际支付的工资总额比预算数超支1 000元,两项相加,共超支1 080元。

人工效率成本差异主要由包装部门负责,但也可能有一部分应由其他部门负责。例如,因材料质量不好而影响生产效率,从而产生的人工效率成本差异,则应由供应部门负责。

工资率成本差异的原因主要有工资的调整、出勤率的变化、加班和使用临时工等,原因复杂而且难以控制。直接人工效率成本差异的形成原因,包括工作环境不良、工人经验不足、新上岗工人增多、包装设备的完好程度、作业计划安排周密程度、动力供应情况等。

三、包装机械费用成本差异的分析

包装机械费用成本差异,是指包装机械费用实际数与包装机械费用标准数之差。其计算式为

$$\begin{matrix}包装机械费用\\成本差异\end{matrix} = \begin{matrix}包装机械费用\\实际成本总额\end{matrix} - \begin{matrix}包装机械费用\\标准成本总额\end{matrix}$$

$$= \begin{matrix}包装机械费用\\实际成本总额\end{matrix} - \begin{matrix}包装机械费用\\标准分配率\end{matrix} \times \begin{matrix}实际产量计算\\的标准工时数\end{matrix}$$

包装机械费用属于固定性的费用,例如包装机械的折旧方法确定后,一般无特殊原因不再变动,与企业包装作业量多少无直接关系,差异分析时不考虑包装量的变化,但可对包装机械的产能利用的因素影响进行分析。包装机械费用成本差异可分为能量差异和耗费差异。

（1）能量差异属于量差，是指包装机械费用预算总额与包装机械费用标准成本总额之差，它反映未能充分使用现有包装产能而造成的包装机械费用的损失，其计算式为

$$\frac{能量}{差异} = \frac{包装机械费用}{预算总额} - \frac{包装机械费用}{标准成本总额}$$

$$= \frac{包装机械费用}{标准分配率} \times \frac{生产}{能量} - \frac{包装机械费用}{标准分配率} \times \frac{实际产量计算}{的标准工时数}$$

$$= \frac{包装机械费用}{标准分配率} \times \left(\frac{生产}{能量} - \frac{实际产量计算}{的标准工时数}\right)$$

（2）耗费差异属于价差，是指包装机械费用实际成本总额与其预算总额（按产能计算的包装机械费用预算）之间的差异，在计算时不考虑业务量的变动，以原定的预算数作为标准，实际数超过预算数即视为超支，反之则为节支。其计算式为

$$\frac{耗费}{差异} = \frac{包装机械费用}{实际成本总额} - \frac{包装机械费用}{预算总额}$$

$$= \frac{包装机械费用}{实际成本总额} - \frac{包装机械费用}{标准分配率} \times \frac{生产}{能量}$$

例7-12 续例7-11，本月包装甲产品2 580件，发生机械费用2 502.6元，实际工时3 100h；标准工时为1.2h/件，包装机械费用标准分配率为0.80元/h，产品包装机械费用标准成本为0.96元/件；每月标准工时预算总量（即生产能量）为3 200h。试对其进行成本差异因素分析。

解：

$$\frac{包装机械费用}{成本差异} = \frac{包装机械费用}{实际成本总额} - \frac{包装机械费用}{标准成本总额}$$

$$= \frac{包装机械费用}{实际成本总额} - \frac{包装机械费用}{标准分配率} \times \frac{实际产量计算}{的标准工时数}$$

$$= 2\,502.6 - 0.96 \times 2\,580$$

或

$$= 2\,502.6 - 0.80 \times (1.2 \times 2\,580)$$

$$= 25.8（元）$$

其中

$$\frac{能量}{差异} = \frac{包装机械费用}{标准分配率} \times \left(\frac{生产}{能量} - \frac{实际产量计算}{的标准工时数}\right)$$

$$= 0.8 \times (3\,200 - 1.2 \times 2\,580)$$

$$= 83.2（元）$$

$$\frac{耗费}{差异} = \frac{包装机械费用}{实际成本总额} - \frac{包装机械费用}{标准分配率} \times \frac{生产}{能量}$$

$$= 2\,502.6 - 0.8 \times 3\,200$$

$$= -57.4（元）$$

分析结论：由于按实际产量计算的标准工时数小于生产能量（生产能量未能充分利用），使包装机械费用损失83.2元；由于包装机械费用实际成本总额小于其预算总额，使包装机械费用节支57.4元，两项相抵，净损失25.8元。

包装机械费用能量差异，还可进一步分为两部分：一部分是实际工时脱离标准能量而形成闲置能量差异，另一部分是实际工时脱离标准工时而形成的效率差异。

四、包装技术费用成本差异的分析

由于包装技术费用分为变动费用和固定费用两类，其标准成本是分别制定的，所以包装技术费用成本差异的分析应分为变动费用成本差异分析和固定费用成本差异分析。

1. 包装技术变动费用成本差异分析

包装技术变动费用成本差异是指包装技术变动费用成本实际数与其标准数之差，其计算式为

$$\text{包装技术变动费用成本差异} = \text{包装技术变动费用实际成本总额} - \text{包装技术变动费用标准成本总额}$$

$$= \text{包装技术变动费用实际成本总额} - \text{标准工时总数} \times \text{变动成本标准分配率}$$

包装技术变动费用成本差异可分为人工效率成本差异和变动成本分配率成本差异。

（1）人工效率成本差异属于量差，是指实际使用工时脱离标准工时而形成的成本差异，其计算式为

$$\text{人工效率成本差异} = \text{按实际工时计算的变动费用标准成本总额} - \text{包装技术变动费用标准成本总额}$$

$$= \text{实际工时总数} \times \text{变动成本标准分配率} - \text{包装技术变动费用标准成本总额}$$

（2）变动成本分配率成本差异属于价差，是指变动成本实际分配率脱离变动成本标准分配率而形成的成本差异，其计算式为

$$\text{变动成本分配率成本差异} = \text{包装技术变动费用实际成本总额} - \text{按实际工时计算的变动费用标准成本总额}$$

$$= \text{包装技术变动费用实际成本总额} - \text{实际工时总数} \times \text{变动成本标准分配率}$$

【例7-13】 续例7-12，本月包装甲产品2 580件，发生包装技术变动费用5 900元，实际工时3 100h；产品标准工时为1.2h/件，包装技术变动费用标准分配率为2元/h，产品包装技术变动费用标准成本2.4元/件。试对其进行成本差异因素分析。

解：

$$\text{包装技术变动费用成本差异} = \text{包装技术变动费用实际成本总额} - \text{包装技术变动费用标准成本总额}$$

$$= \frac{\text{包装技术变动费用}}{\text{实际成本总额}} - \text{标准工时总数} \times \frac{\text{变动成本}}{\text{标准分配率}}$$

$$= 5\,900 - 2\,580 \times 1.2 \times 2$$

$$= -292 \text{（元）}$$

其中

$$\frac{\text{人工效率}}{\text{成本差异}} = \frac{\text{按实际工时计算的}}{\text{变动费用标准成本总额}} - \frac{\text{包装技术变动费用}}{\text{标准成本总额}}$$

$$= \frac{\text{实际工时}}{\text{总数}} \times \frac{\text{变动成本}}{\text{标准分配率}} - \frac{\text{包装技术变动费用}}{\text{标准成本总额}}$$

$$= 3\,100 \times 2 - (2\,580 \times 1.2) \times 2$$

或

$$= 3\,100 \times 2 - 2\,580 \times 2.4$$

$$= 8 \text{（元）}$$

$$\frac{\text{变动成本分配率}}{\text{成本差异}} = \frac{\text{实际工时}}{\text{总数}} \times \left(\frac{\text{变动成本}}{\text{实际分配率}} - \frac{\text{变动成本}}{\text{标准分配率}} \right)$$

$$= \frac{\text{包装技术变动费用}}{\text{实际成本总额}} - \frac{\text{实际工时}}{\text{总数}} \times \frac{\text{变动成本}}{\text{标准分配率}}$$

$$= 5\,900 - 3\,100 \times 2$$

$$= -300 \text{（元）}$$

分析结论：由于实际工时总数多于标准工时总数，使包装技术变动费用超支8元；由于变动成本实际分配率小于标准分配率，使包装技术变动费用节支300元，两项相抵，净节支292元。

2. 包装技术固定费用成本差异的分析

包装技术固定费用成本差异是指包装技术固定成本实际数与其标准数之差，其计算式为

$$\frac{\text{包装技术固定费用}}{\text{成本差异}} = \frac{\text{包装技术固定费用}}{\text{实际成本总额}} - \frac{\text{包装技术固定费用}}{\text{标准成本总额}}$$

$$= \frac{\text{包装技术固定费用}}{\text{实际成本总额}} - \frac{\text{包装技术固定费用}}{\text{标准分配率}} \times \frac{\text{实际产量计算}}{\text{的标准工时数}}$$

由于包装技术固定费用与包装作业量多少无直接关系，类似于包装机械费用，进行成本差异分析时不考虑包装量的因素，但可对包装产能利用的因素影响进行分析。包装技术固定费用成本差异与包装机械费用成本差异相类似，可分为能量差异和耗费差异。

能量差异是指包装技术固定费用预算总额与包装技术固定费用标准成本总额之差，它反映未能充分使用现有包装产能而造成的包装技术固定费用的损失，其计算式为

$$\frac{\text{能量}}{\text{差异}} = \frac{\text{包装技术固定费用}}{\text{预算总额}} - \frac{\text{包装技术固定费用}}{\text{标准成本总额}}$$

$$= \frac{\text{包装技术固定费用}}{\text{标准分配率}} \times \text{生产能量} - \frac{\text{包装技术固定费用}}{\text{标准分配率}} \times \text{实际产量计算的标准工时数}$$

$$= \frac{\text{包装技术固定费用}}{\text{标准分配率}} \times \left(\text{生产能量} - \text{实际产量计算的标准工时数} \right)$$

耗费差异是指包装技术固定费用实际成本总额与其预算总额（按产能计算的包装技术固定费用预算）之间的差异，其计算式为

$$\text{耗费差异} = \frac{\text{包装技术固定费用}}{\text{实际成本总额}} - \frac{\text{包装技术固定费用}}{\text{预算总额}}$$

$$= \frac{\text{包装技术固定费用}}{\text{实际成本总额}} - \frac{\text{包装技术固定费用}}{\text{标准分配率}} \times \text{生产能量}$$

例7-14 续例7-13，本月包装甲产品2 580件，发生包装技术固定费用18 500元，实际工时3 100h；产品标准工时为1.2h/件，包装技术固定费用标准分配率为5.00元/h，产品包装技术固定费用标准成本为6.00元/件；每月标准工时预算总量（即生产能量）为3 200h。试对包装技术固定费用进行成本差异因素分析。

解：

$$\frac{\text{包装技术固定费用}}{\text{成本差异}} = \frac{\text{包装技术固定费用}}{\text{实际成本总额}} - \frac{\text{包装技术固定费用}}{\text{标准成本总额}}$$

$$= \frac{\text{包装技术固定费用}}{\text{实际成本总额}} - \frac{\text{包装技术固定费用}}{\text{标准分配率}} \times \text{实际产量计算的标准工时数}$$

$$= 18\ 500 - 6 \times 2\ 580$$

$$= 3\ 020 \text{（元）}$$

其中

$$\frac{\text{能量}}{\text{差异}} = \frac{\text{包装技术固定费用}}{\text{预算总额}} - \frac{\text{包装技术固定费用}}{\text{标准成本总额}}$$

$$= \frac{\text{包装技术固定费用}}{\text{标准分配率}} \times \text{生产能量} - \frac{\text{包装技术固定费用}}{\text{标准分配率}} \times \text{实际产量计算的标准工时数}$$

$$= \frac{\text{包装技术固定费用}}{\text{标准分配率}} \times \left(\text{生产能量} - \text{实际产量计算的标准工时数} \right)$$

$$= 5 \times (3\ 200 - 2\ 580 \times 1.2)$$

$$= 520 \text{（元）}$$

$$\frac{\text{耗费}}{\text{差异}} = \frac{\text{包装技术固定费用}}{\text{实际成本总额}} - \frac{\text{包装技术固定费用}}{\text{预算总额}}$$

$$= \frac{\text{包装技术固定费用}}{\text{实际成本总额}} - \frac{\text{包装技术固定费用}}{\text{标准分配率}} \times \text{生产能量}$$

$$= 18\ 500 - 5.00 \times 3\ 200$$

$$= 2\ 500 \text{（元）}$$

分析结论：由于按实际产量计算的标准工时数小于生产能量（生产能量未能充分利用），使包装技术固定费用损失520元；包装技术固定费用成本实际总额超出预算总额，超支额为2 500元，两者相加，包装技术固定费用成本总超支3 020元。

包装技术固定费用能量差异与包装机械费用能量差异相类似，也可进一步分为两部分：一部分是实际工时脱离标准能量而形成闲置能量差异，另一部分是实际工时脱离标准工时而形成的效率差异，详情本书从略。

五、包装成本差异分析汇总

为反映成本差异的全貌及其构成，可对包装成本差异的分项分析结果进行汇总。

例7-15 续例7-14，将甲产品当月包装成本差异分析结果加以汇总，见表7-12。

表7-12 甲产品包装成本差异分析汇总表

成本项目	实际成本总额/元	标准成本总额/元	成本差异/元		
			合计	用量差异	价格差异
材料费用*	17 028×5.10=86 842.8	2 580×6.5×5=83 850.0	2 992.8	1 290.0	1 702.8
人工费用	63 000.0	2 580×20×1.2=61 920.0	1 080.0	80.0	1 000.0
机械费用	2 502.6	0.96×2 580=2 476.8	25.8	83.2	−57.4
技术费用	24 400.0	21 672.0	2 728.0	528.0	2 200.0
其中：变动费用	5 900.0	2 580×1.2×2=6 192.0	−292.0	8.0	−300.0
固定费用	18 500.0	6×2 580=15 480.0	3 020.0	520.0	2 500.0
合计	176 745.4	169 918.8	6 826.6	1 981.2	4 845.4

*为简便起见，本例材料费用中略去B材料的成本差异分析。

第四节　价值工程在包装设计上的应用

一、提高包装价值的途径

在实际的设计工作中，围绕价值=功能/成本的关系式，可以寻求多种提高包装价值的方法。

1. 功能不变，成本降低

（1）科学排料。包装材料占包装的总成本比例较大，例如纸箱的材料费占包装总成本达80%以上，因此，科学合理排料，能显著地降低包装总成本。

（2）材料、工艺替代。每种包装材料都是为实现某种功能而使用的，但是要实现某种功能却并不一定非使用它不可。只要是具有相同量值的材料，就可以作为替代的对象。如纸塑铝箔复合罐就是铁罐很好的代用品，可以广泛应用于食品、饮料、化工、轻工等包装领域。而复合罐的成本比铁罐低15%~20%。同理，生产工艺也可以寻求替代方案。

（3）改变包装形式。包装材料的代用和置换，常可以改变包装的形态（造型、装潢），可以启发包装形式上的创意。

2. 成本不变，功能提高

（1）增大容量，提高包装功能。要使体积一定的包装增大容量，可在商品排列上多做研究。提高容量的方法有交错排列、套装排列等方法。

（2）改进结构，优化包装功能。包装结构是指包装每一部分的位置以及它们之间的联系、结合的统称。包装每一部分位置的改变会促使它与周围的联系发生改变，从而使整个包装的结构发生变化，使包装的形态（造型）及功能产生改变。例如手封底式药盒包装的盒底承重功能差，药瓶易从盒底脱落摔碎。某制药厂把这种手封底式结构改成自封底式结构，提高了保护功能，单这一项每年减少赔退损失达30万元。又如某茶叶进出口公司的茶叶包装，原正方形包装盒结构耗料多，后改成容量相同、省料的长方形结构包装盒，每年节约进口白板纸80吨，降低成本23 600美元。

包装结构改革，还可以通过功能分析，消除多余功能，节约材料。如有些质轻商品用的纸箱，通过力学测试，可把原来五层纸箱改为三层纸箱，或把木浆纸改为草浆纸，以降低用料成本。

3. 功能提高，成本降低

一般情况下，在功能提高的同时，使成本有所下降，是违反效益背反定律的。单一地提高某项功能，并使成本下降，很难做到。但可通过从整体上改变包装材料、形态、结构、加工工艺等条件，使包装的整体功能得到提高的同时，包装总成本有所下降，也就是进行系统性的综合改进。例如，某制药厂对药品的包装成功地运用了综合性改进方法：在结构方面由手封底式纸盒改为自封底式纸盒，提高了保护功能；改革结构后用纸排料利用率明显提高，每个纸盒成本节约30%，同时使运输包装体积减小，每个纸箱成本节约17%，提高工效25%；材料由玻璃卡纸改为白板纸，工艺由卡纸印刷改为白板纸印刷加磨光，质量提高，单位成本节约51%；包装形态采用系列化包装设计，增强了视觉冲击力，树立了企业形象；装潢图案设计由三色改为二色加网化达到三色效果，节约印刷加工费。通过系统全面的价值分析及改进，该制药厂取得显著经济效益。

4. 适量增加成本，大幅提高功能

有些设计方案或加工方法，虽比原来的方案增加了少量成本，但却使包装功能大大提高，增加了销售量，同时还能提高商品的售价，使商品增值。包装设计完全可以将触觉传达作为辅助手段，创造信息传达的新形式。比如在皮件、皮鞋的销售包装设计上，可体现出皮件质感的触觉肌理效果，使客户在包装上接触到与内容相关的质感，增加信息量。提高包装装潢设计水平，在包装形态、美学功能上多花点成本，是增值、促销的有效办法，中高档产品、礼品、出口产品的包装设计尤其如此。

5. 功能略有下降，成本大幅度降低

消费者有不同层次，有时为了照顾要求经济实惠的心理，降低一些次要功能的标准以降低成本，也有利于销售。但降低功能的着眼点绝不能是必要功能，而是辅助功能、次要功能。

有些材料在功能上其实是可用可不用的，用了就使成本猛增，如中档产品包装滥用电化铝烫金、滥用玻璃卡纸印刷等。这些情况，只要稍加变通，成本就能大幅度降低。降低功能的做法一般只用于低档商品包装或适应较低消费层次的商品包装以及消耗品包装。

包装设计是包装生产的第一道工序，以往评价包装偏重于技术性方面，尤其经常为美学艺术形式的视觉效果所左右，缺少技术性与经济性结合方面的分析。评价包装应该综合分析包装的功能、价值及促销的效益等，从包装的成本与功能是否达到最佳匹配，价值和效益是否有所提高等方面做出全面评价，更加科学合理。

二、功能成本分析实例

某出口商品包装纸箱定点生产企业，多年前年产各类瓦楞纸箱500万m^2，产值1 000万元。该企业将价值工程运用到出口商品包装纸箱配料工艺的改革中，取得了较为显著的经济效益。

（一）选择价值工程对象

该企业生产的出口商品包装纸箱所用的主要原辅材料为牛皮箱板纸、高强度瓦楞纸、玉米淀粉、扁丝和油墨等。其中箱板纸和瓦楞纸大多为进口原纸，耗用量最大，价值最高，约占产品总成本的80%以上。按照ABC分析法，箱板纸和瓦楞纸显然属于A类，因此，将其作为价值工程的重点对象。

（二）情报的收集

该企业通过对相关资料的综合分析了解到：长期以来，国内同行业在出口商品包装纸箱的生产中，普遍存在着"宁过勿缺"地大量使用高定量进口原纸的现象（定量，指每平方米纸张的克重，用g/m^2表示）。例如在中、小型单层瓦楞纸箱的生产中，传统的工艺一般都是采用以360g纸作面料、180g纸作瓦楞的最高定量，往往造成包装功能过剩，产品成本增高，甚至出现过度包装。

当时该企业从国外引进某型单面瓦楞纸板机组，根据有关技术资料和实际使用表明，该机组同国产单机相比，具有生产工艺大型化、一页成型、能提高纸板强度等特点。用它生产中、小型纸箱，可以降低用纸克重。从以上信息可以看出：改革出口商品包装纸箱的生产工艺，降低用纸定量，削减过剩功能，不但是可能的，而且是可行的。

（三）功能分析

在瓦楞纸板包装箱中，瓦楞纸轧成瓦楞后与箱板纸黏结，起支撑和拓宽作用；箱板纸是配方中的基料，起承压和封闭作用。二者结合，加工成瓦楞纸板包装箱，使商品在仓储、运输等过程中，能得到有效的保护。通过分类和整理，得出瓦楞纸和箱板纸的功能指标主要有6项，即环压强度、耐破度、耐折度、紧度、撕裂度和挺度，其功能系统图如图7-2所示。

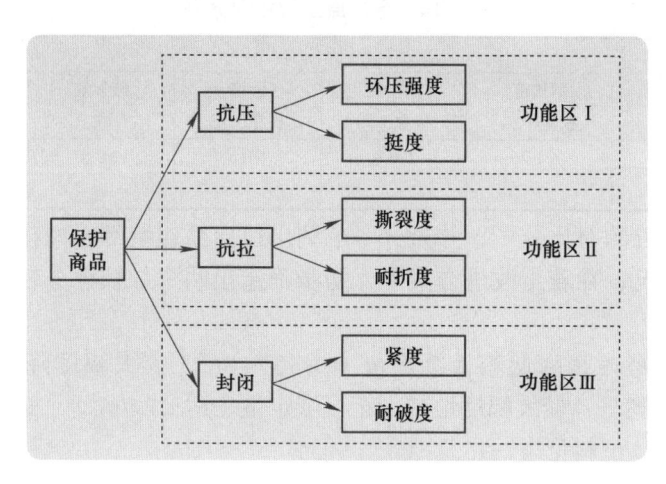

图7-2 功能系统图

按照产品的技术要求,视各种原纸物理性能对纸张功能影响程度的大小,运用环比评分法,求得其功能评价的重要性系数,具体见表7-13。

表7-13 功能评价重要性系数表

评价方法	功　　能						合　计
	环压强度	耐破度	耐折度	紧度	撕裂度	挺度	
相互比值	1.20	1.25	1.00	1.34	1.00	—	
修正后比值	2.01	1.68	1.34	1.34	1.00	1.00	8.37
重要性系数	0.24	0.20	0.16	0.16	0.12	0.12	1.00

注:环比评分法又称DARE法。这种方法是先从上至下依次比较相邻两个功能的重要程度,给出功能重要度比值,然后令最后一个被比较的功能的重要度值为1(作为基数),依次修正重要度比值。求出所有功能的修正重要度比值后,用其去除以总和数,得出各个功能的功能系数。

（四）提出改进方案

箱板纸和瓦楞纸都是以卷筒原纸重量来计价的。在品种上瓦楞纸比箱板纸便宜,对同一品种的纸,一般来说,其定量与价格成正比,即定量较高的价格相对较高,定量较低的价格则相对便宜。但是,定量不同的原纸,其物理性能也有差异。$360g/m^2$的牛皮箱板纸,定量较高,综合功能较强,但成本较高,不宜选用；$250g/m^2$的箱板纸,定量较低,价格较低,但综合功能比较差,不能普遍代用。

因此,改进用料只能在$280\sim337g/m^2$的箱板纸之间选择,同时以相当克重的瓦楞纸进行搭配。为了保障产品质量,使降低用纸定量的效果更好,决定发挥引进设备的工艺优势,采用一页成型工艺生产(传统工艺是两片纸板钉成一只箱,抗压力较小)。

在确定了改进用料范围的基础上,对各种备选原纸的功能按其程度大小,用直接评分法予以衡量,打出各自的得分。再将各自的得分分别乘以相应的重要性系数,则得出各种定量原纸功能的加权评分,见表7-14。

表7-14 备选原纸加权评分表

备选原纸	功能评分（评分/加权评分）						合　计
	环压强度（权重0.24）	耐破度（权重0.20）	耐折度（权重0.16）	紧度（权重0.16）	撕裂度（权重0.12）	挺度（权重0.12）	
××g/m²	5/1.2	6/1.2	5/0.8	5/0.8	5/0.6	6/0.72	32/5.32
…	…	…	…	…	…	…	…

通过对加权评分的对比分析，并充分考虑到出口商品包装纸箱的技术要求以及本厂原纸的品种和供应情况，在若干改进方案中，初步筛选出两个加权评分较高的方案，与原工艺方案相比较。

改进方案一：考虑稍降低箱板纸定量（用337g/m²），大幅度降低瓦楞纸定量（用127g/m²）。改进方案二：较大幅度地减少箱板纸定量（用312g/m²），适当降低瓦楞纸定量（用161g/m²）。具体配料见表7-15。

表7-15 配料表

方　案	用量定量/（g/m²）			工　艺
	面　料	瓦楞纸	里　料	
原工艺方案	360	180	350	单机生产，二页成型
改进方案一	337	127	337	流水线生产，一页成型
改进方案二	312	161	312	流水线生产，一页成型

（五）方案评价与选择

1. 方案评价

运用加法评分法，即先提出5个评分项目，然后将项目按实现程度，分为若干等级，并确定各等级的评分标准，按标准逐一对各方面的项目打分，最后计算出各方案的得分总和。综合评价见表7-16。

表7-16 综合评价表

评价项目	评分等级	评分标准	方　案		
			原方案	改进方案一	改进方案二
产品功能	（1）能圆满实现用户所需的必要功能	30	—	—	30
	（2）能圆满实现，但功能过剩	25	25	—	—
	（3）实现所需功能有缺陷，但尚能适应基本要求	18	—	18	—
产品销路	（1）销路大	28	28	—	—
	（2）销路中等	22	—	—	22
	（3）销路小	18	—	18	—
原纸耗用量	（1）785kg/km²单瓦纸板	15	—	—	15
	（2）801kg/km²单瓦纸板	13	—	13	—
	（3）900kg/km²单瓦纸板	9	9	—	—
预计盈利率	（1）10%以上	15	—	15	—
	（2）8%以上	14	—	—	14
	（3）5%以上	8	8	—	—
生产适应性	（1）现有设备和流水线均可生产	12	12	—	—
	（2）只能在流水线上批量生产	10	—	10	10
总　评	—	63~100	82	74	91

2. 方案选择

从表7-16对三个方案的综合评价中不难看出，改进方案二总评得分91分，比改进方案一高出17分，比原工艺方案高出9分。该方案能够较多地降低箱板纸定量，适当减少瓦楞纸定量，将原纸的物理性能控制在必要的范围内，并通过新工艺保障必需的功能，其每平方米的纸板用料，只有原工艺方案的87.2%。根据加法评分法中"总分最高者则为最优方案"的原则，方案二显然是最优方案。因此，最终选定改进方案二为试验方案。

（六）试验并提交实施

为了确保新方案的质量并为审批提供科学的决策依据，按照国标的要求，对新老两个方案的产品进行了对比试验。方法是按各项测试指标对产品功能的影响程度评分，6项指标的标准值总分为100分，对新老两种方案产品的测试结果，也相应打分进行比较，结果见表7-17。

表7-17 评分表

方案比较		纸板厚度/mm	纸板楞数/（个/300mm）	耐破强度/kPa	边压强度/（kg/cm）	戳穿强度/（kg/cm）	抗压强度/（kgf/cm^2）	综合功能总分
国标	标准值	≥3.5	38±2	784	5 880	50	3	100
	评分	13	13	16	20	18	20	
原方案	实测值	4.3	40	840	6 010	56	3.2	107.9
	评分	16	13	17	20.4	20.2	21.3	
改进方案二	实测值	4	40	800	6 070	52	3.3	105.6
	评分	15	13	16.3	20.6	18.7	22	

注：1kgf/cm^2=0.098 066 5MPa。

试验结果表明：新方案产品的6项指标实测值均达到国家标准，其中纸板厚度、耐破强度和戳穿强度比原方案功能有所降低，但仍高于国标值。这正说明降低的这三项功能恰恰是原方案的过剩功能，应予舍去；而另两项重要功能边压强度和抗压强度的实测值，不但达到标准值，甚至比原方案还有所加强。新方案的综合功能总分虽然比原方案减少2.3分，但仍比标准值的总分高5.6分。所以，新方案完全可以满足产品的必要功能。根据试验结果，正式提出新方案为实施方案，经厂主管领导审批后，正式交生产科和一车间组织实施。

（七）成果评价

通过对新方案的连续实施，取得了较为显著的经济效益和社会效益。

1. 经济效益

（1）扣掉价值工程活动费用后的净节支额为367 730元。

（2）成本降低率为5.14%。

2. 社会效益

（1）大大降低了进口原纸的耗用量，净节约进口原纸171t（367 730元÷2 150元/t）。

（2）提高了原纸的利用率，纸张利用率由原来的84.2%提高到89.8%。

（3）提高了产品质量，改善了出口商品包装纸箱的使用性能，当年在同行业评比中获全省第三名，国内外用户反映普遍良好。实践证明，价值工程是改革包装纸箱配料工艺、降低原纸消耗、提高产品质量的有效途径。

复习思考题

1. 包装成本主要包括哪些费用？
2. 发出材料成本的计价有哪几种方法？
3. 降低包装成本有哪些途径？
4. 限额领料单的特点是什么？

练习题

【练习7-1】材料收发存成本的计算。

某企业存货中的A包装材料收入与发出资料如下：

（1）1月份期初结存数量500件，单价10元/件。
（2）1月5日，发出存货400件。
（3）1月9日，购进存货200件，单价11元/件。
（4）1月13日，发出存货200件。
（5）1月20日，购进存货500件，单价12元/件。
（6）1月28日，发出存货400件。

要求：根据上述资料，分别用"先进先出法""全月一次加权平均法"计算发出存货和月末结存存货的成本，计算过程及结果可分别列示于表7-18和表7-19。

表7-18　A材料明细账（先进先出法）

202×年		凭证编号	摘要	收入			发出			结存		
月	日			数量/件	单价/(元/件)	金额/元	数量/件	单价/(元/件)	金额/元	数量/件	单价/(元/件)	金额/元
1		略	期初余额	—	—	—	—	—	—	500	10	5 000
	31		本月合计									

表7-19　A材料明细账（全月一次加权平均法）

202×年		凭证编号	摘要	收入			发出			结存		
月	日			数量/件	单价/(元/件)	金额/元	数量/件	单价/(元/件)	金额/元	数量/件	单价/(元/件)	金额/元
1		略	期初余额							500	10	5 000
	31		本月合计									

【练习7-2】产品包装成本差异分析。

某包装车间某月乙产品包装作业的相关资料见表7-20。

试对乙产品包装成本差异按其成本项目做出分析，并将成本差异分析结果编制汇总表，见表7-21。

表7-20　乙产品包装成本资料

成本项目	用量			价格			标准成本/(元/件)	全部产品实际成本/元
	名称	单位	数量	名称	单位	数量		
材料费用	标准用量	kg/件	4.5	标准价格	元/kg	6		85 888
人工费用	标准工时	h/件	1.0	标准工资率	元/h	21		52 000
机械费用	标准工时	h/件	1.0	标准分配率	元/h	0.90		2 280
包装技术费用	—	—	—	—	—	—	—	
其中：变动费用	标准工时	h/件	1.0	标准分配率	元/h	3		7 520
固定费用	标准工时	h/件	1.0	标准分配率	元/h	5.5		13 700
包装成本								

注：本月完成乙产品包装量3 210件，实际用工3 200h，产能3 300h；单位产品材料实际用量4.4kg/件。

表7-21　产品包装成本差异分析汇总表　　　　　　　　　（单位：元）

成本项目	实际成本总额	标准成本总额	成本差异		
			合计	用量（或能量）差异	价格差异
材料费用					
人工费用					
机械费用					
技术费用	—	—	—	—	—
变动费用					
固定费用					
合　　计					

拓展阅读

包装成本管理如何体现绿色物流的理念

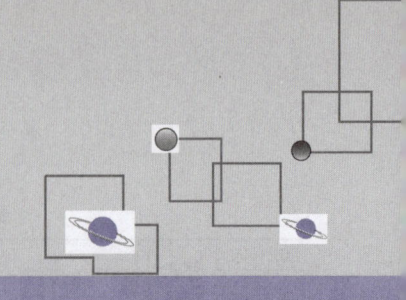

第八章

海洋货运成本管理

第八章的学习内容、学习目的与学习要求

第八章的学习要点

学习目的

通过本章的学习，了解海洋货运成本的概念与分类，了解海洋货运成本计算对象、海洋货运成本计算单位，初步掌握海洋货运成本的计算与分析方法等，拓展对新领域知识的认知，为深入理解和运用海洋货运成本相关知识奠定坚实基础。

第一节 海洋货运成本概述

一、沿海货运业务及其成本

沿海货运业务是海运企业营运船舶在近海航线上的运输业务。沿海货运船舶往来于国内沿海港口之间，在通常情况下运输距离、航次时间较短，数日内即可往返一次。船舶进出港口，由港口单位提供码头设备和各种服务，航运单位按规定向港口单位交付各种港口使用费用。海运企业的沿海货运业务，由港口单位代理，海运企业付给代理费用。

海运企业船舶吨位较大，费用较多，所以应按单船归集船舶营运费用，计算货运成本。

二、远洋货运业务及其成本

远洋货运业务通常指国际航线运输业务。远洋货运船舶来往于国内外港口之间，运输距离较长，每次航行时间常在一个月以上，甚至长达数月之久。远洋货运业务具有船舶吨位大、航次时间长的特点。

远洋货运船舶进出国内港口，使用的码头设备与沿海船舶相同，需按规定向港口单位支付各种港口使用费；货运业务由港口代理，需支付代理费用。远洋船舶进出国外港口，需按各港口规定支付各种港口使用费;在国外港口,海洋货运业务由代理行代理,并向其支付代理费用。按照国际运输规定,船方往往根据运输条款支付某些运输业务费用,如垫舱费用、装卸费用、揽货佣金、理货费用等。

远洋货运业务的成本构成与沿海货运有着明显的不同。

出于管理上的需要,远洋货运量需按船舶航次统计,运输收入需按船舶已完航次计算。因此,船舶营运成本不仅要按单船,同时还要按不同航次计算,以便正确划分与计算各航次的运输效益。

第二节 海运成本计算对象与计算期

一、成本计算对象

从总体上来说,海运企业的产品是海上运输劳务,所以海运成本计算对象的总体应是企业运输船舶的运输业务。在实际中,海运企业可设置较为明细和具体的成本计算对象,计算各成本计算对象的总成本和单位成本,以满足成本分析与精细化控制的需要。

1. 成本计算对象设置原则

(1)海运成本虽以海运业务为成本计算对象,但由于运输成本主要是船舶设备的使用成本,因此发生的各种费用仍以运输船舶为对象,通过计算船舶费用,间接计算货运成本。

(2)远洋货运船舶都是按单船归集和分配船舶费用,即使是计算船型成本,也是先按单船归集船舶费用,然后再按相同船型汇总。

(3)对于船舶吨位较小的沿海货运船舶,一般可按船型归集船舶费用,但对吨位较大的船舶仍应按单船归集船舶费用。

(4)散装油运输业务比重较大的海运企业,因其货种与船型的特殊性,应单独计算油运成本。

2. 成本计算对象与成本计算单位

(1)单船。以单船的海洋货运业务为成本计算对象,计算单船的海洋货运成本,简称为单船成本。海运成本计算单位,是以船舶运输工作量的计量单位为依据的。货物运输工作量,通常称为货物周转量,其计量单位为"吨海里"[海运货物的运输量计算单位,1t货物运输1n mile(海里)为1t·n mile(吨海里)。1n mile=1.852km],即实际运送的货物吨数与运距的乘积。为计量方便起见,通常以"千吨海里"作为成本计算单位,符号为10^3t·n mile。

海运企业,不论沿海货运或远洋货运,船舶完成运输周转量都是按当月(季、年)已完航次统计的到达量计算。因此,计算单位成本时所用的周转量,都是月(季、年)已完航次的周转量,而不是以月(季、年)末最后一天为截止时期的周转量。

(2)船型。以不同类型船的海洋货运业务为成本计算对象,计算各类型船舶的运输成本,简称船型成本,成本计算单位为10^3t·n mile。

（3）航线。以各航线的海洋货运业务为成本计算对象，计算各航线运输成本，简称航线成本，成本计算单位为10^3t。

由于同航线距离固定，同航线的货物周转量中可去除运距因素，所以只需计算运输量千吨的单位成本即可；此外，采用"千吨"为单位也与各运价方案有关，因为远洋运价方案不同于沿海运价，沿海运价的基价为每吨公里运费率，而远洋运价基价是航线每吨运费率。计算航线每千吨单位运输成本，可以简化成本分析，为航运业务决策提供有用的资料。

（4）航次。以各航次的海洋货运业务为成本计算对象，计算各航次的运输成本，简称航次成本。成本计算单位为10^3t·n mile。

（5）作业环节。以海洋货运不同作业环节为成本计算对象，计算各作业的运输成本，简称作业成本。成本计算单位因作业不同而不一。

表8-1为海运成本计算对象、成本简称、计算单位与单位成本一览表。

表8-1 海运成本计算对象、成本简称、计算单位与单位成本一览表

成本计算对象	成本简称	成本计算单位		单位成本
		名称	符号	
船型	船型成本	千吨海里	10^3t·n mile	元/10^3t·n mile
单船	单船成本	千吨海里	10^3t·n mile	元/10^3t·n mile
航线	航线成本	千吨	10^3t	元/10^3t
航次	航次成本	千吨海里	10^3t·n mile	元/10^3t·n mile
作业环节	作业成本	—	—	—
——航行作业	航行作业成本	千营运吨天	10^3t·d	元/10^3t·d
——装卸作业	装卸作业成本	千吨	10^3t	元/10^3t
——停泊作业	停泊作业成本	千吨	10^3t	元/10^3t

二、成本计算期

1. 沿海货运按月计算成本

沿海货运航线较短，航次时间较短，航次频繁，而且沿海船舶较远洋船舶的吨位小，船舶费用较低，沿海货运虽按航次组织，但各月末未完航次成本数额较为均衡。因此，为了简化成本计算，通常以月为成本计算期，按日历的月、季、年计算成本。单船以月末的最后一天为成本计算截止时间。

沿海货运按月计算成本时，当月费用发生额全数列入当月已完航次成本，对于当月未完航次的燃料费用不列入当月发生额。沿海货运按月计算成本示意图如图8-1所示。

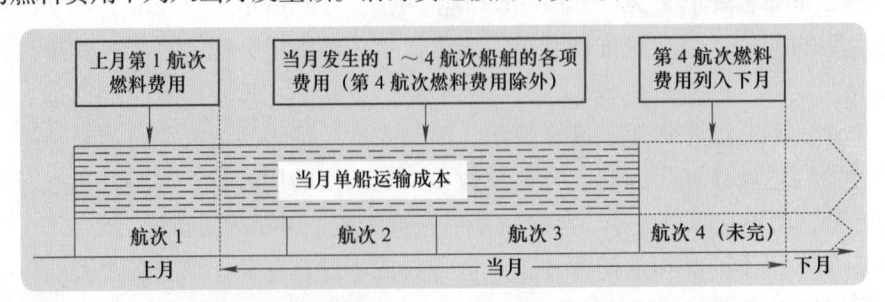

图8-1 沿海货运按月计算成本示意图

2. 远洋货运按航次计算成本

远洋货运由于航次时间较长，船舶吨位较大，船舶费用较多，而且各个期初期末未完航次数不均衡，相应的未完航次成本相差较大。因此，为了正确计算成本，远洋货运通常分船按航次计算成本，计算报告期已完航次的成本，将期末未完航次的费用转入下期。

船舶的航次运输成本，是以航次起讫日期为成本计算期的已完航次运输成本。

所谓航次是船舶按照航次命令运载货物完成一个完整的运输生产过程。船舶的航次时间，应从上一航次最终港卸空所载货物时起，到本航次最终卸空所载货物时为止，航次开始与结束的时间在计算上是非常准确的。不管中途停靠多少个港口，不管补给所占用的时间长短，也不管已卸了多少货物，只要没有全部卸完，都属同一个航次。

在会计结算期，当期已完航次成本的计算公式为

$$\text{本期已完航次运输成本} = \sum_{(\text{航次})} \text{期初未完各航次成本} + \text{本期发生的各航次运输支出} - \text{期末未完各航次成本}$$

远洋货运按航次计算运输成本示意图如图8-2所示。

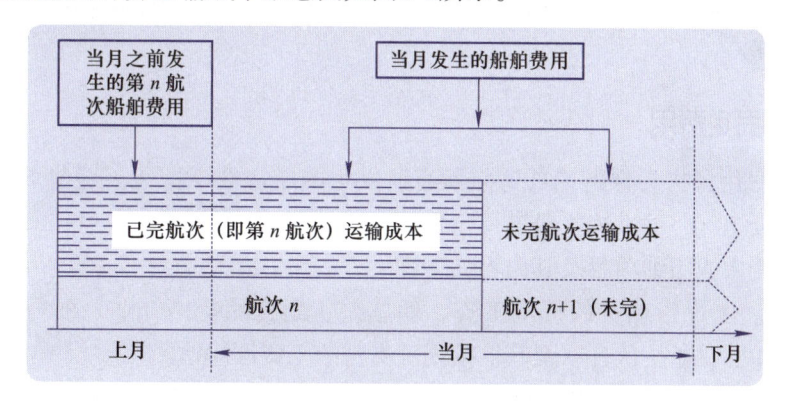

图8-2 远洋货运按航次计算运输成本示意图

第三节 海运成本项目

海运成本计算科目，可分为航次运行费用、船舶固定费用、船舶租费、集装箱固定费用和营运间接费用等。在各成本计算科目下设有明细项目。

一、航次运行费用

航次运行费用，指船舶在运行过程中可以直接归属于某个航次负担的费用。航次运行费用通常与货种、运量、运距、航次时间、靠港次数、运费等因素有关。

航次运行费用的明细项目及其内容如下：

（1）燃料费。燃料费指船舶在航行、装卸、停泊等时间内耗用的全部燃料费用。

（2）港口费。港口费指船舶进出港口、停泊、过境等应付的港口费用，包括船舶吨税、灯塔费、引水费、拖轮费、码头费、浮筒费、系解缆费、海关检验费、运河及海峡通过费等。

（3）货物费。货物费指运输船舶载运货物所发生的应由船方负担的业务费用，如装卸工工资、加班费、装卸工具费、下货费、翻仓费、货物代理费等。

（4）中转费。中转费指船舶载运的货物到达中途港口换装其他运输工具运往目的地、在港口中转时发生的应由船方负担的各种费用，如汽车接运费、铁路接运费、水运接运费、改港费等。

（5）垫隔材料。垫隔材料指船舶在同一货仓内装运不同类别的货物需要分隔、垫隔，或虽在同一货仓内装同类货物需要防止摇动、移位，以及货物通风需要等耗用的材料、隔货网、防摇装置、通风筒等材料费用。退回可以再利用的材料，应作价冲回项目。

（6）速遣费。速遣费指有装卸协议的营运船舶，提前完成装卸作业，按照协议付给港口单位的速遣费用。如发生延期，收回的延期费冲减本项目。

（7）事故损失。事故损失指船舶在营运生产过程中发生海损、机损、货损、货差、污染、人身伤亡等事故的费用，包括施救、赔偿、修理、诉讼、善后等直接损失。

（8）航次其他费用。航次其他费用指不属于以上各项而仍由航次负担的其他费用，如淡水费、交通车船费、邮电费、清洁费、国外港口接待费、航次保险、代理行费、冰区航行破冰费等。

二、船舶固定费用

船舶固定费用，指为保持船舶适航状态所发生的经常性维持费。这些费用不能直接归属于某一航次负担，但可以按单船进行归集。

船舶固定费用的明细项目及其内容如下：

（1）工资。工资指船员的标准工资、船岸差、副食品价格补贴、航行津贴、油轮津贴、运危险品津贴、船员伙食以及其他按规定支付的工资性津贴。

（2）职工福利费。职工福利费根据规定比例、提存范围，按实际发放船员工资总额计算提取。

（3）润料。润料指船舶耗用的润滑油脂。

（4）船舶材料。船舶材料指船舶在运输生产和日常维护保养中耗用以及劳动保护用、事务耗用的各种材料、低值易耗品等。

（5）船舶折旧费。船舶折旧费指企业按确定折旧方法按月计提的折旧费。

（6）船舶修理费。船舶修理费指已完工的船舶实际修理费支出、日常维护保养耗用的修理用料、备品配件等，以及船舶技术改造大修理费用摊销的支出。

（7）船舶保险费。船舶保险费指企业向保险公司投保各种船舶保险所支付的保险费用。保险公司退回的保险费应予以冲减。

（8）车船税。车船税指按规定缴纳的车船税。

（9）船舶非营运期费用。船舶非营运期费用指船舶在厂修、停船自修、事故停航、定期熏仓等非营运期内所发生的费用，包括为修理目的空驶至船厂期间内发生的费用。为了反映年度内船舶非营运期的费用总额及其组成的内容，也可在船舶固定费用以外，设置"非营运期费用"的成本项目，归集非营运期费用。

（10）船舶共同费用。船舶共同费用指船舶共同受益，但不能或不便直接按单船归集的船舶费用。船舶共同费用可通过合理的分摊方式计入单船成本。

三、船舶租费

船舶的租费，指企业租入运输船舶参加营运，按规定应列入成本的期租费或程租费（期租费是指按租赁时期计算的船租费用，程租费是指按船舶航次计租的租费）。

四、集装箱固定费用

集装箱固定费用是保持集装箱良好使用状态所发生的经常性维持费用，如集装箱的港口堆存费、集装箱折旧费、修理费、保险费、租费等。集装箱固定费用需单独归集，按照集装箱船装用集装箱的箱天数，或标准箱天数比例分摊负担。

集装箱海运成本的计算，除增设"集装箱固定费用"项目外，还要在"航次运行费用"内增设"集装箱货物费"项目，计算集装箱船舶在航次运行过程中发生的有关集装箱运输的业务费用，如集装箱的绑扎费、拆绑费、封箱费、并箱费、运费、码头费等，按发生的航次归集，直接计入船舶航次运输成本。

五、营运间接费用

营运间接费用，指企业在营运过程中所发生的不能直接计入运输成本核算对象的各种间接费用。包括企业各个生产单位（分公司、船队）为组织和管理运输生产所发生的运输生产管理人员工资、职工福利费、燃料费、材料费、低值易耗品、折旧费、修理费、办公费、水电费、租赁费、差旅费、设计制图费、业务票据费、燃材料盘亏和毁损（减盘盈）、取暖费、会议费、出国人员经费、保险费、交通费、运输费、仓库经费、警卫消防费、劳动保护费、排污费等。

第四节　船舶费用的归集与分配

远洋货运企业由于单船的吨位较大，船舶费用较多，可按单船归集其所发生的船舶费用；而沿海货运企业的单船吨位较小，船舶的种类与数量较多，为简便起见，通常按船舶种类设置明细账归集和计算船舶费用。当然，根据实际需要和精细管理的要求，也可以按单船设立船舶费用明细账，归集各自发生的船舶费用。

按单船设立船舶费用明细账，归集和登记船舶费用，并按单船统计各船完成的运输周转量，其目的是为计算单船运输成本、类型船运输成本、航线运输成本以及运输种类成本提供所需的数据资料。

一、航次运行费用的归集

航次运行费用应根据原始凭证或费用计算表编制记账凭证，分别按不同的成本计算对象，直接计入"运输支出"科目的明细分类账有关项目。按单船核算成本的企业，直接列入各船月度成本；按航次核算成本的企业，直接列入各船的航次成本。

远洋货运企业可按船舶航次设立"船舶航次费用明细账"或"航次成本计算单"，归

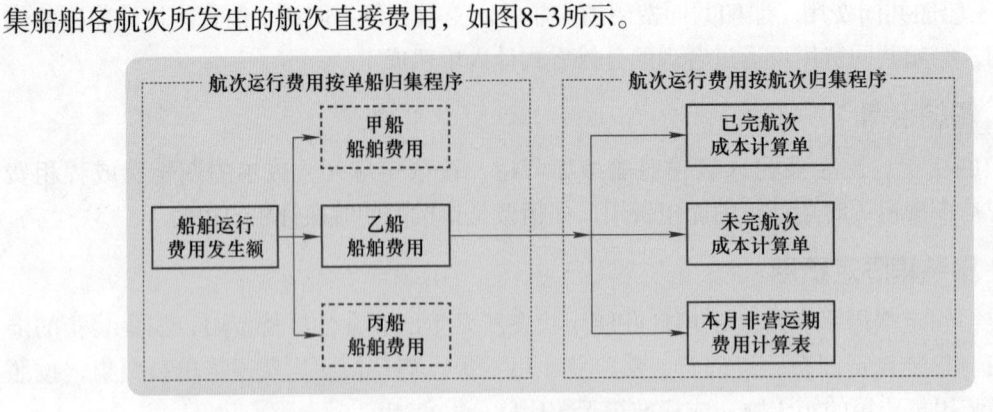

集船舶各航次所发生的航次直接费用，如图8-3所示。

图8-3 航次运行费用归集图示

二、船舶固定费用的归集

1. 船舶固定费用按单船的归集

船舶固定费用中可直接按单船归集的费用，应直接归集到单船成本中。

船舶固定费用中不能直接按单船归集的费用，比如应由企业所有船舶共同负担的船舶共同费用，其发生时不能直接按船别计入单船的船舶费用，必须经过归集和分配的方式，计入单船的船舶费用。船舶共同费用发生时，计入"船舶固定费用——船舶共同费用"二级明细科目，并按规定费用项目设立费用明细账进行归集登记。船舶共同费用在月度终了，通常按各船的艘天、吨天或其他比例分摊，并编制"船舶共同费用分配表"，分别计入各船的"船舶固定费用明细账"。

2. 船舶固定费用在单船当月各航次及其非营运期之间的分配

远洋货运企业于各月末，将按单船所归集的船舶固定费用按该船营运天数分配计入该船本月内各航次成本以及非营运期费用总额。

船舶非营运期，是指船舶由于技术状况不良，不能从事运输生产工作的时间。船舶非营运时间包括船舶修理时间、等待修理时间、等待报废时间、航次以外进行检修洗刷锅炉，以及专为修理前往船厂和离开船厂的航行时间。船舶在非营运期间所发生的费用就是船舶非营运期费用。为了反映船舶非营运期费用在运输成本中的比重，分析和考核非运输期的费用支出，需要计算船舶非营运期全部费用时，可将按单船归集的船舶固定费用按该船的非营运天数的比例分摊计算。

船舶固定费用分摊额计算公式为

$$\text{固定费用分摊额（元/d）} = \frac{\text{该船该月的船舶固定费用（元）}}{\text{该船该月营运天数（d）}}$$

$$\text{某航次分摊的船舶固定费用（元）} = \text{固定费用分摊额（元/d）} \times \text{该航次当月营运天数（d）}$$

$$\text{某船当月非营运期应分摊的船舶固定费用（元）} = \text{固定费用分摊额（元/d）} \times \text{该船当月非营运天数（d）}$$

例8-1 裕华船公司A船某月份的船舶固定费用归集数为732 000元，该月份日历日数30天，其中20天为第2航次，8天为第3航次（航次尚未完毕），另有2天进行船舶维修作业。将该船该月份船舶固定费用按航次与维修作业（即非营运期）进行分配。

解：分配过程与结果见表8-2。

表8-2 裕华船公司A船船舶固定费用按航次分配计算表

202×年6月

	本期发生额/元	分配率/（元/天）	分配对象及数额/元		
			本期已完航次	非营运期费用	本期未完航次
	①	②=①/30	③=②×20	④=②×2	⑤=①-③-④
船舶固定费用	732 000	24 400.00	488 000	48 800	195 200
（1）工资	352 000	11 733.33	234 667	23 467	93 866
（2）职工福利费	48 000	1 600.00	32 000	3 200	12 800
（3）润料	3 200	106.67	2 133	213	854
（4）船舶材料	16 000	533.33	10 667	1 067	4 266
（5）船舶折旧费	106 400	3 546.67	70 933	7 093	28 374
（6）船舶修理费	176 000	5 866.67	117 333	11 733	46 934
…	…	…	…	…	…
（10）船舶共同费用	24 000	800.00	16 000	1 600	6 400
营运/非营运天数/天	30	—	—	—	—

注：本表分配计算中产生的误差均由本期未完航次负担。

船舶固定费用的归集与分配过程如图8-4所示。

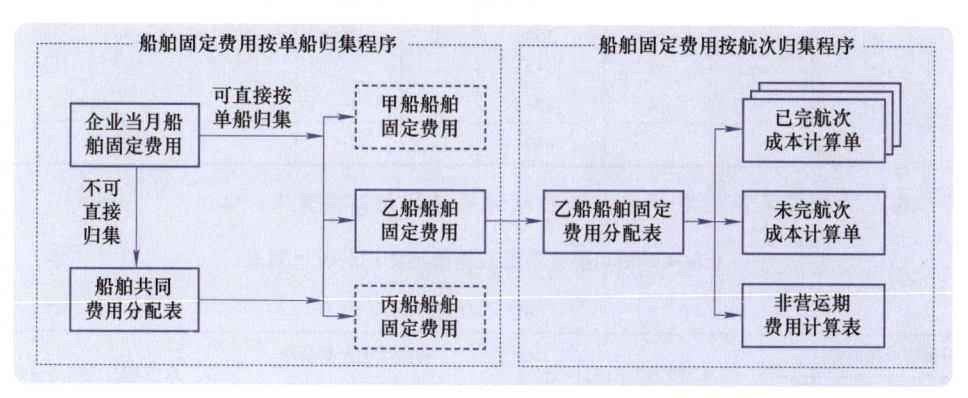

图8-4 船舶固定费用的归集与分配过程

3. 船舶租费的计算

船舶租费是企业租入运输船舶，按租赁合约支付船舶期租费用或程租（航次）费用。程租费按航次计入该航次成本。期租费按航次日历天数分摊计入有关航次成本。

三、集装箱固定费用的归集与分配

集装箱固定费用按集装箱类型设置费用明细账，按规定项目进行归集，于月末时，按每标准箱的箱天费用和使用天数计算分配给集装箱运输船舶成本。

为了便于计算集装箱数量，以20ft（1ft=0.304 8m）长的集装箱为标准箱，也称国际标准箱单位，符号为TEU，通常用来表示船舶装载集装箱的能力，其余规格的集装箱可折算为标准箱。如40ft长的集装箱折算为两个标准箱。

集装箱固定费用分配的计算公式为

$$\frac{每标准箱天集装箱}{固定费用（元/TEU \cdot d）} = \frac{集装箱固定费用（元）}{集装箱标准箱天数（TEU \cdot d）}$$

$$\frac{船舶海运成本应分摊}{集装箱固定费用（元）} = \frac{装用集装箱标准}{箱天数（TEU \cdot d）} \times \frac{每标准箱天集装箱}{固定费用（元/TEU \cdot d）}$$

集装箱固定费用月终编制"集装箱固定费用分配明细表"，计入各航次运输成本。

例8-2 裕华船公司租用20ft集装箱100只，40ft集装箱50只，202×年6月份（日历日数为30天）共支付集装箱固定费用276 000元。公司所属各货轮装载集装箱型号及数量见表8-3，要求计算各航次的集装箱固定费用分摊数额。

表8-3 裕华船公司202×年6月各货轮及航次装载集装箱情况统计表

船 别	航次编号	20ft集装箱共100只			40ft集装箱共50只				折算/(TEU·d)
		装载数量/只	装载天数/d	箱天数/(TEU·d)	数量/只	折算	装载天数/d	箱天数/(TEU·d)	
—	—	①	②	③=①×②	④	⑤=④×2	⑥	⑦=⑤×⑥	⑧=③+⑦
A船	A1	10	10	100	20	40	10	400	500
B船	B1	20	8	160	10	20	8	160	320
B船	B2	20	8	160	10	20	8	160	320
C船	C1	30	4	120	—	—	—	—	120
D船	D1	20	4	120	—	—	—	—	120
合计	—	—	—	660	—	—	—	720	1 380

解：各航次的集装箱固定费用分摊数额计算过程与结果见表8-4。

表8-4 裕华船公司集装箱固定费用分配计算表

202×年6月

分摊额承担对象		标准箱天数/(TEU·d)	每标准箱天集装箱固定费用/(元/TEU·d)	集装箱固定费用分摊额/元
船 别	航次号			
A船	A1	500		100 000
B船	B1	320		64 000
B船	B2	320	276 000/1 380=200	64 000
C船	C1	120		24 000
D船	D1	120		24 000
合计	—	1 380	—	276 000

集装箱固定费用的归集与分配过程如图8-5所示。

第八章　海洋货运成本管理

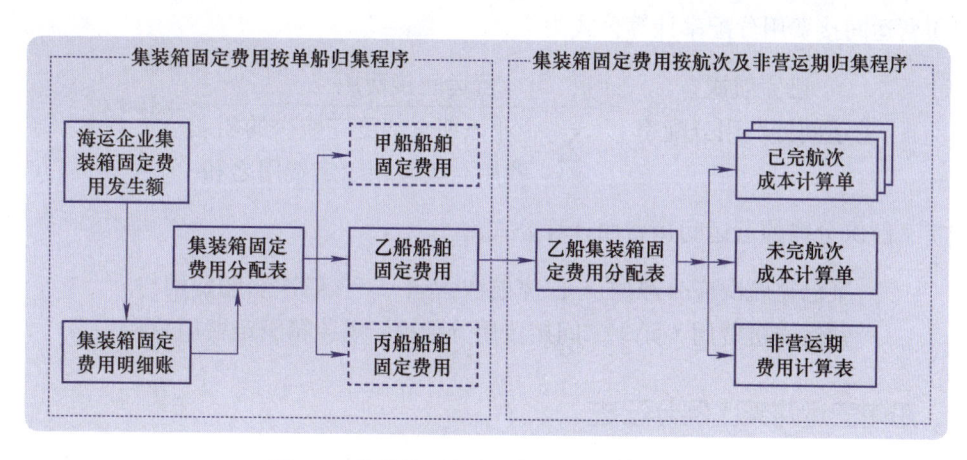

图8-5　集装箱固定费用的归集与分配过程

第五节　营运间接费用的归集与分配

海运企业的营运间接费用，应先在企业所经营的各种营运业务之间进行分配，求得运输业务应负担的营运间接费用（以下简称仍为营运间接费用）。

海运企业在计算单船成本、船型成本、运输种类成本时，则需要将营运间接费用，在各船、各航次等成本计算对象之间进行再分配。

一、船舶费用比例分配法

1. 沿海货运企业营运间接费用的分配

沿海货运企业的营运间接费用可按船舶费用比例分配。船舶费用包括航次运行费用和船舶固定费用，如有租赁船舶营运时，还包括船舶租费；如有集装箱运输，还应包括集装箱固定费用。

（1）营运间接费用分配率计算公式为

$$\text{营运间接费用分配率} = \frac{\text{营运间接费用}}{\sum_{(\text{船})} \text{沿海货运企业的船舶费用与集装箱固定费用之和}} \times 100\%$$

（2）单船分摊的营运间接费用计算公式为

$$\text{单船分摊的营运间接费用（元）} = \text{营运间接费用分配率} \times \text{该船船舶费用与集装箱固定费用之和}$$

2. 远洋货运企业营运间接费用的分配

远洋货运企业的营运间接费用可按该期已完各航次的船舶费用（包括各航次的船舶固定费用和航次运行费用等）比例分配。

（1）营运间接费用分配率计算公式为

$$\text{已完航次营运间接费用分配率} = \frac{\text{营运间接费用}}{\sum_{(\text{航次})} \text{企业该期全部已完航次的船舶费用与集装箱固定费用之和}} \times 100\%$$

（2）某航次分摊的营运间接费用计算公式为

$$\text{某已完航次应分摊的营运间接费用（元）} = \text{已完航次营运间接费用分配率} \times \text{该航次船舶费用与集装箱固定费用总和}$$

二、船舶营运吨天比例分配法

此种方法是按在册船舶吨位大小来分配营运间接费用，适用于仅按单船或船型核算运输成本，不需要在已完航次之间分配的情况。其计算公式为

$$\text{每营运吨天营运间接费用分摊额（元/营运吨天）} = \frac{\text{营运间接费用}}{\text{企业全部船舶营运吨天总和}}$$

$$\text{某船应分摊的营运间接费用（元）} = \text{每营运吨天营运间接费用分摊额（元/营运吨天）} \times \text{该船同期营运吨天数（吨天）}$$

上述营运间接费用分摊与归集的两种方法其程序如图8-6所示。

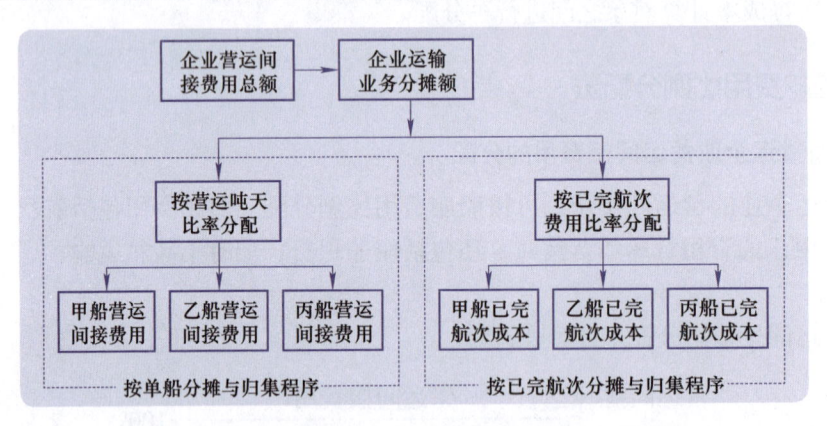

图8-6 营运间接费用分摊与归集程序

第六节 海运成本计算

一、单船运输成本的计算

在船舶费用、集装箱固定费用和营运间接费用的归集和分配计算之后，即可计算单船的货运总成本、单位成本、成本降低额和降低率。

1. 单船货运总成本和单位成本计算

（1）单船货运总成本计算公式为

$$\begin{aligned}\text{单船货运总成本（元）} =& \text{该船上期末未完航次成本} + (\text{该船本期发生的船舶费用} - \text{与该船运输无关的费用}) \\&+ (\text{该船租费} + \text{该船分摊的集装箱固定费用} + \text{该船分摊的运输营运间接费用}) - \text{该船本期末未完航次成本}\end{aligned}$$

由于沿海货运企业本期船舶费用发生额全数计入当期已完航次成本，所以沿海货运企业上式中的上期末未完航次成本和本期末未完航次成本两项无须单独计算。

（2）单船单位成本计算公式为

$$\text{单船单位成本（元}/10^3 t \cdot n\text{ mile）} = \frac{\text{单船本期货运总成本（元）}}{\text{该船本期周转量（}10^3 t \cdot n\text{ mile）}}$$

2. 单船成本降低额与成本降低率的计算

（1）单船成本降低额公式为

$$\text{单船成本降低额（元）} = \text{该船上期单位成本（元}/10^3 t \cdot n\text{ mile）} \times \text{该船本期周转量（}10^3 t \cdot n\text{ mile）} - \text{该船本期运输总成本（元）}$$

（2）单船成本降低率计算公式为

$$\text{单船成本降低率（\%）} = \frac{\text{该船本期成本降低额（元）}}{\text{该船上期运输单位成本（元}/10^3 t \cdot n\text{ mile）} \times \text{该船本期周转量（}10^3 t \cdot n\text{ mile）}} \times 100\%$$

二、航次成本的计算

1. 已完航次成本的计算

对于本期某一已完航次来说，已完航次成本可用下列公式表示：

$$\text{本期已完某航次成本} = \text{该航次前期归集的费用} + \text{该航次本期发生的运行费用} + \text{该航次本期归集与分摊的船舶固定费用} + \text{该航次本期分摊的营运间接费用}$$

2. 未完航次成本的归集

远洋货运企业在报告期末（月末、季末、年末）尚未结束的航次，船舶仍在继续运行，航次运行费用尚在继续发生，除需分摊船舶固定费用外，不结算航次的运输成本。

海运企业各单船成本的计算、各航次成本的计算以及各船型成本的计算，是通过编制"单船及航次成本计算表"和"船舶分类成本汇总表"的形式来完成的。"单船及航次成本计算表"和"船舶分类成本汇总表"参见表8-5和表8-6。

表8-5　裕华船公司A船航次成本计算表

202×年6月

项　目	上期结转	本期发生额	本期已完航次				本期未完航次
			上期结转	本期发生	非营运期	合计	
一、航次运行费用/元	158 800	324 000	158 800	162 000	—	320 800	162 000
（1）燃料费	121 000	245 000	121 000	122 500	—	243 500	122 500
（2）港口费	32 000	61 000	32 000	30 500	—	62 500	30 500
…	…	…	…	…	…	…	…
二、船舶固定费用/元	353 800	732 000	353 800	488 000	48 800	890 600	195 200
（1）工资	165 000	352 000	165 000	234 667	23 466	423 133	93 867
（2）职工福利费	23 100	48 000	23 100	32 000	3 200	58 300	12 800
（3）润料	1 500	3 200	1 500	2 133	214	3 847	854
（4）船舶材料	7 000	16 000	7 000	10 667	1 066	18 733	4 266
（5）船舶折旧费	53 200	106 400	53 200	70 933	7 094	131 227	28 374
（6）船舶修理费	88 000	176 000	88 000	117 333	11 734	217 067	46 934
…		…		…	…	…	…
三、船舶租费/元	—						
四、集装箱固定费用/元	0	100 000	0	100 000	—	100 000	0
五、营运间接费用/元	0	176 860	0	176 860	—	176 860	0
六、运输总成本（合计）/元	512 600	1 332 860	512 600	926 860	48 800	1 488 260	357 200
七、货运周转量/（10³t·n mile）	—	—	—	—		12 000	—
八、单位成本/（元/10³t·n mile）	—	—	—	—		124.02	—

表8-6　裕华船公司船舶分类成本汇总表

202×年6月

项　目	货　轮	油　轮	集装箱船	合　计
一、航次运行费用/元	（略）	（略）	（略）	（略）
（1）燃料费				
（2）港口费				
…				
（8）航次其他费用				
二、船舶固定费用/元				
（1）工资				
（2）职工福利费				
…				
（9）船舶非营运期费用				
（10）船舶共同费用				
三、船舶租费/元				
四、集装箱固定费用/元				
五、营运间接费用/元				
六、运输总成本/元				
七、货运周转量/（10³t·n mile）				
八、单位成本/（元/10³t·n mile）				
补充资料：营运天数/d				

三、集装箱运输成本计算

从事集装箱运输的集装箱船，应计算集装箱运输成本及其单位成本。集装箱运输成本的核算方法和非集装箱运输相同。

四、海运作业成本计算

1. 海运作业成本与海运单位成本的关系

海运作业成本的计算是在海运企业各单船成本的计算、各航次成本的计算以及各船型成本的计算工作之后进行的。其计算过程实际上是对成本资料的再整理。

海运每千吨海里的单位成本，按照作业过程，可分解为单位成本航行作业费用、单位成本装卸作业费用和单位成本停泊（非装卸）作业费用，其关系式为

$$C = C_h + C_z + C_t \tag{8-1}$$

式中　C——海运单位成本，单位为元/10^3t·n mile；

　　　C_h——单位成本航行作业费用（即单位成本中的航行作业费含量），单位为元/10^3t·n mile；

　　　C_z——单位成本装卸作业费用（即单位成本中的装卸作业费含量），单位为元/10^3t·n mile；

　　　C_t——单位成本停泊作业费用（即单位成本中的停泊作业费含量），单位为元/10^3t·n mile。

2. 海运作业成本的项目构成

各作业单位成本计算的步骤是：先将海运全部费用分为固定费用、燃料费用和港口费用三大部分，然后再按一定方法分摊给各作业成本，最后计算出各作业单位成本。

（1）固定费用。固定费用包括船员工资、职工福利费、材料费、折旧费、船舶修理费、船舶其他费用和分摊的营运间接费用。这些费用应由航行作业、装卸作业和停泊作业的吨天比率分摊。

固定费用分摊额计算公式为

$$\text{千营运吨天固定费用分摊额（元/}10^3\text{t·d）} = \frac{\text{固定费用总额（元）}}{\text{营运吨天总数（}10^3\text{t·d）}}$$

（2）燃料费用。船舶的燃料消耗虽然也是各个作业过程中的消耗，但各作业过程的消耗情况不同，需要按各作业过程的实际消耗量分别计入各作业过程。各作业过程的实际消耗量可由船舶轮机部门提供。

（3）港口费用。港口费用包括船舶在港口的各项费用，如港务费、引水费等，这些共同费用应由装卸和停泊作业分别负担，因此需要计算每停泊吨天的港口费用分摊额，并按装卸和停泊时间的比率关系，分摊给装卸作业成本和停泊作业成本。

港口费用分摊额计算公式为

$$\text{千营运吨天港口费分摊额（元/}10^3\text{t·d）} = \frac{\text{港口费总额（元）}}{\text{装卸作业营运吨天（}10^3\text{t·d）} + \text{停泊作业营运吨天（}10^3\text{t·d）}}$$

3. 海运单位成本作业费用的计算

将各作业成本分别除以周转量即为海运单位成本各作业费用。计算海运单位成本各类作业费用，可以分船计算、分船型计算，也可按全企业船舶计算。

（1）单位成本航行作业费用计算公式为

$$C_h = \frac{M_h}{Q} = \frac{\left(\text{航行燃料费用（元）} + \text{千营运吨天固定费用分摊额（元/}10^3 t \cdot d\text{）}\right) \times \text{航行作业营运吨天数（}10^3 t \cdot d\text{）}}{\text{周转量（}10^3 t \cdot n\text{ mile}\text{）}} \quad (8-2)$$

式中　M_h——航行作业费用，单位为元；
　　　Q——周转量，单位为$10^3 t \cdot n$ mile。

（2）单位成本装卸作业费用计算公式为

$$C_z = \frac{M_z}{Q} = \frac{\left(\text{千营运吨天固定费用分摊额（元/}10^3 t \cdot d\text{）} + \text{千营运吨天港口费分摊额（元/}10^3 t \cdot d\text{）}\right) \times \text{装卸作业营运吨天数（}10^3 t \cdot d\text{）} + \text{装卸作业燃料费用（元）}}{\text{周转量（}10^3 t \cdot n\text{ mile}\text{）}}$$

(8-3)

式中　M_z——装卸作业费用，单位为元；
　　　Q——周转量，单位为$10^3 t \cdot n$ mile。

（3）单位成本停泊作业费用计算公式为

$$C_t = \frac{M_t}{Q} = \frac{\left(\text{千营运吨天固定费用分摊额（元/}10^3 t \cdot d\text{）} + \text{千营运吨天港口费分摊额（元/}10^3 t \cdot d\text{）}\right) \times \text{停泊作业营运吨天数（}10^3 t \cdot d\text{）} + \text{停泊作业燃料费用（元）}}{\text{周转量（}10^3 t \cdot n\text{ mile}\text{）}}$$

(8-4)

式中　M_t——停泊作业费用，单位为元；
　　　Q——周转量，单位为$10^3 t \cdot n$ mile。

4. 海运作业单位成本的计算

由于海运成本分析的需要，对于海运单位成本中的不同作业费用，还要进一步转换为各类作业的单位成本，也就是要明确海运单位成本中的各个作业费用（C_h、C_z、C_t）与其作业单位成本（V_h、V_z、V_t）的关系。

将式（8-2）、式（8-3）、式（8-4）中的分母周转量，分别除以与其相关的效率指标即为海运各作业的单位成本。计算海运各类作业单位成本，可以分船计算、分船型计算，也可按全企业船舶计算。

（1）千营运吨天航行作业费用计算公式为

$$V_h = \frac{M_h}{D_t} = \frac{M_h}{Q/\alpha l\gamma} = \alpha l\gamma C_h \quad (8-5)$$

式中　V_h——千营运吨天航行作业费用，单位为元/$10^3 t \cdot d$；
　　　D_t——营运吨天（航行作业、装卸作业、停泊作业营运吨天之和），单位为$10^3 t \cdot d$；

α——航行率（%）；

l——平均航速，单位为 n mile/d；

γ——载重量利用率（%）；

Q——周转量，单位为 10^3 t·n mile。

周转量 Q 与效率指标关系式为

$$Q = D_t \alpha l \gamma$$

（2）千吨货物装卸作业费用计算公式为

$$V_z = \frac{M_z}{T} = \frac{M_z}{Q/R} = RC_z \tag{8-6}$$

式中　V_z——千吨货物装卸作业费用，单位为元/10^3t；

　　　T——运量，单位为 10^3t；

　　　R——平均运距，单位为 n mile；

　　　Q——周转量，单位为 10^3t·n mile。

Q 与运量 T、平均运距 R 的关系式为

$$Q = TR$$

（3）千吨货物停泊作业费用计算公式为

$$V_t = \frac{M_t}{T} = \frac{M_t}{Q/R} = RC_t \tag{8-7}$$

式中　V_t——千吨货物停泊作业费用，单位为元/10^3t；

　　　T、R、Q 同式（8-6）。

海运作业成本归集与计算过程如图8-7所示。

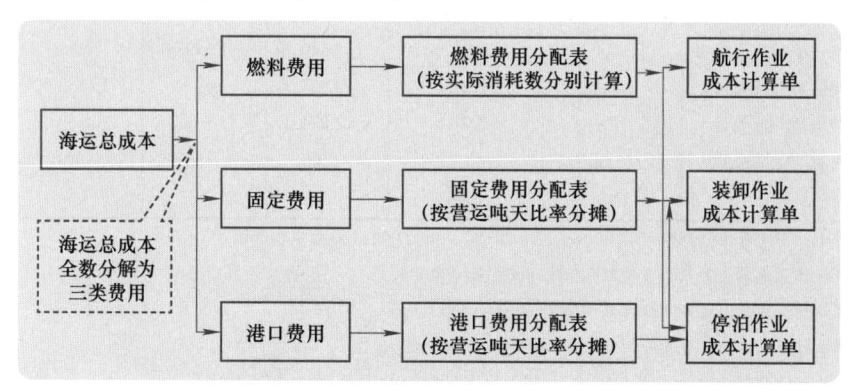

图8-7　海运作业成本归集与计算过程

5. 海运作业单位成本计算示例

例8-3　海韵船公司对所属甲船的第6航次（已完）成本，按其项目逐项确认其费用类别的归属，并按费用类别进行归集。见表8-7。

表8-7 海韵船公司甲船第6航次（已完）作业成本归集底表　　（单位：元）

项 目	金 额	逐项确认类属		
		燃料费用	港口费	固定费用
一、航次运行费用	431 625	183 000	248 625	—
（1）燃料费	183 000	183 000		—
（2）港口费	248 625		248 625	—
…	…	…	…	…
二、船舶固定费用	566 400			566 400
（1）工资	406 000			406 000
（2）职工福利费	40 200			40 200
（3）润料	4 600			4 600
（4）船舶材料	22 000			22 000
（5）船舶折旧费	59 600			59 600
…				
三、船舶租费	—			—
四、集装箱固定费用	—			—
五、营运间接费用	33 600			33 600
合计	1 031 625	183 000	248 625	600 000

在上述工作基础上，再归集与计算海运作业成本，见表8-8。

表8-8 海韵船公司甲船第6航次（已完）作业成本的归集与计算表

项 目	符 号	单 位	合 计	航行作业	装卸作业	停泊作业
一、燃料费用	—	元	183 000.00	164 700.00	10 300.00	8 000.00
二、固定费用	—	元	600 000.00	300 000.00	140 000.00	160 000.00
三、港口费	—	元	248 625.00	0.00	116 025.00	132 600.00
四、总成本	M	元	1 031 625.00	464 700.00	266 325.00	300 600.00
五、周转量	Q	10^3t·n mile	15 750	15 750	15 750	15 750
六、单位成本	C	元/10^3t·n mile	65.50	29.50	16.91	19.09
七、千营运吨天航行作业费用	V_h	元/10^3t·d	1 549.00	1 549.00		
八、千吨货物装卸作业费用	V_z	元/10^3t	10 653.00	—	10 653.00	
九、千吨货物停泊作业费用	V_t	元/10^3t	12 024.00	—	—	12 024.00
十、营运吨天数	$D_t, D_{t,h}, D_{t,z}, D_{t,t}$	10^3t·d	300	150	70	80
十一、运量	T	10^3t	25	—	—	—

注：千营运吨天固定费用分摊额=600 000÷（150+70+80）=600 000÷300=2 000（元/10^3t·d）

　　航行作业成本固定费用分摊额=150×2 000=300 000（元）

　　装卸作业成本固定费用分摊额=70×2 000=140 000（元）

　　停泊作业成本固定费用分摊额=80×2 000=160 000（元）

千营运吨天港口费分摊额=248 625÷（70+80）=248 625÷150=1 657.50（元/10^3t·d）

　　装卸作业成本港口费用分摊额=70×1 657.50=116 025.00（元）

　　停泊作业成本港口费用分摊额=80×1 657.50=132 600.00（元）

千营运吨天航行作业费用=464 700.00÷300=1 549.00（元/10^3t·d）（注：算式中的分母是营运吨天数之和D_t）

　　千吨货物装卸作业费用=266 325.00÷25=10 653.00（元/10^3t）

　　千吨货物停泊作业费用=300 600.00÷25=12 024.00（元/10^3t）

第七节 海运成本分析

海运成本分析，通常包括企业的成本分析、单船的成本分析和专题的成本分析。企业成本分析的目的在于评定整个企业成本预算的完成情况和成本升降的原因。

一、海运企业成本降低任务完成情况分析

1. 成本降低额实际数与预算数之差 ΔW 的双因素分析

例8-4 以例8-3为例，海韵船公司所属甲船的第6航次（已完）成本及该航次成本预算等资料见表8-9。

表8-9　海韵船公司甲船第6航次（已完）成本资料

	总成本/元	周转量/(10^3t·n mile)	单位成本/(元/10^3t·n mile)	成本降低额/元	成本降低率（%）
	①	②	③=①/②	④=②×(64.00−③)	⑤=④/(②×64.00)
实际	1 031 625.00	15 750	65.50	−23 625.00	−2.34
预算	975 000.00	15 000	65.00	−15 000.00	−1.56
差异	—	750	0.50	−8 625.00	−0.78

注：上年实际单位成本为64.00元/10^3t·n mile。

由表8-9所列资料可知，成本降低额比预算减少8 625元，成本降低率比预算减少0.78%，两者均未完成预算目标。由于成本降低额的计算公式中有两个因素变量，一个是周转量，另一个是单位成本。所以可分别确定周转量与单位成本变动对成本降低额实际数与预算数之差 ΔW 的影响数额。这里采用因素替代法进行因素分析，分析过程见表8-10和表8-11。

表8-10　海韵船公司甲船第6航次（已完）成本分析资料

分析对象：成本降低额实际数与预算数差额 ΔW =成本降低额实际数−成本降低额预算数=−8 625（元）
成本降低额实际数=周转量实际数×（单位成本上年实际数−单位成本实际数）
　　　　　　　　=15 750×(64.00−65.50)=−23 625（元）
成本降低额预算数=周转量预算数×（单位成本上年实际数−单位成本预算数）
　　　　　　　　=15 000×(64.00−65.00)=−15 000（元）
替代顺序：周转量、单位成本

表8-11　成本降低额实际数与预算数之差 ΔW 的双因素分析表　　（单位：元）

替代序号	替代过程	计算结果	算式编号	影响因素	影响差额
替代前	15 000×(64.00−65.00)	−15 000	①	—	—
第一次	<u>15 750</u>×(64.00−65.00)	−15 750	②	周转量：+750	②−①=−750
第二次	15 750×(<u>64.00−65.50</u>)	−23 625	③	单位成本：+0.50	③−②=−7 875
双因素影响差额合计：ΔW=（②−①）+（③−②）					−8 625

注：表内下划线的数字为已替代因素的数值，方框内的数字为本次替代的数值。

表8-11表明，在单位成本不变时（即单位成本实际数与预算数相等时），由于周转量实际数比预算数增加了750×10^3t·n mile，致使成本降低额实际数比预算数减少（少降）750元；由于单位成本实际数比预算数增加了0.50元/10^3t·n mile，在周转量为实际数时，致使

成本降低额实际数比预算数减少（少降）7 875元，两者相加，成本降低额实际数比预算数减少（少降）8 625元。

2. 成本降低率实际数与预算数之差 ΔR 的单因素分析

成本降低率实际数与预算数之差 ΔR 的计算公式为

$$\Delta R = \frac{C_0 - C_1}{C_0} \times 100\% - \frac{C_0 - C_n}{C_0} \times 100\%$$

据上式可知，成本降低率实际数与预算数之差 ΔR 的影响因素只有一个，就是单位成本。也就是说，单位成本因素变动对成本降低率实际数与预算数之差 ΔR 的影响数值，就是成本降低率实际数与预算数之差 ΔR 本身。

例8-4中（见表8-9），单位成本因素变动对成本降低率实际数与预算数之差 ΔR 的影响额即为

$$\Delta R = -2.34\% - (-1.56\%) = 0.78\%$$

可将以上分析结果以列表形式加以汇总，见表8-12。

表8-12　海韵船公司甲船第6航次（已完）成本降低任务完成情况因素分析汇总表

影响因素	影响对象及程度	
	降低额/元	降低率（%）
1. 货物周转量比预算增加750×10³t·n mile	−750	—
2. 单位成本比预算增加0.50元/10³t·n mile	−7 875	−0.78
合计	−8 625（ΔW）	−0.78（ΔR）

二、单位成本项目直接比较分析

1. 单位成本中各成本项目的实际数与预算数比较

例8-5　海韵船公司甲船第6航次（已完）单位成本的分项比较见表8-13。

表8-13　海韵船公司甲船第6航次（已完）单位成本分项比较

项目	单位成本/（元/10³t·n mile）		
	实际数	预算数	增减额
一、航次运行费用	27.40	27.20	0.20
（1）燃料费	11.62	11.53	0.09
（2）港口费	15.79	15.67	0.12
…	…	…	…
二、船舶固定费用	35.96	35.69	0.27
（1）工资	25.78	25.58	0.20
（2）职工福利费	2.55	2.53	0.02
（3）润料	0.29	0.29	0.00
（4）船舶材料	1.40	1.39	0.01
（5）船舶折旧费	3.78	3.76	0.02
…	…	…	…

（续）

项　目	单位成本/（元/10³t·n mile）		
	实　际　数	预　算　数	增　减　额
三、船舶租费	0.00	0.00	0.00
四、集装箱固定费用	0.00	0.00	0.00
五、营运间接费用	2.13	2.12	0.01
合计	65.50	65.00	0.50

根据表8-13分析资料，可以从成本构成角度直接查明使单位成本降低的成本项目，当然，还应进一步对各成本项目数额的变化原因进行详细分析，以提出降低成本的具体措施。

2. 单位成本中各成本项目的实际数与上期实际数比较

方法与上述方法类似。

三、单位成本实际数和预算数之差ΔC的多因素分析

由式（8-1）、式（8-5）、式（8-6）和式（8-7），可得出单位成本与各作业的单位费用、船舶运用效率指标的关系式

$$C = C_h + C_z + C_t = \frac{V_h}{\alpha l \gamma} + \frac{V_z}{R} + \frac{V_t}{R} \tag{8-8}$$

从海运单位成本与各因素的关系式（8-8）可知，单位成本实际数与预算数之差ΔC，就是等号右端的单位成本航行作业费用、单位成本装卸作业费用、单位成本停泊作业费用各自的实际数与预算数差额之和。因此，海运单位成本实际数与预算数之差ΔC的影响因素分析就是对单位成本航行作业费用、单位成本装卸作业费用、单位成本停泊作业费用各自的实际数与预算数之差分别进行的因素分析。

如果将式（8-8）中各因素的实际数、预算数分别用下标1、n加以区别，则单位成本实际数与预算数之差ΔC的关系式为

$$\Delta C = C_1 - C_n = \Delta C_h + \Delta C_z + \Delta C_t \tag{8-9}$$

式中

$$\Delta C_h = C_{h,1} - C_{h,n} = \frac{V_{h,1}}{\alpha_1 l_1 \gamma_1} - \frac{V_{h,n}}{\alpha_n l_n \gamma_n} \tag{8-10}$$

$$\Delta C_z = C_{z,1} - C_{z,n} = \frac{V_{z,1}}{R_1} - \frac{V_{z,n}}{R_n} \tag{8-11}$$

$$\Delta C_t = C_{t,1} - C_{t,n} = \frac{V_{t,1}}{R_1} - \frac{V_{t,n}}{R_n} \tag{8-12}$$

由式（8-9）～式（8-12）可知，对海运单位成本实际数与预算数之差ΔC的影响因素分析，就是对ΔC_h、ΔC_z和ΔC_t分别进行的因素分析。

海运单位成本实际数与预算数之差ΔC因果关系,如图8-8所示。

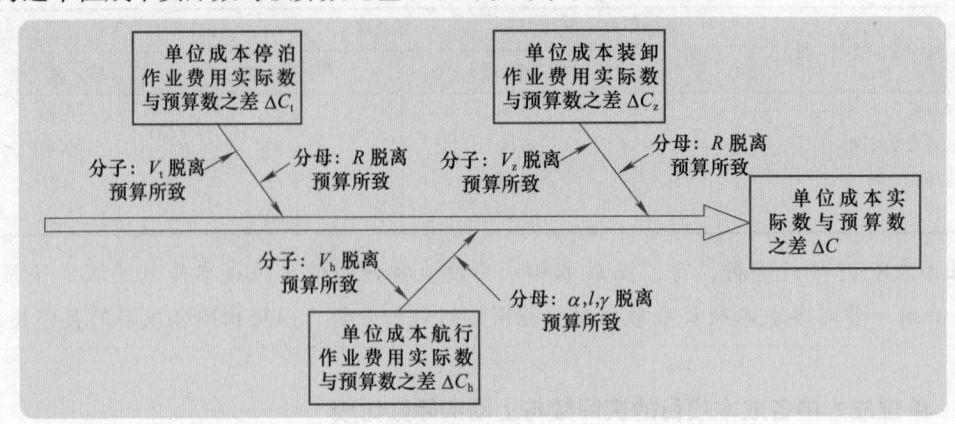

图8-8 海运单位成本实际数与预算数之差ΔC因果图

例8-6 以例8-3为例,海韵船公司对所属甲船的第6航次(已完)成本,按其项目逐项确认其费用类别的归属,并按费用类别进行归集,见表8-7及表8-8。现对该船该已完航次的单位成本实际数与预算数之差ΔC做因素分析。

分析之前,先将表8-8中的成本数据及分析所需用的数据(包括成本预算数据等),填列于"单位成本因素分析数据表"(见表8-14)内,并在表内分别计算"千营运吨天航行作业费用""千吨货物装卸作业费用"和"千吨货物停泊作业费用",便于后续多因素分析所用。

表8-14 海韵船公司甲船第6航次(已完)单位成本因素分析数据表

项 目	符 号	计量单位	实 际 数	预 算 数	差 异
一、海运总成本	M	元	1 031 625.00	975 000.00	—
其中:航行作业费用	M_h	元	464 700.00	450 000.00	—
装卸作业费用	M_z	元	266 325.00	240 000.00	—
停泊作业费用	M_t	元	300 600.00	285 000.00	—
二、周转量	Q	10^3t·n mile	15 750	15 000	
三、单位成本	C	元/10^3t·n mile	65.50	65.00	0.50
其中:航行作业费用	C_h	元/10^3t·n mile	29.50	30.00	-0.50
装卸作业费用	C_z	元/10^3t·n mile	16.91	16.00	0.91
停泊作业费用	C_t	元/10^3t·n mile	19.09	19.00	0.09
四、千营运吨天航行作业费用	V_h	元/10^3t·d	1 549.00	1 800.00	-251.00
五、千吨货物装卸作业费用	V_z	元/10^3t	10 653.00	9 600.00	1 053.00
六、千吨货物停泊作业费用	V_t	元/10^3t	12 024.00	11 400.00	624.00
七、航行率(%)	α		50	60	-10
八、平均航行速度	l	n mile/d	210	200	10
九、平均载重量利用率(%)	γ		50	50	0
十、平均运距	R	n mile	630	600	30
十一、营运吨天数	D_t	10^3t·d	300	250	50
其中:航行作业吨天数	$D_{t,h}$	10^3t·d	150	150	0
装卸作业吨天数	$D_{t,z}$	10^3t·d	70	50	20
停泊作业吨天数	$D_{t,t}$	10^3t·d	80	50	30
十二、运量	T	10^3t	25	25	0

由表8-14可知，该航次单位成本实际数与预算数之差ΔC，为单位成本航行作业费用、单位成本装卸作业费用、单位成本停泊作业费用各自实际数与预算数之差的总和，即

$$\Delta C = \Delta C_h + \Delta C_z + \Delta C_t$$
$$= -0.50 + 0.91 + 0.09$$
$$= 0.50$$

可采用连环替代因素分析法，对海运单位成本实际数与预算数之差ΔC，按各作业环节进行因素分析。

1. 单位成本航行作业费用实际数与预算数之差ΔC_h的因素分析

将分析数据加以整理，见表8-15。

表8-15 分析数据

单位成本航行作业费用实际数与预算数之差$\Delta C_h = C_{h,1} - C_{h,n} = -0.5$（元/$10^3$t·n mile）

单位成本航行作业费用实际数$C_{h,1} = \dfrac{V_{h,1}}{\alpha_1 l_1 \gamma_1} = \dfrac{1\,549.00}{50\% \times 210 \times 50\%} = 29.50$（元/$10^3$t·n mile）

单位成本航行作业费用预算数$C_{h,n} = \dfrac{V_{h,n}}{\alpha_n l_n \gamma_n} = \dfrac{1\,800}{60\% \times 200 \times 50\%} = 30.00$（元/$10^3$t·n mile）

因素替代顺序：α、l、γ、V_h

分析过程及结果见表8-16。

表8-16 单位成本航行作业费用实际数与预算数之差ΔC_h因素分析

替代序号	替代过程	计算结果/（元/10^3t·n mile）	算式编号	影响因素	影响差额/（元/10^3t·n mile）
替代前	1 800÷（60%×200×50%）	30.00	①	—	—
第一次	1 800÷（50%×200×50%）	36.00	②	α：−10%	②−①=+6.00
第二次	1 800÷（50%×210×50%）	34.29	③	l：+10 n mile/d	③−②=−1.71
第三次	1 800÷（50%×210×50%）	34.29	④	γ：±0%	④−③=0.00
第四次	1 549÷（50%×210×50%）	29.50	⑤	V_h：−251元/10^3t·d	⑤−④=−4.79
影响差额合计（ΔC_h）					−0.50

注：带有下划线的数字为本次之前已替代因素的数值，带框的数字为本次替代因素的数值。

结论：①由于千营运吨天航行作业费用V_h比预算减少251元/10^3t·d，使得单位成本航行作业费用比预算减少4.79元/10^3t·n mile；②由于平均航行速度l增加10 n mile/d，使得单位成本航行作业费用比预算减少1.71元/10^3t·n mile；③由于航行率α减少10%，使得单位成本航行作业费用比预算增加6.00元/10^3t·n mile；④可对航行率α做深入因素分析。

2. 单位成本装卸作业费用实际数与预算数之差ΔC_z的因素分析

将分析数据加以整理，见表8-17。

表8-17　分析数据

单位成本装卸作业费用实际数与预算数之差	$\Delta C_z = C_{z,1} - C_{z,n} = 16.91 - 16.00 = 0.91$（元/$10^3$t·n mile）
单位成本装卸作业费用实际数	$C_{z,1} = \dfrac{V_{z,1}}{R_1} = \dfrac{10\,653}{630} = 16.91$（元/$10^3$t·n mile）
单位成本装卸作业费用预算数	$C_{z,n} = \dfrac{V_{z,n}}{R_n} = \dfrac{9\,600}{600} = 16.00$（元/$10^3$t·n mile）

因素替代顺序：R、V_z

分析过程及结果见表8-18。

表8-18　单位成本装卸作业费用实际数与预算数之差ΔC_z因素分析

替代序号	替代过程	计算结果/（元/10^3t·n mile）	算式编号	影响因素	影响差额/（元/10^3t·n mile）
替代前	9 600/600	16.00	①	—	—
第一次	9 600/<u>630</u>	15.24	②	R：+30 n mile	②−①=−0.76
第二次	<u>10 653</u>/630	16.91	③	V_z：+1 053.00元/10^3t	③−②=+1.67
影响差额合计（ΔC_z）					0.91

注：带有下划线的数字为本次之前已替代因素的数值，带框的数字为本次替代因素的数值。

结论：①由于平均运距R比预算增加30 n mile，使单位成本装卸作业费用比预算减少0.76元/10^3t·n mile；②由于千吨货物装卸作业费用V_z比预算增加1 053元/10^3t，使得单位成本装卸作业费用比预算增加1.67元/10^3t·n mile；③可对千吨货物装卸作业费用V_z做深入分析。

3. 单位成本停泊作业费用实际数与预算数之差ΔC_t的因素分析

将分析数据加以整理，见表8-19。

表8-19　分析数据

单位成本停泊作业费用实际数与预算数之差	$\Delta C_t = C_{t,1} - C_{t,n} = 0.09$（元/$10^3$t·n mile）
单位成本停泊作业费用实际数	$C_{t,1} = \dfrac{V_{t,1}}{R_1} = \dfrac{12\,024}{630} = 19.09$（元/$10^3$t·n mile）
单位成本停泊作业费用预算数	$C_{t,n} = \dfrac{V_{t,n}}{R_n} = \dfrac{11\,400}{600} = 19.00$（元/$10^3$t·n mile）

因素替代顺序：R、V_t

分析过程及结果见表8-20。

表8-20　单位成本停泊作业费用实际数与预算数之差ΔC_t因素分析

替代序号	替代过程	计算结果/（元/10^3t·n mile）	算式编号	影响因素	影响差额/（元/10^3t·n mile）
替代前	11 400/600	19.00	①	—	—
第一次	11 400/<u>630</u>	18.10	②	R：+30 n mile	②−①=−0.90
第二次	<u>12 024</u>/630	19.09	③	V_t：+624元/10^3t	③−②=+0.99
影响差额合计（ΔC_t）					0.09

注：带有下划线的数字为本次之前已替代因素的数值，带框的数字为本次替代因素的数值。

结论：①由于平均运距R增加30 n mile，使单位成本停泊作业费用比预算减少0.90元/10^3t·n mile；②由于千吨货物停泊作业费用V_t增加624元/10^3t，使得单位成本停泊作业费用比预算增加0.99元/10^3t·n mile；③可对千吨货物停泊作业费用V_t做深入因素分析。

4. 分析结果的汇总

为反映分析全貌，可将上述分析结果加以汇总，见表8-21的①②③④栏。

表8-21　单位成本之差ΔC与成本降低率之差ΔR的多因素分析汇总表

影响因素		对单位成本之差ΔC的影响/（元/10^3t·n mile）				对成本降低率之差ΔR的影响（%）
因素名称	符号	ΔC_h	ΔC_z	ΔC_t	合计	
		①	②	③	④=①+②+③	⑤=－④/64.00*
航行率	α	+6.00	—	—	+6.00	−9.38
平均航行速度	l	−1.71	—	—	−1.71	2.67
平均载重量利用率	γ	0.00	—	—	0.00	0.00
平均运距	R	—	−0.76	−0.90	−1.66	2.59
千营运吨天航行作业费用	V_h	−4.79	—	—	−4.79	7.48
千吨货物装卸作业费用	V_z	—	+1.67	—	+1.67	−2.61
千吨货物停泊作业费用	V_t	—	—	+0.99	+0.99	−1.55
合计	—	−0.50	+0.91	+0.09	+0.50（ΔC）	0.78（ΔR）

注：表内"*"为上年实际单位成本。

四、成本降低率实际数与预算数之差ΔR的多因素分析

由于单位成本实际数与预算数之差ΔC可分解为ΔC_h、ΔC_z和ΔC_t，所以，在对单位成本实际数与预算数之差ΔC做出多因素分析的同时，可对成本降低率实际数与预算数之差ΔR做出多因素分析，其计算结果可与单位成本实际数与预算数之差多因素分析并列完成，见表8-21的⑤栏。

五、各影响因素变动的深层分析

综上所述，海运单位成本实际数脱离预算数的影响因素可归结为两类：一类是船舶运用效率因素（即：航行率、平均航行速度、平均载重量利用率、平均运距等），另一类是航运各项作业费用因素（即：千营运吨天航行作业费用、千吨货物装卸作业费用、千吨货物停泊作业费用等）。

在上述分析的基础上，还应对这些因素进行详尽的溯源性的深层分析。特别是那些对单位成本影响较大的因素要做重点分析。

复习思考题

1. 沿海货运与远洋货运在成本计算上有哪些差别？
2. 海运成本计算对象设置原则是什么？
3. 何为船舶固定费用，何为集装箱固定费用？
4. 简述海运作业成本与海运单位成本的关系。

练习题

【练习8-1】 华远船公司风庆轮202×年第10航次（已完航次）成本归类情况见表8-22。

表8-22 海运作业成本计算底表

项　　　目	金额/元	逐项确认类属
一、航次运行费用	212 000	—
（1）燃料费	152 000	燃料费用
（2）港口费	60 000	港口费用
…	…	…
（8）航次其他费用	—	
二、船舶固定费用	580 000	
（1）工资	265 000	固定费用
（2）职工福利费	38 000	固定费用
（3）润料	5 000	固定费用
（4）船舶材料	12 000	固定费用
（5）船舶折旧费	80 000	固定费用
（6）船舶修理费	132 000	固定费用
…	…	…
（9）船舶非营运期费用	—	
（10）船舶共同费用	28 000	固定费用
三、船舶租费	—	
四、集装箱固定费用	—	
五、营运间接费用	20 000	固定费用

分类合计：
　　燃料费用=152 000（元）（其中：航行作业132 000元，装卸作业12 000元，停泊作业8 000元）
　　固定费用=580 000+20 000=600 000（元）
　　港口费用=60 000（元）

要求：据表8-22数据，以航行作业费用栏为例，计算并填制表8-23空白处的数据。

表8-23 海运作业成本的归集与计算

项　目	计量单位	合　计	航行作业费用	装卸作业费用	停泊作业费用
一、燃料费用	元	152 000	132 000		
二、固定费用	元		300 000		
三、港口费	元		0		
四、总成本	元	812 000	432 000		
五、周转量	$10^3 t \cdot n\ mile$	10 150	10 150	10 150	10 150
六、单位成本	$元/10^3 t \cdot n\ mile$		42.56		
七、航行作业单位成本	$元/10^3 t \cdot d$	1 080	1 080	—	—
八、装卸作业单位成本	$元/10^3 t$		—		—
九、停泊作业单位成本	$元/10^3 t$		—	—	
十、营运吨天数	$10^3 t \cdot d$	400	200	100	100
十一、运量	$10^3 t$	10	—	10	10

表内数据的计算：
　　固定费用分摊额=600 000/400=1 500（元/$10^3 t \cdot d$）
　　港口费分摊额=_____（元/$10^3 t \cdot d$）
　　航行作业单位成本（千营运吨天航行作业费用）=432 000/400=1 080（元/$10^3 t \cdot d$）
　　装卸作业单位成本（千吨货物装卸作业费用）=_____（元/$10^3 t$）
　　停泊作业单位成本（千吨货物停泊作业费用）=_____（元/$10^3 t$）

【练习8-2】华远船公司华丰轮"海运单位成本实际数与预算数之差ΔC因素分析数据表"见表8-24。

表8-24　海运单位成本实际数与预算数之差ΔC因素分析数据表

项　目	计量单位	实际数	预算数	差异
一、海运总成本	元	812 000	984 984	—
其中：航行作业费用	元	432 000	520 000	—
装卸作业费用	元	192 000	268 800	—
停泊作业费用	元	188 000	196 184	—
二、周转量	10^3t·n mile	10 150	12 012	—
三、单位成本	元/10^3t·n mile	80	82	-2.00
其中：航行作业费用	元/10^3t·n mile	42.56	43.29	-0.73
装卸作业费用	元/10^3t·n mile	18.92	22.38	-3.46
停泊作业费用	元/10^3t·n mile	18.52	16.33	2.19
四、千营运吨天航行作业费用	元/10^3t·d	1 080	1 238.10	-158.10
五、千吨货物装卸作业费用	元/10^3t	19 200	24 436.36	-5 236.36
六、千吨货物停泊作业费用	元/10^3t	18 800	17 834.91	965.09
七、航行率（%）		50	55	—
八、平均航行速度	n mile/d	101.5	100	—
九、平均载重量利用率（%）		50	52	—
十、平均运距	n mile	1 015	1 092	-77
十一、营运吨天数	10^3t·d	400	420	—
其中：航行作业吨天数	10^3t·d	200	231	—
装卸作业吨天数	10^3t·d	100	100	—
停泊作业吨天数	10^3t·d	100	89	—
十二、运量	10^3t	10	11	—

要求：采用连环替代因素分析法，对海运单位成本实际数与预算数之差ΔC（即-0.73-3.46+2.19=-2.00）按各作业环节进行因素分析。

1. 单位成本航行作业费用实际数与预算数之差ΔC_h因素分析

将分析数据加以整理，见表8-25。

表8-25　分析数据

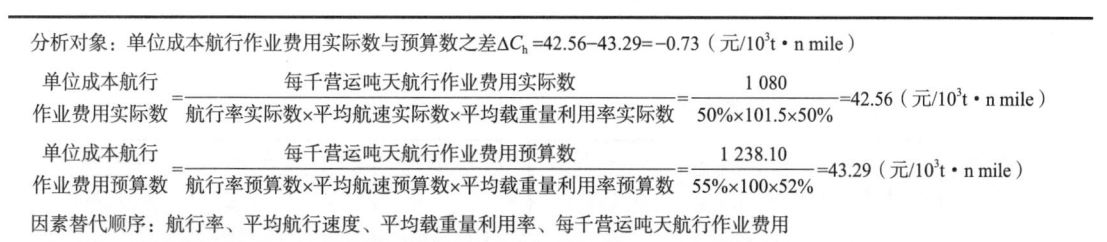

分析对象：单位成本航行作业费用实际数与预算数之差ΔC_h=42.56-43.29=-0.73（元/10^3t·n mile）

$$\frac{单位成本航行作业费用实际数}{} = \frac{每千营运吨天航行作业费用实际数}{航行率实际数×平均航速实际数×平均载重量利用率实际数} = \frac{1\ 080}{50\%×101.5×50\%} = 42.56（元/10^3t·n\ mile）$$

$$\frac{单位成本航行作业费用预算数}{} = \frac{每千营运吨天航行作业费用预算数}{航行率预算数×平均航速预算数×平均载重量利用率预算数} = \frac{1\ 238.10}{55\%×100×52\%} = 43.29（元/10^3t·n\ mile）$$

因素替代顺序：航行率、平均航行速度、平均载重量利用率、每千营运吨天航行作业费用

分析过程及结果填列于表8-26。

表8-26　单位成本航行作业费用实际数与预算数之差ΔC_h因素分析

替代序号	替代过程	计算结果	算式编号	影响因素	影响差额
替代前	1 238.10÷(55%×100×52%)	43.29	①	—	—
第一次			②		
第二次			③		
第三次			④		
第四次	1 080÷(50%×101.5×50%)	42.56	⑤	V_h: −158.10	−6.23
影响差额合计/(元/10^3t·n mile)					−0.73(ΔC_h)

2. 单位成本装卸作业费用实际数与预算数之差ΔC_z因素分析

将分析数据加以整理，见表8-27。

表8-27　分析数据

分析对象：单位成本装卸作业费用实际数与预算数之差ΔC_z=−3.46(元/10^3t·n mile)

$$\frac{\text{单位成本装卸}}{\text{作业费用实际数}}=\frac{\text{每千吨货物装卸作业费用实际数}}{\text{平均运距实际数}}=\frac{19\,200}{1\,015}=18.92(\text{元}/10^3\text{t·n mile})$$

$$\frac{\text{单位成本装卸}}{\text{作业费用预算数}}=\frac{\text{每千吨货物装卸作业费用预算数}}{\text{平均运距预算数}}=\frac{24\,436.36}{1\,092}=22.38(\text{元}/10^3\text{t·n mile})$$

因素替代顺序：平均运距、每千吨货物装卸作业费用

分析过程及结果填列于表8-28。

表8-28　单位成本装卸作业费用实际数与预算数之差ΔC_z因素分析

替代序号	替代过程	计算结果	算式编号	影响因素	影响差额
替代前	24 436.36÷1 092	22.38	①	—	—
第一次			②		
第二次	19 200.00÷1 015	18.92	③	V_z: −5 236.36	−5.16
影响差额合计/(元/10^3t·n mile)					−3.46(ΔC_z)

3. 单位成本停泊作业费用实际数与预算数之差ΔC_t因素分析

将分析数据加以整理，见表8-29。

表8-29　分析数据

分析对象：单位成本停泊作业费用实际数与预算数之差ΔC_t=18.52−16.33=2.19(元/10^3t·n mile)

$$\frac{\text{单位成本停泊}}{\text{作业费用实际数}}=\frac{\text{千吨货物停泊作业费用实际数}}{\text{平均运距实际数}}=\frac{18\,800}{1\,015}=18.52(\text{元}/10^3\text{t·n mile})$$

$$\frac{\text{单位成本停泊}}{\text{作业费用预算数}}=\frac{\text{千吨货物停泊作业费用预算数}}{\text{平均运距预算数}}=\frac{17\,834.91}{1\,092}=16.33(\text{元}/10^3\text{t·n mile})$$

因素替代顺序：平均运距、每千吨货物停泊作业费用

分析过程及结果填列于表8-30。

表8-30　单位成本停泊作业费用实际数与预算数之差ΔC_t因素分析

替代序号	替代过程	计算结果	算式编号	影响因素	影响差额
替代前	17 834.91÷1 092	16.33	①	—	—
第一次			②		
第二次	18 800÷1 015	18.52	③	V_t: +965.09	0.95
影响差额合计/(元/10^3t·n mile)					2.19(ΔC_t)

4. 分析结果汇总

将上述分析结果加以汇总填列于表8-31。

表8-31 单位成本实际数与预算数之差ΔC多因素分析汇总表

影响因素			对ΔC的影响/(元/10^3t·n mile)			合计/(元/10^3t·n mile)
因素名称	符号	变动额	ΔC_h	ΔC_z	ΔC_t	
航行率	α	−5%		—	—	
平均航行速度	l	+1.5n mile/d		—	—	
平均载重量利用率	γ	−2%		—	—	
平均运距	R	−77n mile		—	—	
千营运吨天航行作业费用	V_h	−158.10元/10^3t·d	—	—	—	
千吨货物装卸作业费用	V_z	−5 236.36元/10^3t	—		—	
千吨货物停泊作业费用	V_t	+965.09元/10^3t	—	—		
合计	—	—	−0.73	−3.46	+2.19	−2

拓展阅读

海洋货运在"一带一路"中的重要作用

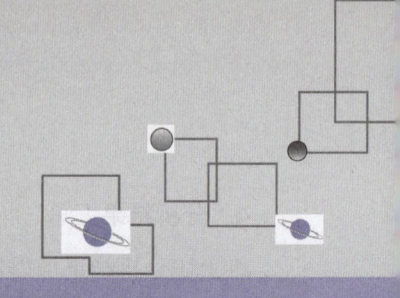

第九章

装卸成本管理

第九章的学习内容、学习目的与学习要求

第九章的学习要点

第九章的难点讲解

学习目的

通过本章的学习，了解装卸成本项目及其内容构成，初步掌握装卸成本的计算方法和装卸成本分析的基本方法。在此过程中，要培养严谨细致、善于观察的素质，为更好地应对装卸成本相关领域的问题奠定基础。

装卸成本管理要体现绿色装卸理念，企业在装卸过程中应当避免损坏物品、浪费资源，避免废弃物对环境造成污染；应当消除无效搬运，提高搬运效率。

第一节 装卸成本的构成

一、装卸成本计算对象、成本计算期与成本计算单位

1. 成本计算对象

专营装卸业务的企业、企业内部的装卸部门，以及以运输业务为主同时经营装卸业务的运输企业，可按机械装卸作业和人工装卸作业分别作为成本计算对象，核算其成本，并根据需要对成本计算对象按机械种类加以细化。

以机械装卸作业为主、人工装卸作业为辅的作业活动，可不单独核算人工装卸成本；以人工装卸作业为主、机械装卸作业为辅的作业活动，也可不单独核算机械装卸成本。

对于港口企业，为了加强成本管理，在采用综合的装卸成本计算对象时，还可以分操作过程、分货种计算货物的装卸成本。分操作过程、分货种计算货物的装卸成本，应根据作业区生产的特点，正确地划分操作过程和货种；在货种之间分配各项费用时，需选择合

理的分配标准。

2. 成本计算期

各类装卸成本计算期，通常以月为单位，并按日历的月、季、年计算各种业务成本。

3. 成本计算单位

由于装卸成本计算对象为装卸作业或货物，所以装卸成本计算单位应为装卸作业或货物的计量单位。现实中，装卸作业或货物的计量单位并不具有单一性，可以是货物的包装单位或装卸运输单元，如箱、桶、捆、垛、袋、车、托盘等，也可以是货物的重量单位，如吨、千吨、千操作吨，还可以是装卸次数。成本计算对象的计量单位的选择应当适于成本计算与控制的要求，要求不同，计量单位的选择也就不同。

集装箱装卸业务的成本计算单位，通常为"标准箱"。

港口企业的装卸成本一般以千操作量（也称为千操作吨）为成本计算单位。在一个既定的操作过程中，一吨货物不论经过几组工人或几部机械的操作，也不论搬运距离的远近、是否有辅助作业，均只计算为一个操作量。完整的操作过程是指货物由某一运输工具到另一个运输工具或库场，即货物在船、库、库场之间每两个环节所完成的一个完整的装卸过程。

二、装卸成本项目

装卸业务成本项目包括装卸直接费用和营运间接费用两类。

1. 装卸直接费用

（1）工资。工资指按规定支付给装卸工人、装卸机械司机的计时工资、计件工资、加班工资及各种工资性津贴。

（2）职工福利费。职工福利费指按装卸工人工资总额和按规定比例计提的费用。

（3）燃料和动力费。燃料和动力费指装卸机械在运行和操作过程中所耗用的燃料、动力和电力费用。

（4）轮胎费。轮胎费指装卸机械领用的外胎、内胎、垫带及其翻新和零星修补费用。

（5）修理费。修理费指为装卸机械和装卸工具进行维护和小修所发生的工料费用，以及装卸机械在运行和操作过程中耗用的机油、润滑油的费用。为装卸机械维修领用周转总成的费用和按规定预提的装卸机械的大修理费用，也列入本项目。

（6）折旧费。折旧费指装卸机械按规定计提的折旧费。

（7）工具费。工具费指装卸机械耗用的工具费，包括装卸工具的摊销额和工具的修理费。

（8）租费。租费指企业租入装卸机械或装卸设备进行装卸作业，按合同规定支付的租金。

（9）劳动保护费。劳动保护费指从事装卸业务使用的劳动保护用品，清凉饮料等防暑降温用品，以及采取劳动保护措施所发生的各项费用。

（10）外付装卸费。外付装卸费指支付给外单位支援装卸工作所发生的费用。

（11）事故损失费。事故损失费指在装卸作业过程中，因此项工作造成的应由本期装卸成本负担的货损、机械损坏、外单位人员人身伤亡等事故所发生的损失，包括货物破损等货损、货差损失和损坏装卸机械设备所支付的修理费用。

（12）其他费用。其他费用指不属于以上各项目的其他装卸直接费用。

2. 营运间接费用

营运间接费用主要指营运过程中发生的、不能直接计入（需分配计入）各装卸作业成本计算对象的装卸作业部门的经费。它包括装卸作业部门非直接生产人员的工资及福利费、办公费、水电费、折旧费等，但不包括企业本身的管理费用。

第二节 装卸成本的核算

一、装卸成本费用的归集与分配

1. 工资及职工福利费

根据"工资分配汇总表"和"职工福利费计算表"的有关数字，直接计入装卸成本。

在实行计件工资制的企业，应付工人的计件工资等于职工完成的合格品数量乘以计件单价。作业中发生的货损货差，如果是因工作不慎造成的，不支付工资。如果工人在同一月份内从事多种作业，作业计件单价各不相同，就需逐一计算相加。计件工资的计算公式为

$$应付计件工资=装卸数量×装卸该种货物的单价$$

例9-1 某月，工人张某装卸A货物1 200件，计件单价2元，装卸B货物600件，计件单价1.8元，则该工人的工资为

$$1\ 200×2+600×1.8=3\ 480（元）$$

也可以采用另一种方法计算工人的计件工资，即将月份内装卸完成的各种货物折合为定额工时数，乘以小时工资率，用公式表示为

$$完成定额工时数=\sum 装卸某种货物数量 × 该种货物装卸工时定额$$

$$应得计件工资=完成定额工时数 × 小时工资率$$

例9-2 某月，装卸工王某装卸A货物1 200件，每件定额工时6min，装卸B货物600件，每件定额工时为5.4min，小时工资率为20元，应得计件工资计算如下：

$$完成定额工时数=（1\ 200×6+600×5.4）/60=174（h）$$

$$应得计件工资=174×20=3\ 480（元）$$

2. 燃料和动力费

每月终了根据油库转来的装卸机械领用燃料凭证，计算出实际消耗数量与金额，计入成本。电费可根据供电部门的收费凭证或企业的电费分配凭证，计入装卸成本。

3. 轮胎费

由于装卸机械的轮胎磨耗与行驶里程无明显关系,故其费用不宜采用按胎公里摊销的方法处理,可在领用新胎时将其价值直接计入成本。如果一次领换轮胎数量较大,可作为待摊费用或预提费用,按月份分摊计入装卸成本。

4. 修理费

由专职装卸机械维修工或维修班组进行维修的工料费,应直接计入装卸成本;由与运输车辆等共用的维修车间进行维修所发生的工料费,应通过"辅助营运费用"账户归集后,再将应由装卸作业负担的费用分配计入装卸成本。

装卸机械耗用的机油、润滑油以及装卸机械保修领用周转总成的价值,月终根据油料库的领料凭证直接计入装卸成本。

装卸机械的大修理预提费用,可分别按预定的计提方法(如按作业量计提)计算,并计入装卸成本。

5. 折旧费

折旧是指装卸机械由于在使用过程中发生损耗而定期逐渐转移到装卸成本中的那一部分价值。装卸机械的损耗,分为有形损耗和无形损耗两种。有形损耗是指装卸机械在使用过程中,由于使用和自然力影响而引起的在使用价值和价值上的损失;无形损耗是指装卸机械由于技术进步而引起的在价值上的损失。

装卸机械的折旧按规定的分类方法和折旧率计算计入装卸成本。影响折旧的因素主要有装卸机械使用年限、原值、固定资产净残值率和计提折旧的起止时间。

装卸机械的折旧的计算方法主要有:平均年限法、工作量法和加速折旧法。

6. 工具、劳动保护费

装卸机械领用的随车工具、劳保用品和耗用的工具,在领用时可将其价值一次计入成本。

7. 租费

按照合同规定,将本期成本应负担的装卸机械租金计入装卸成本。

8. 外付装卸费

外付装卸费在费用发生和支付时直接计入装卸成本。

9. 事故损失

月终将应由本期装卸成本负担的事故净损失,结转计入本期装卸成本。

10. 其他费用

由装卸基层单位直接开支的其他费用,在发生和支付时,直接计入成本。

11. 间接费用

装卸基层单位在组织经营管理方面发生的各项费用,先通过"营运间接费用"账户汇集,月终按机械装卸和人工装卸的直接费用比例分配计入机械装卸成本和人工装卸成本。

二、装卸单位成本、成本降低额和成本降低率的计算

装卸成本总额计算出来之后，即可计算装卸单位成本、装卸成本降低额和装卸成本降低率。

1. 装卸单位成本

装卸单位成本是指完成单位装卸作业量而平均耗费的成本，计算公式为

$$\text{装卸单位成本（元/千操作吨）} = \frac{\text{装卸成本总额（元）}}{\text{装卸作业量（千操作吨）}}$$

2. 装卸成本降低额

装卸成本降低额是指由于本期装卸单位成本比上年装卸单位成本降低或升高，而造成本期装卸成本总额的相对节约或超支额，是反映一定时期内装卸成本降低或上升数额的指标，计算公式为

$$\text{装卸成本降低额} = \text{上年装卸单位成本} \times \text{本期装卸作业量} - \text{本期装卸成本总额}$$

或

$$= \left(\text{上年装卸单位成本} - \text{本期装卸单位成本} \right) \times \text{本期装卸作业量}$$

计算结果如为负值，则表示装卸成本超支额。

3. 装卸成本降低率

装卸成本降低率是将装卸成本降低额与按本期装卸作业量计算的上年装卸成本水平相比的比率，是反映装卸成本降低幅度的指标，计算公式为

$$\text{装卸成本降低率} = \frac{\text{装卸成本降低额}}{\text{上年装卸单位成本} \times \text{本期装卸作业量}} \times 100\%$$

或

$$= \frac{\text{上年装卸单位成本} - \text{本期装卸单位成本}}{\text{上年装卸单位成本}} \times 100\%$$

第三节 装卸成本分析

一、装卸成本预算完成情况总体分析

对装卸成本预算完成情况的总体分析，主要是对成本总额、单位成本、成本降低额、成本降低率等4个相互联系指标的实际数与预算数之差进行因素分析，以便确定影响实际数脱离预算数的具体原因及其影响程度。

例9-3 以某港口企业为例，其某年度装卸成本预算完成情况分析见表9-1。

表9-1 装卸成本预算执行情况分析表

××年度

项　目	预　算　数	实　际　数	差异（+/-）	
			绝　对　数	相对数（%）
一、固定成本/万元	3 521.0	3 521.8	+0.8	+0.02
1. 基本工资	175.0	175.6	+0.6	+0.34
2. 提取的福利基金	76.0	76.2	+0.2	+0.26
3. 基本折旧	1 800.0	1 800.0	—	—
4. 大修理基金	1 170.0	1 170.0	—	—
5. 营运间接费用（固定部分）	300.0	300.0	—	—
二、变动成本/万元	2 195.5	2 284.5	+89.0	+4.05
1. 计件工资	469.5	611.0	+141.5	+30.14
2. 燃料费	20.0	24.0	+4.0	+20.00
3. 动力及照明费	30.0	36.0	+6.0	+20.00
4. 材料费	1 200.0	1 215.0	+15.0	+1.25
5. 劳动保护费	150.0	156.0	+6.0	+4.00
6. 工具费	120.0	124.0	+4.0	+3.33
7. 修理费	46.0	40.0	-6.0	-13.04
8. 外付装卸费	100.0	6.5	-93.5	-93.50
9. 营运间接费用（变动部分）	60.0	62.0	+2.0	+3.33
10. 其他	—	—	—	—
11. 事故损失	0.0	10.0	+10.0	—
三、装卸成本总额/万元	5 716.5	5 806.3	+89.8	+1.57
四、作业量/10^3t	8 600.0	8 720.0	+120.0	+1.40
五、单位成本/（元/10^3t）	6 647.1	6 658.6	+11.5	+0.17
六、成本降低额/万元	92.80	84.06	-8.74	-9.42
七、成本降低率（%）	1.60	1.43	-0.17	-10.63

注：上年装卸单位成本6 755.0元/10^3t。

据表内成本降低指标完成情况可做如下总体分析：

1. 成本降低额实际数与预算数之差双因素分析

成本降低额实际数计算公式为

$$M_1 = (C_0 - C_1) Q_1$$

成本降低额预算数计算公式为

$$M_n = (C_0 - C_n) Q_n$$

则成本降低额实际数与预算数之差计算式为

$$\Delta M = M_1 - M_n$$
$$= (C_0 - C_1)Q_1 - (C_0 - C_n)Q_n \tag{9-1}$$

式中 C_0——上年单位成本（元/10^3t）；

C_n——单位成本预算数（元/10^3t）；

C_1——单位成本实际数（元/10^3t）；

Q_n——作业量预算数（10^3t）；

Q_1——作业量实际数（10^3t）。

根据双因素分析原理，可将ΔM分解为量差与价差，即

$$\Delta M = \Delta M_q + \Delta M_c \tag{9-2}$$

式中 ΔM_q——作业量Q变动所致成本降低额差异，计算公式为

$$\Delta M_q = (C_0 - C_n)Q_1 - (C_0 - C_n)Q_n$$
$$= (C_0 - C_n) \times (Q_1 - Q_n) \tag{9-3}$$

ΔM_c——装卸单位成本C变动所致成本降低额差异，计算公式为

$$\Delta M_c = (C_0 - C_1)Q_1 - (C_0 - C_n)Q_1$$
$$= (C_n - C_1)Q_1 \tag{9-4}$$

以表9-1为例，可对成本降低额实际数与成本降低额预算数之差（-8.74万元）进行作业量和装卸单位成本双因素变动影响分析。

（1）作业量变动所致成本降低额差异。

$$\Delta M_q = (C_0 - C_n)Q_1 - (C_0 - C_n)Q_n$$
$$= (C_0 - C_n) \times (Q_1 - Q_n)$$
$$= (6\,755 - 6\,647.1) \times (8\,720 - 8\,600)$$
$$= 107.9 \times 120$$
$$= 12\,948（元）$$

表明在假定装卸单位成本不变的前提下，由于作业量增加，使成本降低额实际数比预算数增加12 948元。

（2）装卸单位成本变动所致成本降低额差异。

$$\Delta M_c = (C_0 - C_1)Q_1 - (C_0 - C_n)Q_1$$
$$= (C_n - C_1)Q_1$$
$$= (6\,647.1 - 6\,658.6) \times 8\,720$$
$$= -11.5 \times 8\,720$$
$$= -100\,280（元）$$

表明在作业量为实际数时，由于装卸单位成本上升，使成本降低额实际数比预算数减少100 280元。

双因素所致成本降低额差异合计为-8.733 2万元。

2. 单位成本差异多因素分析

装卸单位成本实际数与预算数之差产生的原因，总体上分为三个方面：①单位变动成本脱离预算；②固定成本总额脱离预算；③装卸作业量脱离预算。这三方面的原因，均会导致装卸单位成本脱离预算，使得单位成本实际数与预算数不一致。

因此，装卸单位成本实际数与预算数之差可从单位变动成本、固定成本总额和装卸作业量三个方面进行因素分析。

装卸成本可分为变动成本和固定成本两部分，所以有

$$装卸单位成本 = \frac{装卸总成本}{装卸作业量} = \frac{变动成本总额}{装卸作业量} + \frac{固定成本总额}{装卸作业量}$$

即

$$C = B/Q + A/Q = C_b + C_a$$

式中　C——装卸单位成本（元/10^3t）；
　　　C_b——单位成本中的变动成本（元/10^3t）；
　　　C_a——单位成本中的固定成本（元/10^3t）。
　　　B——装卸变动成本总额（元）；
　　　A——装卸固定成本总额（元）；
　　　Q——装卸作业量（10^3t）；

故此，装卸单位成本实际数与预算数之差表达式为

$$\Delta C = (C_{b,1} + C_{a,1}) - (C_{b,n} + C_{a,n})$$
$$= (C_{b,1} - C_{b,n}) + (C_{a,1} - C_{a,n})$$
$$= (C_{b,1} - C_{b,n}) + (C_{a,1}Q_1 - C_{a,n}Q_n)/Q_1 + (C_{a,n}Q_n/Q_1 - C_{a,n})$$

或

$$= (B_1/Q_1 - B_n/Q_n) + (A_1/Q_1 - A_n/Q_1) + (A_n/Q_1 - A_n/Q_n)$$

由于表达式中有三个因素变量（C_a、C_b 和 Q），因此，在对单位成本差异进行多因素分析时，需将 ΔC 分解为三项，即

$$\Delta C = \Delta C_b + \Delta C_a + \Delta C_q \qquad (9-5)$$

式中　ΔC_b——变动成本 C_b 变动所致单位成本差异，计算公式为

$$\Delta C_b = C_{b,1} - C_{b,n} = B_1/Q_1 - B_n/Q_n \qquad (9-6)$$

ΔC_a——固定成本总额 C_aQ 变动所致单位成本差异，计算公式为

$$\Delta C_a = (C_{a,1}Q_1 - C_{a,n}Q_n)/Q_1 = A_1/Q_1 - A_n/Q_1 \qquad (9-7)$$

ΔC_q——作业量 Q 变动所致单位成本差异，计算公式为

$$\Delta C_q = (C_{a,n}Q_n/Q_1 - C_{a,n}) = A_n/Q_1 - A_n/Q_n \qquad (9-8)$$

以表9-2为例，可对装卸单位成本实际数与装卸单位成本预算数之差（11.5万元）进行三因素影响分析。

表9-2 装卸单位成本预算执行情况分析表

××年度　　　　　　　　　　　　　　　　　　（单位：元/10³t）

项目	预算数	实际数	差异(+/-) 绝对数	差异(+/-) 相对数(%)	成本降低率之差(%)	排序 节	排序 超
	①	②	③=②-①	④=③/①	⑤=-③/6 755	—	—
一、固定成本	4 094.20	4 038.70	-55.50	-1.36	0.82	—	—
1. 基本工资	203.50	201.40	-2.10	-1.03	0.03	6	
2. 提取的福利基金	88.40	87.40	-1.00	-1.13	0.01	8	
3. 基本折旧	2 093.00	2 064.20	-28.80	-1.38	0.43	2	
4. 大修理基金	1 360.50	1 341.70	-18.80	-1.38	0.28	3	
5. 营运间接费用（固定部分）	348.80	344.00	-4.80	-1.38	0.07	5	
二、变动成本	2 552.90	2 619.90	67.00	2.62	-0.99	—	—
6. 计件工资	546.00	700.70	154.70	28.33	-2.29		1
7. 燃料费	23.30	27.50	4.20	18.03	-0.06		4
8. 动力及照明费	34.90	36.30	1.40	4.01	-0.02		6
9. 材料费	1 395.30	1 393.30	-2.00	-0.14	0.03	7	—
10. 劳动保护费	174.40	178.90	4.50	2.58	-0.07		3
11. 工具费	139.50	142.20	2.70	1.94	-0.04		5
12. 修理费	53.50	45.90	-7.60	-14.21	0.11	4	
13. 外付装卸费	116.30	7.50	-108.80	-93.55	1.61	1	
14. 营运间接费用（变动部分）	69.70	71.10	1.40	2.01	-0.02		6
15. 其他	0.00	0.00	0.00	—	0.00		
16. 事故损失	0.00	16.50	16.50	—	-0.24		2
三、装卸单位成本	6 647.10	6 658.60	11.50	0.17	-0.17	—	—
四、成本降低率（%）	1.60	1.43	-0.17		-0.17		
五、上年装卸单位成本	6 755.00						

注：表中⑤栏成本降低率之差计算式为

$$\text{成本降低率实际数} - \text{成本降低率预算数} = \frac{\text{上年单位成本} - \text{单位成本实际数}}{\text{上年单位成本}} - \frac{\text{上年单位成本} - \text{单位成本预算数}}{\text{上年单位成本}}$$

$$= \frac{\text{单位成本预算数} - \text{单位成本实际数}}{\text{上年单位成本}} = \sum_{\text{成本项目}} \frac{\text{单位成本某项预算数} - \text{单位成本该项实际数}}{\text{上年单位成本}}$$

（1）据式（9-6），变动成本C_b变动所致单位成本差异为

$$\Delta C_b = C_{b,1} - C_{b,n} = B_1/Q_1 - B_n/Q_n = 2\,619.9 - 2\,552.9 = 67（元/10^3 t）$$

表明由于单位成本中的变动成本增加67元/10³t，使装卸单位成本实际数比预算数等量增加67元/10³t。

（2）据式（9-7），固定成本总额变动所致单位成本差异为

$$\Delta C_a = (C_{a,1}Q_1 - C_{a,n}Q_n)/Q_1 = A_1/Q_1 - A_n/Q_1$$
$$= 4\ 038.7 - 35\ 210\ 000/8\ 720 = 0.86\ (元/10^3 t)$$

表明由于固定成本总额增加0.8万元（即3 521.8-3 521.0），使装卸单位成本实际数比预算数增加0.86元/10^3t。

（3）据式（9-8），作业量变动所致单位成本差异为
$$\Delta C_q = (C_{a,n}Q_n/Q_1 - C_{a,n}) = A_n/Q_1 - A_n/Q_n$$
$$= 35\ 210\ 000/8\ 720 - 4\ 094.2 = -56.36\ (元/10^3 t)$$

表明由于作业量增加120×10^3t（即8 720-8 600），使装卸单位成本实际数比预算数减少56.36元/10^3t。

上述单位成本中的变动成本、固定成本总额、作业量三因素变动对装卸单位成本影响数值合计为11.5元/10^3t。

不难看出，单位成本中的固定成本实际数与预算数之差等于固定成本总额、作业量两因素变动对装卸单位成本影响数值之和，即

$$C_{a,1} - C_{a,n} = \Delta C_a + \Delta C_q = (C_{a,1} - C_{a,n}Q_n/Q_1) + (C_{a,n}Q_n/Q_1 - C_{a,n})$$

本例中
$$C_{a,1} - C_{a,n} = 4\ 038.7 - 4\ 094.2$$
$$= \Delta C_a + \Delta C_q = 0.86 + (-56.36)$$
$$= -55.5\ (元/10^3 t)$$

关系式$C_{a,1} - C_{a,n} = \Delta C_a + \Delta C_q$，表明单位装卸成本中的固定成本实际数与预算数差异，是固定成本总额和作业量双因素变动所致。

显然，当作业量不变，固定成本总额实际数大于预算数时（预算超支），必然使单位成本中的固定成本上升；反之，固定成本总额实际数小于预算数时（预算节支），必然使单位成本中的固定成本下降。当固定成本总额不变，而作业量实际数大于预算数时，则使单位成本中的固定成本下降；反之，作业量实际数小于预算数时，则使单位成本中的固定成本上升。固定成本总额与作业量两者变动，对单位成本中的固定成本的影响数值，可以通过ΔC_a和ΔC_q的计算而分别得出。

3. 装卸单位成本的明细分析

装卸单位成本分析应按装卸成本项目逐项细化分析，可以通过编制"装卸单位成本预算执行情况分析表"列示分析过程与结果，见表9-2。

装卸单位成本预算执行情况的明细分析，是装卸成本预算完成情况总体分析的后续工作，首先应对各成本明细项目，按其实际数与预算数节超差异大小分别排序。分析的重点应放在差异偏大的成本项目上。本例中，超支项目的分析重点在前三位的项目，依次是计件工资、事故损失和劳动保护费；节支项目的分析重点在前三位的项目，依次是外付装卸费、基本折旧和大修理基金。

二、主要成本项目分析

1. 计件单价差异双因素分析

由于计件工资是计件单价与装卸作业量的乘积,所以计件工资分析的重点是计划期内的计件单价有无变化,以及对单位成本中的变动成本的影响数额。

对于不同货种、不同装卸方式及不同装卸工具来说,即便作业量单位均为千操作吨,但其计件单价也有区别,因此,还应按不同计件单价分别分析其对单位成本中的变动成本数额的影响,并对计件单价的变动原因做进一步分析,看其是否合理。

例9-4 表9-3给出三种不同货种的平均计件单价实际数与预算数之差(154.7元/10^3t),以及各相关数据,据此表可对其差额做因素变动影响分析。

表9-3 分货种的计件单价、作业量、计件工资统计表

货种	计件单价/(元/10^3t)			作业量/10^3t			计件工资/元	
	预算数	实际数	差异	预算数	实际数	差异	预算数	实际数
	①	②	③=②−①	④	⑤	⑥=⑤−④	⑦=①×④	⑧=②×⑤
A	540	742.7	202.7	3 400	3 420	20	1 836 000	2 540 000
B	580	700	120	2 300	2 500	200	1 334 000	1 750 000
C	500	650	150	3 050	2 800	−250	1 525 000	1 820 000
合计	536.57	700.69	164.12	8 750	8 720	−30	4 695 000	6 110 000

由上表可知,三种货物的平均计件单价的实际数$\bar{p}_1$(700.7元/10^3t)和预算数$\bar{p}_n$(536.57元/10^3t)之差为$\bar{p}_1-\bar{p}_n$(164.12元/10^3t),影响这个差额的因素有两个,一个是不同货种的作业量结构变动所致,另一个是不同货种计件单价实际数脱离预算数所致。

为简化分析起见,可用连环因素替代法对这个差额($\bar{p}_1-\bar{p}_n$=164.12元/10^3t)进行双因素分析,见表9-4。

表9-4 计件单价实际数与预算数之差连环替代法因素分析表

替代序号	因素替代过程	计算结果	算式编号	替代及影响因素	影响差额/(元/10^3t)
0	(540×3 400+580×2 300+500×3 050)÷(3 400+2 300+3 050)	$\bar{p}_n$=536.57	①	—	—
1	(540×3 420+580×2 500+500×2 800)÷(3 420+2 500+2 800)	$\bar{p}'$=538.62	②	作业量结构	②−①=2.05
2	(742.7×3 420+700×2 500+650×2 800)÷(3 420+2 500+2 800)	$\bar{p}_1$=700.7	③	计件单价	③−②=162.07
	差额合计				164.12

注:表中下划线的数据为已替代因素的数据,方框内的数据为本次替代因素的数据。

替代分析结果表明:由于货种作业量结构发生了变动,使单位成本中的平均计件单价实际数比预算数增加2.05元/10^3t;由于不同货种计件单价发生变动,使单位成本中的平均计件单价实际数比预算数增加162.07元/10^3t。

本例中的三项不同货种的计件单价大幅提升,加之货种作业量结构的变动,对平均计价单价、单位成本中的变动成本、单位成本、成本降低额、成本降低率都有较为显著的影

响，这种影响的量化分析与计算见表9-5。

表9-5 计件单价、货种作业量结构变动影响汇总表

影响因素	计件单价、货种作业量结构变动所导致的成本差异					
	平均计件单价差异		单位成本差异		比预算降低额/元	成本降低率差异/%
	元/10³t	%	元/10³t	%		
	①	②=①/536.57	③=①	④=③/6 647.1	⑤=-③×8 720	⑥=-③/6 755
计件单价	162.07	30.20	162.07	2.44	-1 413 250	-2.4
货种作业量结构	2.05	0.38	2.05	0.03	-17 876	-0.03
合计	164.12	30.59	164.12	2.47	-1 431 126	-2.43

注：作业量实际数为8 720×10³t；
平均计件单价预算数为536.57元/10³t；
单位成本预算数为6 647.1元/10³t；
上年装卸单位成本为6 755.0元/10³t。

表9-5表明，由于不同货种计件单价变动，使平均计价单价上升了162.07元/10³t，上升幅度为30.20%，也使单位成本上升了162.07元/10³t，上升幅度为2.44%，相对预算上升总额为1 413 250元，导致成本降低率实际数比预算数下降2.4%。可见本例中的计划期内计件单价的提高，对单位成本中的变动成本的影响非常显著，应进一步分析其提价的原因及合理性的问题。

2. 基本工资差异多因素分析

【例9-5】现对表9-6单位成本中的基本工资项目实际数与预算数之差（-2.11元/10³t）进行因素分析。

表9-6 基本工资分析数据统计表

项目	预算数	实际数	差异（+/-）	
			绝对数	%
装卸工人数/人	50	40	-10	-20
平均工资/(万元/人)	3.5	4.39	0.89	25.43
基本工资/万元	175	175.6	0.6	0.34
装卸作业量/10³t	8 600	8 720	120	1.40
单位成本基本工资含量/(元/10³t)	203.49	201.38	-2.11	-1.04

由单位成本基本工资含量计算公式可得出单位成本基本工资含量实际数与预算数之差的计算公式为

$$\text{单位成本基本工资含量实际数与预算数之差} = \frac{\text{装卸工人实际数} \times \text{平均工资实际数}}{\text{装卸操作量实际数}} - \frac{\text{装卸工人预算数} \times \text{平均工资预算数}}{\text{装卸操作量预算数}}$$

由上式可以看出，共有三个因素变量，可用连环替代法进行因素影响分析。分析前，先来确定替代顺序。根据连环替代法的要求，替代的顺序一般是先替代数量指标，后替代质量指标；先替代实物量指标，后替代货币量指标，故替代顺序依次为装卸作业量、装卸工人数、平均工资。替代过程及影响差异计算过程见表9-7。

表9-7　单位成本基本工资含量实际数与预算数之差因素分析表

替代序号	替代过程	算式编号	影响因素	影响差额/(元/10³t)
—	50×35 000/8 600=203.49	①	—	—
1	50×35 000/8 720=200.69	②	作业量+120	②－①=－2.8
2	40×35 000/8 720=160.55	③	人数－10	③－②=－40.14
3	40×43 900/8 720=201.38	④	平均工资+8 900	④－③=+40.83
合计	201.38－203.49=(②－①)+(③－②)+(④－③)=－2.11（元/10³t）			

注：带有下划线的数字为本次之前已替代因素的数值，带框的数字为本次替代因素的数值。

3. 燃料费用差异多因素分析

装卸成本中的燃料项目是指装卸机械所耗用的燃油费用。对于燃料费用的实际数与预算数之差，可按燃料品种及消耗量变动、燃料品种数量比例构成变动和价格变动进行多因素分析。此外，还需对燃料消耗定额进行重点分析。

例9-6 某装卸企业某年燃料消耗定额分析见表9-8。

表9-8　燃料消耗定额分析表

××年度

燃料品种	计量单位	千起运吨耗油量			
		定额	实际	节约(－)或超耗(+)	
				数量	%
汽油	L	0.055	0.058	+0.003	+5.45
柴油	t	0.012	0.011	－0.001	－8.33

从表9-8可知，汽油千起运吨实际消耗水平超出定额0.003L，涨幅为5.45%；柴油千起运吨实际消耗水平低于定额0.001t，降幅为8.33%。表明柴油节油成效明显，应总结经验，加以推广，如若采用了节油较为明显的节油技术，使得耗油量普遍下降时，可考虑对燃料消耗定额进行适时修订；汽油超耗需查找原因，结合具体情况，制订相应对策。

4. 动力及照明费用差异多因素分析

动力及照明费用是指装卸货物所消耗的电力费用。港口装卸作业消耗的动力主要是电力。对于以电力为主要动力的装卸企业或部门的用电情况进行定期分析，是一项重要的工作。为加强动力消耗的管理，应对各类装卸机械和用电分别设置电能表，计量各自用电情况，并定期分析考核，见表9-9。

表9-9表明，电动吊车与皮带输送机用电成本实际数均超出预算数，现就其超支数进行因素分析。

表9-9　装卸设备用电统计表

用电项目	预算数				实际数				节超
	起运量	单耗	单价	金额	起运吨	单耗	单价	金额	
	10^3t	kW·h/10^3t	元/kW·h	元	10^3t	kW·h/10^3t	元/kW·h	元	元
总计	400	500	0.80	160 000	420	521.429	0.85	186 150	+26 150
电动吊车	150	800	0.80	96 000	150	920	0.85	117 300	+21 300
皮带输送机	250	320	0.80	64 000	270	300	0.85	68 850	+4 850

注：起运量也称为装卸机械起运量，是反映港口装卸机械工作量大小的指标，计算单位为10^3t。

（1）电动吊车电费超支数因素分析。对电动吊车电费超支数，可用连环替代法进行因素分析，见表9-10。

表9-10　电动吊车电费超支连环替代法因素分析表

替代序号	替代过程	算式编号	影响因素	影响差额/元
—	150×800×0.8=96 000	①	—	—
1	150×800×0.8=96 000	②	起运量未变动	②−①=0
2	150×920×0.8=110 400	③	用电单耗+120	③−②=+14 400
3	150×920×0.85=117 300	④	电价+0.05	④−③=+6 900
合计	117 300−96 000=（②−①）+（③−②）+（④−③）=+21 300			

注：带有下划线的数字为本次之前已替代因素的数值，带框的数字为本次替代因素的数值。

（2）皮带输送机电费超支数因素分析。同理，对皮带输送机电费超支数，可用连环替代法进行因素分析，见表9-11。

表9-11　皮带输送机电费超支连环替代法因素分析表

替代序号	替代过程	算式编号	影响因素	影响差额/元
—	250×320×0.8=64 000	①	—	—
1	270×320×0.8=69 120	②	起运量+20	②−①=+5 120
2	270×300×0.8=64 800	③	用电单耗−20	③−②=−4 320
3	270×300×0.85=68 850	④	电价+0.05	④−③=+4 050
合计	68 850−64 000=（②−①）+（③−②）+（④−③）=+4 850			

注：带有下划线的数字为本次之前已替代因素的数值，带框的数字为本次替代因素的数值。

（3）因素分析汇总。电动吊车与皮带输送机电费超支因素分析汇总见表9-12。

表9-12　电动吊车与皮带输送机电费超支因素分析汇总

对电费超支影响的因素	因素变动		对超支影响额	
	单位	数量	元	%
电动吊车	—	—	+21 300	81
起运量	10^3t	0	0	0
单耗	kW·h/10^3t	+120	+14 400	55
用电单价	元/kW·h	+0.05	+6 900	26

（续）

对电费超支影响的因素	因素变动		对超支影响额	
	单位	数量	元	%
皮带输送机	—	—	+4 850	19
起运量	10^3t	+20	+5 120	20
单耗	kW·h/10^3t	−20	−4 320	−16
用电单价	元/kW·h	+0.05	+4 050	15
总计	—	—	+26 150	100

上述初步分析表明，电动吊车由于单耗增加使电费超支了14 400元，占电费超支总额26 150元的55%，所以对电动吊车电力单耗增加的原因还需进一步分析。

在装卸货物的过程中，如负载时多时少，或长期负荷不足，均会浪费电力，对此应进一步改进装卸工艺，保证装卸机械满载运行；此外，由于管理不当，机械处于不良状态也会浪费电力。所以，应从研究装卸工艺入手，通过改进装卸工艺，健全保养制度，改善机械技术状态来节省电力。照明用电也是生产不可缺少的开支。通常，一个作业区每月耗电量高达数万度以上，因此严控照明用电对于降低与控制装卸成本也是十分必要的。

第四节 装卸成本控制基本对策

就专业装卸企业来讲，降低装卸单位成本，不但能提高单位装卸作业量的盈利，而且有助于提高装卸市场竞争力。装卸成本水平决定装卸费率水平，而费率水平则决定不同装卸企业的市场货源供求状况。装卸成本控制得好，装卸单位成本低，就有实力以较低的费率来吸引货源，提高其在装卸市场中的占有率，在承揽货源时掌握主动权。

装卸作业时间长短，业已成为装卸市场竞争中的重要因素。投入必要的成本用于缩短装卸作业时间，加快货物及车船周转速度，提供及时周到的装卸服务是十分必要的。

一、成本控制的划分

1. 按成本形成过程划分

（1）生产作业前的控制。这部分控制内容主要包括：装卸工艺设计，生产组织方式确定与调整，装卸机械、工属具、劳力配备，燃材料、动力定额与劳动定额制订等。这项控制工作属于事前控制方式，在控制活动实施时真实的成本还没有发生，但它决定了成本将会怎样发生，基本上决定了装卸生产的成本水平。

（2）生产作业过程中的控制。生产作业过程是成本实际形成的主要阶段。绝大部分的成本支出在这里发生，包括：燃材料、人工、动力、辅助工属具的损耗，保证货运质量的清扫费用，公司以及其他管理部门的费用支出。投产前的种种控制方案设想、控制措施能否在制造过程中贯彻实施，大部分的控制目标能否实现等与这一阶段的控制活动紧密相关。

2. 按成本费用的构成划分

（1）燃材料、动力成本控制。在港口装卸作业中燃材料、动力费用占了可控成本的很大比重，一般在70%以上，高的可达85%，是成本控制的主要对象。影响燃材料、动力成本的因素有采购、生产消耗、回收利用、生产工艺的安排等，所以控制活动可从采购、生产工艺的安排和生产消耗三个环节着手。

（2）人工费用控制。人工费用在企业总成本中占有较大比重，每年给员工增加工资是不可避免的。控制工资与效益同步增长，减少单位产量中工资的比重，对于降低成本有重要意义。控制工资成本的关键在于提高劳动生产率，它与劳动定额、工时消耗、工时利用率、工班效率、工人出勤率等因素有关。

（3）保证生产的费用控制。保证生产的费用开支项目很多，主要包括折旧费、修理费、辅助生产费用等，这些都是不可忽视的费用。

（4）营运间接费控制。营运间接费是指为管理和组织生产所发生的各项费用，开支项目较杂，也是成本控制中不可忽视的内容。

上述这些费用都是在总量上需要控制的费用。

二、装卸作业的合理化

1. 装卸有效性

装卸作业本身并不产生价值，装卸作业不仅要花费人力和物力，增加费用，还会使流通速度放慢。如果多增加一次装卸，费用也就相应地增加一次，同时还增加了商品污损、破坏、丢失、消耗的机会。显然，防止和消除无效作业对提高装卸作业的经济效益有重要作用。

2. 装卸连续性

每一次装卸作业，每一个装卸动作，都应考虑到下一步需要，从而有计划地进行。要使装卸作业有序而顺畅地进行，应事先安排好作业动作的顺序和作业动作的组合，合理选择与运用装卸机械。

3. 装卸灵活性

装卸灵活性是指从物的静止状态转变为装卸搬运状态的难易程度。在整个物流过程中，货物要经过多次装卸和搬运，上一步的卸货作业与下一步的装载或搬运作业关系密切。在组织装卸作业时，应该灵活运用各种装卸搬运工具和设备，前道作业要为后道作业着想，从物流起点包装开始，应以装卸灵活性指数最大化为目标。

4. 装卸单元化

这种方式是把商品装在托盘、集装箱和搬运器具中原封不动地装卸、搬运，并进行输送、保管，有利于提高装卸效率和对产品的保护。

5. 物流整体性

从运输、储存、保管、包装与装卸的关系来考虑，装卸要适合运输、储存保管的规模，即装卸要起着支持并提高运输与储存能力及效率的作用。

6. 装卸省力化

在装卸作业中应尽可能地消除重力的不利影响。在有条件的情况下利用重力进行装卸，可减轻劳动强度和能量的消耗。比如将小型运输带（板）斜放在货车、卡车或站台上进行装卸，使物料在倾斜的输送带（板）上移动，这种装卸就是靠重力的水平分力完成的。

三、降低装卸成本的主要途径

1. 降低装卸业务的固定成本

（1）合理确定装卸机械的拥有量。确定装卸机械的拥有量时，应做到既保证装卸生产的正常进行，又避免资源浪费。由于装卸量不同或货种结构不同，装卸机械种类、数量的配备也不相同，其配备一定要根据装卸生产的实际，认真论证其经济性，从而避免投资过大而增加固定成本，造成浪费。

（2）合理配备装卸人员。固定成本中的底薪、"五险一金"、劳保费用、上下班交通费等，是随人员的多少而增减的，合理配备装卸人员，可相对减少这部分固定成本。在合理配备装卸人员的前提下，应积极稳妥地推进计件工资制，使工资性费用与作业量同步增长。

（3）增加装卸作业量。当固定成本总额不变，而增加装卸作业量时，将使单位成本中的固定成本含量下降，从而降低装卸单位成本。

2. 降低装卸业务的变动成本

经估算，在装卸业务变动成本中，燃料、电费、材料、修理费占80%左右，对装卸业务的经济效益影响较大，应当作为节支重点。

（1）认真安排装卸工艺，合理调度指挥。装卸工艺优化、调度指挥得当，就能减少不必要的作业量，达到降低消耗、降低成本的目的。操作量和与之相应的货物装卸自然吨之比称作操作系数，其计算公式为

$$操作系数=操作量÷装卸自然吨$$

操作系数一般大于等于1，操作系数越小，作业量就越小，装卸成本也越小。

（2）科学制定各类消耗定额，按月考核、奖惩。

（3）加强装卸设备日常维修保养，降低修理费用。

（4）加强文明生产、安全生产的教育，加强文明生产、安全生产的全过程管理，以确保装卸作业质量，确保装卸作业安全无事故。

第五节 装卸作业燃料耗费控制示例

以内燃装卸机械为主的装卸作业，其作业成本中的燃料费用占有极高的比例。因此，加强燃料成本管控，对于提高装卸成本控制成效，将起到事半功倍作用。

本节以某铁路局CY车站装卸效益QC小组的燃料管控活动为例，介绍装卸成本燃料项目管控的主要对策。

QC小组是指在生产或工作岗位上从事各种劳动的员工，围绕企业的经营战略、方针目标和现场存在的问题，以改进质量、降低消耗、提高人的素质和经济效益为目的而组织起来，运用质量管理的理论和方法开展活动的小组。

一、QC活动选题

CY车站现有装载机三台，编号分别为035号、071号、072号，主要用于货场的石料等散货装车作业。由于装车作业的百元产值成本耗费逐年上升，如图9-1所示，该小组决定把减少装载机成本耗费作为目标开展活动，以求降低装车作业成本。他们的活动选题是减少装载机百元产值耗费，降低作业成本；预期目标是将百元产值耗费由当前的18.8元，降低到17.29~17.67元，降低幅度达到6%~8%。

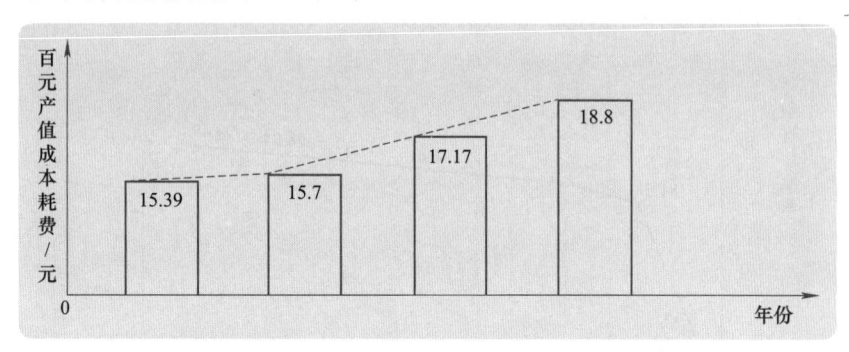

图9-1　装车作业的百元产值成本耗费逐年情况

二、分析

1. 查找装载机耗费高的项目

（1）对装载机耗费的各项目进行调查，其结果见表9-13。

表9-13　百元产值成本耗费调查表

序　号	品　名	成本耗费/（元/百元产值）	占成本耗费总额比率（%）
1	燃　油	15.3	81.383
2	润滑油	0.2	1.064
3	润滑脂	0.3	1.596
4	液压油	0.1	0.532
5	制动液	0.1	0.532
6	配　件	2.2	11.702
7	水　电	0.2	1.064
8	协作费	0.4	2.128

（2）按ABC分析法，对表9-13数据进行整理，编制ABC分析表，见表9-14。

表9-14 百元产值成本耗费ABC分析表　　　（单位：元/百元产值）

按耗费排序	品　名	金　额	比率(%)	金额累计	金额累计比率(%)	类　别
1	燃油	15.3	81.383	15.3	81.383	A
2	配件	2.2	11.702	17.5	93.085	B
3	协作费	0.4	2.128	17.9	95.213	C
4	润滑脂	0.3	1.596	18.2	96.809	C
5	润滑油	0.2	1.064	18.4	97.872	C
5	水电	0.2	1.064	18.6	98.936	C
7	液压油	0.1	0.532	18.7	99.468	C
7	制动液	0.1	0.532	18.8	100.000	C

（3）据ABC分析表制作分析图，如图9-2所示。

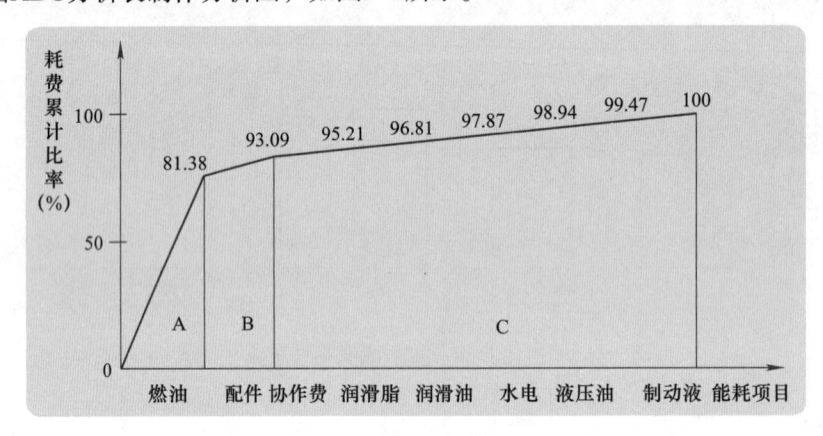

图9-2 百元产值成本耗费的ABC分类图

从图9-2可知：燃油占百元产值成本耗费的81.383%，定为A类；配件占百元产值成本耗费的11.702%，定为B类；其余6项消耗约占百元产值成本耗费的7%，定为C类。

经以上对百元成本耗费的ABC分析，明确了燃油成本耗费是降低百元产值成本耗费的关键与重点，如果在燃油耗费上能找到有效的途径，势必事半功倍。

2. 查找燃油消耗高的原因

（1）利用因果图分析造成燃油消耗过高的因素、寻找减少燃油消耗的途径。通过因果图（图9-3），找出了造成燃油消耗高的因素主要有14个，大致归纳为三个主要方面：

1）司机操作技术与操作方法方面的因素。

2）装载机技术状态方面的因素。

3）场地及货场位置方面的因素。

（2）对6名装载机司机按其操作方法与操作技术好差排序。选用技术状态较好的071号车装载机，指派6名司机在同一股道、装同品名货物进行百元产值油耗实验，如图9-4所示。通过对比，司机A与B两人的百元产值油耗较低，其余4人稍差。

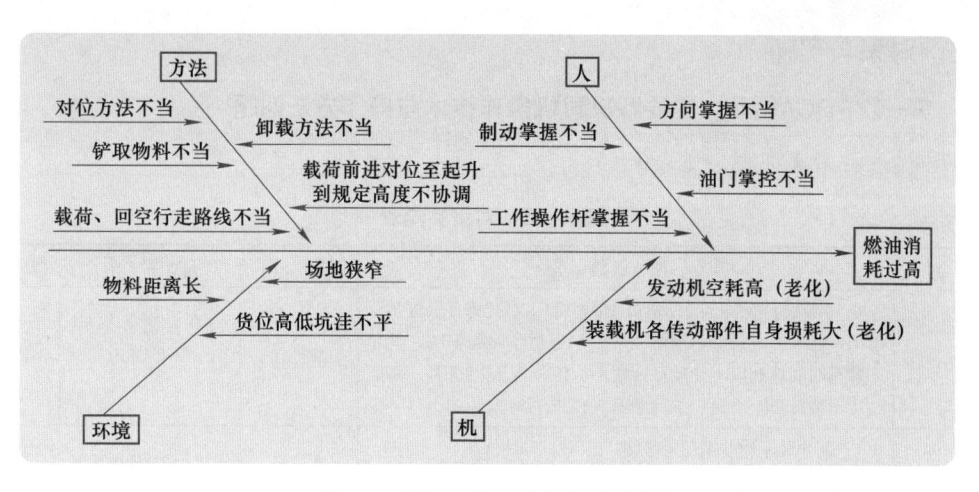

图9-3 燃油消耗过高的因果分析

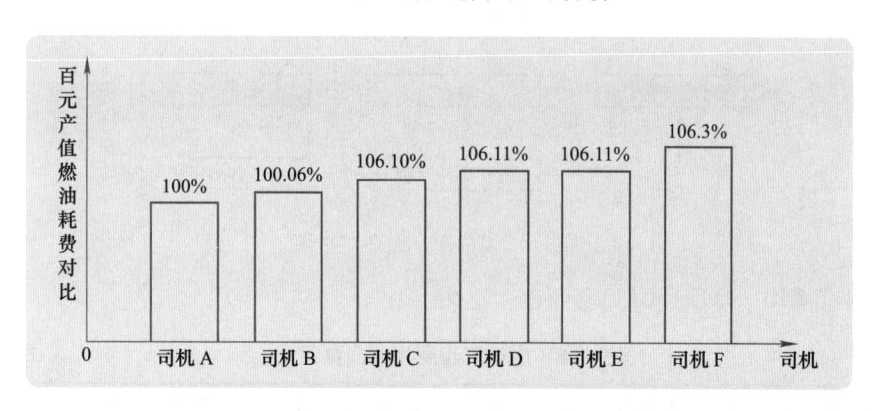

图9-4 对司机按操作方法与操作技术好差排序

（3）对三台装载机按其燃油耗费水平高低排序。选操作技术、操作方法较好的两名司机（司机A、司机B）用三台装载机在同一股道、装同品名货物进行百元产值油耗实验。

取二人平均值并做图，如图9-5所示，经对比得知，035号、071号装载机油耗较低，其百吨耗油量在合理技术指标内；072号装载机油耗高，其百吨耗油量超出技术指标。

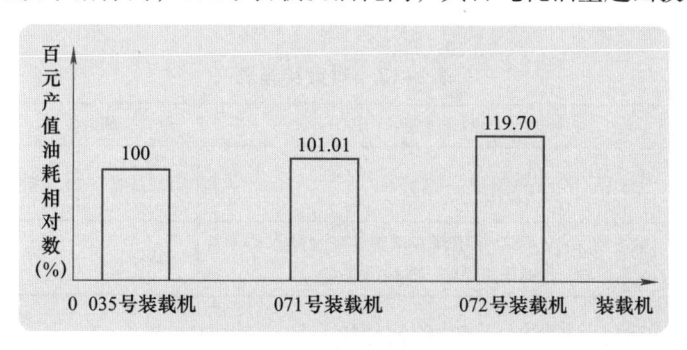

图9-5 对装载机按燃油耗费水平高低排序

（4）对于装卸作业环境与场地的不利因素，一时无法解决，故排除在活动之外。

通过以上活动，找出了问题症结，决定采取以下对策并加以实施。

三、对策与实施

1. 第一次PDCA循环，主要解决司机操作技术与操作方法问题

（1）制订对策实施表，见表9-15。

表9-15 对策实施表

项目	对策	时间	落实人	督促人
操作技术达标	由司机A带司机E和D；司机B带司机F和C。每日黑板学习模拟一小时；现场学习演练一小时。通过学习与演练，使单车装车时间达到以下标准：一股平货位装石子9.8分钟，一股高货位装石膏8.5分钟，二股装石头12.5分钟	某月底	司机A和B	周某某
操作方法	1. 制作装车作业循环工步图 2. 制订操作工步所用时间参照表	某月底	司机A和B及周某某	李某某

（2）制作装车作业循环工步图，如图9-6所示。

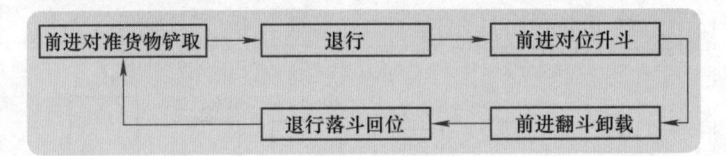

图9-6 装车作业循环工步图

（3）制订操作工步所用时间参照表，见表9-16。

表9-16 操作工步所用时间参照表 （单位：s）

操作工位	前进对准货物铲取	退行	前进对位升斗	前进翻斗卸载	退行落斗回位
高货位石膏装车	10	5	10	5	9
平货位石子装车	10	5	13	5	12
石头装车	13	7	17	5	16

2. 第二次PDCA循环，主要解决072号装载机油耗过高问题

（1）制订对策实施表，见表9-17。

表9-17 对策实施表

问题	对策	时间	落实人	督促人
072号车发动机空耗高、老化	①二保：换环；②镗缸；③磨轴	某月底	靳某某	李某某
各传动部件自身损耗大	主传动保养，制动系统保养调整，变速器保养，各工作泵保养，各工作阀保养，各轴承保养	某月底	靳某某	李某某

（2）制订百元产值耗油合格、良好、优秀标准，见表9-18。

表9-18 百元产值耗油等级 （单位：kg/百元产值）

合格	良好	优秀
2.295	2.25	2.1

四、实施效果

经过二次循环，分三个时间段对6名司机百元产值耗油情况做统计对比，见表9-19。

表9-19　百元产值油耗量统计表　　　　　　　　（单位：kg/百元产值）

时　间　段	司　机　代　号					
	A	B	C	D	E	F
5—6月	2.240	2.240	2.290	2.291	2.292	2.293
8—9月	2.200	2.210	2.280	2.285	2.290	2.290
11—12月	2.150	2.160	2.260	2.270	2.280	2.282

通过统计可看出，6名司机的百元燃油消耗量均值呈逐月下降趋势，其中司机A和B两人已达良好标准。

按上年燃油价格6.40元/kg计算当年11—12月的百元产值燃油耗费额，并与上年实际相比较，每名司机的百元产值燃油耗费均有不同程度的下降，总体下降幅度为6.55%，实现了将百元产值耗费降低6%~8%的预期目标，见表9-20。

表9-20　与上年相比百元产值耗费下降情况

项　目	单　位	司　机　代　号						平均值
		A	B	C	D	E	F	
当年11—12月燃油消耗量	kg/百元产值	2.15	2.16	2.26	2.27	2.28	2.28	2.23
按上年燃油价格计算耗费额	元/百元产值	13.76	13.82	14.46	14.53	14.59	14.59	14.27
上年同期耗费额	元/百元产值	15.30	15.30	15.30	15.25	15.30	15.29	15.27
与上年相比较的差额	元/百元产值	−1.54	−1.48	−0.84	−0.72	−0.71	−0.70	−1.00
与上年相比下降幅度（%）		−10.07	−9.67	−5.49	−4.72	−4.64	−4.58	−6.55

五、巩固成果

（1）将本次活动制订的装载机装车作业循环工步图、装载机操作工步所用时间参照表、装载机百元产值耗油标准进一步优化后纳入该站装卸管理细则。

（2）下一步将继续围绕降耗节支开展活动，活动题目是：规范装载机作业操作工步、减少无功耗费。

本节介绍的CY车站的装卸效益QC小组所开展的燃料管控活动，运用了检查表、层别法、柏拉图、因果图、直方图等QC工具，找出了导致CY车站装载机百元产值成本耗费逐年上升的关键成因，并有针对性地制订出解决对策，成效十分显著。但要使QC成果得以巩固，还需出台相应的配套措施，比如燃料消耗定额管理制度、节油奖罚措施等。

第六节　装卸人工成本控制对策

直接人工费用是装卸成本中的主要项目，尤其是以人力装卸为主的装卸作业，其直接人工费可占装卸成本的绝大部分。因此，降低直接人工费用就成为控制与降低装卸成本的重要目标。在装卸作业环节推行计件工资制，是有效控制装卸成本的重要手段。

计件工资制是间接用劳动时间来计算工资的制度，是计时工资制的转化形式。计件工资是指按照员工完成的合格产品的数量或作业量和预先规定的计件单价来计算的工资。它并不直接用劳动时间来计量劳动报酬，而是用一定时间内的劳动成果来计算劳动报酬。

由于装卸作业具备计件工资制所要求的基本条件，所以，计件工资制对于装卸作业劳动报酬的计量具有显著的适应性和优越性。实践证明，凡是具备计件工资制实施条件的装卸作业单位或部门，都可适时地推行计件工资制。

一、实行计件工资制的条件

（1）能准确计量产品数量。
（2）有明确的质量标准，并能准确检验。
（3）产品的数量和质量主要取决于员工的主观努力。
（4）具有先进合理的劳动定额和较健全的原始记录。
（5）生产任务饱满，原材料、燃料、动力供应和产品销路正常，就装卸作业来说，其货源应充足、稳定。

二、混合型计件工资形式

目前，我国绝大多数装卸作业采用底薪计件相结合的混合型计件工资制，其特点如下：

（1）实行混合型计件工资制，可以缓冲因生产任务不平衡而带来的工资水平大起大落的波动，保证员工收入的基本稳定，有利于安排生活。

（2）实行混合型计件工资制，既保留了老员工在原来工资等级标准上高于新员工的差别化，又允许新员工在按件计酬中多劳多得，较多地增加了收入，兼顾了新老员工两个方面的利益。

（3）实行混合型计件工资制，并没有完全取消原来的工资等级标准。底薪工资的等级级差基本上保持着同计时工资等级级差相对应的关系，因而遇到职工调资升级时，实行混合型计件工资制的员工照样可以升级，相应增加工资。

（4）标准工资S_0与底薪a、计件单价b、作业量定额Q_0的关系如图9-7所示，关系式为

$$S_0=a+bQ_0$$

式中，标准工资S_0是指员工在正常工作时间内为用人单位提供正常劳动应得的劳动报酬，是工资总额的一个主要组成部分，一般按月计发；底薪a为该员工月工资的最低数额，以劳动法规定的当地最低保障工资基数为下限；计件单价b一般按该员工扣除底薪后的日工资标准，除以日装卸作业量定额来确定；月装卸作业量定额数Q_0可采用经验估工法或工时测定法计算求得。

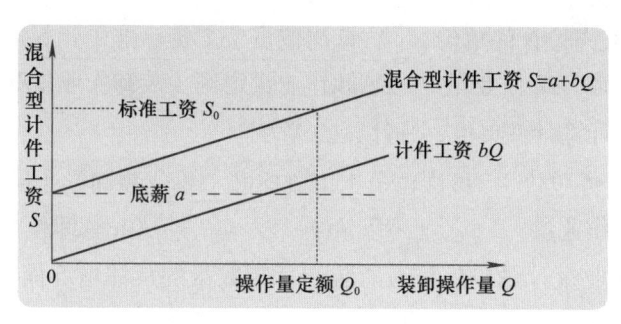

图9-7 标准工资S_0与底薪a、计件工资bQ_0的关系

三、制定工时计件单价的原则

（1）确保大多数（例如85%以上）员工经过努力能领取标准工资，其中少数（例如5%）员工超过标准工资。

（2）便于激发广大员工生产的积极性。

（3）体现"多劳多得、按劳分配"的分配原则。

（4）公平、公开、公正，避免人为因素对计件单价高低的影响。

（5）实事求是，使工时计件单价规范、科学，具有可操作性。

（6）实行"回避"制度，使工时计件单价的制定更合理。

四、计件工资计件单价的确定步骤

（1）收集本地区同行业的工资和工时计件单价资料作为制定工时计件单价的参考依据。

（2）列出不同类型货物的装卸作业流程及工序。

（3）对货物装卸的每一道工序进行工时测试，统计所有工时。

（4）按照ABC分类法，可先对装卸作业量大、种类相对单一的A类货物确定计件单价，然后再对B、C两类确定计件单价。

（5）将作业过程相似的货物进行合并，并找出其中代表性较强的货物为代表货物，首先确定代表货物计件单价，然后再类推其所代表的货物的计件单价。

（6）编制计件单价总表。

（7）计件单价确定之后，可选择有典型意义的装卸作业先行试行。

（8）在试行的基础上，根据所反馈的信息对计件单价进行必要修订。

（9）全面推行。

五、计件单价计算方法

1. 全额计件单价的计算

全额计件工资即无底薪的计件工资，即员工的工资额全部按其完成的装卸作业量及其计件单价计发。依照同工同酬原则，计件单价不宜一人一价，而应同工同价。故此，计件单价可按作业岗位及该岗位员工的单位时间工资标准除以单位时间装卸作业量定额来确定，其计算公式为

$$\frac{某岗位计件单价}{(元/装卸作业量)} = \frac{该岗位员工工资标准（元/h）}{装卸作业量定额（装卸作业量/h）}$$

如果按工时定额计算计件单价，其计算公式为

$$\frac{某岗位计件单价}{(元/装卸作业量)} = \frac{该岗位员工工资标准}{(元/h)} \times \frac{单位装卸作业量工时定额}{(h/装卸作业量)}$$

上式中的装卸作业量计量单位可视所装卸货物数量的具体情况而定，比如可以是操作吨、箱、袋、捆、车、托盘等。如果种类较多，不便细化计算，可用折合标准作业量的办法加以综合计算。

2. 混合型计件单价的计算

在采用混合型的计件工资制时，上面两式中的该岗位员工工资标准中需相应扣除底薪，其计算公式为

$$\frac{某岗位员工工资标准}{(元/h)} = \frac{该岗位员工月工资标准-底薪}{21.75\times 8}$$

3. 底薪与计件工资的计算

混合型计件工资制存在着底薪和计件工资两者的合理比例关系问题。由标准工资与底薪、计件工资的关系式 $S_0=a+bQ_0$ 可知，底薪 a 与计件单价 b 的关系为：底薪高，则计件单价低，反之亦然；计件单价高，则底薪低，反之亦然，如图9-8所示。

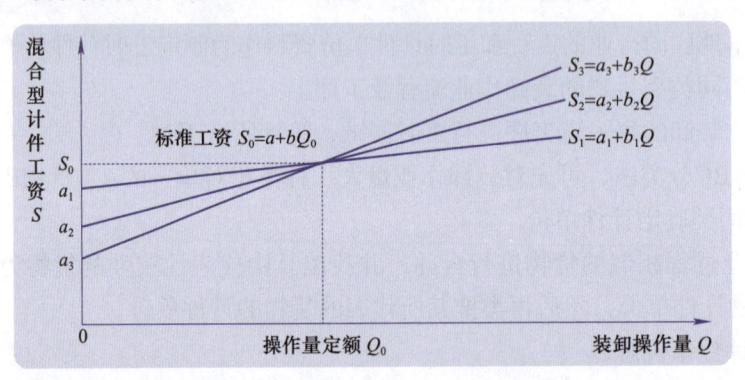

图9-8 底薪 a 与计件单价 b 的变动关系

现实中，在实施混合型计件工资制时，当工时定额或产量定额确定之后，往往先确定底薪 a，然后再确定计件单价 b。如何确定底薪 a，需要管理部门和员工形成一致的意见。为此，管理部门可以根据行业底薪平均水平以及其他企业底薪差别，提出多个备选方案，并与员工进行多次"面对面"和"背靠背"的交流，最后确定出公司与员工均能接受的作业量定额、底薪和计件单价组合方案。有专家认为把各种津贴和补贴除外，如果以测算水平为一百的话，底薪 a 与计件工资 bQ 的比例应控制在三七开的水平比较适当。

例9-7 以某装卸作业工序为例：装卸员工月标准工资为4 200元，日均标准计件工资为（4 200元-底薪）/21.75天，日装卸操作量定额为10t/天，月装卸操作量定额为217.5t（即10t/天×21.75/天），计件单价计算公式为

$$\text{计件单价（元/t）} = \frac{\text{日均标准计件工资（元/天）}}{10\text{t/天}}$$

$$= \frac{(4\,200\text{元}-\text{底薪})\div 21.75\text{天}}{10\text{t/天}}$$

考虑到当地社保最低基本工资（1 800元/月）的要求，并参照多数同类企业同类工序的底薪水平（基本在1 800～2 000元之间），企业相关部门制订出该工序的"底薪与计件工资备选方案"（见表9-21），经与相关员工进行多次商议后，最终选择企业劳资双方均可接受的底薪为2 000元、日均标准计件工资为101.15元/t的工资方案作为实施方案。

表9-21 底薪与计件工资备选方案

标准工资	底薪	日均标准计件工资	计件单价	不同作业量对应的计件工资与工资总额/元					
				210t		217.5t（定额）		220t	
元	元	元/天	元/t	计件工资	工资总额	计件工资	工资总额	计件工资	工资总额
①	②	③=(①-②)/21.75	④=③/10	⑤=④×210	⑥=②+⑤	⑦=④×217.5	⑧=②+⑦	⑨=④×220	⑩=②+⑨
4 200	1 400	128.74	12.87	2 703.45	4 103.45	2 800.00	4 200.00	2 832.18	4 232.18
4 200	1 600	119.54	11.95	2 510.34	4 110.34	2 600.00	4 200.00	2 629.89	4 229.89
4 200	1 800	110.34	11.03	2 317.24	4 117.24	2 400.00	4 200.00	2 427.59	4 227.59
<u>4 200</u>	<u>2 000</u>	<u>101.15</u>	<u>10.11</u>	<u>2 124.14</u>	<u>4 124.14</u>	<u>2 200.00</u>	<u>4 200.00</u>	<u>2 225.29</u>	<u>4 225.29</u>
4 200	2 200	91.95	9.20	1 931.03	4 131.03	2 000.00	4 200.00	2 022.99	4 222.99

注：表内下划线数字为工资实施方案。

六、集体计件工资的分配

集体计件工资制是以一个员工集体（车间、班组）为计件单位，根据员工集体完成的合格产品数量或工作量来计算员工集体的工资，然后按照集体中每个员工贡献大小进行分配。

1. 集体计件制适用范围

（1）班组内没有严格的分工，不可能规定每个人的劳动定额，也很难计算每个人的产量，只能按班组规定产量定额计算完成的产量。

（2）班组内虽有分工，而且能够确定各自的岗位职责，但是不能规定和计算个人产量。

（3）可以规定每个人的产量定额或时间定额，也可以计算每个人的产量，但是生产本身的特点不是要求某一个人增加产量，而是要求班组内每一个成员，都要严格按照规定的进度进行同步工作，按节拍生产。

2. 集体计件工资的分配

（1）按照本人标准工资分配。将集体所得的计件工资，按照成员个人日工资标准和实际工作天数进行分配。其计算公式为

$$个人实得计件工资 = 个人日工资标准 \times 实际工作天数 \times 工资分配系数$$

式中

$$工资分配系数 = \frac{集体实得计件工资总额}{集体应得标准工资总额}$$

$$集体实得计件工资总额 = 集体完成装卸作业量 \times 计件单价$$

$$集体应得标准工资总额 = \sum 个人日工资标准 \times 实际工作天数$$

例9-8 某装卸班组共有甲、乙、丙、丁4名员工，该月装卸量为2 000t，每吨计件单价为3元，班组成员日标准工资和实际工作天数见表9-22。

表9-22 班组成员日标准工资与实际工作天数统计表

项目	员工			
	甲	乙	丙	丁
日标准工资/（元/日）	71.70	62.14	47.80	38.24
实际工作天数/日	22	22	21	20

根据表9-22，分别计算甲、乙、丙、丁4名员工当月实得计件工资。

解：

1）求集体实得计件工资总额和集体应得标准工资总额。

集体实得计件工资总额=2 000×3=6 000（元）

集体应得标准工资总额=71.70×22+62.14×22+47.80×21+38.24×20
=4 713.08（元）

2）求工资分配系数。

工资分配系数=6 000÷4 713.80=1.273

3）计算每个人实得计件工资。

甲实得计件工资=71.70×22×1.273=2 008（元）

乙实得计件工资=62.14×22×1.273=1 740（元）

丙实得计件工资=47.80×21×1.273=1 278（元）

丁实得计件工资=38.24×20×1.273=974（元）

（2）按照实际工作天数平均分配。此法适用于员工技术熟练程度相差不大的情形。其计算公式为

$$个人实得计件工资 = 工资分配系数 \times 个人实际工作天数$$

式中

$$工资分配系数 = 集体实得计件工资总额 / 集体实际工作天数$$

$$集体实际工作天数 = \sum 个人实际工作天数$$

例9-9 根据例9-8，按照实际工作天数分配计算个人实得计件工资。

解：
1）求集体实际工作天数。
集体实际工作天数=22+22+21+20=85（天）
2）求工资分配系数。
工资分配系数=6 000÷85=70.59（元）
3）计算每人实得计件工资。
甲实得计件工资=22×70.59=1 553（元）
乙实得计件工资=22×70.59=1 553（元）
丙实得计件工资=21×70.59=1 482（元）
丁实得计件工资=20×70.59=1 412（元）

（3）定额内部分，按照个人日标准工资和实际工作天数分配；超额部分，按照每个人实际工作天数分配。其计算公式为

个人实得计件工资=定额内部分应得工资+超额部分应得工资

定额内部分应得工资=个人日标准工资×个人实际工作天数

超额部分应得工资=工资分配系数×个人实际工作天数

$$工资分配系数=\frac{集体实得计件工资总额-集体应得标准工资总额}{集体实际工作天数}$$

例9-10 根据例9-9，按每个人实际工作天数分配计算各自的定额内与超定额的计件工资。

解：
1）求工资分配系数。
工资分配系数=（6 000−4 713.08）÷85=15.14
2）计算个人实得计件工资。
甲实得计件工资=71.70×22+22×15.14=1 910（元）
乙实得计件工资=62.14×22+22×15.14=1 700（元）
丙实得计件工资=47.80×21+21×15.14=1 322（元）
丁实得计件工资=38.24×20+20×15.14=1 068（元）

七、加班工资的计算

1. 法规依据

《中华人民共和国劳动法》（1994年7月5日第八届全国人民代表大会常务委员会第八次会议通过，根据2009年8月27日第十一届全国人民代表大会常务委员会第十次会议《关于修改部分法律的决定》第一次修正，根据2018年12月29日第十三届全国人民代表大会常务委

员会第七次会议《关于修改〈中华人民共和国劳动法〉等七部法律的决定》第二次修正）第四十四条规定，有下列情形之一的，用人单位应当按照下列标准支付高于劳动者正常工作时间工资的工资报酬：

（1）安排劳动者延长工作时间的，支付不低于工资的150%的工资报酬。

（2）休息日安排劳动者工作又不能安排补休的，支付不低于工资的200%的工资报酬。

（3）法定休假日安排劳动者工作的，支付不低于工资的300%的工资报酬。

2. 计算并核实当月每个员工的加班计件金额

员工的加班计件金额必须与平常工作日的计件金额分开，具体可分为：

（1）平日加班计件金额。

（2）休息日加班计件金额。

（3）法定假日计件金额。

3. 按照劳动法相应规定分别计算加班计件工资

（1）平日加班应计发的计件工资=平日加班计件金额×1.5。

（2）休息日加班应计发的计件工资=休息日加班计件金额×2.0。

（3）法定假日应计发的计件工资=法定假日计件金额×3.0。

八、推行保障措施

（1）做好计件工资制的解释工作，使员工对计件工资的目的、意义、可行性以及与切身利益的关系有深入的理解，取得所有员工的支持。

（2）加强科学的劳动组织管理，要对员工技术等级进行合理配置，使其满足工作任务要求。

（3）在企业工资总额与经济效益挂钩浮动的情况下，企业在计件工资的分配上应留有一定的余地。

（4）计件工资本身必须体现工作效率提升，需要在日常工作中加强相关数据的收集和整理，作为下一步计件工资标准调整的依据和基础。

（5）加强对计件工资实施的管理，建立和健全各项配套措施。实践证明，实行计件工资制，如果就事论事，简单化、图省事，在管理上没有配套的措施，计件工资的积极作用就会大为逊色，甚至产生不顾全局、忽视质量、挑精拣肥、看钱干活、弄虚作假、影响团结等消极因素，有可能使计件工资制背离目标，以致半途而废。

（6）由于企业的员工不可能是纯粹的"经济人"，还存在个人成就感、精神荣誉、归属感等多方面的精神追求。在实施计件工资制的同时，应引入相应的非物质激励手段，满足员工的精神追求，弥补计件工资制的缺憾。

（7）装卸搬运企业或单位属于劳动密集型的行业，从业人数多，劳动强度大，工作时间长，人员流动性强，业务量的季节性变化较为突出，应对突发情况的能力较差，企业的工资计算与支付呈现多样化，所以要特别关注装卸搬运企业或单位支付给从业人员的工资是否合情合理，是否执行了国家有关最低工资标准的规定。

最低工资标准规定的要点是：①劳动者在法定工作时间或依法签订的劳动合同约定的工作时间内提供了正常劳动的前提下，用人单位依法应支付的最低劳动报酬。②最低工资标准一般采取月最低工资标准和小时最低工资标准的形式。月最低工资标准适用于全日制就业劳动者，小时最低工资标准适用于非全日制就业劳动者。③省、自治区、直辖市范围内的不同行政区域可以有不同的最低工资标准。

九、严格遵守《劳动法》相关规定

工作时间是用人单位计发劳动者报酬的依据之一。劳动者按照劳动合同约定的时间提供劳动，即可以获得相应的工资福利待遇。加班加点的，可获得加班加点工资。

《中华人民共和国劳动法》第三十六条明确规定："国家实行劳动者每日工作时间不超过八小时、平均每周工作时间不超过四十四小时的工时制度。"第四十一条规定："用人单位由于生产经营需要，经与工会和劳动者协商后可以延长工作时间，一般每日不得超过一小时；因特殊原因需要延长工作时间的，在保障劳动者身体健康的条件下延长工作时间每日不得超过三小时，但是每月不得超过三十六小时。"

工作时间的范围，不仅包括作业时间，还包括准备工作时间、结束工作时间以及法定非劳动消耗时间。其中，法定非劳动消耗时间是指劳动者自然中断的时间、工艺需中断时间、停工待活时间、女职工哺乳婴儿时间、出差时间等。此外，工作时间还包括依据法律、法规或单位行政安排离岗从事其他活动的时间。

《中华人民共和国劳动法》第三十七条规定："对实行计件工作的劳动者，用人单位应当根据本法第三十六条规定的工时制度合理确定其劳动定额和计件报酬标准。"

显然，对于实行计件工资制的单位或部门，存在着如何设定劳动者的标准工作时间和加班时间的问题。

计件工作时间以劳动者完成一定劳动定额为标准的工作时间。对实行计件工作的劳动者，用人单位应按照国家规定的工时制度，合理确定其劳动定额、计件报酬标准。实行计件工作的用人单位，必须以劳动者在一个标准工作日（工作8小时）和一个标准工作周（每周工作5天、工作40小时）的工作时间内能够完成的计件数量为标准，来计算劳动者日或周的工作定量，超过这个标准就是延长职工的工作时间。

由上可知，计件工作时间是标准工作时间的特殊转化形式而已，但比标准工作时间更有灵活性。实行计件工作时间的劳动者，在8小时工作时间内（如7小时）完成了当日的劳动定额，则可以把剩余时间作为休息时间，也可以多做定额以取得相应的延长时间的劳动报酬；如果劳动者未能在8小时内完成定额，则可以在8小时外加点以完成规定的劳动定额。

为此应当遵循以下两个原则：

（1）对实行计件工资的用人单位，在实行新的工时制度时，应能保证劳动者享受缩短工时的待遇，又尽量保证计件工资收入不减少。

（2）适当调整劳动定额，在保证劳动者计件工资收入不减少的前提下，计件单价可不做调整；如果难以调整劳动定额，应适当调整劳动者计件单价，以保证劳动者收入不减少。

复习思考题

1. 如何确定装卸成本计算对象？
2. 装卸成本项目有哪些内容？
3. 制定工时计件单价的原则是什么？
4. 降低装卸成本的主要途径有哪些？

练习题

【练习9-1】某装卸设备原值为180 000元，预计残值为6 000元，预计使用年限7年，采用年数总和法计提折旧。试计算该设备各年折旧率与折旧额。

根据计算出的各年年折旧率和固定资产应计提折旧总额174 000元（180 000元-6 000元）计算各年折旧额，填入表9-23内。

表9-23 各年折旧额　　　　　　　　　　　　　　　　　　　　（单位：元）

年　限	年折旧率	年折旧额	累计折旧额
1			
2			
3			
4			
5			
6			
7			

【练习9-2】据表9-24的成本分析数据进行：

（1）成本降低额差异双因素分析。

（2）单位成本差异多因素分析。

表9-24 成本分析数据表

项　目	预算数	实际数	差　异
装卸成本总额/万元	5 280	5 354.1	74.1
其中：固定成本	3 200	3 214.1	14.1
变动成本	2 080	2 140	60
作业量/10^3t	8 000	8 100	100
单位成本/（元/10^3t）	6 600	6 610	10
成本降低额/元	160 000	81 000	-79 000
成本降低率（%）	0.30	0.15	-0.15

注：上年单位成本为6 620元/10^3t。

【练习9-3】某装卸班组共有甲、乙、丙、丁4名员工,该月装卸量为2 000t,每吨计件单价为5.27元,班组成员日标准工资和实际工作天数见表9-25。

表9-25 班组成员日标准工资与实际工作天数统计表

项 目	甲	乙	丙	丁
日标准工资/(元/日)	80	70	60	50
实际工作天数/日	22	21	19	18

根据上表,按下列分配方法,分别计算甲、乙、丙、丁4名员工当月实得计件工资,并填列于表9-26内。

(1)按照个人标准工资分配。

(2)按照实际工作天数平均分配。

(3)定额以内,按照个人日标准工资和实际工作天数分配;超额部分,按照每个人实际工作天数分配。

表9-26 集体计件工资分配表

分配依据	项 目	装卸人员代号				合 计
		甲	乙	丙	丁	
分配依据	日标准工资/(元/日)	80	70	60	50	—
	工作天数/日	22	21	19	18	80
	实得工资/元	—	—	—	—	10 540
按标准工资分配	当月标准工资/元					
	分配系数					
	实得工资/元					10 540
按实际天数分配	分配系数					
	实得工资/元					10 540
超额部分按天数分配	标准部分/元					
	分配系数					
	超出部分/元					
	实得工资/元					10 540

拓展阅读

实行计件工资制与《劳动法》之间的关系

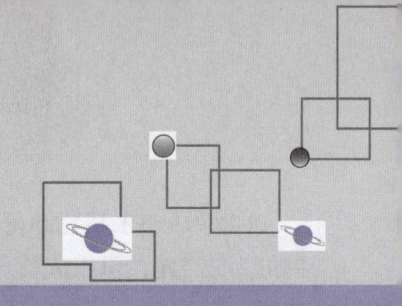

第十章

流通加工成本管理

第十章的学习内容、学习目的与学习要求

第十章的学习要点

第十章的难点讲解

学习目的

通过本章的学习，了解流通加工成本的构成，理解流通加工成本费用的归集与分配方法，初步掌握流通加工成本计算的品种法与定额法，初步掌握流通加工成本的分析方法。在这个过程中，要培养综合分析和归纳总结的能力，能够从不同角度深入剖析流通成本状况。

流通加工成本管理应体现绿色流通加工理念，绿色流通加工的途径主要分两个方面：一方面变消费者分散加工为专业集中加工，以规模作业方式提高资源利用效率，以减少环境污染；另一方面是集中处理消费品加工中产生的边角废料，以减少消费者分散加工所造成的废弃物污染。

第一节 流通加工成本费用的归集与分配

流通加工成本核算，一般可设置直接材料、直接人工和制造费用等成本项目，按被加工产品的品种、批别或加工步骤等设置成本计算对象，并根据需要选用品种法、分批法或分步法核算成本。

一、流通加工成本的构成

在物流系统中进行流通加工所消耗的物化劳动和活劳动的货币表现，即为流通加工成本。流通加工成本由以下方面构成：

1. 流通加工设备费用

流通加工设备因流通加工形式、服务对象的不同而不同。物流中心常见的流通加工设备有数种,如剪板加工需要的剪板机,印贴标签条码的喷印机,拆箱需要的拆箱机等。购置这些设备所支出的费用,通过流通加工费的形式转移到被加工的产品中去。

2. 流通加工材料费用

在流通加工过程中需要消耗一些材料,如包装材料等,消耗这些材料所需要的费用,即为流通加工材料费用。

3. 流通加工劳务费用

在流通加工过程中从事加工活动的管理人员、工人及有关人员工资、奖金等费用的总和,即为流通加工劳务费用。

4. 流通加工其他费用

除上述费用外,在流通加工中耗用的电力、燃料、油料等费用,也是流通加工成本的构成费用。

为简化核算,对流通加工成本可设置直接材料、直接人工和制造费用三个成本项目。

二、流通加工直接材料费用的归集与分配

流通加工的直接材料费用是指流通加工产品加工过程中直接消耗的辅助材料、包装材料等费用。同工业企业相比,在流通加工过程中的直接材料费用,占流通加工成本的比例不大。

1. 流通加工直接材料费用的归集

直接材料费用受材料消耗量和材料价格两个因素的影响。计算直接材料费用时,应正确计算与确定材料的消耗数量和价格。

(1) 材料消耗量的计算。从理论上讲,流通加工生产车间的本月某材料耗用量可采用下式计算:

$$\text{本车间本月某材料耗用量} = \text{该车间本月该材料领用量} + \text{该车间上月末该材料库存量} - \text{该车间本月末该材料库存量}$$

实际工作中,常常采取"假退料"方式,来简化材料耗用量的核算。所谓"假退料",就是月末时,用料车间并不将已领未用材料退还仓库,而只是同时填制本月末退料单和相应的下月初领料单,交财会部门据以作为本月末退料和下月初领料的记录。采用这种办法,既可避免材料实物的不必要移动,又可以正确计算材料的结余额和产品成本。此种情况下,该车间的月末材料库存量即为零,当月的材料耗用量也就等于用"假退料"冲抵后的当月材料领用量。

(2) 消耗材料价格的计算。在实际工作中,物流企业可以按照实际成本计价组织材料核算,也可按计划成本计价组织材料核算,但无论采用哪种计价方式,加工过程中消耗的材料,都应当是材料的实际成本。

当采用计划成本计价组织材料核算时，物流企业应当正确计算消耗材料应分摊的材料成本差异，将消耗材料的计划成本调整为实际成本。消耗材料的实际成本等于计划成本加上应分摊的材料成本超支差异，或减去应分摊的材料成本节约差异。

（3）直接材料费用的归集。在直接材料费用中，材料费用数额是根据全部领料凭证汇总编制"耗用材料汇总表"确定的。

在归集直接材料费用时，凡能分清某一成本计算对象的费用，应单独列出，以便直接计入该加工对象的产品成本计算单中；属于几个加工成本对象共同耗用的直接材料费用，应当选择适当的方法，分配计入各加工成本计算对象的成本计算单中。

2. 流通加工直接材料费用的分配

需要分配计入各加工成本对象的直接材料费用，在选择分配方法时，要遵循合理、简便的原则。分配方法中重要的因素是分配标准，分配方法通常是以分配标准命名的。分配方法的简便原则，主要是指分配方法中的分配标准，其资料应当容易取得，便于计算。

流通加工所消耗的材料、燃料、动力等费用在不同成本计算对象之间的分配，一般可以选用重量分配法、定额耗用量比例分配法、系数分配法。流通加工直接消耗的燃料和动力，如果其费用数额较大，可以单独设置"燃料和动力"成本项目进行核算；如果其数额不大，也可归并到"直接材料"成本项目中。

三、流通加工直接人工费用的归集与分配

流通加工成本中的直接人工费用是指直接进行加工生产的生产工人的工资总额和按工资总额提取的职工福利费，生产工人工资总额包括计时工资、计件工资、奖金、津贴和补贴、加班工资、非工作时间的工资等。

1. 流通加工直接人工费用的归集

计入产品成本中的直接人工费用的数额，是根据当期"工资结算汇总表"和"职工福利费计算表"来确定的。

"工资结算汇总表"是进行工资结算和分配的原始依据，是根据"工资结算单"按人员类别（工资用途）汇总编制的。"工资结算单"应当依据职工工作卡片、考勤记录、工作量记录等工资计算的原始记录编制。

"职工福利费计算表"是依据"工资结算汇总表"确定的各类人员工资总额，按照规定的提取比例经计算后编制的。

2. 流通加工直接人工费用的分配

采用计件工资形式支付生产工人工资，一般可以直接计入所加工产品的成本，不需要在各种产品之间进行分配。采用计时工资形式支付的工资，如果生产工人只加工一种产品，也可以将工资费用直接计入该产品成本，不需要分配；如果加工多种产品，则需要选用合理的方法，在各种产品之间进行分配。按照工资总额一定比例提取的职工福利费，其分配方法与工资相同。

直接人工费用的分配方法有生产工时分配法、系数分配法等。流通加工生产工时分配

法中的生产加工工时，可以是产品的实际加工工时，也可以是按照单位加工产品定额工时和实际加工生产量计算的定额总工时。流通加工生产工时分配法的计算公式为

$$费用分配率=\frac{应分配的直接人工费用}{各种产品加工工时之和}$$

某产品应分配费用=该产品加工工时×费用分配率

四、流通加工制造费用的归集与分配

流通加工制造费用是物流中心设置的生产加工单位为组织和管理生产加工，所发生的各项间接费用，主要包括流通加工生产单位管理人员的工资及提取的福利费，生产加工单位所属房屋、建筑物、机器设备的折旧和修理费，生产加工单位的固定资产租赁费、机物料消耗、低值易耗品摊销、取暖费、水电费、办公费、差旅费、保险费、试验检验费、季节性停工损失和机器设备修理期间的停工损失以及其他制造费用。

1. 制造费用的归集

制造费用是通过设置制造费用明细账，按照费用发生的地点来归集的。制造费用明细账按照加工生产单位开设，并按费用明细账项目设专栏进行核算。流通加工制造费用明细账的格式可以参考工业企业的制造费用明细账一般格式，见表10-1。

表10-1 制造费用明细账一般格式

流通加工单位：第一车间　　　　　　　　　　　　　　　　　　　　（单位：元）

202×年		凭证字号	摘要	制造费用明细项目											
12月	31日			工资	福利费	折旧费	修理费	机物料	易耗品	办公费	差旅费	劳动保护	租赁费	保险费	其他	合计
			分配工资	3 000												3 000
			提福利费		420											420
			提折旧费			2 700										2 700
			付修理费				1 000									1 000
			消耗材料					600								600
			工具摊销						2 800							2 800
			付办公费							2 200						2 200
			付差旅费								800					800
			付劳保费									2 000				2 000
			摊租赁费										1 000			1 000
			摊保险费											1 000		1 000
			付其他费												480	480
			本月合计	3 000	420	2 700	1 000	600	2 800	2 200	800	2 000	1 000	1 000	480	18 000
			月末结转	-3 000	-420	-2 700	-1 000	-600	-2 800	-2 200	-800	-2 000	-1 000	-1 000	-480	-18 000

由于物流中心流通加工环节的折旧费用、固定资产修理费用等占成本比例较大,其费用归集尤其重要。下面简述折旧费用和固定资产修理费用等项目的归集。

(1)折旧费用。折旧费用和修理费用从其与加工生产工艺过程的关系看,属于基本费用,为了简化核算,通常视同组织和管理加工生产所发生的间接费用,作为制造费用的项目。折旧费用是通过编制"折旧费用计算汇总表",计算出各生产单位本期折旧费用以后,计入制造费用的。表10-2为某流通加工中心的"折旧费用计算汇总表"。

表10-2 折旧费用计算汇总表

202×年12月　　　　　　　　　　　　　　　　　　　(单位:元)

生产单位	固定资产类别	月初应计折旧固定资产总值	月折旧率(‰)	月折旧额
第一车间	房屋设备	600 000	—	2 700
	其中:房屋	400 000	2.7	1 080
	设备	200 000	8.1	1 620
第二车间	房屋设备	1 100 000	—	5 720
	其中:房屋	600 000	2.7	1 620
	设备	500 000	8.2	4 100
机修车间	房屋设备	400 000	—	2 140
	其中:房屋	200 000	2.7	540
	设备	200 000	8	1 600
供水车间	房屋设备	360 000	—	1 552
	其中:房屋	160 000	2.7	432
	设备	200 000	5.6	1 120
合计	—	2 460 000		12 112

根据折旧费用计算汇总表得出的折旧额,计算出流通加工部门折旧费用。

(2)固定资产修理费用。固定资产修理费用一般可以直接计入当月该生产单位的制造费用。当修理费用发生不均衡,一次发生的费用数额较大时,也可以采用分期摊销或按计划预提计入制造费用的办法。

例如,某物流中心以银行存款支付固定资产修理费3 200元,其中第一加工车间1 000元,第二加工车间1 600元,供水车间600元。因其数额不大,故将发生的修理费用全数计入当期各加工生产车间的制造费用。

当采用预提方式计提大修理费用时,要注意应正确预计每月的提取数额,且预提费用总额与实际支付费用总额的差额,期末应当调整计入流通加工成本。

(3)租入固定资产改良支出。企业租入固定资产的改良支出,摊销期一般在一年以上,发生时作为长期待摊费用处理,再按预定期限摊入制造费用。例如,某物流中心流通加工部门,以银行存款42 000元用于租入固定资产改良支出,计划在合同规定的租赁期两年内摊销,则每月摊销1 750元,摊入制造费用。

2. 制造费用的分配

制造费用是各加工单位为组织和管理流通加工所发生的间接费用，其受益对象是流通加工单位当期所发生的全部产品。当加工单位只加工一种产品时，制造费用不需要在受益对象之间分配，直接转入流通加工成本；当加工多种产品时，则需要在全部受益对象之间分配，包括自制材料、工具，以及生产单位负责进行的在建工程，都要负担制造费用。在选择制造费用分配方法时，同样注意分配标准的合理和简便。在实际工作中，制造费用分配方法有生产工时分配法、机器工时分配法、系数分配法、直接人工费用比例分配法、预算分配率分配法等。现以生产工时分配法、机器工时分配法和预算分配率分配法为例说明。

（1）生产工时分配法。生产工时分配法是以加工各种产品的生产工时为标准分配费用的方法。加工生产工时一般指加工产品实际总工时，也可以是按实际加工量和单位加工量的定额工时计算的定额总工时。生产工时分配法的计算公式为

$$\text{费用分配率} = \frac{\text{某流通加工单位应分配制造费用}}{\text{该流通加工单位各种产品加工工时之和}}$$

某加工产品应分配费用 = 该产品的加工工时 × 费用分配率

例10-1 某物流中心第一流通加工部门，本月制造费用明细账归集的制造费用总额为18 000元。本月实际加工工时为30 000h，其中：加工甲产品12 000h，乙产品10 000h，丙产品8 000h。采用生产工时分配法编制制造费用分配表，见表10-3。

表10-3 制造费用分配表

加工单位：第一流通加工部门　　　　　　　　　　　　　　　　　　202×年12月

产品名称	加工工时/h	分配率/（元/h）	分配金额/元
甲产品	12 000	0.6	7 200
乙产品	10 000	0.6	6 000
丙产品	8 000	0.6	4 800
合计	30 000	0.6	18 000

（2）机器工时分配法。机器工时分配法是以各种加工产品（各受益对象）的机器工作时间为标准，来分配制造费用的方法。当制造费用中机器设备的折旧费用和修理费用比较大时，采用机器工时分配法比较合理。

必须指出，不同机器设备在同一工作时间内的折旧费用和修理费用差别较大。也就是说，同一件产品在不同机器上的单位加工时间，所负担的费用应当有所差别。因此，当一个加工部门内存在使用和维修费用差别较大的不同类型的机器设备时，应将机器设备合理分类，确定各类机器设备的工时系数。各类机器设备的实际工作时间，应当按照其工时系数换算成标准机器工时，将标准机器工时作为分配制造费用的依据。

例10-2 某物流中心第二流通加工部门，本月制造费用总额为56 100元。各种产品机器加工工时为70 000h，其中：甲产品由A类设备加工16 000h，B类设备加工6 000h；乙产品由A类设备加工4 000h，B类设备加工20 000h；丙产品由A类设备加工20 000h，B类设备加工4 000h。该加工部门A类设备为一般设备，B类设备为高级精密大型设备。按照两类设备维修费用比例关系，确定A类设备（标准设备类）系数为1，B类设备系数为1.5。根据资料采用机器工时分配法编制制造费用分配表，见表10-4。

表10-4 制造费用分配表

加工单位：第二流通加工部门　　　　　　　　　　　　　　　　202×年12月

产品名称	机器工作时间/h			标准工时合计	分配率/(元/h)	分配金额/元
	A类设备（标准）	B类设备系数（1.5）				
		加工时数	折合时数			
甲产品	16 000	6 000	9 000	25 000	0.66	16 500
乙产品	4 000	20 000	30 000	34 000	0.66	22 440
丙产品	20 000	4 000	6 000	26 000	0.66	17 160
合计	40 000	30 000	45 000	85 000	0.66	56 100

从表10-4的分配结果可以看到，乙、丙两种产品实际机器工时均为24 000h，但由于乙产品在B类设备加工工时较多，通过计算B类设备工时系数，乙产品就比丙产品多负担了5 280元费用，这样分配比较合理。

（3）预算分配率分配法。预算分配率分配法是按照年初确定的制造费用预算分配率来分配制造费用，实际发生的制造费用与按预算分配率分配的制造费用的差异于年末一次性调整。

预算分配率是根据各加工单位年度制造费用预算总额和年度定额总工时计算的。其计算公式为

$$\frac{制造费用}{预算分配率} = \frac{该加工单位年度制造费用预算总额}{该加工单位年度预算完成定额总工时}$$

某加工产品当月应分配制造费用，是根据该产品实际加工量，按单位产品定额工时计算的定额总工时和预算分配率计算的。其计算公式为

$$\frac{某产品应分配}{制造费用} = \frac{该产品按实际加工量}{计算的定额总工时} \times \frac{制造费用}{预算分配率}$$

例10-3 某物流中心流通加工部门，本年度制造费用预算总额为210 000元。该部门加工甲、乙、丙三种产品，本年计划加工量分别为3 000件、2 500件和1 600件，单位产品定额加工工时分别为70h、40h和25h，年度计划完成的定额总工时为350 000h。本年9月份加工甲产品200件、乙产品250件、丙产品300件。按制造费用预算分配率分配制造费用，计算结果如下：

$$\text{制造费用预算分配率} = \frac{210\,000}{350\,000} = 0.6\,(\text{元}/h)$$

9月份应分配制造费用：

$$\text{甲产品} = 200 \times 70 \times 0.6 = 8\,400\,(\text{元})$$

$$\text{乙产品} = 250 \times 40 \times 0.6 = 6\,000\,(\text{元})$$

$$\text{丙产品} = 300 \times 25 \times 0.6 = 4\,500\,(\text{元})$$

制造费用预算分配率一经确定，年度内一般不再变更，因此这种方法计算简便，各月产品成本所负担的制造费用也比较均衡。

五、生产费用在完工产品和期末在产品之间的分配

在产品是指流通加工单位或某一加工步骤正在加工的在制品，在产品完成全部加工过程、验收合格以后就成为完工产品。

按成本项目归集加工费用，并在各成本计算对象之间进行分配以后，企业本期（本月）发生的加工费用，已经全部计入各种产品（各成本计算对象）的成本计算单中。登记在某种产品成本计算单中的月初在产品成本加上加工费用，即生产费用合计数或称作累计生产费用，有以下三种情况：

（1）该产品本月已经全部完工，没有月末在产品。此种情况下的加工费用合计数等于本月完工产品加工总成本。如果月初也没有在产品，则本月加工费用等于本月完工产品加工总成本。

（2）该产品本月全部没有完工。此种情况下的加工费用合计数等于月末在产品加工成本。

（3）该产品既有已经完工的产品，又有正在加工的月末在产品。此种情况下，需要将加工费用合计数在本月完工产品和月末在产品之间进行分割，以正确计算本月完工产品的实际总成本和单位成本。用公式表示为

$$\text{月初在产品加工成本} + \text{本月发生加工费用} = \text{本月完工产品成本} + \text{月末在产品加工成本}$$

根据上述公式，本月完工产品成本为

$$\text{本月完工产品成本} = \text{月初在产品加工成本} + \text{本月发生加工费用} - \text{月末在产品加工成本}$$

上述公式表明，正确计算完工产品成本，关键是要正确计算月末在产品加工成本。

物流中心的流通加工部门，在产品品种规格多，流动性大，完工程度不一，所以在产品加工成本的计算是一个比较复杂的问题。物流企业应当根据在产品加工费用的投入程度、月末在产品数量的多少、各月月末在产品数量变化的大小、加工成本中各成本项目费用比重的大小以及企业成本管理基础工作等具体情况，选择合理的在产品成本计算方法。

第二节 流通加工成本计算的品种法示例

一、物流中心基本情况

某物流中心设有第一、第二两个流通加工车间,分别加工甲、乙两种产品,其工艺过程为单步骤流水线加工生产。该物流中心另设有供水、机修两个辅助生产车间,为基本加工车间及其他各部门提供产品及劳务。该物流中心采用品种法计算流通加工成本。

二、会计科目与账簿设置

该物流中心在"基本生产成本"科目下,分设甲产品加工成本计算单和乙产品加工成本计算单,见表10-9、表10-10;在"辅助生产成本"科目下,分设供水车间明细账和机修车间明细账,见表10-11、表10-12;在"制造费用"科目下,按供水车间、机修车间、加工一车间、加工二车间分别设置明细账,见表10-13、表10-14、表10-16、表10-17所示。

三、流通加工成本归集与计算程序

(1)根据各项生产加工费用发生的原始凭证和其他有关资料,编制各项要素费用分配表,分配本月发生的加工生产费用。分配结果见表10-5~表10-8。

表10-5 材料费用分配表 （单位：元）

会计科目	明细科目	主要材料	辅助材料	燃料	合计
基本生产成本	甲产品	—	5 000	—	5 000
	乙产品	—	3 000	—	3 000
	小计	—	8 000	—	8 000
辅助生产成本	供水车间	30 000	1 000	—	31 000
	机修车间	25 000	2 000	—	27 000
	小计	55 000	3 000	—	58 000
制造费用	一车间	1 000	1 500	200	2 700
	二车间	2 500	2 500	100	5 100
	供水车间	500	1 000	—	1 500
	机修车间	400	500	—	900
	小计	4 400	5 500	300	10 200
管理费用	修理费	1 800	500	—	2 300

表10-6 工资及福利费用分配表

会计科目		工资			提取职工福利费	
一级科目	明细科目	工时/h	分配率/(元/h)	分配金额/元	分配率/(元/h)	分配金额/元
基本生产成本	甲产品	6 000	3.859 7	23 158	0.540 3	3 242
	乙产品	4 000	3.859 7	15 439	0.540 3	2 161
	小计	10 000	3.859 7	38 597	0.540 3	5 403
辅助生产成本	供水车间	—	—	965	—	135
	机修车间	—	—	1 149	—	161
	小计	—	—	2 114	—	296
制造费用	一车间	—	—	772	—	108
	二车间	—	—	386	—	54
	供水车间	—	—	575	—	80
	机修车间	—	—	206	—	29
	小计	—	—	1 939	—	271
管理费用	—	—	—	2 877	—	403
合计	—	—	—	45 527	—	6 373

注：分配金额均取整数。

表10-7 折旧费用计算表　　　　　　　　　　　　　（单位：元）

会计科目			金额
一级科目	明细账目	成本项目	
制造费用	一车间	折旧	4 000
	二车间	折旧	3 000
	供水车间	折旧	2 000
	机修车间	折旧	1 500
	小计	—	10 500
管理费用	—	折旧	5 000
合计	—	—	15 500

表10-8 其他费用分配表　　　　　　　　　　　　（单位：元）

会计科目与明细项目								合计
一级科目	明细科目	明细项目						
		办公费	劳保费	差旅费	修理费	动力费	其他	
制造费用	一车间	350	350	—	1 000	1 400	100	3 200
	二车间	200	300	—	—	1 300	150	1 950
	供水车间	250	200	—	600	100	230	1 380
	机修车间	200	400	—	400	300	320	1 320
	小计	1 000	1 250	—	2 000	2 800	800	7 850
管理费用	—	1 000	400	1 500	200	800	200	4 100
合计	—	2 000	1 650	1 500	2 200	3 600	1 000	11 950

（2）根据各项要素费用分配表，登记有关成本计算单（见表10-9、表10-10）、辅助生产成本明细账（见表10-11、表10-12）、制造费用明细账（见表10-13、表10-14、表10-16、表10-17），管理费用明细账的登记略。

（3）分配辅助生产费用。根据各辅助生产车间制造费用明细账（见表10-13、表10-14）汇总的制造费用总额，分别转入该辅助生产车间的辅助生产成本明细账。然后，对本期该账户归集的辅助生产费用按其受益对象与受益量（劳务量）的多少，分配给第一加工车间和第二加工车间，分别结转到各车间的制造费用账户。辅助生产费用的分配是通过编制相应的分配表进行的，其格式与内容见表10-15。

（4）根据基本加工车间制造费用明细账汇集的制造费用总额（见表10-16、表10-17），编制制造费用分配表。由于第一加工车间只加工甲产品，第二加工车间只加工乙产品，所以各车间制造费用可以直接计入各产品加工成本计算单。

表10-9 加工成本计算单——甲产品

加工产品名称：甲产品（全部为产成品，共400件） （单位：元）

成本项目	月初在产品	本月费用	合计	产成品	月末在产品
	①	②	③=①+②	④=③	⑤=③-④
直接材料	200	5 000	5 200	5 200	0
直接人工	1 600	26 400	28 000	28 000	0
制造费用	435	54 565	55 000	55 000	0
合计	2 235	85 965	88 200	88 200	0

表10-10 加工成本计算单——乙产品

加工产品名称：乙产品（其中：产成品100件，在产品20件）

成本项目	月初在产品/元	本月费用/元	合计/元	产成品产量/件	约当产量/件	约当总产量/件	分配率/（元/件）	产成品/元	月末在产品/元
直接材料	100	3 000	3 100	100	20	120	25.833 3	2 583	517
直接人工	400	17 600	18 000	100	10	110	163.636 4	16 364	1 636
制造费用	295	36 605	36 900	100	10	110	335.454 5	33 545	3 355
合计	795	57 205	58 000					52 492	5 508

注：约当产量是指根据期末在产品的投料和加工程度，将在产品按一定标准折合为相当于完工产品的数量。

表10-11 辅助生产成本明细账——供水车间

供水车间 （单位：元）

202×年		凭证号	摘要	直接材料	直接人工	制造费用	合计
12月	31日						
略	略	略	材料费用分配表	31 000			31 000
			工资及福利费用分配表		1 100		1 100
			转入制造费用			5 535	5 535
			本期发生额合计	31 000	1 100	5 535	37 635
			结转各受益部门	|31 000| |1 100| |5 535| |37 635|

注：方框内表示红字，下同。

表10-12 辅助生产成本明细账——机修车间

机修车间 （单位：元）

202×年		凭证号	摘要	直接材料	直接人工	制造费用	合计
12月	31日						
略	略	略	材料费用分配表	27 000			27 000
			工资及福利费用分配表		1 310		1 310
			转入制造费用			3 955	3 955
			本期发生额合计	27 000	1 310	3 955	32 265
			结转各受益部门	|27 000| |1 310| |3 955| |32 265|

表10-13 制造费用明细账——供水车间

供水车间 （单位：元）

202×年		摘要	材料费	工福费	维修费	折旧费	动力费	办公费	劳保费	其他	合计
12月	31日										
略	略	材料费用分配表	1 500								1 500
		工福费分配表		655							655
		折旧费用计算表				2 000					2 000
		其他费用分配表			600		100	250	200	230	1 380
		本期发生额	1 500	655	600	2 000	100	250	200	230	5 535
		结转辅助生产成本	|1 500|	|655|	|600|	|2 000|	|100|	|250|	|200|	|230|	|5 535|

表10-14 制造费用明细账——机修车间

机修车间 （单位：元）

202×年		摘要	材料费	工福费	维修费	折旧费	动力费	办公费	劳保费	其他	合计
12月	31日										
略	略	材料费用分配表	900								900
		工福费分配表		235							235
		折旧费用计算表				1 500					1 500
		其他费用分配表			400			200	400	320	1 320
		本期发生额	900	235	400	1 500		200	400	320	3 955
		结转辅助生产成本	|900|	|235|	|400|	|1 500|			|200|	|400|	|320|	|3 955|

表10-15 辅助生产费用分配表

车间类别	应分配费用/元	供应量	分配率	加工一车间		加工二车间	
				数量	金额/元	数量	金额/元
	①	②	③=①/②	④	⑤=③×④	⑥	⑦=①-⑤
供水车间	37 635	49 000	0.768 1	29 000	22 275	20 000	15 360
机修车间	32 265	30 000	1.075 5	20 000	21 510	10 000	10 755
合计	69 900	—	—	—	43 785	—	26 115

注：辅助生产车间之间不交互分配费用。

表10-16 制造费用明细账——加工一车间

加工一车间　　　　　　　　　　　　　　　　　　　　　　　　　　　　（单位：元）

202×年		摘要	材料费	工福费	动力费	折旧费	修理费	办公费	劳保费	其他	合计
12月	31日										
略	略	材料费用分配表	2 700								2 700
		工福费分配表		880							880
		折旧费用计算表				4 000					4 000
		其他费用分配表			1 400		1 000	350	350	100	3 200
		辅助生产费用分配表			22 275		21 510				43 785
		本期发生额	2 700	880	23 675	4 000	22 510	350	350	100	54 565
		结转制造费用	2 700	880	23 675	4 000	22 510	350	350	100	54 565

表10-17 制造费用明细账——加工二车间

加工二车间　　　　　　　　　　　　　　　　　　　　　　　　　　　　（单位：元）

202×年		摘要	材料费	工福费	动力费	折旧费	修理费	办公费	劳保费	其他	合计
12月	31日										
略	略	材料费用分配表	5 100								5 100
		工福费分配表		440							440
		折旧费用计算表				3 000					3 000
		其他费用分配表			1 300			200	300	150	1 950
		辅助生产分配表			15 360		10 755				26 115
		本期发生额	5 100	440	16 660	3 000	10 755	200	300	150	36 605
		结转制造费用	5 100	440	16 660	3 000	10 755	200	300	150	36 605

（5）根据各产品成本计算单归集的生产费用合计数（月初在产品加工成本加上本月生产费用）和有关加工数量记录，在完工产品和月末在产品之间分配加工生产费用。本月甲产品已全部完工，加工400件。乙产品本月完工100件，月末在产品20件，完工程度为50%，约当产量为10件。乙产品耗用的材料为一次性投入，可按100:20分配给产成品与期末在产品；直接人工和制造费用近似均匀发生，可按100:10分配给产成品与期末在产品，见表10-10。根据分配结果，编制完工产品成本汇总表，见表10-18。

表10-18 完工产品加工成本汇总表

成本项目	甲产品（400件）		乙产品（100件）	
	总成本/元	单位成本/元	总成本/元	单位成本/元
直接材料	5 200	13.00	2 583	25.83
直接人工	28 000	70.00	16 364	163.64
制造费用	55 000	137.50	33 545	335.45
合计	88 200	220.50	52 492	524.92

第三节 流通加工成本计算的定额法示例

以流通加工成本计算的品种法示例为例，若对其乙产品采用定额法计算成本，其过程简述如下：

一、定额法成本计算程序

在定额法下，需分别计算产品的定额成本、脱离定额差异、材料成本差异和定额变动差异。月末时，应将生产费用合计数在完工产品和在产品之间进行分配，计算完工产品和月末在产品的实际成本。

（1）账户设置。按成本计算对象设置成本明细账，按成本项目设"期初在产品成本""本月生产费用""生产费用合计""完工产品成本"和"月末在产品成本"等专栏，各栏又分为"定额成本""脱离定额差异""定额变动差异""材料成本差异"各小栏。若本月初定额有变动，还应加设"月初在产品定额成本变动"栏，并将其分为"定额成本调整"和"定额变动差异"两小栏。

（2）编制费用分配明细表。各项费用应按定额成本和脱离定额差异进行汇总和分配。

（3）登记各产品成本明细账。产品明细账中的期初在产品成本各栏目可根据上月成本明细账中的期末在产品各栏目填列。若月初定额发生下调，可在"月初在产品定额成本变动"栏中的"定额成本调整"栏用"－"表示，同时，在"定额变动差异"栏用"＋"表示；若定额成本发生上调，则在"定额成本调整"栏用"＋"表示，同时，在"定额变动差异"栏用"－"表示。"本月生产费用"各栏目可根据各费用分配明细表填列。然后，将"月初在产品""月初在产品定额成本变动"和"本月生产费用"各栏的数字分别按定额成本、脱离定额差异和定额变动差异相加，记入"生产费用合计"栏内。

（4）计算完工产品和月末在产品的实际成本。产成品的定额成本应根据事先编制好的产品定额成本表中产品月初成本定额乘以产成品数量求得，然后，根据"生产费用合计"中的定额成本合计减去产成品的定额成本，就是月末在产品的定额成本。对于各种成本差异，可采用定额比例法在完工产品和月末在产品间按定额成本比例进行分配。

二、定额成本的计算

1. 产量记录（见表10-19）

表10-19　乙产品产量统计　　　　　　　　　　　　　　　　（单位：件）

产品名称	月初在产品	本月投产	本月完工产品	月末在产品
乙产品	4	116	100	20

2. 定额成本资料（见表10-20）

表10-20　乙产品定额成本分项数据

成本项目	计划单价		消耗定额			定额成本/（元/件）		定额变动差异
	金　额	单　位	单　位	上　月	本　月	上　月	本　月	
—	①	②	③	④	⑤	⑥=①×④	⑦=①×⑤	⑧=⑦−⑥
直接材料	10	元/kg	kg/件	2.5	2.4	25	24	−1
直接人工	4.4	元/h	h/件	40	40	176	176	0
制造费用	9	元/h	h/件	40	40	360	360	0
合计	—		—			561	560	−1

3. 月初在产品成本资料（见表10-21）

表10-21　乙产品月初在产品成本数据

成本项目	月初在产品定额成本/元				备　注
	按旧定额计算	按新定额计算	定额变动差异	脱离定额差异	
直接材料	4×25=100	4×24=96	−4	0	材料一次性投入
直接人工	4×50%×176=352	4×50%×176=352	0	48	完工率为50%
制造费用	4×50%×360=720	4×50%×360=720	0	−425	完工率为50%
合计	1 172	1 168	−4	−377	—

4. 乙产品其他资料

（1）12月投入量116件，原材料在生产开始时一次投入。

（2）当月完工产品100件，月末在产品20件，完工率为50%。

（3）当月原材料实际用量为310kg（根据直接材料分配明细表，略）。

（4）当月人工费用实际数为17 600元（根据直接人工分配明细表，略）。

（5）当月制造费用实际数为36 605元（根据制造费用分配明细表，略）。

（6）当月直接材料成本差异为−100元，全部由完工产品负担。

（7）定额变动差异全部由完工产品负担。

（8）直接材料脱离定额差异、直接人工脱离定额差异、制造费用脱离定额差异由当月完工产品与月末在产品按产量比例分摊。

5. 记账与计算

根据上述资料，可登记乙产品成本明细账，见表10-22～表10-24。

表10-22各栏数字的计算与填列方法：

（1）月初在产品定额成本——定额成本的计算。

直接材料、直接人工、制造费用根据表10-21的月初在产品成本资料填列。

（2）月初在产品定额成本——脱离定额差异的计算。

直接材料、直接人工、制造费用根据表10-21的月初在产品成本资料填列。

(3)月初在产品定额成本——定额成本调整的计算。

直接材料、直接人工、制造费用根据表10-21的月初在产品成本资料填列。

(4)月初在产品定额成本——定额变动差异的计算。

直接材料、直接人工、制造费用根据表10-22第③栏数字填列,符号相反。

(5)本月生产费用(投产116件)——定额成本的计算。

直接材料=116×24=2 784(元)

直接人工=(100+20×50%-4×50%)×176=19 008(元)(在产品完工率为50%)

制造费用=(100+20×50%-4×50%)×360=38 880(元)(在产品完工率为50%)

(6)本月生产费用——脱离定额差异的计算。

直接材料=310×10-2 784=316(元)

直接人工=17 600-19 008=-1 408(元)

制造费用=36 605-38 880=-2 275(元)

(7)本月生产费用——材料成本差异的计算。

直接材料=-100(元)

表10-22 产品成本明细账

产品名称:乙产品　　　　　202×年12月　　　　完工产量:100件　　　　(单位:元)

成本项目	月初在产品定额成本(4件)				本月生产费用(投产116件)		
	定额成本	脱离定额差异	定额成本调整	定额变动差异	定额成本	脱离定额差异	材料成本差异
甲	①	②	③	④=-③	⑤	⑥	⑦
直接材料	100	0	-4	4	2 784	316	-100
直接人工	352	48	0	0	19 008	-1 408	0
制造费用	720	-425	0	0	38 880	-2 275	0
成本合计	1 172	-377	-4	4	60 672	-3 367	-100

表10-23 产品成本明细账(续表一)

成本项目	生产费用合计/元				脱离定额差异分配率	产成品成本/元	
	定额成本	脱离定额差异	材料成本差异	定额变动差异		定额成本	脱离定额差异
	⑧=①+③+⑤	⑨=②+⑥	⑩=⑦	⑪=④	⑫=⑨÷⑧	⑬	⑭=⑫×⑬
直接材料	2 880	316	-100	4	0.109 722	2 400	263
直接人工	19 360	-1 360	0	0	-0.070 248	17 600	-1 236
制造费用	39 600	-2 700	0	0	-0.068 182	36 000	-2 455
成本合计	61 840	-3 744	-100	4	—	56 000	-3 428

表10-24 产品成本明细账（续表二） （单位：元）

成本项目	产成品成本			月末在产品成本		
	材料成本差异	定额变动差异	实际成本	定额成本	脱离定额差异	实际成本
—	⑮=⑩	⑯=⑪	⑰=⑬+⑭+⑮+⑯	⑱=⑧-⑬	⑲=⑨-⑭	⑳=⑱+⑲
直接材料	-100	4	2 567	480	53	533
直接人工	0	0	16 364	1 760	-124	1 636
制造费用	0	0	33 545	3 600	-245	3 355
成本合计	-100	4	52 476	5 840	-316	5 524

6. 定额法与品种法的计算结果比较

将定额法中表10-24的第⑰、⑳栏数字与品种法中表10-10"产成品"和"月末在产品"两栏数字相对照，得出的结果见表10-25。

表10-25 品种法与定额法计算结果的比较

成本项目	品种法（表10-10）		定额法（表10-24）		差异	
	本月产成品实际成本	月末在产品实际成本	本月产成品实际成本	月末在产品实际成本	本月产成品实际成本	月末在产品实际成本
	①	②	③	④	⑤=①-③	⑥=②-④
直接材料	2 583	517	2 567	533	16	-16
直接人工	16 364	1 636	16 364	1 636	0	0
制造费用	33 545	3 355	33 545	3 355	0	0
合计	52 492	5 508	52 476	5 524	16	-16

从表10-25可以看出，两种计算方法计算出的产成品与期末在产品实际成本各自相差16元（正负相抵），均为直接材料计算方法所产生的差异。原因是定额法将材料成本差异（-100元）和定额变动差异（4元）全数由当期产成品（100件）负担。现假定将材料成本差异和定额变动差异之和（-96元）在产成品和月末在产品之间进行分配，则分配率为-96/（100+20）=-0.8，月末在产品分摊额为-0.8×20=-16元，即表明定额法月末在产品少分摊了16元。

7. 定额法与标准成本法的区别

定额法与标准成本法都属于成本计算方法，都要事先制订产品的目标成本（即定额成本和标准成本）作为产品应该发生的成本，并以此作为成本控制的依据。

但是两种方法又有许多不同之处，主要表现在：

（1）制定目标成本的依据不同。

（2）制定目标成本所依据的定额的稳定性不同。

（3）实际成本与目标成本差异的揭示方法不同。

（4）实际成本与目标成本差异的账务处理不同。

（5）实际成本与目标成本差异的分配方法不同。

（6）提供管理信息的详细程度和侧重点不同等。

（7）标准成本法一般不按产品计算实际成本，而定额成本法则按产品计算实际成本，这是两者最主要的区别。

第四节　流通加工成本分析

一、流通加工成本预算执行情况的总体检查

为及时了解与分析流通加工成本的升降原因，以便对其进行重点控制，就必须对流通加工成本预算的执行情况进行总体检查。

在对流通加工成本的预算完成情况进行总体检查时，关注的重点是加工成本是否脱离了预算，以及脱离的差额、程度与性质。加工成本预算执行情况的检查方法有两种：①直接将加工成本实绩与其预算相比较，确定预算执行结果；②先将加工成本实绩与上期实绩相比较，然后再与预算比较，例如可比产品成本降低额（率）实际数与预算数的比较。

1. 流通加工成本实绩与预算的直接比较

流通加工成本实绩与预算的直接比较主要有三种方式：①将单位成本预算数与实际数相减；②将单位成本实际数与预算数相比；③将单位成本实际数与预算数相减后，再除以单位成本预算数。

例10-4　某物流中心设有第一、第二两个流通加工车间，其中第一车间加工甲、乙两种老产品（可比产品）；第二车间加工丙、丁两种新产品（不可比产品）。其当年流通加工成本实绩与预算的直接比较见表10-26。

表10-26　流通加工成本实绩与预算的直接比较

产品名称及成本项目	单位	产量	单位成本/（元/件）					总成本/万元		
			本年预算	本年实际	差额	变动率（%）	达成率（%）	按预算数计算	本年实际	差额
		①	②	③	④=③−②	⑤=④/②	⑥=③/②	⑦=①×②	⑧=①×③	⑨=⑧−⑦
可比产品	—	—	—	—	—	—	—	—	—	—
甲产品	件	5 000	218.50	220.50	2.00	0.92	100.92	109.25	110.25	1.00
直接材料	件	5 000	12.50	13.00	0.50	4.00	104.00	6.25	6.50	0.25
直接人工	件	5 000	68.00	70.00	2.00	2.94	102.94	34.00	35.00	1.00
制造费用	件	5 000	138.00	137.50	−0.50	−0.36	99.64	69.00	68.75	−0.25
乙产品	件	1 000	525.00	524.92	−0.08	−0.02	99.98	52.50	52.49	−0.01
直接材料	件	1 000	25.00	25.83	0.83	3.32	103.32	2.50	2.58	0.08
直接人工	件	1 000	163.00	163.64	0.64	0.39	100.39	16.30	16.36	0.06
制造费用	件	1 000	337.00	335.45	−1.55	−0.46	99.54	33.70	33.55	−0.15
不可比产品	—	—	—	—	—	—	—	—	—	—
丙产品	件	700	75	77	2	2.67	102.67	5.25	5.39	0.14
丁产品	件	300	65	66	1	1.54	101.54	1.95	1.98	0.03

注：本例中丙产品和丁产品的成本项目从略。

2. 可比产品成本降低额（率）实绩与预算的比较

将可比产品成本降低额（率）的实绩与预算相比较，其目的是计算与确定成本降低目标达成的结果。

例10-5 续例10-4，该物流中心可比产品成本降低目标达成情况的总体检查见表10-27和表10-28。

表10-27 可比产品成本降低目标达成情况的总体检查

产品名称	单位	产量		单位成本/（元/件）			总成本/元	
		本年预算	本年实际	上年实际	本年预算	本年实际	本年预算	本年实际
		①	②	③	④	⑤	⑥=①×④	⑦=②×⑤
可比产品	—	—	—	—	—	—	1 617 500	1 795 428
甲产品	件	5 000	6 000	230.00	218.50	220.50	1 092 500	1 323 000
直接材料	件	5 000	6 000	16.00	12.50	13.00	62 500	78 000
直接人工	件	5 000	6 000	71.00	68.00	70.00	340 000	420 000
制造费用	件	5 000	6 000	143.00	138.00	137.50	690 000	825 000
乙产品	件	1 000	900	530.00	525.00	524.92	525 000	472 428
直接材料	件	1 000	900	30.00	25.00	25.83	25 000	23 247
直接人工	件	1 000	900	164.00	163.00	163.64	163 000	147 276
制造费用	件	1 000	900	336.00	337.00	335.45	337 000	301 905

表10-28 可比产品成本降低目标达成情况的总体检查（续表）

产品名称	对比总成本/元		成本降低额/元			成本降低率（%）		
	本年预算*	本年实际*	本年预算	本年实际	差额	本年预算	本年实际	差额
	⑧=①×③	⑨=②×③	⑩=⑧-⑥	⑪=⑨-⑦	⑫=⑪-⑩	⑬=⑩/⑧	⑭=⑪/⑨	⑮=⑭-⑬
可比产品	1 680 000	1 857 000	62 500	61 572	-928	3.720 2	3.315 7	-0.404 5
甲产品	1 150 000	1 380 000	57 500	57 000	-500	5.000 0	4.130 4	-0.869 6
直接材料	80 000	96 000	17 500	18 000	500	21.875 0	18.750 0	-3.125 0
直接人工	355 000	426 000	15 000	6 000	-9 000	4.225 4	1.408 5	-2.816 9
制造费用	715 000	858 000	25 000	33 000	8 000	3.496 5	3.846 2	0.349 7
乙产品	530 000	477 000	5 000	4 572	-428	0.943 4	0.958 5	0.015 1
直接材料	30 000	27 000	5 000	3 753	-1 247	16.666 7	13.900 0	-2.766 7
直接人工	164 000	147 600	1 000	324	-676	0.609 8	0.219 5	-0.390 3
制造费用	336 000	302 400	-1 000	495	1 495	-0.297 6	0.163 7	0.461 3

注：表内的"本年预算*"表示本年产量预算数与上年实际单位成本乘积，用于与本年总成本预算数相比较，以便计算本年成本降低额预算数；"本年实际*"表示本年产量实际数与上年实际单位成本乘积，用于与本年总成本实际数相比较，以便计算本年成本降低额实际数。本表内①~⑦为表10-27的数据。

从表10-28可以直观地看出，可比产品总体的成本降低额与成本降低率的实际数均小于预算数，未能达成降低目标。对于可比产品成本降低目标达成情况的总体检查结果还需进行详细的因素分析，以确定出影响降低目标达成的因素及其所影响的数额。

二、可比产品成本降低目标达成情况的因素分析

可比产品成本降低目标达成情况的因素分析可分为两个方面：①可比产品的产量、结构、单位成本三个因素变动对成本降低目标达成情况影响的因素分析；②可比产品的成本项目（直接材料、直接人工、制造费用）因产品产量变动和各项费用的单位成本变动对成本降低目标达成情况影响的因素分析。

（一）可比产品产量、产品品种结构、产品单位成本变动影响成本降低目标达成情况的因素分析

对可比产品为两种及以上的产品，影响其成本降低目标达成情况的因素有三个，即产品产量、产品品种结构和产品单位成本。当产品产量、产品品种结构和产品单位成本的实际数与预算数不一致时（通常称之为脱离预算），将对可比产品成本降低额实际数与预算数之差产生影响。对此需要分别计算与确定这三个因素分别从预算数变动为实际数时，对可比产品成本降低额实际数与预算数之差的影响数额。

按照因素替代法的思路，对可比产品成本降低额预算数的因素采取逐次替代的方法，进行因素替代法分析。首先分别确定出：①产量因素、产品品种结构因素和单位成本因素均为预算数时的可比产品成本降低额（即可比产品成本降低额预算数）；②产量因素为实际数，产品品种结构和单位成本因素仍为预算数时的可比产品成本降低额；③产量因素和产品品种结构因素为实际数，单位成本因素仍为预算数时的可比产品成本降低额；④产量因素、产品结构因素和单位成本因素均为实际数时的可比产品成本降低额（即可比产品成本降低额实际数）。然后，依次用后者减去前者，即可分别得到产量变动对可比产品成本降低额的影响额、产品品种结构变动对可比产品成本降低额的影响额和单位成本变动对可比产品成本降低额的影响额。

1. 产量因素、产品品种结构因素和单位成本因素均为预算数时的可比产品成本降低额（即可比产品成本降低额预算数）的计算公式

$$Cr(c_n, q_n, m_n) = \left(\sum C_0 Q_n\right) M_n \quad (10\text{-}1)$$

式中　$Cr(c_n, q_n, m_n)$——所有因素变量均为预算数时的可比产品成本降低额，单位为元；
　　　C_0——某产品上年单位成本，单位为元每单位产品；
　　　C_n——某产品单位成本预算数，单位为元每单位产品；
　　　Q_n——某产品产量预算数，产品总量；
　　　M_n——所有因素变量均为预算数时的可比产品成本降低率预算数（即可比产品成本降低率预算数），计算公式为

$$M_n = \frac{\sum(C_0 - C_n)Q_n}{\sum C_0 Q_n} \quad (10\text{-}1.1)$$

2. 产量因素为实际数、产品品种结构和单位成本因素为预算数时的可比产品成本降低额计算公式

产量因素为实际数、产品品种结构和单位成本因素为预算数，意味着不同产品的产量变动仅是同比变动（即不同产品的 $Q_1/Q_n = a$，a 为一常数），成本降低率数值不变，仍为预算数。这里我们将产量因素为实际数、产品品种结构和单位成本因素为预算数的成本降低率用 M_{n+1} 表示，其数值与 M_n 必然相等，证明过程如下

$$M_{n+1} = \frac{\sum(C_0 - C_n)Q_1}{\sum C_0 Q_1} = \frac{\sum(C_0 - C_n)aQ_n}{\sum C_0 aQ_n} = \frac{a\sum(C_0 - C_n)Q_n}{a\sum C_0 Q_n} = \frac{\sum(C_0 - C_n)Q_n}{\sum C_0 Q_n} = M_n$$

此时的成本降低额的计算公式为

$$Cr(c_n, q_1, m_n) = \left(\sum C_0 Q_1\right) M_n \quad (10\text{-}2)$$

式中　Q_1——某产品产量实际数。

3. 产量因素和产品结构因素为实际数、产品单位成本因素为预算数时的可比产品成本降低额计算公式

产品结构因素变动时（即不同产品的 $Q_1/Q_n \neq a$），会影响可比产品成本降低率的变动，此时的成本降低额计算公式为

$$Cr(c_n, q_1, m_{n+1}) = \left(\sum C_0 Q_1\right) M_{n+1} \quad (10\text{-}3)$$

式中，$M_{n+1} = \dfrac{\sum(C_0 - C_n)Q_1}{\sum C_0 Q_1} \neq M_n$　（当不同产品的 $Q_1/Q_n \neq a$ 时）　$(10\text{-}3.1)$

4. 产量因素、产品结构因素和单位成本因素均为实际数时的可比产品成本降低额（即可比产品成本降低额实际数）计算公式

$$Cr(c_1, q_1, m_1) = \left(\sum C_0 Q_1\right) M_1 \quad (10\text{-}4)$$

式中　M_1——可比产品成本降低率实际数，计算公式为

$$M_1 = \frac{\sum(C_0 - C_1)Q_1}{\sum C_0 Q_1} \quad (10\text{-}4.1)$$

C_1——某产品单位成本实际数。

由于在分析前我们实际上已取得了上述四个"降低额"算式中的式（10-1）、式（10-4）的两个数据和三个"降低率"算式中的式（10-1.1）、式（10-4.1）的两个数据，现在只要再取得式（10-2）、式（10-3），以及式（10-3.1）三个数据，即可采用连环替代法，进行成本降低目标达成情况的因素分析。

5. 可比产品成本降低目标达成情况的因素分析实例

例10-6 续例10-5，该物流中心可比产品成本降低额实际数与预算数之差为-928元，可比产品成本降低率实际数与预算数之差为-0.404 5%，现对这两个差额进行因素分析，以确定影响这两个差额的因素及影响的数额。

为方便起见，可将分析算式中的相关数据，即式（10-2）和式（10-3）的两个数据以及式（10-3.1）数据，在表格中先行计算处理，见表10-29。

表10-29　因素分析数据表

产品类别	实际产量 件 Q_1 ①	单位成本/（元/件） 上年实际 C_0 ②	单位成本/（元/件） 本年预算 C_n ③	数据计算 元 C_0Q_1 ④=②×①	数据计算 元 $(C_0-C_n)Q_1$ ⑤=(②-③)×①	数据计算 % $\Sigma(C_0-C_n)Q_1/\Sigma C_0Q_1$ ⑥=(⑤/④)×100
可比产品	—	—	—	1 857 000	73 500	3.958 0
甲产品	6 000	230	218.5	1 380 000	69 000	—
乙产品	900	530	525	477 000	4 500	—

注：据式（10-2）、式（10-3）和式（10-3.1）以及表10-28中的可比产品成本降低率预算数（M_n=3.720 2%）和表10-29的相关数据，即可算出：

$Cr(c_n,q_1,m_n)=(\Sigma C_0Q_1)M_n=1\,857\,000\times 3.720\,2\%=69\,084$（元），计算公式见式（10-2）；

$Cr(c_n,q_1,m_{n+1})=\Sigma(C_0-C_n)Q_1=73\,500$（元），计算公式见式（10-3）；

$M_{n+1}=\Sigma(C_0-C_n)Q_1/\Sigma C_0Q_1=73\,500\div 1\,857\,000=3.958\,0\%$，计算公式见式（10-3.1）。

据以上数据，采用列表方式进行因素替代分析，即可求得各因素变动对可比产品成本降低目标达成的影响额。具体见表10-30和表10-31。

表10-30　可比产品成本降低目标达成情况的因素分析表（一）

替代序号	因素逐次替代的可比产品成本降低额算式与计算结果 因素替代过程	简化算式	算式源自	算式含义	计算结果	数据源自	算式编号	影响因素	对降低额之差的影响值/元
—	$(\Sigma C_0Q_0)M_n$	$\Sigma(C_0-C_n)Q_n$	式（10-1）	降低额预算数	62 500	表10-28	①	—	—
1	$(\Sigma C_0\boxed{Q_1})M_n$	$(\Sigma C_0-C_n)Q_1 M_n$	式（10-2）	产量替代	69 084	表10-29	②	产品产量	②-①=6 584
2	$(\Sigma C_0Q_1)\boxed{M_{n+1}}$	$\Sigma(C_0-C_n)Q_1$	式（10-3）	结构替代	73 500	表10-29	③	产品结构	③-②=4 416
3	$(\Sigma C_0Q_1)\boxed{M_1}$	$\Sigma(C_0-C_1)Q_1$	式（10-4）	降低额实际数	61 572	表10-28	④	单位成本	④-③=-11 928
	因素变动对可比产品成本降低额实际数与预算数之差的影响额合计								-928

注：带框的数字为本次替代因素的数值。

表10-31　可比产品成本降低目标达成情况的因素分析表（二）

替代序号	因素逐次替代的可比产品成本降低率算式与计算结果 算式	算式源自	算式含义	计算结果	数据来源	算式编号	影响因素	对降低率之差的影响值（%）
—	$M_n=\Sigma(C_0-C_n)Q_n/\Sigma C_0Q_n$	式（10-1.1）	降低率预算数	3.720 2	表10-28	①	—	—
1	$M_{n+1}=\Sigma(C_0-C_n)\boxed{Q_1}/\Sigma C_0\boxed{Q_1}$	式（10-3.1）	品种结构替代	3.958 0	表10-29	②	品种结构	②-①=0.237 8
2	$M_1=\Sigma(C_0-\boxed{C_1})Q_1/\Sigma C_0Q_1$	式（10-4.1）	降低率实际数	3.315 7	表10-28	③	单位成本	③-②=-0.642 3
	因素变动对可比产品成本降低率实际数与预算数之差的影响值合计							-0.404 5

注：带框的数字为本次替代因素的数值。

（二）可比产品的成本项目因产品产量及各项费用的单位成本变动影响成本降低目标达成情况的因素分析

可比产品的成本项目（工、料、费）均有各自的成本降低目标，影响其成本降低目标达成情况的因素有产品产量和各成本项目的单位成本。当产品产量、成本项目的单位成本发生变动（脱离预算）时，将对成本项目的成本降低额实际数与预算数之差产生影响。对此需要分别计算与确定这两个因素变动时，对成本项目的降低额实际数与预算数之差的影响数额。

1. 分析算式

可采用因素替代法进行因素分析。

（1）产量因素变动对成本项目成本降低额差额影响额的计算公式。

$$\text{产量因素变动对成本项目成本降低额差额影响额} = \text{产量实际数} \times (\text{某成本项目上年单位成本} - \text{该项目单位成本预算数}) - \text{产量预算数} \times (\text{某成本项目上年单位成本} - \text{该项目单位成本预算数})$$

或

$$(\text{产量实际数} - \text{产量预算数}) \times (\text{某成本项目上年单位成本} - \text{该项目单位成本预算数}) \quad (10\text{-}5)$$

（2）某成本项目单位成本因素变动对该成本项目成本降低额差额影响额的计算公式。

$$\text{成本项目单位成本因素变动对成本项目成本降低额差额影响额} = \text{产量实际数} \times (\text{某成本项目上年单位成本} - \text{该项目单位成本实际数}) - \text{产量实际数} \times (\text{某成本项目上年单位成本} - \text{该项目单位成本预算数})$$

或

$$\text{产量实际数} \times (\text{该项目单位成本预算数} - \text{该项目单位成本实际数}) \quad (10\text{-}6)$$

2. 分析实例

例10-7 续例10-5，该物流中心生产的甲产品未能达成降低目标的主要原因是其直接人工成本降低额比预算减少了9 000元（6 000元-15 000元）。故此，可对直接人工的成本降低额实际数与预算数之差9 000元进行因素分析。

甲产品产量预算数为5 000件，实际数为6 000件；其成本项目中的直接人工单位成本上年实际数为71.00元/件，预算数为68.00元/件，实际数为70.00元/件；可代入式（10-5）和式（10-6）分别计算产量因素变动和直接人工单位成本因素变动对甲产品直接人工成本降低额差额影响额。

（1）产量因素变动对直接人工成本降低额差额影响额。将相关数据代入式（10-5），得

$$\begin{pmatrix} 产量因素变动对成本项目 \\ 成本降低额差额影响额 \end{pmatrix} = \begin{pmatrix} 产量 \\ 实际数 \end{pmatrix} - \begin{pmatrix} 产量 \\ 预算数 \end{pmatrix} \times \begin{pmatrix} 某成本项目 \\ 上年单位成本 \end{pmatrix} - \begin{pmatrix} 该项目单位 \\ 成本预算数 \end{pmatrix}$$

$$= (6\,000 - 5\,000) \times (71.00 - 68.00)$$

$$= 3\,000（元）$$

（2）直接人工单位成本因素变动对直接人工成本降低额差额影响额。将相关数据代入式（10-6），得

$$\begin{pmatrix} 成本项目单位成本因素变动对 \\ 成本项目成本降低额差额影响额 \end{pmatrix} = \begin{pmatrix} 产量 \\ 实际数 \end{pmatrix} \times \begin{pmatrix} 该项目单位 \\ 成本预算数 \end{pmatrix} - \begin{pmatrix} 该项目单位 \\ 成本实际数 \end{pmatrix}$$

$$= 6\,000 \times (68.00 - 70.00)$$

$$= -12\,000（元）$$

两项合计为-9 000元。

同理，可对可比产品其他成本项目逐一进行因素分析，此处不再一一赘述。

复习思考题

1. 试述流通加工成本的构成。
2. 为什么流通加工成本构成中直接材料所占比例不大？
3. 什么是约当产量，为什么要计算在产品约当产量？
4. 定额法的成本计算程序是什么？
5. 简述定额法与标准成本法的异同点。
6. 可比产品成本降低目标达成情况的因素分析可分为哪两个方面？

练 习 题

一、流通加工成本计算的品种法练习

（一）成本核算资料

（1）组织形式。太行物流集团下属从事流通加工的基本生产车间，大量加工甲、乙两种产品，另有一个为其提供机修服务的辅助生产车间。

（2）成本计算对象与成本计算方法。根据甲、乙产品的加工特点，采用品种法计算甲、乙产品成本，其成本项目为"直接材料""直接人工"和"制造费用"。

（3）直接材料投入方式。甲产品和乙产品所耗用的直接材料在开工时一次投入。

（4）在产品完工程度。月末在产品的完工率为50%。

（5）成本核算数据。该企业202×年12月份有关产品产量及成本资料见表10-32～表10-35。

表10-32 月初在产品成本 （单位：元）

产品	直接材料	直接人工	制造费用	合计
甲产品	7 680	6 592	3 574	17 846
乙产品	8 320	2 008	2 320	12 648
小计	16 000	8 600	5 894	30 494

表10-33 产量资料 （单位：件）

项目	甲产品	乙产品
期初在产品	340	280
本月投产	860	720
本月完工	800	600
月末在产品	400	400

表10-34 工时记录与材料定额消耗量

项目		基本生产工时/h	辅助生产车间修理用工时/h	共用材料定额消耗量		
				本月投产/件	定额/(kg/件)	定额消耗总量/kg
—		①	②	③	④	⑤=③×④
基本生产车间	甲产品	2 480	—	860	0.5	430
	乙产品	1 520	—	720	0.8	576
	小计	4 000	—			1 006
	维修	—	6 000	—		
企业行政管理部门		—	4 000			
小计		—	10 000	—	—	—

表10-35 本月发生的生产费用资料 （单位：元）

费用项目	费用的用途						合计
	产品加工耗材与耗费			非产品加工耗材与耗费			
	甲产品直接耗用	乙产品直接耗用	甲乙产品共用	基本生产车间耗用	辅助生产直接耗用	辅助生产车间耗用	
原料及材料	24 000	18 000	8 000	2 000	600	400	53 000
工资	—	—	60 000	4 200	5 800	2 500	72 500
提取福利费	—	—	8 400	588	812	350	10 150
折旧费	—	—	—	12 000	—	3 000	15 000
外购动力费	—	—	—	14 200	—	12 800	27 000
待摊办公费	—	—	—	9 600	—	2 400	12 000
其他办公费	—	—	—	15 800	—	4 200	20 000
合计	24 000	18 000	76 400	58 388	7 212	25 650	209 650
应计入的会计账户	基本生产成本——甲产品	基本生产成本——乙产品	基本生产成本——甲或乙产品	制造费用——基本生产车间	辅助生产成本——辅助生产车间	制造费用——辅助生产车间	—

(二) 要求

根据上述资料，编制各种费用分配表，分别计算甲、乙两种产品的总成本和单位成本。甲、乙两种产品共同耗用的材料按甲、乙产品的材料定额消耗比率分配，基本生产车间生产工人工资、制造费用按生产工时比率分配，辅助生产车间费用按修理工时比率分配。甲、乙产品均按约当产量比例计算完工产品成本和月末在产品成本。为简便起见，计算结果适当取整（分配率除外）。

1. 编制原材料费用分配表

根据表10-35中的原料及材料项目，编制材料费用分配表（见表10-36）。

表10-36 材料费用分配表

会计科目与成本费用项目			直接计入/元	分配计入			成本合计/元
一级科目	明细科目	成本项目		定额/kg	分配率	金额/元	
基本生产成本	甲产品	直接材料	24 000	430			
	乙产品	直接材料	18 000	576			
	小计	—	42 000	1 006		8 000	50 000
辅助生产成本	辅助生产车间	直接材料	600	—	—	—	600
制造费用	基本生产车间	材料	2 000				2 000
	辅助生产车间	材料	400				400
合计	—	—	45 000			8 000	53 000

2. 编制工资及福利费分配汇总表

根据表10-35中工资和提取福利费两个项目编制工资及福利费分配汇总表（见表10-37）。

表10-37 工资及福利费分配汇总表

会计科目与成本费用项目			直接计入/元	分配计入			工资小计/元	提取职工福利费（14%）	工资及福利费/元
一级科目	明细科目	成本费用项目		工时定额/h	分配率	金额/元			
基本生产成本	甲产品	直接人工	—	2 480					
	乙产品	直接人工	—	1 520					
	小计	—	—	4 000		60 000	60 000	8 400	68 400
辅助生产成本	辅助生产车间	直接人工	5 800	—	—	—			
制造费用	基本生产车间	工资	4 200						
	辅助生产车间	工资	2 500						
合计	—	—	12 500	—	—	60 000	72 500	10 150	82 650

3. 编制固定资产折旧费用分配表

根据表10-35中折旧费项目编制固定资产折旧费用分配表（见表10-38）。

表10-38 固定资产折旧费用分配表　　　　　　　　　　（单位：元）

会计科目与费用项目			折旧费计算		
一级科目	明细科目	费用项目	原值	折旧率	折旧费用
制造费用	基本生产车间	折旧	240 000	5%	
	辅助生产车间	折旧	60 000		
合计	—	—	300 000	—	15 000

4. 编制外购动力费用分配表

根据表10-35中外购动力费项目编制外购动力费用分配表（见表10-39）。

表10-39 外购动力费用分配表

会计科目		外购动力	
一级科目	明细科目	用电量/（kW·h）	金额/元
制造费用	基本生产车间	14 200	
	辅助生产车间	12 800	
合计	—	27 000	27 000

注：外购动力分配率为1元/（kW·h）。

5. 编制待摊费用和其他费用分配表

根据表10-35中待摊办公费和其他办公费两个项目编制待摊费用和其他费用分配表（见表10-40）。

表10-40 待摊费用和其他费用分配表　　　　　　　　　　（单位：元）

会计科目及项目			待摊费用	其他费用	合计
一级科目	明细科目	费用项目			
制造费用	基本生产车间	办公费	9 600	15 800	
	辅助生产车间	办公费	2 400	4 200	
合计	—	—	12 000	20 000	32 000

6. 登记辅助生产车间制造费用明细账

根据上述有关费用分配表，登记辅助生产车间制造费用明细账（见表10-41）。

表10-41 制造费用明细账

明细科目：辅助生产车间　　　　　　　　　　　　　　　　　（单位：元）

摘要	费用项目						合计
	材料	工资	福利	折旧	动力	办公	
根据材料费用分配表							
根据工资及福利费分配汇总表							
根据固定资产折旧费用分配表							
根据外购动力费用分配表							
根据待摊费用和其他费用分配表							
合计	400	2 500	350	3 000	12 800	6 600	25 650
本月转出	400	2 500	350	3 000	12 800	6 600	25 650

7. 登记辅助生产成本明细账

根据上述有关费用分配表登记辅助生产成本明细账（见表10-42）。

表10-42 辅助生产成本明细账

明细科目：辅助生产车间　　　　　　　　　　　　　　　　　　　　（单位：元）

摘　要	成 本 项 目			合　计
	直接材料	直接人工	制造费用	
根据材料费用分配表				
根据工资及福利费分配汇总表				
根据制造费用明细账				
合计	600	6 612	25 650	32 862
本月转出	600	6 612	25 650	32 862

8. 编制辅助生产费用分配表

根据辅助生产成本明细账合计数编制辅助生产费用分配表（见表10-43）。

表10-43 辅助生产费用分配表

会计科目及项目			分配标准：修理工时/h	分　配　率	分配金额/元
一级科目	明细科目	费用项目			
制造费用	基本生产车间	维修费	6 000		
管理费用	管理部门	维修费	4 000		
合计	—	—	10 000		32 862

9. 登记基本生产车间制造费用明细账

根据上述与流通加工基本生产车间制造费用相关的各个分配表，登记基本生产车间制造费用明细账（见表10-44）。

表10-44 制造费用明细账

明细科目：基本生产车间　　　　　　　　　　　　　　　　　　　　（单位：元）

摘　要	费　用　项　目							合　计
	材料	工资	福利	折旧	动力	办公	修理费	
根据材料费用分配表								
根据工资及福利分配汇总表								
根据固定资产折旧费用分配表								
根据外购动力费用分配表								
根据待摊费用和其他分配表								
根据辅助生产费用分配表								
合计	2 000	4 200	588	12 000	14 200	25 400	19 717	78 105
本月转出	2 000	4 200	588	12 000	14 200	25 400	19 717	78 105

10. 编制基本生产车间制造费用分配表

根据基本车间制造费用明细账及其他资料编制制造费用分配表（见表10-45）。

表10-45 制造费用分配表

会计科目及项目			分配标准：生产工时/h	分 配 率	分配金额/元
一级科目	明细科目	成本项目			
基本生产成本	甲产品	制造费用	2 480		
	乙产品	制造费用	1 520		
	合计		4 000		78 105

11. 计算甲、乙产成品的总成本和单位成本

根据甲、乙产品成本计算单所汇集的成本数据及产成品与在产品的约当产量比例，分别计算产成品成本与在产品成本，并计算产成品的单位成本（见表10-46、表10-47）。

表10-46 产品成本计算单——甲产品

产品名称：甲产品　　　　　　　本月完工：800件　　　　　　　月末在产品：400件

项　目	单　位	成本项目			合　计
		直接材料	直接人工	制造费用	
月初在产品成本	元				
本月生产费用	元				
生产费用合计	元				
分配率	元/件				
完工产品成本	元				
单位成本	元/件				
月末在产品成本	元				

注：直接材料分配率=_____
　　直接人工分配率=_____
　　制造费用分配率=_____

表10-47 产品成本计算单——乙产品

产品名称：乙产品　　　　　　　本月完工：600件　　　　　　　月末在产品：400件

项　目	单　位	成本项目			合　计
		直接材料	直接人工	制造费用	
月初在产品成本	元				
本月生产费用	元				
生产费用合计	元				
分配率	元/件				
完工产品成本	元				
单位成本	元/件				
月末在产品成本	元				

注：直接材料分配率=_____
　　直接人工分配率=_____
　　制造费用分配率=_____

二、流通加工成本计算的定额法练习

(一) 成本资料

东方配送公司流通加工中心202×年10月加工的A产品的有关资料如下:

1. 产量记录

该加工中心A产品产量数据见表10-48。

表10-48 产量统计 （单位：件）

产品名称	月初在产品	本月投产	本月完工产品	月末在产品
A产品	20	80	70	30

2. 定额成本资料

该加工中心A产品定额成本资料见表10-49。

表10-49 定额成本资料

成本项目	计划单价	消耗定额		定额成本/元		定额变动差异	
		上月	本月	上月	本月	数量/kg	金额/元
直接材料	5	120kg	114kg	600	570	−6	−30
直接人工	2	100h	100h	200	200	0	0
制造费用	1	100h	100h	100	100	0	0
合计	—	—	—	900	870	−6	−30

3. 月初在产品成本资料

该加工中心A产品月初在产品成本资料见表10-50。

表10-50 月初在产品成本资料 （单位：元）

成本项目	月初在产品		
	定额成本	定额差异	实际成本
直接材料	12 000	400	12 400
直接人工	2 000	100	2 100
制造费用	1 000	80	1 080
合计	15 000	580	15 580

4. 其他资料

（1）原材料于生产开始时一次投入。

（2）直接材料成本差异率为−1%，全部由完工产品负担。

（3）定额变动差异全部由完工产品负担。

（4）本期直接材料脱离定额差异为-1 000元，直接人工脱离定额差异为200元，制造费用脱离定额差异为-70元。

（二）计算要求

根据上述资料，计算表10-51~表10-53各栏数字，并将数字填入相应空白处。

表10-51　产品成本明细账

产品名称：A产品　　　　完工产量：70件　　　　202×年10月　　　　（单位：元）

成本项目	月初在产品				本月生产费用		
	定额成本	脱离定额差异	定额成本调整	定额变动差异	定额成本	脱离定额差异	材料成本差异
	①	②	③	④	⑤	⑥	⑦
直接材料							
直接人工							
制造费用							
成本合计							

表10-52　产品成本明细账（续表一）

成本项目	生产费用合计				脱离定额差异分配率	产成品成本	
	定额成本	脱离定额差异	材料成本差异	定额变动差异		定额成本	脱离定额差异
	⑧	⑨	⑩	⑪	⑫	⑬	⑭
直接材料							
直接人工							
制造费用							
成本合计							

表10-53　产品成本明细账（续表二）

成本项目	产成品成本			月末在产品成本	
	材料成本差异	定额变动差异	实际成本	定额成本	脱离定额差异
	⑮	⑯	⑰	⑱	⑲
直接材料					
直接人工					
制造费用					
成本合计					

三、流通加工成本分析练习

惠达公司所属流通部门本年度加工甲、乙、丙三种产品（均为可比产品），有关资料见表10-54。

表10-54 可比产品产量及单位成本资料

可比产品名称	本年产量/件		单位成本/（元/件）		
	本年预算	本年实际	上年实际	本年预算	本年实际
甲产品	100	120	1 200	1 150	1 100
乙产品	150	200	850	830	810
丙产品	200	210	630	615	610

要求：

（1）根据表10-54对全部可比产品的成本降低目标达成情况进行检查，将检查结果填列于表10-55和表10-56。

（2）对全部可比产品的成本降低目标达成情况进行因素分析，将分析过程与结果填列于表10-57～表10-60。

表10-55 流通加工成本降低实际数与预算数的比较

产品名称	产量/件		单位成本/（元/件）			总成本/元	
	本年预算	本年实际	上年实际	本年预算	本年实际	本年预算	本年实际
	①	②	③	④	⑤	⑥=①×④	⑦=②×⑤
可比产品	—	—	—	—	—		
甲产品							
乙产品							
丙产品							

表10-56 流通加工成本降低实际数与预算数的比较（续表）

产品名称	对比总成本/元		成本降低额/元			成本降低率（%）		
	本年预算*	本年实际*	本年预算	本年实际	差额	本年预算	本年实际	差额
	⑧=①×③	⑨=②×③	⑩=⑧−⑥	⑪=⑨−⑦	⑫=⑪−⑩	⑬=⑩/⑧	⑭=⑪/⑨	⑮=⑭−⑬
可比产品								
甲产品								
乙产品								
丙产品								

注：表内的"本年预算*""本年实际*"含义见表10-28注释。

表10-57　因素分析数据表

产品别	实际产量 件 $Q_{i,1}$ ①	单位成本/(元/件) 上年实际 $C_{i,0}$ ②	单位成本/(元/件) 本年预算 $C_{i,n}$ ③	数据计算 元 $C_{i,0}Q_{i,1}$ ④=②×①	数据计算 元 $(C_{i,0}-C_{i,n})Q_{i,1}$ ⑤=(②-③)×①	数据计算 % $\Sigma(C_{i,0}-C_{i,n})Q_{i,1}/\Sigma C_{i,0}Q_{i,1}$ ⑥=⑤/④
可比产品	—					
甲产品						
乙产品						

注：据表10-56中的可比产品成本降低率预算数（M_n=_____%）和表10-57的数据，可算得：

$(\Sigma C_{i,0}Q_{i,1})M_n$=_____×_____%=_____（元）；

$\Sigma(C_{i,0}-C_{i,n})Q_{i,1}$=_____（元）；

$M_{n+1}=\Sigma(C_{i,0}-C_{i,n})Q_{i,1}/\Sigma C_{i,0}Q_{i,1}$=_____÷_____=_____%（用于可比产品成本降低率实际数与预算数之差因素分析）。

据以上数据，采用列表方式进行因素替代分析，即可求得各因素变动对可比产品成本降低目标达成的影响额。将分析过程及结果填入表10-58、表10-59和表10-60。

表10-58　可比产品成本降低目标达成情况的因素分析表

替代序号	因素逐次替代的可比产品降低额算式与计算结果 简化算式	因素逐次替代的可比产品降低额算式与计算结果 算式源自	因素逐次替代的可比产品降低额算式与计算结果 算式含义	因素逐次替代的可比产品降低额算式与计算结果 计算结果	因素逐次替代的可比产品降低额算式与计算结果 数据源自	算式编号	影响因素	影响额/元
—	$\Sigma(C_{i,0}-C_{i,n})Q_{i,n}$	式（10-1）	降低额预算数		表10-56	①	—	—
1	$(\Sigma C_{i,0}Q_{i,1})M_n$	式（10-2）	因素替代：产量		表10-57	②	产品产量	②-①=____
2	$\Sigma(C_{i,0}-C_{i,n})Q_{i,1}$	式（10-3）	因素替代：结构		表10-57	③	产品结构	③-②=____
3	$\Sigma(C_{i,0}-C_{i,1})Q_{i,1}$	式（10-4）	降低额实际数		表10-56	④	单位成本	④-③=____
因素变动对可比产品成本降低额实际数与预算数之差的影响额合计								13 200

表10-59　可比产品成本降低目标达成情况的因素分析表（续表）

替代序号	因素逐次替代的可比产品降低率算式与计算结果 算式	因素逐次替代的可比产品降低率算式与计算结果 算式源自	因素逐次替代的可比产品降低率算式与计算结果 算式含义	因素逐次替代的可比产品降低率算式与计算结果 计算结果	因素逐次替代的可比产品降低率算式与计算结果 数据源自	算式编号	影响因素	影响值（%）
—	$M_n=\Sigma(C_{i,0}-C_{i,n})Q_{i,n}/\Sigma C_{i,0}Q_{i,n}$	式（10-1.1）	降低率预算数		表10-56	①	—	—
1	$M_{n,1}=\Sigma(C_{i,0}-C_{i,n})Q_{i,1}/\Sigma C_{i,0}Q_{i,1}$	式（10-3.1）	因素替代：结构		表10-57	②	产品结构	②-①=____
2	$M_1=\Sigma(C_{i,0}-C_{i,1})Q_{i,1}/\Sigma C_{i,0}Q_{i,1}$	式（10-4.1）	降低率实际数		表10-56	③	单位成本	③-②=____
因素变动对可比产品成本降低率实际数与预算数之差的影响值合计								2.477 3

表10-60　可比产品成本降低目标达成情况的因素分析汇总表

影响对象	影响因素 产量	影响因素 产品结构	影响因素 单位成本	合计
可比产品成本降低额差额/元				
可比产品成本降低率差额（%）				

拓展阅读

流通加工成本管理环节体现绿色流通加工理念的具体案例

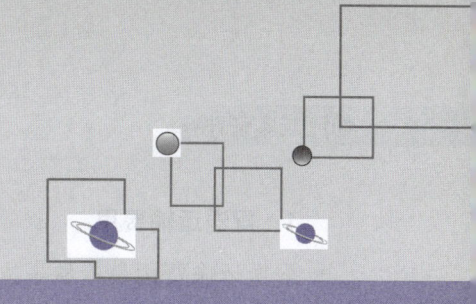

第十一章

配送成本管理

第十一章的学习内容、学习目的与学习要求

第十一章的学习要点

学习目的

通过本章的学习，了解配送成本的构成要素，理解并熟悉配送成本计算方法、配送成本控制对策与措施，基本掌握基于时间驱动作业法的配送成本计算。这需要从相关的细节中发现关键信息，为更好地理解和运用配送成本的相关知识奠定坚实基础。

配送成本管理应体现绿色配送的理念，企业应通过选择合理运输路线，有效利用车辆，科学配装，提高运输效率，降低物流成本和资源消耗，并降低尾气排放。

第一节　配送成本的构成

配送是指在经济合理区域内，根据客户要求，对物品进行拣选、加工、包装、分割、组配等作业，并按时送达指定地点的物流活动。

配送是物流系统中一种特殊的、综合的活动形式，是商流与物流紧密结合，包含了物流中若干功能要素的一种物流活动。从物流角度来说，配送几乎包括了所有的物流功能要素，是物流的一个缩影或在较小范围内物流全部活动的体现。一般的配送集装卸、包装、保管、运输于一身，通过一系列活动实现将物品送达客户的目的。特殊的配送则还要以流通加工活动为支撑，其内容更为广泛。

配送成本是指在配送活动的备货、储存、分拣、配货、配装、送货、送达服务及配送加工等环节中所发生的各项费用的总和。配送成本主要由以下费用构成。

1. 配送运输费用

配送运输费用是指从事配送运输生产而发生的各项费用。具体包括驾驶员及助手的工资及福利费、燃料费、轮胎费、修理费、折旧费、车船税等项目。

2. 分拣费用

（1）分拣人工费用。从事分拣工作的作业人员及有关人员的工资、奖金、补贴等费用的总和。

（2）分拣设备费用。分拣机械设备的折旧费用及修理费用。

3. 配装费用

（1）配装材料费用。常见的配装材料有木材、纸、自然纤维、合成纤维和塑料等。这些包装材料功能不同，成本相差很大。

（2）配装辅助费用。除配装材料费用外，还有一些辅助性费用，如包装标记、标志的印刷，拴挂物费用等的支出等。

（3）配装人工费用。从事配装工作的工人及有关人员的工资、奖金、补贴等费用的总和，即配装人工费用。

4. 流通加工费用

（1）流通加工设备费用。流通加工设备因流通加工形式不同而不同，购置这些设备所支出的费用，以折旧费的形式转移到被加工产品中去。

（2）流通加工材料费用。在流通加工过程中，投入加工过程中的一些材料消耗所需要的费用，即流通加工材料费用。

（3）流通加工人工费用。在流通加工过程中，从事加工活动的管理人员、工人及有关人员的工资、奖金等费用的总和，即流通加工人工费用。

5. 营运间接费用

营运间接费用是指不能直接计入各类成本计算对象的费用，如配送各环节间接从事配送活动人员的工资及福利费、办公费，以及配送各环节发生的水电费、折旧费等费用。营运间接费用于月终时，通过编制"营运间接费用分配表"，以分摊的方式，分别计入配送各环节成本。

在实际应用中，应该根据配送的具体流程归集成本，不同的配送模式，其成本构成差异较大。在相同的配送模式下，由于配送物品的性质不同，其成本构成差异也很大。

第二节 配送成本的核算

配送成本费用的核算是多环节的核算。配送各个环节的成本费用核算都具有各自的特点，如流通加工费用的核算与配送运输费用的核算，具有明显的区别，其成本计算的对象及计算单位都不同。

配送成本的计算，由于涉及多环节的成本计算，对每个环节应当单独计算该环节成本计算对象的总成本。

配送成本总额是由各个环节的总成本组成的。即

$$配送成本=配送运输成本+分拣成本+配装成本+流通加工成本$$

需要指出的是，在进行配送成本费用核算时，要避免配送成本费用重复交叉、夸大或减小费用支出，使配送成本费用失去真实性。

一、配送运输成本的核算

配送运输成本是指配送车辆在完成配送货物的过程中，所发生的各种车辆费用和运输间接费用。

车辆费用是指配送车辆从事配送作业所发生的各项费用。

运输间接费用是指在配送运输环节，为管理和组织配送运输所发生的各项管理费用和业务费用。车辆费用和运输间接费用，构成了配送运输成本项目。配送运输成本在配送总成本构成中所占比例很大，应进行重点管理。

配送运输成本中的车辆费用的计算方法，可参见第四章的内容，此处不再赘述，运输间接费用应根据"营运间接费用分配表"计入配送运输成本。

二、分拣成本的核算

分拣成本是指分拣机械及人工在完成货物分拣过程中所发生的各种费用。

（一）分拣成本项目和内容

1. 分拣直接费用

（1）工资。工资指按规定支付给分拣作业工人的标准工资、奖金、津贴等。

（2）职工福利费。职工福利费指按规定的工资总额和提取标准计提的职工福利费。

（3）修理费。修理费指分拣机械进行保养和修理所发生的工料费用。

（4）折旧费。折旧费指分拣机械按规定计提的折旧费。

（5）其他费用。其他费用指不属于以上各项的费用。

2. 分拣间接费用

分拣间接费用是指在配送分拣环节为管理和组织分拣生产而发生的各项管理费用和业务费用。

上述分拣直接费用和间接费用构成了配送环节的分拣成本。

（二）分拣成本费用的归集与分配

（1）工资及职工福利费。根据"工资结算汇总表"和"职工福利费计算表"中分配的金额计入分拣成本。

（2）修理费。辅助生产部门对分拣机械进行保养和修理的费用，根据"辅助生产费用分配表"中分配的金额计入分拣成本。

（3）折旧费。根据"固定资产折旧计算表"中按照分拣机械提取的折旧金额计入分拣成本。

（4）其他费用。根据"低值易耗品发出凭证汇总表"中分拣领用的金额计入分拣成本。

（5）分拣间接费用。根据"营运间接费用分配表"计入分拣成本。

（三）分拣成本计算表

物流配送企业月末应编制配送分拣成本计算表，以反映配送分拣总成本。

配送分拣总成本是指成本计算期内分拣作业成本计算对象的成本总额，即各个成本项目金额之和。分拣成本的计算方法见表11-1。

表11-1　分拣成本计算表

编制单位：　　　　　　　　　　　年　月　日　　　　　　　　　　　（单位：元）

项目	计算依据	合计	分拣品种			
			货物甲	货物乙	…	…
一、分拣直接费用						
工资						
职工福利费						
修理费						
折旧费						
其他费用						
二、分拣间接费用						
分拣总成本						

三、配装成本的核算

配装成本是指在完成配装货物过程中所发生的各种费用。

（一）配装成本项目

1. 配装直接费用

（1）工资。工资指按规定支付的配装作业工人的标准工资、奖金、津贴。

（2）职工福利费。职工福利费指按规定的工资总额和提取标准计提的职工福利费。

（3）材料费用。材料费用指配装过程中消耗的各种材料的费用，如包装纸、箱、塑料等的费用。

（4）辅助材料费用。辅助材料费用指配装过程中耗用的辅助材料的费用，如标志、标签等的费用。

（5）其他费用。其他费用指不属于以上各项的费用，如配装工人的劳保用品费等。

2. 配装间接费用

配装间接费用是指配装环节为管理和组织配装生产，所发生的各项管理费用和业务费用。

上述配装直接费用和配装间接费用构成了配装成本。

（二）配装成本费用的归集与分配

（1）工资及职工福利费。根据"工资结算汇总表"和"职工福利费计算表"中分配的金额计入配装成本。

计入产品成本中的直接人工费用的数额，是根据当期"工资结算汇总表"和"职工福利费计算表"来确定的。

"工资结算汇总表"是进行工资结算和分配的原始依据。它是根据"工资结算单"按人员类别（工资用途）汇总编制的。"工资结算单"应当依据职工工作卡片、考勤记录、工作量记录等工资计算的原始记录编制。

"职工福利费计算表"是依据"工资结算汇总表"确定的各类人员工资总额，按照规定的提取比例计算后编制的。

（2）材料费用。根据"材料发出凭证汇总表""领料单"及"领料登记表"等原始凭证，将配装成本耗用的金额计入配装成本。

在直接材料费用中，材料费用数额是根据全部领料凭证汇总编制"耗用材料汇总表"确定的；在归集直接材料费用时，凡能分清某一成本计算对象的费用，应单独列出，以便直接计入该配装对象的产品成本计算单中；属于几个配装成本对象共同耗用的直接材料费用，应当选择适当的方法，分配计入各配装成本计算对象的成本计算单中。

（3）辅助材料费用。根据"材料发出凭证汇总表""领料单"中的金额计入配装成本。

（4）其他费用。根据"材料发出凭证汇总表""低值易耗品发出凭证"中配装成本领用的金额计入配装成本。

（5）配装间接费用。根据"营运间接费用分配表"计入配装成本。

（三）配装成本计算表

物流配送企业月末应编制配装成本计算表，以反映配装总成本。

配装作业是配送的独特要求，只有进行有效的配装，才能提高送货水平，降低送货成本。配装成本的计算方法见表11-2。

表11-2　配装成本计算表

编制单位：　　　　　　　　　　年　月　日　　　　　　　　　（单位：元）

项目	计算依据	合计	配装品种			
			货物甲	货物乙	…	…
一、配装直接费用						
工资						
职工福利费						
材料费用						
辅助材料费用						
其他费用						
二、配装间接费用						
配装总成本						

四、流通加工成本的核算

有关流通加工的成本项目内容、成本计算方法、成本分析方法等详细介绍，可参见本书第十章内容，此处不再赘述。

第三节　配送成本控制对策与措施

一、配送成本控制的必要性

配送成本控制是指在配送经营过程中，按照规定的标准调节影响成本的各种因素，使配送各环节生产耗费控制在预定的范围内。

配送企业可以通过降低配送过程中的成本费用，和客户共同分享因节约所带来的利润，与此同时可增强企业的竞争力。因此，进行配送成本控制显得尤为重要。由于配送是一个多环节物流活动的集成，在实际运行中会有一些不合理的现象出现。不合理配送的表现形式主要有：

（1）资源筹措的不合理。配送是通过筹措资源的规模效益，来降低资源筹措成本，使配送资源筹措成本低于客户自己筹措资源的成本，从而取得优势。如果不是集中多个客户的需要进行批量筹措资源，而仅仅是为某一两个客户代购代筹，对客户来讲，不但不能降低资源筹措费用，相反却要多支付一笔配送企业的代办费，显然是不合理的。

（2）库存决策不合理。配送应实现集中库存总量低于各客户分散库存总量，从而大大节约社会财富，同时降低客户实际平均分摊的库存负担。因此，配送企业必须依靠科学管理来实现一个低总量的库存，否则仅仅是库存转移，而未解决库存不合理现象。

（3）价格不合理。总体来讲，配送的价格应低于客户自己完成物流活动的总和，这样才会使客户有利可图。有的时候，由于配送有较高的服务水平，价格较高，客户是可以接受的。但如果配送价格普遍高于客户自己送货的价格，就可能损害客户的利益，是不合理的。如果价格过低，使配送企业处于无利或亏损状态，会损伤配送企业自身，也是不合理的。

（4）送货中的不合理运输。配送与客户自提比较，尤其对于多个小客户来讲，集中配装配送可大大节省运力和运费。如果不能利用这一优势，仍然是一户一送，或选线不合理，就会致使车辆实载率偏低，造成运力的浪费。

以上几种不合理的配送形式，都会增加配送的成本费用，会使配送企业丧失成本竞争优势。

配送成本是由物流多环节的成本费用组成的，对配送成本控制也是对各环节成本的分项控制。所以对配送成本的控制要有系统的观点，使配送成本费用控制在预定范围内。

二、配送成本控制对策

在一定的服务水平下使配送成本最小，可以考虑以下策略：

1. 混合策略

混合策略是指配送业务一部分由企业自身完成，另一部分由第三方物流完成。采用混合策略，合理安排企业自身完成的配送和外包给第三方物流完成的配送，可使配送成本最低。

2. 差异化策略

差异化策略的指导思想是商品特征不同，客户服务水平也不同。当企业拥有多种商品线时，不能对所有商品都按同一标准的客户服务水平来配送，而应按商品的特点和销售水平来设置不同的库存、不同的运输方式及不同的储存地点。

3. 合并策略

合并策略包含两个层次：一个是配送方法上的合并，另一个则是共同配送。

（1）配送方法上的合并。企业在安排车辆完成配送任务时，充分利用车辆的容积和载重量，做到满载满装，是降低成本的重要途径。

（2）共同配送。共同配送是一种产权层次上的共享，也称集中协作配送。它是几个企业联合，集小量为大量，共同利用同一配送设施的配送方式，其标准运作形式是：在中心机构的统一指挥和调度下，各配送主体以经营活动（或以资产为纽带）联合行动，在较大的地域内协调运作，共同对某一个或某几个客户提供系列化的配送服务。

4. 延迟策略

延迟策略的基本思想就是对产品的外观、形状及其生产、组装、配送应尽可能推迟到接到客户订单后再确定。实施恰当的延迟策略，可提升供应链的柔性，降低成本，提高效益，改进客户服务水平。

5. 标准化策略

标准化策略就是尽量减少因品种多变而导致的附加配送成本，尽可能多地采用标准零部件、模块化产品。采用标准化策略要求厂家从产品设计开始就要站在消费者的立场去考虑怎样节省配送成本。

三、配送成本控制的主要措施

（1）加强配送的计划性。在配送活动中，临时配送、紧急配送或无计划地随时配送都会大幅度增加配送成本。在实际工作中，应针对商品的特性，制定不同的配送申请和配送制度。

（2）确定合理的配送路线。采用科学的方法确定合理的配送路线是配送活动中的一项重要工作。确定配送路线的方法很多，既可采用方案评价法，拟定多种方案，以使用的车辆数、司机数、油量、行车的难易度、装卸车的难易度及送货的准时性等作为评价指标，对各个方案进行比较，从中选出最佳方案，也可以采用数学模型进行定量分析。

（3）进行合理的车辆配载。各分店的销售情况不同，订货品种也不一致，一次配送的物品可能有多个品种。这些物品不仅包装形态、储运性质不同，而且密度差别较大。密度大的物品往往达到了车辆的载重量，但体积空余很大；密度小的商品虽达到车辆的最大体积,但达不到载重量。实行轻重配装,既能使车辆满载,又能充分利用车辆的有效体积,会大大减少配送费用。

(4)建立计算机管理系统。在配送作业中,分拣、配货要占全部劳动的60%,而且容易发生差错。如果在拣货配货中运用计算机管理系统,应用条码技术,就可使拣货快速、准确,配货简单、高效,从而提高生产效率,节省劳动力,降低配送成本。

(5)制定配送成本标准。配送成本标准是配送成本控制的依据,配送成本标准包括配送成本预算中规定的各项指标。但配送成本预算中的一些指标比较综合,还不能满足具体控制的要求,所以必须规定一系列具体的标准。

(6)监督配送成本的形成。要根据配送成本控制标准对配送成本形成的各个项目进行经常性检查、评比和监督。不仅要检查指标本身的执行情况,而且要检查和监督影响指标的各项条件,如设备、工作环境等。所以,配送成本日常控制要与配送作业控制结合起来进行。

(7)及时纠正偏差。成本的控制标准制定后要与实际费用比较,对于配送成本差异发生的原因,要查明责任者,查清情况,提出改进措施,加以贯彻执行。

四、配送各环节对成本控制标准的选择

配送成本控制应该按不同环节和不同成本项目分别实施。由于各环节的成本项目差异很大,在选用成本控制标准时应遵循合适的原则,对不同的环节应采用不同的成本控制标准。

配送运输环节的作业具有汽车运输的特点,受驾驶水平、道路条件、车辆性能的影响。尽管配送运输一般按优化的配送路线进行配送,但其不确定因素很多,因此,对配送运输成本的控制应实行成本预算控制。预算所采用的成本标准主要是各种技术经济定额,如行车燃料消耗定额、新胎到报废行驶里程定额、大修和各级保养间隔里程定额以及各种配件材料消耗定额和车辆保修费定额与工时定额等,这些定额是进行成本预算管理的主要依据。

配送的流通加工环节、分拣环节及配装环节也需实行预算控制,其预算所采用的成本标准主要是直接工料费的用量标准和价格标准。

配送运输环节的成本控制与分析,可同时参阅本书"第四章汽车货运成本管理(上)"和"第五章汽车货运成本管理(下)"的相关内容;配送的配装环节和分拣环节的成本控制与分析,可同时参阅"第七章包装成本管理"和"第九章装卸成本管理"的相关内容;配送的流通加工环节的成本控制与分析,可同时参阅"第十章流通加工成本管理"的相关内容。此处不再赘述。

第四节 基于时间驱动作业成本法的配送成本计算与管控

一、时间驱动作业成本法概述

时间驱动作业成本法(Time-Driven ABC)是由平衡计分卡(Balanced Scorecard)的创始人,美国平衡计分卡协会主席罗伯特·卡普兰(Robert S. Kaplan,1940年5月2日—)于2007年创立的。它以时间作为分配资源成本(间接费用)的依据,通过经验丰富的管理

人员对实际产能和作业单位时间的可靠估计，计算出作业的成本动因率（单位时间作业成本），进而计算出该项作业应分摊的间接费用。

传统的作业成本（Activity-Based Costing，ABC）模型，在实际应用中难度较大。因为传统的作业成本法需要花费大量成本和时间去访谈和调查员工来设计初始的模型，并且采用了主观且耗费精力的时间分配方法。在模型变更时，如改变处理程序和资源消耗，增加新的作业，订单、渠道和客户的多样性或复杂性增加，维护和更新模型也很困难。

时间驱动作业成本法仅仅需要确定两个参数：①资源能力的单位成本，②完成一项作业需要的时间。因此时间驱动作业成本法实用性更强、应用更为广泛。

时间驱动作业成本法的特点是：

（1）可以快速地建立、应用。
（2）容易更新和维护，可以反映流程、订单多样性和资源成本的变化。
（3）可直接从企业资源管理系统和客户关系管理系统中获取所需数据。
（4）通过直接的观察可以确定模型估计的单位时间是否合理。
（5）很容易处理大范围内的繁杂事务，而不影响报告的及时提交。
（6）显性的描述资源能力，并突出空闲的资源能力以辅助管理。
（7）建立时间方程式，用以描述时间与订单和客户要求的数量关系，但不会增加模型的复杂性。

二、时间驱动作业成本法应用示例

为便于理解，下面通过示例简要介绍时间驱动作业成本法的计算过程与基本步骤。

1. 统计作业量

假设某制造企业的配送中心配送A、B两种产品给不同客户，完成这两项业务需要订单处理、进货（卸下、验收与搬运等）、包装、拣货和发货（包括搬运、装车等）等五项作业，某月该配送中心发生的由五项作业共同负担的间接费用共94 248元（数据来自配送中心资源库），该月A、B产品消耗的作业及作业量见表11-3。

表11-3　A、B产品消耗的作业及作业量统计表

产品类别	产品消耗的作业	要求类别及其作业次数/次				
		普通要求	紧急要求	特殊要求	新客户	航空要求
A产品	订单	2 000	200	0	400	—
	进货	1 700	0	300	—	—
	包装	600	0	200	—	100
	拣货	2 000	0	700	—	—
	发货	2 200	0	800	—	—
B产品	订单	1 800	120	0	300	—
	进货	1 600	0	400	—	—
	包装	1 800	0	200	—	200
	拣货	1 100	10	0	—	—
	发货	1 100	10	0	—	—

2. 估算资源能力的实际耗费

由表11-3可知，由于配送A、B两种产品导致各项作业的发生及作业的消耗，所以可将A、B两种产品确定为成本计算对象。该配送中心共有员工35人，每天工作按8h计，每月工作22天，其理论上工作时间总量（称之为资源能力供应）为369 600min（即35人×22天×8h/天×60min/h）。考虑到工作时间内因开会、休息等不可避免的因素所导致工作时间的缩减情况，实际资源能力供应可按理论供应的85%计算，故此可提供的资源能力为314 160min（即369 600min×85%）。

可提供的资源能力可细化到各个作业，见表11-4。

表11-4 资源能力计算表

	员工人数/人	每人每月工作时间/min	资源能力/min 理论	资源能力/min 实际
计算关系	①	②	③=①×②	④=③×85%
订单	5		52 800	44 880
进货	12		126 720	107 712
包装	2	22×8×60=10 560	21 120	17 952
拣货	4		42 240	35 904
发货	12		126 720	107 712
合计	35		369 600	314 160

该月为客户配送A、B产品而发生的各类作业所消耗资源能力情况，见表11-5。

表11-5 资源能力实际消耗估算表

成本计算对象	作业类别	普通作业 min/次	普通作业 次	紧急要求 min/次	紧急要求 次	特殊要求 min/次	特殊要求 次	新客户 min/次	新客户 次	航空要求 min/次	航空要求 次	总时间/min
A产品	订单	10	2 000	7	200	10	0	5	400	—	—	23 400
	进货	33	1 700	5	0	10	300	—	—	—	—	59 100
	包装	6	600	5	0	2	200	—	—	5	100	4 500
	拣货	10	2 000	8	0	5	700	—	—	—	—	23 500
	发货	28	2 200	4	0	8	800	—	—	—	—	68 000
B产品	订单	10	1 800	5	120	2	0	6	300	—	—	20 400
	进货	28	1 600	10	0	8	400	—	—	—	—	48 000
	包装	7	1 800	5	0	3	200	—	—	5	200	14 200
	拣货	9	1 100	8	10	2	0	—	—	—	—	9 980
	发货	30	1 100	10	10	2	0	—	—	—	—	33 100
合计	—	—	—	—	—	—	—	—	—	—	—	304 180

表11-5中的各项作业单位时间，可由配送经理或对配送成本负有责任的管理人员，凭借经验估计而定，并且在一定时期内保持相对稳定。表11-5内A产品"订单"总时间的计算式为

$$10 \times 2\ 000 + 7 \times 200 + 10 \times 0 + 5 \times 400$$

其单次作业时间与普通作业和特定事件的函数关系式为

$$10+7N_1+10N_2+5N_3$$

式中，10为普通作业的单次作业时间；$7N_1$、$10N_2$、$5N_3$分别为特定事件1、2、3发生时单次作业时间的增量。当客户有紧急要求时，N_1取1，否则取零；当客户有特殊要求时N_2取1，否则取零；当客户为新客户时，N_3取1，否则取零。其他作业的单次作业时间函数关系式可类推。单次作业时间函数关系式，可以帮助我们理解单次作业时间与普通事件和特定事件的关系。

3. 分配间接费用

将该配送中心（并非各作业活动本身）当月发生的、由五项作业共同负担的间接性费用共94 248元，分配给当月可提供的资源能力，即计算当月的单位时间作业成本，计算公式为

$$\text{单位时间作业成本（元/min）} = \frac{\text{间接费用总额（元）}}{\text{实际提供的资源能力（min）}}$$

本例的单位时间作业成本为

$$94\ 248 \div 314\ 160 = 0.3\ (\text{元/min})$$

据此可按各产品所消耗的作业时间，将费用总额分摊给各产品，见表11-6。

表11-6 配送间接费用分配表

作业项目	A产品		B产品		资源/min			成本/元		
	耗时/min	成本/元	耗时/min	成本/元	实耗	提供	未用	实际	提供	未用
	①	②=①×0.3	③	④=③×0.3	⑤=①+③	⑥	⑦=⑥-⑤	⑧=②+④	⑨=⑥×0.3	⑩=⑨-⑧
订单	23 400	7 020	20 400	6 120	43 800	44 880	1 080	13 140	13 464	324
进货	59 100	17 730	48 000	14 400	107 100	107 712	612	32 130	32 313.6	183.6
包装	4 500	1 350	14 200	4 260	18 700	17 952	-748	5 610	5 385.6	-224.4
拣货	23 500	7 050	9 980	2 994	33 480	35 904	2 424	10 044	10 771.2	727.2
发货	68 000	20 400	33 100	9 930	101 100	107 712	6 612	30 330	32 313.6	1 983.6
合计	178 500	53 550	125 680	37 704	304 180	314 160	9 980	91 254	94 248	2 994

注：单位时间作业成本=94 248÷314 160=0.3（元/min）；

总耗用量（成本/时间）：91 254元/304 180min；

总提供量（成本/时间）：94 248元/314 160min；

未耗用量（成本/时间）：2 994元/9 980min。

表11-6表明：该配送中心当月有9 980min的资源能力未被有效利用，致使资源能力成本损失2 994元。或者说，由于资源在时间上未被有效利用，致使成本支出总额94 248元中有2 994元没有发挥效能，属于人力物力资源的闲置与浪费的代价。

对未被利用的9 980min的资源能力可以追溯到各作业环节上。按时间多少为序，依次为：发货环节6 612min、拣货环节2 424min、订单处理环节1 080min、进货环节612min。对于这些环节还应做深入细致的调查与分析，找出原因，优化处理。比如，是否需要适当地裁减人员、对低效的设备进行升级改造或更新换代，或对技能差的人员进行及时培训等。

包装环节当月工作时间实际数超出资源提供数，应查明其具体原因，比如是否加班加点所致，或引进了新设备使生产效率得以提高所致，或当月增添了人手但未能及时加以计算所致等。

三、时间驱动作业成本法的应用步骤

1. 界定配送中心的各项生产性作业

作业是构造作业成本系统的基础，为此需要界定组织中承接与完成物流业务的生产性作业。例如，在一个客户服务部门，作业包括处理客户订单、解决物流业务各环节的问题以及提供客户报告等项。示例中将配送中心的各项生产性作业划分为五个作业环节。

2. 确定配送中心涉及的资源库

配送中心的每项物流活动涉及许多部门（或作业环节），如采购部门（环节）、销售部门（环节）、仓储部门（环节）和运输部门（环节）等，每项物流活动涉及的部门或作业环节都可以单独作为一个资源库，从而使成本计算与分配更加细化，更具合理性。示例中涉及的资源库仅是配送中心管理部门的资源库，对五个作业环节自身的资源库示例没有涉及。

3. 估计每个资源库成本

每个涉及物流活动的资源库成本包括人工、能源、材料、场地占用、设施设备折旧、管理等费用。与作业无关的那些成本耗费应从物流成本核算中排除掉。示例中的成本来自配送中心的资源库。

4. 估计每个资源库实际提供资源能力

时间驱动作业成本法是以实际提供资源能力为核算依据的，实际提供资源能力一般按理论资源能力的80%~85%计算。示例中的实际提供资源能力为理论资源能力的85%。

5. 计算每个资源库单位资源能力成本

资源库单位时间作业成本等于资源库成本除以资源库实际提供资源能力。示例中的单位时间作业成本为0.3元/min。

6. 构建作业时间函数关系

基于不同时间动因，构建作业时间函数关系式，确定每个特定事件物流作业消耗时间。如示例中，单个订单处理作业的作业时间与普通作业和特定事件的函数关系式为

$$10+7N_1+10N_2+5N_3$$

7. 计算物流活动成本

将单位时间作业成本乘以物流作业消耗时间即可得到物流活动成本（示例中最终计算的物流活动成本，只是A、B产品所分摊的由配送各环节共同负担的配送中心发生的间接费用，并未包括各作业环节本身所发生的费用）。

示例中，各作业环节本身所发生的间接费用归集后，可比照示例给出的方法，计算出本作业环节的单位时间作业成本，然后按照A、B两产品所消耗的该作业环节的资源能力（时间）加以分摊。

例如，示例中订单处理环节有5名员工，每月实际提供资源能力44 880min；A、B两种产品按订单的单次作业时间算式及当月订单次数计算的作业消耗时间分别为23 400min和20 400min，合计为43 800min；每月订单环节发生的A、B产品的共同费用估计为35 904元（数据来自订单环节资源库）。据此可算出订单环节的单位时间成本为

$$35\ 904 \div 44880 = 0.8（元/min）$$

A产品分摊额为

$$0.8 \times 23\ 400 = 18\ 720（元）$$

B产品分摊额为

$$0.8 \times 20\ 400 = 16\ 320（元）$$

两产品分摊合计为

$$18\ 720 + 16\ 320 = 35\ 040（元）$$

由于时间未被有效利用造成的共同费用成本损失为

$$35\ 904 - 35\ 040 = 864（元）$$

进货、包装、拣货、发货等环节本身发生的间接费用可比照订单处理环节的做法，做出类似计算与分析，此处不再赘述。

值得注意的是：

（1）对于可明确成本计算对象的费用，包括工料费，可直接计入各成本计算对象的成本，无须按时间分摊给各成本计算对象。对于可直接计入各成本计算对象的成本，也可计算出总使用量、总提供量和未使用量。

（2）上述分析仅仅是从时间资源利用角度来观察和分析成本的节超问题，并未从费用本身的角度来分析其每项或每笔支出是否合理合规。比如该配送中心发生的由五项作业共同分担的94 248元间接费用中，有无违规或不合理的支出、有无多计少计的费用等，对此还需与费用预算逐项比较加以分析，得出结论。

（3）时间驱动作业成本法的成本计算对象不仅是配送的产品，还可以是配送服务的客户以及配送作业的各个环节。

四、资源能力利用优化方法

（1）找出作业时间利用率最低的作业，将该项作业作为"优化的对象"，对该项作业员工进行绩效考评，找出绩效考评较差的员工，进行强化培训后，重新上岗，直到该作业的时间利用率达到满意为止。

（2）对于某些作业时间利用率相对较高、人手较为紧张的作业环节，可将作业时间利用率较低的作业环节中的员工，进行轮岗培训后，调整到作业时间利用率较高的作业环节上。

五、时间驱动作业成本法在配送成本管理中的应用意义

（1）有利于提供具体的配送作业消耗费用的正确信息资料，为客户提供有说服力的配送服务收费标准。

（2）有利于降低配送作业的成本。根据作业成本分析，找出增值性和非增值性的作业，能为有效降低作业成本提供探寻方向。管理者可以通过追踪每个合同业务进行过程中的每个作业步骤的成本耗费量，来对配送中心各项作业活动进行控制。企业的作业链中，并非所有的作业链都能创造价值，作业成本法可以为企业找出哪个作业产生浪费，并提供有力的帮助，从而使管理层制定有效的措施来改进作业方式和效率。例如：企业可以通过仓储系统中验货、入库、出库等作业流程的优化改善作业流程；也可以参照国内企业的平均仓储效益标准，对采用作业成本法计算的成本和效益进行分析，找出自己的不足，并进行改进，实现真正意义上的作业管理。

（3）有利于配送企业或部门进行正确决策。由于配送个性化生产的要求高，面对众多的客户，每个客户要求的配送服务不同，货物的种类不同，配送的目的地不同，货物存放的时间不同，配送的频率与数量不同，小批次、个性化服务特点鲜明。采用作业成本法，决策者可以充分了解不同配送模式下的配送成本，为选择合理的配送方式提供依据。

（4）有利于实现配送企业的标准化作业。采用作业成本法，对于直接材料和直接人工进行标准消耗量和标准单价的制定，然后根据配送服务数量，直接计算出配送作业的直接材料和直接人工标准成本，便于进行成本差异的计算与分析。

复习思考题

1. 简述配送成本构成。
2. 配送成本控制的主要措施有哪些？
3. 时间驱动作业成本法仅仅需要确定哪两个参数？
4. 时间驱动作业成本法所分配的费用只是间接费用还是全部成本费用？

练习题

某制造企业的配送中心设有订单处理、进货、包装、拣货和发货五个作业环节，负责配送A、B两种产品给不同客户，某月该配送中心发生间接费用168 960元，需由五个作业环节分摊，各环节当月人员配备、作业量统计等数据见表11-7～表11-9。试计算各表空白处的数字，并填列于该空白处。

表11-7 资源能力计算表

作业项目	员工人数/人	每人每月工作时间/min	理论资源能力/min	实际资源能力/min
—	①	②	③	④=③×80%
订单	4			
进货	6			
包装	8	22×8×60=10 560		
拣货	12			
发货	10			
合计	40	10 560	422 400	337 920

表11-8 资源能力实际消耗估算表

成本对象	作业项目	普通要求		紧急要求		特殊要求		总时间/min
		min/次	次	min/次	次	min/次	次	
A产品	订单	10	2 000	6	20	10	4	
	进货	20	1 000	5	0	10	150	
	包装	6	6 000	5	0	2	100	
	拣货	50	800	8	0	—	—	
	发货	40	1 000	8	0	8	5	
B产品	订单	10	1 300	6	10	10	8	
	进货	20	1 400	5	0	10	50	
	包装	6	500	5	0	2	100	
	拣货	50	1 200	8	0	—	—	
	发货	40	1 100	8	0	8	15	
合计		—	—	—	—	—	—	

表11-9 配送间接费用分配表

作业	A产品		B产品		资源/min			成本/元		
	耗时/min	成本/元	耗时/min	成本/元	实耗	提供	未用	实际	提供	未用
—	①	②	③	④	⑤	⑥	⑦	⑧	⑨	⑩
订单										
进货										
包装										
拣货										
发货										
合计						337 920			168 960	

注：单位时间作业成本=168 960÷337 920=0.5（元/min）；

各栏关系：⑤=①+③；⑦=⑥-⑤；⑧=②+④或⑤×0.5；⑨=⑥×0.5；⑩=⑨-⑧。

拓展阅读

配送成本管理如何体现绿色配送的理念

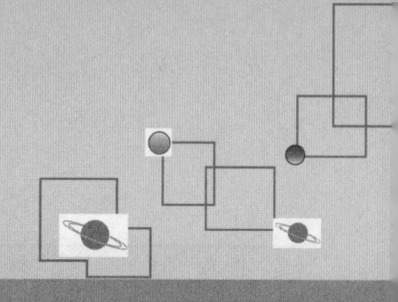

第十二章

物流成本绩效考评

第十二章的学习内容、学习目的与学习要求

第十二章的学习要点

学习目的

通过本章的学习,了解物流成本绩效考评的意义,了解责任会计制度与绩效考评的关系,理解成本中心与利润中心的含义及其特点,初步掌握企业仓储部门成本中心与汽车货运企业利润中心绩效考评方法。要拥有勇于实践探索的精神,努力培养将理论知识转化为实际操作的能力。

第一节 物流成本绩效考评概述

一、物流成本绩效考评的意义

物流成本绩效考评是物流企业或企业物流部门绩效考评的重要组成部分,其实质是通过对相应考核指标的设立与分析,定期或不定期地对物流成本负有责任的单位或人员的工作质量与工作成效,做出客观的分析与评价,从而为不断改善物流成本管理工作提供依据,为企业持续提高成本利润率指明努力方向。

二、责任会计制度是物流成本绩效考评的核心

责任会计制度是现代分权管理模式的产物,它是通过在企业内部建立若干个责任中心,并对其分工负责的经济业务进行计划与控制,以实现业绩考核与评价的一种内部控制制度。

责任会计制度要求:根据授予各级单位的权利、责任及其业绩的评价方式,将企业划分为各种不同形式的责任中心,建立起以各责任中心为主体,以权、责、利相统一为特征,以

责任预算、责任控制、责任考核为内容，通过信息的积累、加工和反馈而形成企业内部控制系统。责任会计就是要利用会计信息对各分权单位的业绩进行计量、控制与考核。

（一）责任会计制度的主要内容

1. 设置责任中心，明确权责范围

责任中心是指承担一定经济责任，并享有一定权利的企业内部（责任）单位，其基本特征是权责利相结合。依据企业内部各单位或部门经营活动的特点，将其划分为若干责任中心，明确职责范围，使其能在权限范围内独立自主地履行职责。责任中心可划分为成本中心、利润中心和投资中心。

2. 编制责任预算，确定考核标准

通过预算的方式，将企业的总体目标层层分解，具体落实到每一个责任中心，作为其开展经营活动、评价工作业绩的基本标准和主要依据。

3. 建立跟踪系统，进行反馈控制

对每一个责任中心建立起预算执行情况的跟踪系统，定期将实际数与预算数对比，找出差异，分析原因，控制和调节经营活动。

4. 分析评价业绩，建立奖罚制度

通过定期编制业绩报告，对各责任中心的工作成果进行分析和评价，以实际成果的好坏进行奖惩，从而最大限度地调动各责任中心的积极性，促使其相互协调，提高生产经营效率。

（二）设置责任会计制度应遵循的原则

1. 责任主体原则

各级管理部门在充分享有经营决策权的同时，也须对其经营管理的有效性承担相应的经济责任。为此，按各级管理部门设置相应的责任中心，建立责任会计制度，既是必要的，也是合理的。

2. 可控性原则

对各责任中心的业绩考核与评价，必须以责任中心的营运收入或费用支出能够自我控制为原则。如果一个责任中心，自身不能有效地控制其可实现的收入或发生的费用，也就很难合理地反映其实际工作业绩，从而也无法做出相应的评价与奖惩。

3. 目标一致原则

当经营决策权授予各级管理部门时，实际上就是将企业的整体目标分解成各责任中心的具体目标。因此，必须高度关注责任中心具体目标与企业整体目标的一致性，避免因片面追求局部利益而损害整体利益。

4. 激励原则

对各责任中心的责任目标、责任预算的确定要相对合理。它包括两个方面：①目标合理、切实可行；②完成目标后所得到的奖励与所付出的努力相适应。

5. 反馈原则

必须保证两个信息反馈渠道的畅通：①信息向各责任中心的反馈，使其能够及时了解预算的执行情况，以便采取有效措施调整偏离目标或预算的差异；②向责任中心的上级反馈，以便上级管理部门及时掌握情况。

6. 重要性原则

在全面实施责任会计制度过程中，要突出所关注的重点，管好、管住关键的少数。

（三）建立与实施责任会计制度的基本环节

建立与实施责任会计制度包括六个基本环节：
（1）建立责任中心。
（2）制定责任目标，编制责任预算。
（3）进行责任控制。
（4）进行责任核算与编制责任业绩报告。
（5）进行责任考核。
（6）进行责任奖惩。

责任会计制度的六个基本环节如图12-1所示。

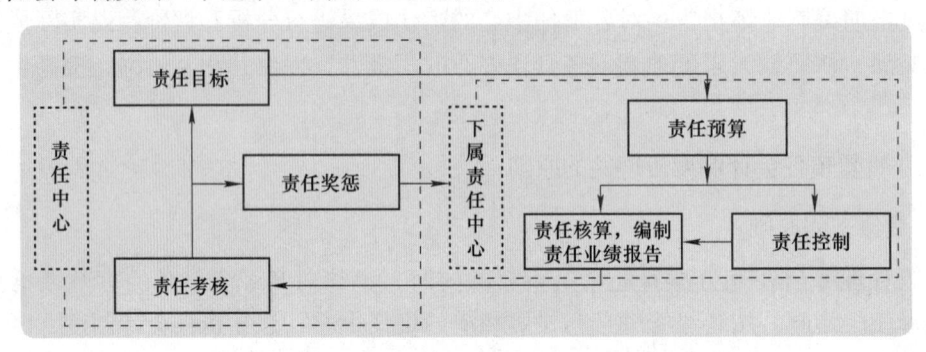

图12-1 责任会计制度的六个基本环节

第二节 成本中心绩效考评

一、成本中心的特性和类型

成本中心是对成本具有控制能力的责任单位，是对成本和费用承担控制责任的中心。成本中心的适用范围最广，只要有成本费用发生的地方，都可以设立成本中心，从而在企业形成逐级控制、层层负责的成本中心体系。

责任成本是指成本中心能对其进行预测、计量和控制的各项可控成本之和。责任成本按照谁负责谁承担的原则，以成本中心为计算对象进行归集，所反映的是成本中心与各种成本费用的责任归属关系。

在物流的各级组织机构及各个作业环节普遍设立成本中心，并对其责任成本进行绩效考评，对于合理确定与划分各级组织机构及各个作业环节的责任成本，明确各自的成本控制责任范围，增强其成本控制的责任感和主动性，进而从总体上有效地控制物流成本均有着重要意义。

1. 基本特性

成本中心基本特性是：成本中心仅对其可控成本承担责任，并且仅对其责任成本进行控制与考评。

（1）从一般意义上讲，责任成本应该具备四个条件。①可预计性，也就是说，成本中心能够预知责任成本何时发生及其类型；②可计量性，成本中心有办法计量责任成本耗费的数目；③可控制性，成本中心可以通过自己的行动来对责任成本加以控制与调节；④可考核性，成本中心可以对责任成本耗费的执行过程及其结果进行考核与评价。

（2）从成本发生地点来看，责任成本有两种类型。①通常在本成本中心发生，并且该成本中心能够控制和影响的责任成本。②作为特例，在其他部门发生，不受本成本中心所控制和影响，但应由该成本中心承担的责任成本。一般是指与其同属一个成本中心体系的其他单位或部门为该成本中心提供材料、半成品或劳务等所发生的费用，为合理结转相关费用，防止出现责任转嫁问题，可按预定的内部转移价格进行结算，计入该成本中心的责任成本。

2. 基本类型

（1）基本成本中心和复合成本中心。基本成本中心是成本中心体系中最低层次的成本中心。例如：生产车间的一个生产班组可以是一个基本成本中心，车队下辖的每部营运车辆也可以是一个基本成本中心。复合成本中心是下辖若干个成本中心的成本中心，例如：一个下设若干生产班组的生产车间可以是一个复合成本中心，一个拥有若干营运车辆的车队也可以是一个复合成本中心。

任一成本中心对其责任成本均向上一级责任中心负责。

（2）技术性成本中心和酌量性成本中心。技术性成本是指发生的数额通过技术分析可以相对可靠地估算出来的成本，如产品生产过程中发生的直接材料、直接人工、间接制造费用等。技术性成本在投入量与产出量之间有着密切联系，可以通过弹性预算予以控制。企业的直接生产单位或部门，如分厂、生产车间、生产班组、运输部门、装卸部门等均属于技术性成本中心，其责任成本为技术性成本。酌量性成本是否发生以及发生数额的多少，是由管理人员的决策所决定的，主要包括各种管理费用和某些间接成本项目，如研究开发费用、广告宣传费用、职工培训费等。酌量性成本在投入量与产出量之间没有直接关系，其控制应着重于预算总额的审批上。企业的非直接生产部门基本为酌量性成本中心，如营销广告部门、培训部门、研制开发部门、财会部门等均属于酌量性成本中心，其责任成本为酌量性成本。

二、责任成本的确认

成本中心所归集与计算的责任成本，应是成本中心所能影响和控制的成本费用，那些虽在其经营活动范围内发生却不应由该成本中心承担的成本，其性质属于不可控成本，不应纳入该成本中心的责任成本。

对于在其他部门发生，虽应由该成本中心承担，但却难以合理分摊的共同成本，可不纳入该成本中心的责任成本；对于易于合理分摊（例如按预定的内部转移价格进行结算）的发生在其他部门，而应由该成本中心承担的共同成本，仍须纳入该成本中心的责任成本。共同成本的实际数与分摊额之间的差额可由上一级责任中心承担。

在成本中心，由于管理者没有责任和权力决定该中心资产的收益，因而成本标准或成本目标就是其唯一的业绩计量标准。

三、成本中心的设立

合理设立成本中心是确定责任成本的前提。成本中心设立的关键不在于单位大小，凡是成本管理上需要，并且其成本责任能够分清，成本绩效可以单独考核的单位都可以设立为成本中心。

1. 横向成本中心

横向成本中心是指按企业内部平行职能机构或生产作业单位所设立的成本中心。它们之间的关系是协作关系，而非隶属关系。

就一般企业而言，横向成本中心主要包括：供应部门、生产部门、劳资部门、设计部门、技术部门、设备管理部门、销售部门、计划部门和质量管理部门等。

上述各部门内部下属的平行职能单位之间，也可以相对看作是横向成本中心，如供应部门内部的采购部门与仓储部门之间互为横向成本中心。就企业物流部门来说，横向成本中心的划分，其实就是将物流成本在横向成本中心之间所做的责任切割。

2. 纵向成本中心

纵向成本中心是指按企业内部各级部门或各级单位逐级设立的成本中心。纵向成本中心之间虽然是隶属关系，但因其在成本的可控性上有其各自的责任与职权，所以有必要在成本中心划分上将其区别出来。纵向成本中心的划分，其实就是将物流成本在纵向成本中心之间所做的责任切割。

四、责任成本的计算与考评

为了明确各成本中心责任成本的执行结果，必须定期对其进行责任成本的计算与考核，以便对各成本中心的工作做出正确的评价。

（一）责任成本的计算方法

责任成本的计算方法有直接计算法和间接计算法两种。

1. 直接计算法

直接计算法是将成本中心的各项责任成本逐笔确认并累加（包括从其他部门转来的由

该成本中心承担的成本），以求得该成本中心的责任成本总额的方法。其计算公式为

$$\text{成本中心责任成本总额} = \Sigma \frac{\text{成本中心责任成本}}{\text{费用逐笔发生额}}$$

这种方法的特点是计算结果较为准确，但工作量较大，此法适合所有的成本中心。

2. 间接计算法

间接计算法是以该成本中心发生的成本为计算基础，扣除其不可控成本，再加上从其他部门转来的由该成本中心承担的成本的计算方法。其计算公式为

$$\text{某成本中心责任成本} = \text{该成本中心发生的全部成本} - \text{该成本中心不可控成本} + \text{其他单位或部门转来的责任成本}$$

这种方法仅需将该成本中心所归集的成本费用中的不可控成本"挑选"出来，从其总额中加以扣除，因不可控成本的账务记录笔数较少，所以计算工作量比直接计算法小得多。在运用此法时，须逐笔确认该单位的不可控成本和其他单位或部门转来的责任成本的合理数目。

（二）责任成本的考评

在实际工作中，对成本中心的责任成本考核与评价的依据是责任成本预算和业绩报告。

责任成本的业绩报告是综合反映成本中心的责任成本预算数、实际数、差异数及成本变动率的报告文件。

业绩报告中的"差异"是"实际"减去"预算"后的差额。负值为"节约"，也称为"有利差异"；正值为"超支"，也称为"不利差异"。成本差异及成本变动率是评价考核各成本中心成本管理业绩好差的重要标志，也是企业进行奖惩的重要依据。

业绩报告应按成本中心层次逐级编报。在进行责任成本预算指标分解时，其方式是从上级向下级层层分解下达，从而形成各成本中心的责任成本预算；在编制成本业绩报告时，其方式则是从最基层成本中心开始，将责任成本实际数、预算数、成本差异、成本变动率等指标逐级向上汇总，直至企业最高管理层。

每一级成本中心的责任预算和业绩报告，除最基层只编报本级的责任成本之外，其余各级都应包括所属单位的责任成本和本级责任成本。

第三节 仓储成本中心绩效考评示例

本节以一般企业仓储部门为例，介绍成本中心绩效考评方法。

一、企业仓储部门成本中心设置模式

1. 仓储部门成本中心层次关系

根据一般企业仓储部门组织结构形式，按照责任中心与企业组织机构相一致的原则，可将仓储部门简化为"三级两层"（三级组织，两层成本中心）的责任中心控制系统，各

责任中心应体现责、权、利相统一的原则,并以责任为中心,以责定权,以尽责定利。企业仓储部门各责任中心的相互关系示例如图12-2所示。

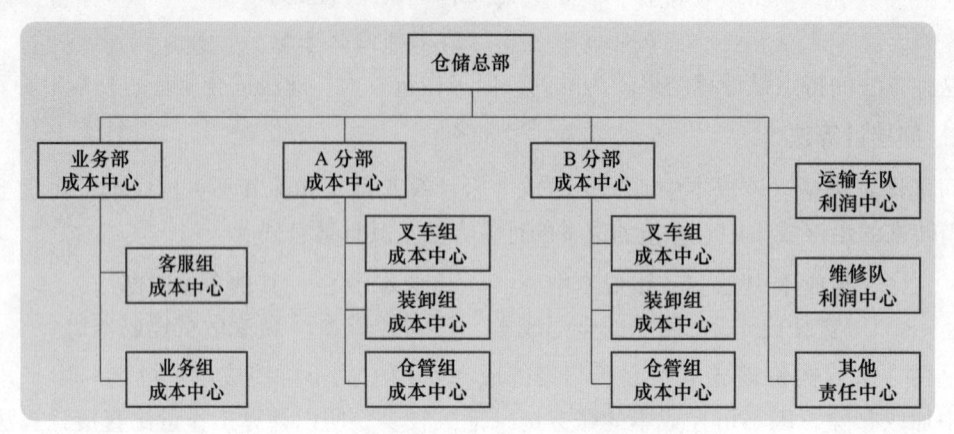

图12-2 仓储部门各责任中心相互关系示例

2. 各成本中心考核指标

(1)作业班组不计算其不可控成本(例如由仓储各分部负责的仓库经费等),故考核指标是作业班组的"直接成本差异"及"直接成本变动率"。

(2)仓储总部下属各仓储分部不计算其不可控成本(例如由仓储总部负责的管理费用等),但需计算作业班组不可控的仓库经费(各仓储分部对具有固定成本性质的仓库经费是全数可控的),故考核指标是"仓储分部可控责任成本差异"与"仓储分部可控责任成本变动率"。

(3)仓储总部下属运输车队、维修队等,一般可作为人为利润中心,按内部转移价格与各仓储分部结算,作其收入,计算其相应的"边际贡献总额"及"可控利润总额"。

(4)仓储总部负责并计算其所属各职能部门(大多作为成本中心)发生的管理费用,这些费用对于各仓储分部来说,都是不可控的。企业仓储总部对所属各职能部门考核指标,是其经费支出的预算执行结果,即"经费支出节超额"与"经费支出节超率"。

仓储总部、各仓储分部及各分部所属各作业班组的责任成本汇总关系如图12-3所示。

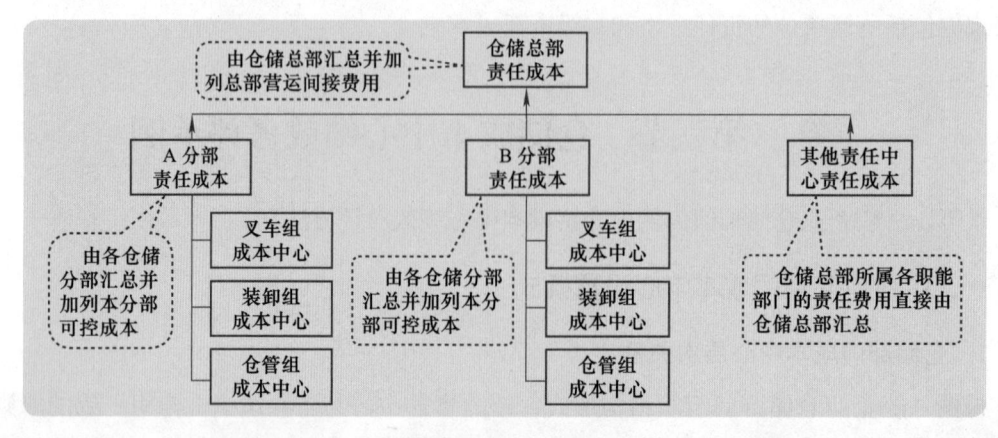

图12-3 企业仓储部门各成本中心的责任成本汇总关系

二、仓储分部作业班组责任成本的考评

班组责任成本由班组长负责，各班组应在每月月末编制班组责任成本业绩报告送交上级仓储部。在业绩报告中，应列出该班组各项责任成本的实际数、预算数和差异数，以便对比分析。

例12-1 仓储A分部下设仓管组、装卸组和叉车组，各作业组均采用间接计算法来计算其责任成本。其中叉车组业绩报告见表12-1。

表12-1 责任成本业绩报告1

成本中心：仓储A分部——叉车组　　202×年二季度

项目	实际/元	预算 标准/(元/h)	预算 总额/元	差异/元	备注
直接费用	18 096	—	18 144	−48	—
动力费	12 080	2.8	12 096	−16	12 096=2.8×4 320
修理费（维修配件）	2 560	0.6	2 592	−32	2 592=0.6×4 320
叉车折旧费	3 456	0.8	3 456	0	3 456=0.8×4 320
直接人工	43 279	—	42 036	1 243	—
叉车司机底薪	26 300	—	25 200	1 100	—
叉车司机加班工资	12 000	20	12 000	0	12 000=20×600
叉车司机福利费	4 979	—	4 836	143	—
分摊仓储部发生的共同费用	14 403	—	11 100	3 303	—
仓储设备维修费	8 729	—	6 750	1 979	—
照明费	1 680	—	1 560	120	—
水费	900	—	750	150	—
低值易耗品摊销	3 094	—	2 040	1 054	—
合计	75 778	—	71 280	4 498	—
减：不应承担的费用	2 200	—	0	2 200	—
仓储设备维修费多分摊额	2 000	—	0	2 000	—
水费多分摊额	200	—	0	200	—
加：维修队转来叉车修理费	5 300	—	4 800	500	—
直接成本总计	78 878	—	76 080	2 798	—
直接成本变动率（%）	—	—	—	3.68	—

注：叉车作业标准总工时4 320h，其中加班工时600h。

表12-1表明，该叉车组本月归集的实际生产成本75 778元减去不应由该叉车组承担的费用2 200元，再加上从维修队转来的应由该叉车组承担的叉车修理费5 300元（按内部转移价格计算），即为该叉车组的责任成本78 878元。

从总体上看，该叉车组当季直接成本差异为2 798元（超支），直接成本变动率为3.68%，上升幅度较大。对于叉车组责任成本脱离预算的原因应结合其具体情况进行分项分析。从各成本项目来看，"直接人工——叉车司机底薪"实际比预算超支1 100元，分析结果显示主要是提高底薪所致；"分摊仓储总部发生的共同费用"实际比预算超支3 303元，需

分项查明具体原因；对于由维修队按内部转移价格转来的修理费5 300元（比预算4 800元超支500元），还应进一步加以分析，看其有无因本班组对设备操作不当导致维修费用增大因素，或是维修队提高了修理费用（如人为多计修理工时等）因素以及其他因素。

仓储A分部根据分析结果，对该叉车组的责任成本项目及其实际数或预算数做必要调整后，作为最终考评依据。

三、仓储分部责任成本的考评

仓储分部责任成本也是定期（一般以季度为周期）以业绩报告形式汇总上报总部。以例12-1为例，仓储A分部在编制业绩报告时，除归集本部的责任成本外，还应加上三个作业组经分部调整确认的责任成本。其业绩报告见表12-2。

表12-2 责任成本业绩报告2

成本中心：仓储A分部　　　　202×年二季度　　　　　　　　　　（单位：元）

项　目	实　际	预　算	差　异
叉车组责任成本	78 878	76 080	2 798
装卸组责任成本	87 930	85 890	2 040
仓管组责任成本	56 890	57 880	-990
合计	223 698	219 850	3 848
仓库经费（已减分摊额）	—	—	—
管理人员工资及福利费	24 500	24 300	200
仓储设备折旧费	42 960	43 000	-40
仓储设备维修费	2 430	2 300	130
水电费	1 500	1 200	300
办公费	3 000	2 500	500
低值易耗品摊销	980	800	180
合计	75 370	74 100	1 270
责任成本总计	299 068	293 950	5 118
成本变动率（%）	—	—	1.74

从表12-2中可以得出：

（1）仓储A分部的三个作业班组中，仓管组的成本业绩是最好的。

（2）仓储A分部当月责任成本为299 068，超支5 118元。其中下属三个班组共超支3 848元，仓储A分部的仓库经费超支1 270元。

（3）叉车组和装卸组超支合计为4 838元（2 798元+2 040元），是成本控制的重点。

（4）对于仓储A分部的仓库经费超支项目，还应逐项详细分析，查找原因，采取措施，加以控制。

四、总部对各成本中心责任成本的考评

总部（财会部门）收到所属各部门报送的业绩报告并经分析调整后，应汇总编制总部的成本中心业绩汇总表。其格式见表12-3。

表12-3　仓储总部成本中心业绩汇总表

202×年二季度　　　　　　　　　　　　　　　　　（单位：元）

业绩报告	实际	预算	差异
仓储A分部责任成本业绩报告	—	—	—
叉车组责任成本	78 878	76 080	2 798
装卸组责任成本	87 930	85 890	2 040
仓管组责任成本	56 890	57 880	−990
仓储A分部可控成本（仓库经费）	75 370	74 100	1 270
仓储A分部责任成本合计	299 068	293 950	5 118
仓储B分部责任成本业绩报告	—	—	—
…	…	…	…
…	…	…	…
业务部责任成本业绩报告	—	—	—
…	…	…	…
总部责任成本（总部管理费用）业绩报告	131 500	132 000	−500
责任成本总计	923 450	921 400	2 050

表12-3表明，该仓储部门责任成本超支了2 050元，没有达成成本目标，需要查明原因，采取相应措施使之得到有效控制；当然，如果是成本目标（预算）定得不切合实际，应对成本目标进行必要的调整。

现实当中，企业仓储部门不仅是成本中心，也可以是利润中心，当其对企业内部其他部门提供的仓储物资，按企业内部转移价格结算其"销售收入"时，仓储部门就变成了利润中心。

第四节　利润中心绩效考评

利润中心是指既对成本承担责任，又对收入和利润承担责任的企业所属单位。由于利润等于收入减成本和费用，所以利润中心实际上是对利润负责的责任中心。这类责任中心往往处于企业中较高的层次，一般指有产品或劳务生产经营决策权的部门，能通过生产经营决策，对本单位的盈利施加影响，为企业增加经济效益，如分厂、分公司或具有独立经营权的各部门等。利润中心的权利和责任都大于成本中心。

对于企业内部存在两个及以上、可以独立计算盈亏、"自给自足"的单位或事业部门，均可分设利润中心。

一、利润中心的基本特性

（1）独立性。利润中心对外虽无法人资格，但对内却是独立的经营个体，在产品售价或劳务价格、采购来源、人员管理及设备投资等，均享有高度的自主性。

（2）获利性。每个利润中心都会有一张独立的损益表，并以其盈亏金额来评估其经营绩效。所以每一个利润中心必有一定的收入与支出。

二、利润中心的基本类型

利润中心可以是自然的，也可以是人为的。

（1）自然利润中心。自然利润中心是指在外界市场上销售产品，或提供劳务取得实际收入，为企业获取利润的责任中心。

这类利润中心一般是企业的内部独立单位，具有材料采购权、生产决策权、价格制定权和产品销售权，在生产经营上有较大独立性，如分公司、分厂等。它可以直接与外部市场发生业务上的联系，销售其最终产品和半成品或提供劳务，既有收入，又有成本，可以计算利润。将其完成的利润和责任预算中的预计利润相对比，可以评价和考核其工作业绩。

（2）人为利润中心。人为利润中心是指在企业内部按照内部结算价格，将产品或劳务提供给本企业其他责任中心，取得收入、实现内部利润的责任中心。这类利润中心的产品主要在本企业内转移，一般不与外部市场发生业务上的联系，它们只有少量对外销售，或者全部对外销售并均由企业专设的销售机构完成，如各生产车间、运输队等。

人为利润中心原本是成本中心，为了发挥利润中心的激励机制，人为地按规定的内部转移价格，与发生业务关系的内部单位进行半成品和劳务的结算，使得这些成本中心能够"以收抵支"，并以结算收入扣除成本得出利润，与责任预算中确定的利润进行对比，进而对差异形成的原因和责任进行剖析，据以对其工作业绩进行考核和评价。从绩效考核需要角度，大多数成本中心可以转化为人为利润中心。

对于人为利润中心，内部转移价格制定得是否合理，是能否正确考核和评价其工作业绩的关键。制定转移价格的目的有两个：一个是防止成本转移带来的部门间责任转嫁，使每个利润中心都能作为单独的组织单位进行业绩考评；另一个是引导下级部门采取明智的决策，生产部门据此确定提供产品的数量，购买部门据此确定所需要的产品数量。

三、利润中心的前提条件

利润中心应具备三个前提条件：

（1）利润中心主管人员的决策，能够影响该中心的利润。

（2）利润中心的生产经营活动有相对的独立性。

（3）利润中心利润的增加，能提高企业的经济效益。

四、利润中心的收支计算

利润中心的利润是按照利润中心所能影响和控制的可控收入和成本来计算决定的，那些虽在其经营活动范围内发生却属其不可控的收支，则排除于利润中心的利润计算之外。

在共同成本难以合理分摊或无须共同分摊的情况下，人为利润中心通常只计算可控成本，而不计算不可控成本；在共同成本易于合理分摊的情况下，自然利润中心不仅计算可控成本，也应计算不可控成本，也就是说，作为一种例外，可将这种不可控成本纳入其利润中心的利润计算。

在利润中心，由于管理者没有责任和权力决定该中心资产的投资水平，因而利润就是其唯一的最佳业绩计量标准。

五、利润中心与目标管理

企业设置利润中心,是实施分权管理的需要,但总公司的最高主管仍需对各利润中心承担应负的责任。

利润中心的推行必须结合目标管理制度,在目标执行过程中,设置一套完整、客观的报告制度,定期提出绩效报告(格式见表12-4),列示目标达成的差异,以此促使各中心改进措施,并作为企业考核及奖惩的依据。

表12-4 利润中心绩效报告

利润中心:_____　　　　　　　___年__月__日　　　　　　　(单位:元)

项　目	预 算 数	实 际 数	差　异	差 异 原 因
营业收入				
变动成本				
边际贡献总额				
负责人可控固定成本				
负责人可控利润				
分配的共同成本				
营业利润				

财务主管:_____　　　　　复核:_____　　　　　制单:_____

六、考评方式与评估对象

利润中心绩效考评方式通常是:利润中心按月填报利润中心责任报告,将实绩与目标值比较,计算其差异,并说明导致差异的原因,提出相应的改善措施,提供给企业管理部门;按季对利润中心进行考评,预发奖金,并对全年预算目标进行适度修订;年度结束后,依据累计十二个月的实际值,计算其应得奖金,扣除预发奖金,补发差额。

利润中心的绩效考评是以目标的达成状况为评估对象,对责任中心和责任人"论功行赏",这与传统的人员考核在内容和性质上都有很大区别。

七、考核指标的设定

(1)当利润中心分摊共同成本或计算不可控固定成本时,其考核指标包括:

1)利润中心边际贡献总额。该指标等于"利润中心销售收入总额"与"可控成本总额(或变动成本总额)"的差额。

2)利润中心负责人可控利润总额。该指标等于"利润中心边际贡献总额"与"该中心负责人可控固定成本"之差。

3)利润中心营业利润总额。该指标等于"利润中心负责人可控利润总额"与"该利润中心负责人不可控固定成本"之差。

上述三个指标的相互关系如图12-4所示。

(2)当利润中心不分摊共同成本或不计算不可控固定成本时,则考核"利润中心边际贡献总额""利润中心负责人可控利润总额"指标。

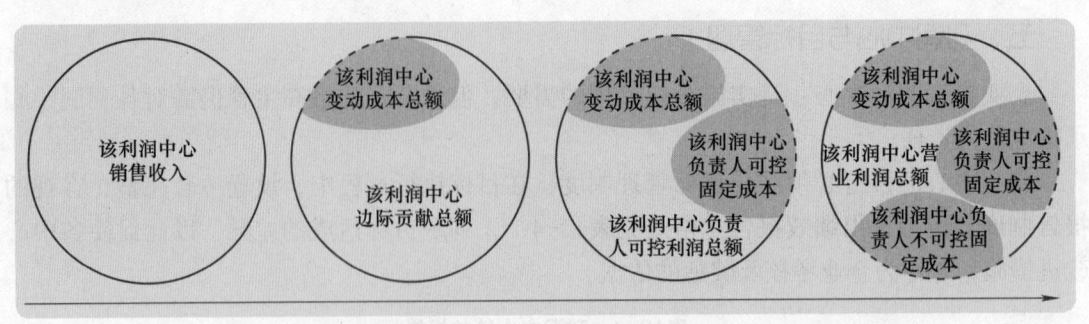

图12-4 利润中心各考核指标关系

八、利润中心与预算制度

为使总公司的目标能够分解为各利润中心的目标,并且能够公正地评估各利润中心的绩效,须通过编制财务收支预算进行量化。

量化的绩效目标可分为财务性及非财务性两类。凡属财务性指标,如营业收入、营业成本、利润总额、成本利润率、人均获利能力等,均需预算制度提供。换言之,利润中心的推行必须得到企业预算制度的有力支撑。

第五节 汽车运输利润中心绩效考评示例

一、汽车运输企业利润中心设置模式

本节以大中型汽车运输企业为例,介绍利润中心绩效考评方法。

1. 汽车运输企业利润中心层次关系

汽车运输企业责任中心,根据大中型汽车运输企业的组织结构现状,按照责任中心与企业组织机构相一致的原则,可将汽车运输企业划分为"四级三层"(四级组织,三层利润中心)的责任中心控制系统,各责任中心应体现责、权、利相统一的原则,并以责任为中心,以责定权,以尽责定利。

汽车运输企业各利润中心的相互关系如图12-5所示。

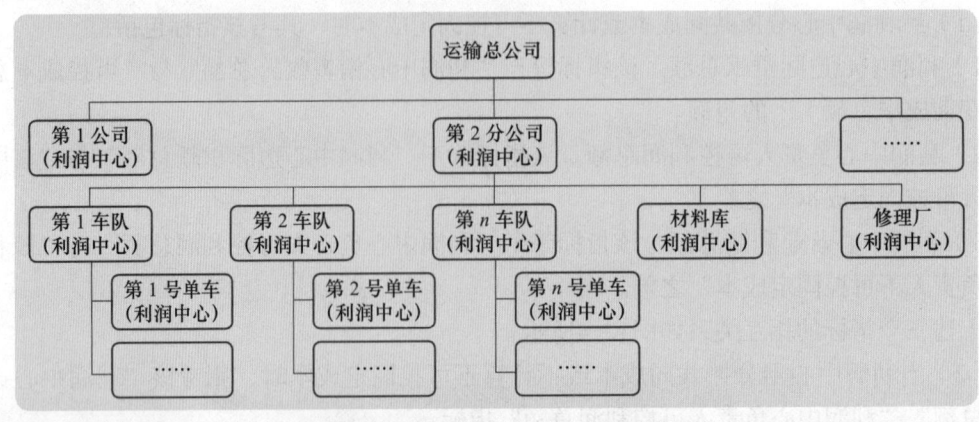

图12-5 汽车运输企业各利润中心关系

2. 各利润中心考核指标

（1）"单车边际贡献总额"。单车（即单独营运车辆的简称）不计算其不可控成本（例如由车队负责的车队经费、由分公司负责的营运间接费用等），故考核指标是其"单车边际贡献总额"，该指标等于单车运输收入总额与其可控成本总额的差额。

（2）"车队边际贡献总额"。分公司下属车队不计算其不可控成本（例如由分公司负责的营运间接费用等），但需计算其可控的车队经费，故考核指标是"车队边际贡献总额""车队长可控利润总额"。分公司下属修理厂、材料库等，一般可作为人为利润中心，按内部结算价格与车队或单车结算，作其收入，计算其相应的边际贡献总额及营业利润总额。

（3）"分公司边际贡献总额"和"分公司经理可控利润总额"。分公司不计算其不可控成本（例如由总公司负责的管理费用），但需计算其可控的营运间接费用，故其考核指标是"分公司边际贡献总额"和"分公司经理可控利润总额"。

如果分公司分摊各分公司之间的共同成本及总公司的管理费用，其考核指标除"分公司边际贡献总额""分公司经理可控利润总额"外，还包括"分公司营业利润"。

（4）"管理费用节超数额"。企业总部负责并计算所属各职能部门（大多作为成本中心）发生的管理费用，这些费用对于单车、车队及分公司来说，都是不可控的，企业总部对各职能部门考核指标是其发生的管理费用的预算执行结果，即"管理费用节超数额"。

汽车运输企业各利润中心数据汇总关系如图12-6所示。

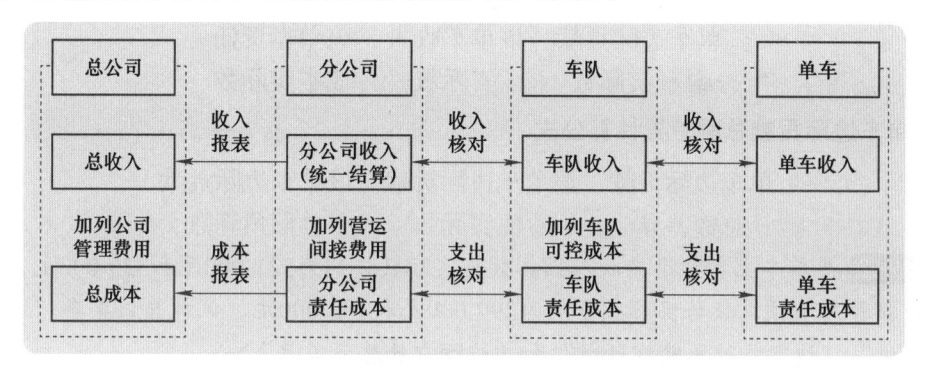

图12-6 汽车运输企业各利润中心数据汇总关系

二、单车绩效考评

（一）单车绩效考评指标设置

就汽车运输企业而言，每部营运车即为企业运输生产作业的基本单位。虽然就单车或单车司机而言，不具有"材料采购权、生产决策权、价格制定权和产品销售权"，但因其可以相对独立完成运输劳务，可以直接面向企业外部市场销售其产品——货物周转量，取得相应的运输收入，同时可计算其为企业获取的利润。企业可以将其实现的利润，与按预算计算出的预计利润相对比，评价和考核其工作业绩。换句话说，单车的收支是可直接计量的、利润是可直接计算的。所以，单车既属于成本中心，又属于人为利润中心，并十分贴近自然利润中心。单车的责任目标既是责任成本最小化，同时也是责任利润最大化。

在现实中，汽车运输企业将单车利润中心的绩效考评，通称为"单车核算"。实行单车核算必须遵循人车固定的原则，即营运车辆与司机相对固定，做到定人、定车、定责。单车核算仅计算其可控的变动成本，即车辆直接费用，不计算其不可控的共同成本或固定成本（如车队经费、营运间接费用等）。所以对单车利润中心的考核指标是"单车边际贡献总额"，该指标为单车的运输收入与车辆可控成本的差额。

（二）单车绩效考评指标计算方法

单车核算是将单车作为利润中心对其收支进行全面核算。车队或分公司应于年、季度之初制订各单车年、季度责任收支预算，并根据单车年、季度责任收支预算，计算出单车年、季度单车边际贡献总额预算数；于年、季度结束时，计算出各单车的年、季度收支和边际贡献总额的实际数，并将边际贡献总额实际数与预算数加以比较，计算出当期的边际贡献总额差异。

边际贡献总额实际数大于等于预算数时，视为达成单车利润目标。

1. 单车边际贡献总额预算数计算公式

$$单车边际贡献总额预算数 = 该单车收入预算数 - 该单车责任成本预算数$$

2. 单车边际贡献总额实际数计算公式

$$单车边际贡献总额实际数 = 该单车收入实际数 - 该单车责任成本实际数$$

3. 单车边际贡献总额差异计算公式

$$单车边际贡献总额差异 = 该单车边际贡献总额实际数 - 该单车边际贡献总额预算数$$

例12-2 某单车上半年运输收入预算数与实际数分别为321 000元和326 000元，责任成本（即直接费用）预算数与实际数分别为299 000元和302 000元，试计算该单车"边际贡献总额预算数""边际贡献总额实际数"和"边际贡献总额差异"。

解：

（1）单车边际贡献总额预算数计算如下：

$$321\ 000 - 299\ 000 = 22\ 000（元）$$

（2）单车边际贡献总额实际数计算如下：

$$326\ 000 - 302\ 000 = 24\ 000（元）$$

（3）单车边际贡献差异计算如下：

$$24\ 000 - 22\ 000 = 2\ 000（元）$$

结论：该单车边际贡献总额差异为有利差异，故此，该单车已达成边际贡献总额目标。

对于多车共同完成的运输作业所取得的共同收入，可根据相关统计资料和运费结算凭证，合理分配给各单车。

（三）单车成本计算方法

单车成本核算是计算单车边际贡献总额及边际贡献总额差异的前提，单车成本核算工作由车队或分公司负责。单车成本核算仅包括单车直接负有责任的各项费用。单车耗用的燃料、材料均按计划成本计算，不分配燃料、材料成本差异；不需要通过完整的会计核算程序，可根据有关原始记录和凭证，编制各种费用的汇总表、分配表和计算表并登记单车核算台账，即可计算各部单车的货运总成本。

单车成本计算过程及方法如下：

1. 工资分配表

工资分配表用以分配由分公司支付和结算的本车队各单车司机的工资及工资性津贴。该表根据本车队工资结算表、行车津贴计算表等编制，并按单车分列。

2. 职工福利费计算分配表

职工福利费计算分配表根据本车队工资结算表、相关规定与提取标准编制，并按单车分列。

3. 燃料、材料消耗汇总表

燃料、材料消耗汇总表汇总本车队各单车司机领用燃材料的计划成本（按实际用量与计划价格计算）。本表根据仓库送来的领料单，按月汇总编制，并按单车分列。

4. 轮胎摊提费用计算表

轮胎摊提费用计算表是用来计算本车队各单车当月预提的轮胎费用。该表根据各单车总行驶里程和企业规定的各胎型的轮胎摊提费用标准计算编制，并按单车分列。

5. 辅助营运费用分配表

辅助营运费用分配表用以分配本车队各单车因维修所发生的辅助生产成本。该表根据维修车间的有关凭证，按单车汇总编制，并按单车分列。

6. 营运车辆大修理提存和折旧计算表

营运车辆大修理提存和折旧计算表根据当月营运车辆总行程、千车公里大修理提存额和千车公里折旧额计算编制，并按单车分列。

7. 其他

除上述各项费用外，当月其他费用支出，可按支付凭证等编制汇总表，并按单车分列。

（四）单车核算统计台账

在日常核算中，车队应按单车设置台账，由专人负责登记，其格式见表12-5。

表12-5中，如果可直接取得实际结算的运输收入，可直接填列其实际数；对于多部车辆共同取得的收入，可按各部单车实际工作量比例或其他标准合理分配。各责任成本项目的实际数根据相关凭证所列发生额填列。

表12-5　单车核算统计台账

日期	司机	收入	责任成本					边际贡献总额	预算数			边际贡献总额差异
			工资	福利	燃料	…	小计		收入	责任成本	边际贡献总额	
4.30	…	…	…	…	…	…	…	…	…	…	…	…
5.31	…	…	…	…	…	…	…	…	…	…	…	…
6.30	…	…	…	…	…	…	…	…	…	…	…	…
本季合计		326 000	…	…	…	…	302 000	24 000	321 000	299 000	22 000	2 000

为简便起见，车队可于月末一次性地登记各单车台账中的收入栏和各成本项目栏的实际数，在会计期末或根据考核的需要，计算"单车边际贡献总额"，并分析边际贡献总额差异产生的原因。这里需要注意的是，每部单车的收入与支出在时空上必须相互配比，使计算结果真实可靠。

对于从事企业内部运输作业的汽车运输组织，因其单车的劳务作业一般对内不对外，不能对外取得运输收入，不具有自然利润中心性质，但其劳务作业可按内部结算价格与本企业其他责任中心进行结算，并取得相应的收入，具有典型的人为利润中心性质。所以在这些企业，普遍推行"单车模拟核算"。

在现实中，因单车核算或单车模拟核算较为复杂，牵涉的部门多，在时空上实施难度大，所以很多从事企业内部运输作业的汽车运输组织，甚至一些汽车运输企业采用非完整的单车核算方式，即对与司机和单车密切相关的三个成本大项——燃料费、修理费、轮胎费进行专项核算，并将其实际数与预算数或定额相比，来计算其单车的成本管理"绩效"，并据以考评与奖罚。

不言而喻，采用非完整的单车核算方式作为成本绩效考评的方式方法时，其责任主体或责任中心已不再是实际意义上的利润中心了，而是下降到了成本中心。

三、车队的绩效考评

（一）车队绩效考核指标设置

各分公司对所属车队利润中心考核的责任目标是"车队边际贡献总额"和"车队长可控利润总额"。

（二）车队绩效考核指标计算方法

1. 车队边际贡献总额计算公式

$$\text{某车队边际贡献总额} = \text{该车队运输收入} - \text{该车队实际直接费用总额}$$

式中，车队实际直接费用总额为车队单车成本之和。

2. 车队长可控利润总额计算公式

$$\text{某车队长可控利润总额} = \text{该车队边际贡献总额} - \text{该车队经费支出}$$

例12-3 某车队上半年运输收入总额为5 240 000元，实际直接费用总额为4 980 000元，车队经费支出总额为50 200元，试计算该车队"车队边际贡献总额"和"车队长可控利润总额"。

解：

（1）车队边际贡献总额计算如下：

$$5\,240\,000-4\,980\,000=260\,000（元）$$

（2）车队长可控利润总额计算如下：

$$260\,000-50\,200=209\,800（元）$$

（三）车队绩效考评报告

车队绩效考评报告一般以书面报告形式上报分公司经理及相关部门，其形式与内容见表12-6。随同一并报送的还应有该车队各营运车辆的单车核算汇总表（其内容可与单车核算台账类同）。

表12-6　车队绩效考评报告

利润中心：第1车队　　　　　202×年5月　　　　　　　　　　　（单位：元）

项　目	预算数	实际数	差异	差异原因
运输收入	1 129 000	1 465 970	336 970	
车辆直接费用	790 820	1 026 181	235 361	
边际贡献总额	338 180	439 789	101 609	
车队经费	20 000	22 000	2 000	
车队长可控利润	318 180	417 789	99 609	

填报人：_____　　　　　　　审核人：_____

结论：该车队边际贡献总额差异为101 609元，车队长可控利润差异为99 609元，均为有利差异，故此，该车队已达成利润目标。

四、分公司的绩效考评

（一）分公司绩效考核指标设置

汽车运输企业下属分公司一般作为汽车运输企业的内部独立核算单位，具有材料采购权、生产决策权、运价制定权和运费结算权，在生产经营上有较大独立性。它直接与外部运输市场发生业务上的联系，承办营运业务，按双方商定的运价和结算方式收取运费收入，同时进行运输成本与营运利润的核算。因此，运输企业的分公司是典型的"自然利润中心"。

如果汽车运输企业对所属各分公司不摊派企业管理费用或共同费用，对各分公司利润中心考核的责任目标即为"分公司边际贡献总额"和"分公司经理可控利润总额"。如果汽车运输企业对所属各分公司摊派企业管理费用或共同成本，还需考核"分公司营运利润总额"。

(二) 分公司绩效考核指标计算方法

各分公司在车队核算的基础上,通过对所属车队实际运输收入(由分公司将所属车队的预计收入调整为实际数)和责任成本及辅助车间成本资料的汇总,结合该分公司行政部门成本(即营运间接费用)的发生情况,一并计算"分公司边际贡献总额""分公司经理可控利润总额"和"分公司营业利润"指标。

1. 分公司边际贡献总额计算公式

$$\text{分公司边际贡献总额} = \text{分公司收入} - \text{分公司变动成本}$$

2. 分公司经理可控利润总额计算公式

$$\text{分公司经理可控利润总额} = \text{分公司边际贡献总额} - \text{分公司经理可控固定成本}$$

3. 分公司营业利润计算公式

$$\text{分公司营业利润} = \text{分公司经理可控利润总额} - \text{分公司经理不可控固定成本}$$

分公司分摊企业管理费用或共同成本时,需计算分公司营业利润考核指标。

(三) 分公司绩效考评报告

分公司绩效考评报告一般以书面报告形式上报总公司总经理及相关部门,其形式与内容见表12-7。随同报送的还应有该分公司所属各车队的责任报告汇总表。

表12-7 分公司绩效考评报告

秦岭运输集团第一运输公司　　　　202×年5月　　　　　　　　　(单位:元)

项　目	预　算　数	实　际　数	差　异	差异原因
运输收入总额	4 516 000	5 863 880	1 347 880	
车辆直接费用总额	3 205 280	4 104 720	899 440	
边际贡献总额	1 310 720	1 759 160	448 440	
经理可控固定成本	250 000	280 000	30 000	
经理可控利润	1 060 720	1 479 160	418 440	
分摊的共同成本	—	20 000	20 000	
分摊的管理费用	220 000	230 000	10 000	
营业利润	840 720	1 229 160	388 440	

填报人:_____　　　　　审核人:_____

结论:第一运输公司边际贡献总额差异为448 440元,经理可控利润差异为418 440元,营业利润差异为388 440元,均为有利差异,故此,第一运输公司已达成利润目标。

表12-7中,由该分公司分摊的管理费用,属于总公司各横向管理部门发生的责任费用,应纳入各管理部门的成本中心考核范围。

复习思考题

1. 物流成本绩效考评的意义是什么？
2. 设计责任会计制度应遵循的原则是什么？
3. 何为成本中心，何为利润中心？
4. 成本中心与利润中心的考核指标各有哪些？
5. 如何确认责任成本？
6. 自然利润中心与人为利润中心的区别是什么？

练习题

京华商城仓储中心第二分部202×年第三季度责任成本业绩报告见表12-8，根据该表数据对第二分部的责任成本业绩做出初步评价。

表12-8 责任成本业绩报告

成本中心：仓储第二分部　　　　202×年第三季度　　　　　　　　　（单位：元）

项　目	预　算	实　际	差　异
叉车组责任成本	66 200	65 200	−1 000
装卸组责任成本	87 400	87 500	100
仓管组责任成本	57 800	56 400	−1 400
合计	211 400	209 100	−2 300
仓库经费（已减分摊额）	—	—	—
管理人员工资及福利费	25 000	24 200	−800
仓储设备折旧费	41 000	42 800	1 800
仓储设备维修费	2 200	2 400	200
水电费	1 600	1 500	−100
办公费	3 300	3 200	−100
低值易耗品摊销	4 000	4 000	0
合计	77 100	78 100	1 000
责任成本总计	288 500	287 200	−1 300
成本变动率	—	—	−0.45%

拓展阅读

如何将素质培养融入物流成本管理工作中

参 考 文 献

[1] 国家标准化管理委员会. 载货汽车运行燃料消耗量：GB/T 4352—2022[S]. 北京：中国标准出版社，2022.

[2] 国家标准化管理委员会. 物流术语：GB/T 18354—2021[S]. 北京：中国标准出版社，2021.

[3] 国家标准化管理委员会. 绿色物流指标构成与核算方法：GB/T 37099—2018[S]. 北京：中国标准出版社，2018.

[4] 王之泰. 新编现代物流学[M]. 4版. 北京：首都经济贸易大学出版社，2018.

[5] 陈云. 成本会计学[M]. 4版. 上海：立信会计出版社，2016.

[6] 财政部. 企业产品成本核算制度（试行），2013.

[7] 曹玉麒. "基本工资+计件工资"的一种实用设计[J]. 企业管理，2012（7）.

[8] 杨华龙，陈志俊，计莹峰，等. 基于时间驱动作业成本法的配送中心作业优化[J]. 大连海事大学学报，2012，38（4）103-106.

[9] 杨头平. 企业物流成本控制与优化[M]. 北京：知识产权出版社，2011.

[10] 邵瑞庆. 第三方物流企业成本核算与控制论[M]. 上海：立信会计出版社，2011.

[11] 徐国祥，等. 统计指数理论、方法与应用研究[M]. 上海：上海人民出版社，2011.